国家社会科学基金2016年一般项目“农村医生执业行为法律保护与规制研究”（编号：16BFX162）最终成果。

Research on the Rights Protection and Practice Behavior Regulation of Rural Doctors

农村医生权利保障与执业行为规制研究

徐正东　刘　毅　主编

法律出版社 LAW PRESS · CHINA ｜ 北京

图书在版编目(CIP)数据

农村医生权利保障与执业行为规制研究 / 徐正东,刘毅主编. -- 北京 : 法律出版社, 2022
ISBN 978-7-5197-6291-9

Ⅰ. ①农… Ⅱ. ①徐… ②刘… Ⅲ. ①乡村医生-权利-法律保护-研究-中国 Ⅳ. ①D922.164

中国版本图书馆 CIP 数据核字(2021)第 280470 号

农村医生权利保障与执业行为规制研究
NONGCUN YISHENG QUANLI BAOZHANG YU ZHIYE XINGWEI GUIZHI YANJIU

徐正东 刘 毅 主编

策划编辑 肖 越 魏艳丽
责任编辑 肖 越 魏艳丽
装帧设计 汪奇峰

出版发行 法律出版社
编辑统筹 法商出版分社
责任校对 杨锦华
责任印制 胡晓雅
经 销 新华书店

开本 710 毫米×1000 毫米 1/16
印张 21 字数 313 千
版本 2022 年 5 月第 1 版
印次 2022 年 5 月第 1 次印刷
印刷 唐山玺诚印务有限公司

地址:北京市丰台区莲花池西里 7 号(100073)
网址:www.lawpress.com.cn
投稿邮箱:info@lawpress.com.cn
举报盗版邮箱:jbwq@lawpress.com.cn

销售电话:010-83938349
客服电话:010-83938350
咨询电话:010-63939796

书号:ISBN 978-7-5197-6291-9
定价:86.00 元

《农村医生权利保障与执业行为规制研究》

编　委　会

主　编　徐正东　刘　毅

副主编　章　桦　衡敬之　程　涛　程　琴

编　委　王毓倩　庞　琳　方　强
　　　　王春华　杨茂林　张　怡
　　　　李　想　向东春　侯　琴

序　言

自中华人民共和国成立以来,我们党和国家就始终高度重视农村卫生工作。1965 年毛泽东主席向全国发出了著名的“6・26 指示”,他号召“将医疗卫生工作的重点放到农村去”,中国的农村卫生发展总体格局在这一时期得以奠定,获得世界卫生组织(WHO)公开赞扬并提倡发展中国家效仿的中国农村卫生的三件宝——农村三级医疗服务网络、农村合作医疗模式、赤脚医生也形成于这一时期。这其中,“赤脚医生”就是农村医生在当时的别称,农村医生无疑是支撑整个中国农村卫生事业发展的“中流砥柱”,为我国农村卫生健康事业作出了不可磨灭的历史贡献。这一时期的农村医生得以享受最为优厚的待遇,亦享有非常高的社会地位。但是,随着国家总体社会经济发展格局的转化,尤其是计划经济体制逐步向社会主义市场经济体制转轨,农村“乡政村治”的合作社经济社会模式逐渐被淘汰,第一次医疗卫生改革确立了“市场化”的医疗改革总基调,诸如此类因素共同导致农村卫生健康事业发展出现断层,尤其是缺少一支优秀的农村医生队伍长期坚守农村卫生岗位。农村医生的学历水平、医疗技能不能满足农村居民日益增长的医疗卫生服务需求,农村医生自身也面临生存问题、职业发展问题。

值得庆幸的是,随着 2009 年第二轮医药卫生体制改革的实施,国家逐步认识到了医疗市场化发展带来的不利影响,并将“强化基层诊疗服务能力水平”挺在了前面,新型农村合作医疗制度、分级诊疗制度、全科医生及家庭医生制度等一系列政策举措明确地指向农村医疗卫生。农村医生迎来了发展的“第二春”,但是农村医生所面临的身份与承担任务不匹配、队伍老化、专业技能低、收入低、养老无保障等问题仍然存在,执业权利保障不足依旧存在;与此同时,农村卫生监管的缺位为非法行医、违法违规执业者提供了“温床”,合法执业的农村医生的职业声誉和发展前景还要面临此类来自自身的危险因素的侵蚀。面对此种情景,农村卫生治理必须强化,农村医生制度改革势在必行。党的十八届四中全会及党的十九届四中全会分别就全面推进依法治国、国家治理体系和治理能力现代化提出了战略构想,在农村卫生、农村医生这块中国改革的"深水区"如何避免积重难返、实现行稳致远亦是其题中应有之义。随着党的十九大将健康上升至国家战略的高度,农村卫生健康事业构成乡村振兴战略的重要一环,对农村医生制度改革及法治保障策略的系统研究变得日益迫切!卫生法学人当然应当为农村卫生健康事业的未来而不懈奋斗,为中国农村医生的未来而不懈奋斗!

如今,我欣喜地看到中国卫生法学青年才俊中涌现出了愿意为农村医生制度改革、农村医生权利保障与执业规制而奋斗的代表。此书以详实的实证资料为基础,深入基层、深入农村卫生一线广泛开展问卷调查和实地走访,采集珍贵的一手资料,对我国农村医生权利保障与执业规制的历史背景、制度脉络、实践现状、制度改造进行了全面、系统的研究,足见作者对此问题投入之深度。尤为值得赞赏的是,作者在第二编"医生权利保护与规制理论研究"处以现行法(《医师法》《乡村医生从业管理条例》)为基础,对我国农村医生执业权利体系进行了全面梳理和阐释;此书立意深远,提出了在兼顾农村医生权利保障与执业规制的同时,应更加强对农村医生权利的保障,此建议符合当前我国农村医生大批量离岗、岗位吸引力不高的现实,只有先引凤筑巢,才能进一步言及监督管理,此为农村医生制度改革的当务之急。概言之,此书开启了法治化治理农村卫生健康事业、建设农村医生队伍的新路径,既富有理论发展意义,亦富有实践指导价值。我相信,随着此书的出版,以及后继研究的持续推进,我国的农村医生权利保障与执业规制制度会更加完善,农村医生将重新回归其历史定位,农村卫生事业也将在中国特色社会主义新时代中获得长足发展!

是为序。

中国卫生法学会会长 高春芳

2022 年 4 月 27 日

目录
CONTENTS

第一编

导论:研究情况概览

第二编

医生权利保护与规制理论研究

第三编

农村医生权利保障现状评估

第四编

农村医生执业行为规制现状评估

第五编

农村医生权利保障与执业行为规制构想

第一编

导论：研究情况概览

第一章　研究背景与意义

一、研究背景

农村医生，是指在农村地区依法成立的医疗、预防、保健机构内执业的医师的总称，其与20世纪六七十年代我国在农村地区形成的“三级医疗服务网络”——县级医院、乡镇卫生院及村卫生室密切相关，易言之，农村医生也就是指工作在农村地区这三类医疗机构中的医生。[①] 但是，需引起注意的是，随着我国城镇化水平不断提高，农村地区经济大发展，近年来，一大批县级医院、乡镇卫生院已经完成升级改造或正在筹划完成升级改造；[②]并且，农村医生队伍中县级医院医生和乡镇卫生院医生规范化程度更高，诊疗服务水平也更高。因此，有必要特别强调的是，本研究所指称的农村医生有所限定，即仅限于在行政村级医疗机构（村卫生室、村卫生所及部分社会卫生服务中心、社区卫生所[③]）中执业的医生，

---

① 参见王莳、姜鑫主编：《社区卫生服务管理法律实务》，浙江工商大学出版社2016年版，第196～197页。

② 参见郝倩玉：《多地县级医院升级为三级医院》，载《健康时报》2020年12月15日，第15版；宋昆仑：《乡镇卫生院可以参评二级医院》，载《大河健康报》2018年9月28日，A03版。

③ 有观点认为，“行政村卫生室（所）是村民委员会举办的农村最基层一级的卫生机构，受村民委员会领导和乡镇卫生院的业务指导，由数名乡村医生（卫生员）组成，实行所（室）长负责制，全面负责村的医疗、预防、妇幼保健、爱国卫生、计划生育技术指导与卫生宣传等各项工作”。参见《农村卫生事业管理》编写组编：《农村卫生事业管理》，山东科学技术出版社1988年版，第64页。

包括基于"乡村一体化管理"①被纳入乡镇卫生院统一管理,但是实际在村卫生室工作的医生,不包括在乡镇卫生院工作的执业医师。此外,本研究所指农村医生绝大部分等同于《乡村医生从业管理条例》中的乡村医生,②因此下文中存在农村医生、乡村医生概念交叉使用的情形,其实际指向的为同一类对象。

这一群体是农村医疗卫生系统持续发展的纽带,是确保农村医疗卫生公益性的人力资源基础。③ 因此,农村医生制度的变动将直接影响农村居民获取医疗卫生服务的可及性和公平性,最终将直接侵害农村居民的健康权益,主要是积极的健康权益,即健康享有权。④

因此,自20世纪60年代开始,我国便意识到了农村医生在农村卫生系统建设中的重要作用,在近一个花甲的时空跨度下,我国的农村医生队伍经历了"从无到有"再到"从有转优"的变化过程,当然这一过程仍然在持续推进中。而我国要推动农村医生"由有到优"的华丽转变,核心是落脚于对农村医生本身的关注,包括对其权利的保障以及对其执业行为的规制两个方面。课题组提出此选题主要从以下几个背景展开。

(一)跨越特殊历史阶段的农村医生制度亟待转型

每每谈及农村医生制度,就不禁让人联想起"农村卫生保健员""赤脚医生""初级卫生保健""农村三级医疗网络""农村合作医疗(旧农村合作医疗)"这几个关键词。农村医生制度是特殊历史背景下的产物,符合当时国家社会经济发展状况,也符合国际社会共同的理念,其为后续改革开放经济大发展、大繁荣奠定了坚实的卫生健康基础。

---

① 乡村一体化管理是指"在县级卫生行政部门统一规划和组织实施下,以乡镇为范围,对乡镇卫生院和村卫生室的行政、业务、药械、财务和绩效考核等方面予以规范的管理体制"。最早出现在原卫生部办公厅《关于推进乡村卫生服务一体化管理的意见》(卫办农卫发〔2010〕48号),该意见出台主要是为了贯彻实施中共中央、国务院《关于深化医药卫生体制改革的意见》(中发〔2009〕6号),"通过实行乡村一体化管理,合理规划和配置乡村卫生资源,规范服务行为,提高服务能力,促进新农合制度的巩固和完善,推动农村医疗卫生事业健康持续发展,满足广大农村居民的医疗卫生需求"。

② 参见尚晨光主编:《乡村医生从业管理条例释义》,中国法制出版社2003年版,第6~10页。

③ 参见高清、王晓燕等:《村卫生室医疗卫生服务公益性的现状研究》,载《中国全科医学》2012年第25期。

④ 参见王晨光等:《健康法治的基石——健康权的源流、理论与制度》,北京大学出版社2020年版,第13~14页。

中华人民共和国是建立于百年战争摧残的废墟之上的国家,成立初期的新中国各方面百废待兴,国家发展建设需要大量劳动力的支持。而当时我国绝大多数的人口居住在农村地区,由于农村地区医疗卫生条件长期处于"无人照管"的状态,使得农村地区基本没有公共卫生服务设施和人员,农村医生也主要是一些中医世家和江湖郎中,甚至部分边远的山区、边疆地区还存在巫医盛行的局面。因此,在新中国成立后不久,周恩来总理于1950年10月1日,在全国人民政治协商会议庆祝新中国成立一周年大会上提出"人民政府决定在最近几年内在每个县和区建立起卫生工作机关,以便改进中国人民长时期的健康不良状况"[①]。虽然这里仅仅提到了在县区一级政府建立医疗卫生工作机关,但是以此为起点,通过建立起县区级医疗卫生监管组织机构的方式,迅速地推进了国家医疗卫生政策改革并对农村等基层地区原本混乱的医疗卫生环境施加管理。

到1956年,全国掀起了加快建设农村农业生产合作社的高潮。在高涨的农村合作化运动的影响下,[②]中国的农村合作医疗制度得以加速发展,原来农村地区广泛存在的私人医疗机构逐渐消失并被公社卫生院及公社卫生所取代,农村医生每天主动上门进行"巡回医疗",为农村居民提供了极大的就诊便利。1965年,"六二六"指示在毛泽东主席的号召下施行开来,指示要求"将医疗卫生工作的重点放到农村去",这一时期农村医疗卫生工作进入了发展的快车道,大量优质医疗资源开始向农村地区倾斜,一大批半农半医的"赤脚医生"开始在农村被大量培养起来,成为后续农村医生队伍的主力。农村医生主动开展巡回医疗,坚持与贫下中农"同吃、同住、同劳动",也赢得了广大农村居民的欢迎与爱戴。

考察当时的农村医生权利保障和执业行为规制,有其特殊性。我们可以发现,农村医生的收入待遇主要由集体经济组织或合作社保障,医疗服务收费很低,甚至有时是不收费的;农村医生的执业门槛要求也不高,只要能够掌

---

① 转引自马冀:《北京农村传统合作医疗制度研究》,知识产权出版社2015年版,第12页。

② 马冀研究认为,农村合作化运动与农村合作医疗有着紧密的关系,主要包括三个方面:(1)合作化运动中的"合作"思想促成了合作办医的基本思路;(2)合作化运动使得合作医疗获得了一定的经济支撑;(3)合作化运动使得有限的农村医疗卫生资源得到整合。参见马冀:《北京农村传统合作医疗制度研究》,知识产权出版社2015年版,第27~28页。

握基本的中医药知识技能(草药、针灸等中医药适宜技术的使用)和一些常见病的西医诊断治疗知识技能就可以执业;农村医生与村民(患者)之间的医患关系相对融洽,农村居民对农村医生的认可度较高,农村医生的社会声誉和地位高,很少发生农村医生人格尊严不受尊重的情况,更少有医疗暴力事件等激烈的医患冲突事件发生。[①] 农村医生所处的这一段"幸福时光"一直持续到20世纪八九十年代,由此可见,我国的农村医生制度的变迁具有深厚的历史背景作支撑,这与我国的第一次社会发展道路选择(人民公社化运动)也有着密切的关联,正是因为我国当时大力发展农村合作化运动,才为农村医疗卫生发展营造了良好的外部环境。当然,在集体主义盛行的时期,受奉献精神的熏陶,农村医生个人也乐于更多地奉献,在较为"优厚"的生存、发展条件下,农村医生这一职业被认为是一个"香饽饽",其权利意识尚未被激活也没有必要激活;此外,自主自觉的合法合规执业精神源发于农村医生内心纯洁、高尚的道德情操之约束,对职业道德操守的尊重源于其所处的熟人社会氛围的影响。故而,在不考虑新闻报道业不发达的外部条件下,农村医生违法、违规执业的行为在当时确实也是稀世罕见之事,国家监管的存在必要性不足。

但是,以20世纪80年代为界限,随着我国第二次社会发展道路的选择(走发展社会主义市场经济的道路),农村医生原有的生存、发展的社会环境发生了巨大的变化,"政社合一"的农村人民公社逐步演变为"乡政村治"的村民委员会自治治理模式,农村医生群体失去了最为基础的组织依托。[②] 依据前面介绍的农村医生发展与农村合作化运动间的影响关系之逻辑,可以归纳出,社会主义市场经济主导之下的农村医生制度发展面临的主要问题有以下三个方面:(1)失去了农村合作化运动形成的"合作"思想的支持。改革开放以后,农村卫生室转归至农村村民委员会主办、管理,农村居民各自为政,基于互帮、互助理念的"合作"思想自然也没有人买账。部分农村卫生室最终被迫转为私人经营,或部分农村医生被迫离开村卫生室,大量农村医生自行

---

① 参见马冀:《北京农村传统合作医疗制度研究》,知识产权出版社2015年版,第56页。

② 参见王玉、王晓燕等:《农村"乡政村治"对村卫生室发展状况的影响研究》,载《中国初级卫生保健》2013年第11期。

开设诊所营业，甚至在整个农村卫生队伍中占比靠前。① （2）失去了农村合作化运动形成的"强健"的农村集体经济的支撑。这是对农村医生制度影响最为深远、彻底的因素，与第一点直接相关，也直接促成了农村医生群体的离散化，使其缺乏"合作"的基本动力。（3）以上两点相互结合最终导致农村医疗卫生资源再次分散化，农村居民曾经享受到的农村医生"上门服务"等可及性服务变得难以实现。总之，从此过渡阶段到现在，绝大部分的农村医生地位尴尬，长期没有编制身份，经济收入与退休后保障得不到重视，逐渐地退去往日的光鲜，由此导致我国的农村卫生人才队伍陷入持续性衰退状态，我们通过《中国卫生健康统计年鉴（2019）》的数据对这一趋势可以有一个大体的把握，详见表1－1。

表1－1　自1980年至2018年我国农村医生人数及占比变化

年份	人数/人	占比/%[1]	年份	人数/人	占比/%
1980	3,820,776	51.94	2013	1,081,063	11.04
1990	1,231,510	20.06	2014	1,058,182	10.34
2000	1,319,357	19.09	2015	1,031,525	9.65
2009	1,050,991	13.50	2016	1,000,324	8.95
2010	1,091,863	13.30	2017	968,611	8.24
2011	1,126,443	13.07	2018	907,098	7.37
2012	1,094,419	12.01			

〔1〕这里的农村医生包含取得乡村医生执业证书的乡村医生和没有取得乡村医生执业证书的卫生员。占比是指农村医生占医疗卫生人才总数的比重。

从表1－1的数据变化，我们可以直观地感受到时代背景的变换对农村医生制度和农村医生群体的"慢性打击"。市场的资源调配作用确实发挥了很大的作用，也使我们的生活在短短四十余年的时间内发生了翻天覆地的变化，医疗卫生水平特别是城市医疗卫生水平能够比肩西方发达国家，但是我

① 有一组历史数据可以说明此变化：由于实行家庭联产承包责任制，放宽相关政策，提倡多种形式办医，出现了多种形式的村级医疗卫生机构。截至1990年年底，全国有村卫生室（站）80.40多万个，占当时村总数的86.21%。其中，村或群众集资主办的农村卫生室占比33.10%；乡村医生和卫生员联合主办的占比10.84%；乡镇卫生院设点的占3.73%；个体主办的占47.50%；其他的占4.83%。参见杨磊、王桂生主编：《初级卫生保健学》，新疆科技卫生出版社1993年版，第53页。

们唯独忽略了农村医疗卫生状况的改善。虽然我国常住城镇的人口已经占到总人口的60.60%,但是仍然有39.40%的常住农村居民(以留守居民为主)的卫生健康需求需要获得满足。[①] 综上,农村医生制度形成于计划经济高度发展的特殊历史时期,在社会经济整体发展水平不高的年代里,以最为全面、有效的方式改善了农村居民的就诊条件和农村地区的卫生状况,获得了社会公众的普遍认可。[②] 但是,在社会经济大环境已经发生变化这一大前提下,原有的农村医生制度应当尽快完成转型,而首先要解决的问题便是如何建设一支符合农村居民现有医疗卫生需求的稳定的、规范的农村医生队伍。换言之,即如何实现农村医生制度由计划经济时代向市场经济时代的转型。

(二)面对健康中国战略的农村医生力不从心

农村医生在20世纪六七十年代强势发展的主要原因是得益于农村合作化运动的推动,这是农村医生发展的国内大环境。但是,除此之外,还有一个重要的国际大背景不可忽视,即国际初级卫生保健运动的推动。虽然,当时我国还没有恢复在世界卫生组织(WHO)中的合法席位,[③]但是当时我国正在积极寻求与西方社会的沟通对话,寻求与所谓主流世界接轨的可能,因此,世界卫生组织等国际组织提出的一些重大的卫生健康国际政策大多数被直接采纳。

就在这一"破冰时期",1972年世界卫生组织开启了一场自"二战"以后最大规模的全球卫生服务发展状况及公众健康状况调查。其最终的直接的结论是不乐观的,他们认为"许多国家的卫生服务不能够满足人民的需求,卫生机构不能够提供足够的服务,世界卫生状况已出现一片危机,而且局部的、微小的改善不会根本改变这种状况"。在这种背景之下,发展中国家与发达国家相比较而言,发达国家医疗卫生方面,社会普遍的疾病更多地表现为富裕和社会疾病,而发展中国家被普遍认为面临的基础性的卫生健康问题最为严重,当时发展中国家的疾病普遍集中在贫穷病、卫生病。同时期,世界卫生组织还组织专家对包括中国、孟加拉国、古巴、印度等在内的9个发展中国家

---

① 参见国家统计局:《中华人民共和国2019年国民经济和社会发展统计公报》,载国家统计局官网2020年2月28日,http://www.stats.gov.cn/tjsj/zxfb/202002/t20200228_1728913.html。

② 参见张永辉:《中国农村合作医疗制度研究》,中国金融出版社2014年版,第61页。

③ 我国是世界卫生组织(WHO)的创始成员国之一,但是由于历史的因素,我国直到1972年5月10日才恢复在世界卫生组织中的合法席位。

一一进行了考察,80余位专家共同撰写了题为《在发展中国家满足基本医疗卫生服务需求的可选择的方法》的研究报告,特别提到了应当改变之前松散的农村医疗卫生管理,“制定强有力的国家政策”,为大多数人提供基本卫生服务。这其中,中国自20世纪60年代开始推行的农村卫生政策“三大法宝”——农村合作医疗保险、“赤脚医生”、农村三级医疗卫生服务网络为世界卫生组织所称道,契合了世界卫生组织的卫生健康理念。1977年5月,世界卫生组织提出了一项跨越世纪的目标,即“到2000年世界全体人民都应达到具有使他们的社会政治和经济生活富有成效的那种健康水平,后世简称为‘2000年人人享有卫生健康’”①。1978年9月,联合国儿童基金会和世界卫生组织在哈萨克斯坦原首都阿拉木图联合举办了阿拉木图会议,会议文件经修改形成了后来的《阿拉木图宣言》,由此为实现“2000年人人享有卫生健康”提供了可操作的具体线路图。②

此后,初级卫生保健理念通过各种形式融入我国国内的医药卫生政策中。其间,我国还先后经历了两次比较重要的医药卫生体制改革。第一次医药卫生体制改革是在1985~2005年展开的,这次医药卫生体制改革发生在改革开放初期,因此深受市场经济思想的影响,过分强调对医疗卫生服务市场的放开,忽视了医疗卫生服务作为国家基本公共卫生服务重要组成部分应当保持其“公益性”“可及性”,因此这次医改也被评价为“失败的医改”。③ 当然由于初级卫生保健政策的独立性,这场改革对农村医疗卫生的冲击总体不大,只是医疗市场化运动加快了农村医生群体的远离速度。2009年,在总结第一次医药卫生体制改革经验教训的基础之上,新一轮大规模的医药行业的卫生体制改革逐步启动,这次改革将总目标确定为:“建立健全覆盖城乡居民的基本医疗卫生制度,为群众提供安全、有效、方便、价廉的医疗卫生服务。”④这也标志着我国基层卫生健康理念由“初级卫生保健”向“基本医疗卫生”发

① 张一杰、张清源主编:《农村初级卫生保健》,河北科学技术出版社1996年版,第1~4页。

② 参见张一杰、张清源主编:《农村初级卫生保健》,河北科学技术出版社1996年版,第8~10页。

③ 参见国务院发展研究中心课题组:《国务院研究机构对中国医疗改革的评价与建议》,载南方网2005年7月29日,http://theory.southcn.com/llzhuanti/ylgg/tbgz/200509140346.htm。

④ 中共中央、国务院:《关于深化医药卫生体制改革的意见》,载中华人民共和国中央人民政府官网2009年4月8日,http://www.gov.cn/test/2009-04/08/content_1280069.htm。

生转变,这一变动也体现在了《基本医疗卫生与健康促进法》系列草案的名称变化的过程中。[①] 此卫生健康政策的转变对农村医疗卫生及农村医生而言是"喜忧参半"的消息:所谓"喜",在于农村医生获得了再次发展的良机;所谓"忧",在于农村医生面临依然不明朗的权益保障制度和日益严格化的监管政策。

2016 年 8 月,习近平总书记在全国卫生与健康大会上的讲话中指出,"要坚持正确的卫生与健康工作方针,以基层为重点,以改革创新为动力,预防为主,中西医并重,将健康融入所有政策,人民共建共享"。同时,他强调"没有全民健康,就没有全面小康。要把人民健康放在优先发展的战略地位……加快推进健康中国建设"[②]。此次会议之后,卫生健康工作被提到国家战略的中心位置,2017 年 10 月党的十九大报告正式将健康中国战略写入,其中涉及农村医生的主要有"深化医药卫生体制改革,全面建立中国特色基本医疗卫生制度、医疗保障制度和优质高效的医疗卫生服务体系,健全现代医院管理制度。加强基层医疗卫生服务体系和全科医生队伍建设"。农村医生作为强化基层医疗卫生服务体系的主要目标群体之一,也被赋予了新的时代使命。但是,需要引起注意的是,此处十九大报告和在此报告之前发布的《健康中国战略 2030 规划纲要》第二十二章"加强健康人力资源建设"都没有提到乡村医生或农村医生,而是提到另一个概念,即所谓全科医生。其背后的逻辑似乎是国家意在通过全科医生队伍的建设逐步取代之,并且在距离其时间最近的关于农村医生的中央规范性文件国务院办公厅《关于进一步加强乡村医生队伍建设的实施意见》(国办发〔2015〕13 号)第 13 项确实也提到了"建立乡村全科执业助理医师制度"这一全新的农村医生执业注册管理类型。

但是,"理想是丰满的,而现实总是骨感的"。正如前文表 1－1 反映出的农村医生队伍之"颓势",在尚未从根本上消解农村医生生存、发展问题与农

---

① 2003 年第十届全国人大常委会立法规划名称为《初级卫生保健法》,2008 年第十一届全国人大常委会立法规划名称被修改为《基本医疗卫生保健法》,到 2013 年第十二届全国人大常委会立法规划名称为《基本医疗卫生法》。参见王岳:《〈基本医疗卫生与健康促进法(草案)〉若干问题的思考》,载《中国卫生法制》2018 年第 3 期。

② 习近平:《把人民健康放在优先发展战略地位》,载新华网,http://www.xinhuanet.com//politics/2016－08/20/c_1119425802.htm。

村卫生健康发展的内在冲突的前提下,很难实现农村医疗卫生健康事业的持续健康发展。健康中国战略推进的农村卫生人力资源要求无法获得充分的满足,优秀的农村医生在取得农村执业医师资格或执业助理医师资格后更愿意跳槽到上级医疗机构或自行开设诊所,真正能够沉淀的农村医生执业能力又无法满足农村居民日益提升的卫生健康服务需求。在面对健康中国战略这一自身再次发展的大好时机之时,农村医生只能因为力不从心而望洋兴叹。

(三)立足乡村振兴战略的农村医生未来可期

"三农"问题历来受到党和国家高度关注,它也不可避免地会辐射到涉及农村的各个领域,这其中当然就包括农村医疗卫生领域。在第一部分背景剖析中,我们着重回顾了农村医生制度产生的历史背景和社会经济条件,初步形成的结论为农村医生制度在当时能够得以快速推进的原因是农村医生制度与农村合作化运动的完美契合,即农村医生制度主动参与并贴合了农村发展战略,在保障最广大农民群众医疗卫生服务可及性,促进农村居民整体卫生健康水平提升的同时,也推动了农村集体经济的发展,或者说为农村集体经济的发展提供了源源不断的健康劳动力支持。因此,以农村医生为"中流砥柱"的农村医疗卫生服务系统于农村发展战略而言为"唇齿相依"的关系:没有农村社会经济的健康持续发展,农村医疗卫生服务系统将缺少必要的经济、政策、组织等支撑;没有运行良好的农村医疗卫生服务系统,农村社会经济的发展也将沦为无源之水、无本之木。借用习近平总书记的"没有全民健康,就没有全面小康"一语,此处可以类推为"没有村民健康,就没有乡村振兴"。

"乡村振兴战略"一词首次出现在习近平总书记于 2017 年 10 月 18 日所作的十九大报告第四分章"决胜全面建成小康社会,开启全面建设社会主义现代化国家新征程"的第二段。[①] 在全面脱贫攻坚任务完成之后,为巩固脱贫攻坚成果,乡村振兴战略被提上日程,而全面建成小康社会与全面建成社会主义现代化国家也同样需要实施乡村振兴战略作为必要的中间桥梁。

有关乡村振兴战略最早、最系统的阐述见于 2017 年 12 月 29 日在北京召

---

① 习近平:《决胜全面建成小康社会　夺取新时代中国特色社会主义伟大胜利——在中国共产党第十九次全国代表大会上的报告》,载中华人民共和国中央人民政府官网,http://www.gov.cn/zhuanti/2017-10/27/content_5234876.htm。

开的中央农村工作会议,会议全面分析了当前我国“三农”工作面临的形势和任务,对党的十九大工作报告中有关乡村振兴的内容予以了更为细致的划分。尤其是会议提出了走中国特色社会主义的乡村振兴道路要“分三步走”的时间表,分别是“(1)到2020年,乡村振兴取得重要进展,制度框架和政策体系基本形成(与全面建成小康社会相匹配);(2)到2035年,乡村振兴取得决定性进展,农业农村现代化基本实现(与全面建设社会主义现代化相匹配);(3)到2050年,乡村全面振兴,农业强、农村美、农民富全面实现(与达到中等发达国家水平相匹配)”①。中央明确的这一“分三步走”的战略表明今后近30年的农村经济社会发展时间区段内,乡村振兴战略将是主线发展战略,是农村医生生存、发展的重要外部环境。

目前,关于乡村振兴战略的具体实施纲要,有三个比较有代表性的文件值得关注,即2018年年初由中共中央、国务院办公厅公布的2018年中央一号文件——《关于实施乡村振兴战略的意见》,2018年9月由中共中央、国务院联合发布的《乡村振兴战略规划(2018-2022年)》,以及2021年1月4日由中共中央、国务院联合发布的《关于全面推进乡村振兴加快农业农村现代化的意见》。这三份文件中分别提到了关于农村医疗卫生和农村医生的内容,详见表1-2。

表1-2 乡村振兴战略实施意见及阶段性规划纲要中涉及农村医疗卫生的主要内容

文件名称	相关内容
中共中央、国务院《关于实施乡村振兴战略的具体实施纲要》[1]	(五)推进健康乡村建设。强化农村公共卫生服务,加强慢性病综合防控,大力推进农村地区精神卫生、职业病和重大传染病防治。完善基本公共卫生服务项目补助政策,加强基层医疗卫生服务体系建设,支持乡镇卫生院和村卫生室改善条件。加强乡村中医药服务。开展和规范家庭医生签约服务,加强妇幼、老人、残疾人等重点人群健康服务。倡导优生优育。深入开展乡村爱国卫生运动

① 董峻、王立彬:《中央农村工作会议在北京举行》,载《人民日报》2017年12月30日,第1版。

续表

文件名称	相关内容
《乡村振兴战略规划(2018－2022年)》[2]	第二节　推进健康乡村建设 深入实施国家基本公共卫生服务项目,完善基本公共卫生服务项目补助政策,提供基础性全方位全周期的健康管理服务。加强慢性病、地方病综合防控,大力推进农村地区精神卫生、职业病和重大传染病防治。深化农村计划生育管理服务改革,落实全面两孩政策。增强妇幼健康服务能力,倡导优生优育。加强基层医疗卫生服务体系建设,基本实现每个乡镇都有1所政府举办的乡镇卫生院,每个行政村都有1所卫生室,每个乡镇卫生院都有全科医生,支持中西部地区基层医疗卫生机构标准化建设和设备提挡升级。切实加强乡村医生队伍建设,支持并推动乡村医生申请执业(助理)医师资格。全面建立分级诊疗制度,实行差别化的医保支付和价格政策。深入推进基层卫生综合改革,完善基层医疗卫生机构绩效工资制度。开展和规范家庭医生签约服务。树立大卫生大健康理念,广泛开展健康教育活动,倡导科学文明健康的生活方式,养成良好卫生习惯,提升居民文明卫生素质
中共中央、国务院《关于全面推进乡村振兴加快农业农村现代化的意见》[3]	(十七)提升农村基本公共服务水平……全面推进健康乡村建设,提升村卫生室标准化建设和健康管理水平,推动乡村医生向执业(助理)医师转变,采取派驻、巡诊等方式提高基层卫生服务水平。提升乡镇卫生院医疗服务能力,选建一批中心卫生院。加强县级医院建设,持续提升县级疾控机构应对重大疫情及突发公共卫生事件能力。加强县域紧密型医共体建设,实行医保总额预算管理。加强妇幼、老年人、残疾人等重点人群健康服务

〔1〕中共中央、国务院《关于实施乡村振兴战略的具体实施纲要》,载中华人民共和国中央人民政府官网2018年1月2日,http://www.gov.cn/zhengce/2018－02/04/content_5263807.htm。

〔2〕中共中央、国务院:《乡村振兴战略规划(2018－2022年)》,载中华人民共和国中央人民政府官网2018年9月26日,http://www.gov.cn/xinwen/2018－09/26/content_5325534.htm。

〔3〕中共中央、国务院《关于全面推进乡村振兴加快农业农村现代化的意见》,载中华人民共和国中央人民政府官网2021年2月21日,http://www.gov.cn/zhengce/2021－02/21/content_5588098.htm。

在仔细浏览这三份乡村振兴战略的细化实施文件时,我们发现农村医疗卫生被置于保障和改善民生的主题项下,这符合医疗卫生作为重大民生领域的基本定位。此外,我们注意到分标题是“推进健康乡村建设”,即这是健康中国战略在乡村振兴战略中的投射,或者此部分是健康中国战略的重要组成。从上述关于建设健康乡村的初步意见可以看出,国家正逐步重视农村医生在农村医疗卫生系统未来发展中的定位,并逐步重视平衡农村医生权利保障与农村医生职责,在赋予农村医生群体更大范围的基本医疗卫生服务职责的同时,关注农村医生待遇保障、执业条件改善以及执业能力提升。

总体而言,随着国家发展的重心再次兼顾农村地区经济社会发展,农村医生的生存、发展外部条件将获得更大的改善,而在顺应乡村振兴战略、推进“健康乡村”建设的同时,[①]如何通过完善农村医生权利保障制度及农村医生执业行为规制制度,促使农村医生主动、积极、全面、规范地参与到我国农村医疗卫生服务体系的“振兴”抑或是改造升级,是当下我们应当关注的农村医疗卫生焦点问题。

(四)反思后疫情时代农村医生需补齐短板

2020年年初,新型冠状病毒肺炎(COVID－19,以下简称新冠肺炎)[②]疫情在武汉市暴发,由于当时正值春运时期,病毒经由公路、水路、航空等公共交通工具迅速在国内传播,这次疫病大流行与发生于2003年“非典”疫情相比,具有更广的传播范围和更强的破坏力。因此,这也导致新冠肺炎疫情发生初期曾经引发了一定程度的社会恐慌。

当然,面对新冠肺炎疫情,首当其冲的是我国的各级医疗卫生服务系统,由于在疫情发生的初期医疗系统与卫生系统间协调衔接不及时,导致疫情早期监测、预警迟滞,进而影响了疫情初期处置措施未及时跟进。在湖北省武汉市,出现了大量新冠肺炎患者、疑似患者及密切接触者都涌向少数几家大型的医疗机构,导致大型医疗机构人满为患,新冠肺炎患者与普通患者之间,新冠肺炎患者与未做医疗防护的医务人员之间,出现了交叉感染,使得本来就珍贵的应急医疗救护力量被削弱。为此,我国立即发挥了集体主义优势——全国一盘棋,全国16个省市自治区对口支援湖北省各个地级市,实现

---

① 参见叶龙杰:《乡村振兴,健康工作要高站位》,载《健康报》2018年2月6日,第2版。

② 参见罗攀:《世卫组织将新冠肺炎命名为“COVID－19”》,载中国新闻网,https://www.chinanews.com/gj/2020/02－12/9087942.shtml。

“一省包一市”,①4.2万名医护人员紧急驰援,一定程度上缓解了因为疫情初期“分级、分层诊疗”落实不到位而引起的医疗人力资源被动减少的困境。而在农村地区,新冠肺炎疫情防控面临更大的困难:一是绝大多数农村地区的农村居民居住分散,疫情排查和追踪的时间和人力投入更大;二是绝大多数农村医生没有接受过系统的公共卫生与流行病调查训练,单凭基层公共卫生医师(主要是县级疾病预防与控制中心公共卫生医师、乡镇卫生院公共卫生医师)很难及时完成新冠肺炎疫情的全面检测和追踪。基于此,在疫情防控的关键阶段,国务院新型冠状病毒肺炎联防联控工作机制(以下简称国务院联防联控机制)迅速出台了一批规范性文件,召开了一系列新闻发布会,明确提到基层医疗卫生机构及其医务人员要积极参与到新冠肺炎疫情“分级、分层诊疗”,相关文件及新闻发布会内容详见表1-3。

表1-3 国务院联防联控机制发布的涉及基层医疗机构及医务人员参与疫情防控的内容[1]

发布日期	文件、新闻发布会名称	相关内容
2020年1月27日	近期防控新型冠状病毒感染的肺炎工作方案(肺炎机制发〔2020〕9号)	发热病人较多时,可由社区卫生服务中心、乡镇卫生院等基层医疗卫生机构对发热病人进行筛选、分类,避免患者无序流动,减少医院交叉感染
2020年1月30日	关于进一步做好农村地区新型冠状病毒感染的肺炎疫情防控工作的通知(肺炎机制发〔2020〕14号)	充分发挥农村基层医疗卫生机构和村医作用。在县级卫生健康行政部门领导和疾控等专业机构指导下,乡镇卫生院、村卫生室人员要做好农村地区的筛查、医学追踪、预检分诊和转诊,实行日报告制度
2020年2月24日	关于依法科学精准做好新冠肺炎疫情防控工作的通知(联防联控机制发〔2020〕28号)	加强农村疫情防控。充分发挥农村基层党组织、村民自治组织以及乡镇卫生院、村卫生室作用,组织动员农民群众开展群防群控

① 参见桂从路:《16个省对口支援湖北:抗疫战争,就要全国一盘棋》,载新华网,http://www.xinhuanet.com/politics/2020-02/10/c_1125551494.htm。

续表

发布日期	文件、新闻发布会名称	相关内容
2020 年 3 月 20 日	关于进一步推进分区分级恢复正常医疗服务工作的通知(联防联控机制发〔2020〕35 号)	发挥基层医疗机构作用,进一步落实基层首诊、双向转诊、急慢分治、上下联动的要求,使常见病、多发病患者就近看病就医,减少跨区域异地流动就医
2020 年 4 月 6 日	新冠肺炎出院患者复诊复检工作方案(试行)的通知(国办发明电〔2020〕15 号)	基层医疗机构要做好患者出院后居家隔离健康监测和健康管理等工作
2020 年 6 月 9 日	关于发挥医疗机构哨点作用做好常态化疫情防控工作的通知(联防联控机制综发〔2020〕186 号)	充分发挥基层医疗机构的"哨点"作用
2020 年 2 月 10 日	介绍加强基层社区疫情防控有关情况	居家隔离人员应该属地化管理,需要居委会、社区工作者、基层医务人员、民警以及公民所有人配合,大家都要共同进行居家管理的工作
2020 年 2 月 11 日	介绍加强农村疫情防控有关情况	基层医疗卫生机构要在当地党委政府和卫生健康部门领导下,做好排查、做好宣传教育、做好保障服务

〔1〕这里收集的国务院联防联控工作机制发布的规范性文件及新闻发布会截至 2020 年 7 月。

除表 1 - 3 所列举的国务院联防联控工作机制发布的规范性文件及新闻发布会以外,全国各级政府联防联控工作机制都出台了对应的落实文件。由此,显而易见,农村医生在突发疫情防控中是不可或缺的一环,他们既是农村平常时期的"健康守门人",也是农村紧急时期的"健康守门人"。正如习近平总书记在中央全面深化改革委员会第十二次会议强调的"既要立足当前,科学精准打赢疫情防控阻击战,更要放眼长远,总结经验、吸取教训,针对这次疫情暴露出来的短板和不足,抓紧补短板、堵漏洞、强弱项,该坚持的坚持,该完善的完善,该建立的建立,该落实的落实,完善重大疫情防控体制机制,健全国家公共卫生应急管理体系"①。这里的短板自然也包括农村医生在新

① 黄頔:《习近平主持召开中央全面深化改革委员会第十二次会议强调:完善重大疫情防控体制机制 健全国家公共卫生应急管理体系》,载中华人民共和国中央人民政府官网,http://www.gov.cn/xinwen/2020-02/14/content_5478896.htm。

冠肺炎疫情防控中所暴露出的短板,笔者认为主要包括以下几方面:(1)仅拥有日常公共卫生服务供应能力,突发公共卫生预防与应急处置参与能力低;(2)与基层疾病预防与控制系统没有形成良好的突发公共卫生事件协同机制;(3)积极参与分级诊疗的意识不强。以上的这些农村医生短板是在新冠肺炎疫情之前被忽视的内容,也为我们思考农村医生权利保障及农村医生执业行为规制提出了新的视角和切入点,即既要重视农村医生在基本医疗与基本公共卫生服务体系中的作用,也应强化其在农村突发公共卫生事件预防与处置中的作用。

二、研究意义

如前所述,农村医生的诞生与发展具有历史和社会发展密切相关性,由此导致其在现代医师管理法律制度体系中具有独特的法律地位,亦即农村医生既可以适用《执业医师法》及配套的行政法规、部门规章等规范性文件,也可以适用《乡村医生从业管理条例》配套的部门规章及规范性文件,本书主要着眼于适用《乡村医生从业管理条例》的农村医生,即乡村医生[①]。进而,对农村医生权利的保障与农村医生执业行为的规制常牵扯多规范重叠适用与多部门监管交叉,因此,全面梳理清楚涉及农村医生权利保障及农村医生执业行为规制的法律规范及相关政策,有助于廓清当前农村医生权利保障内部关系及与农村医生执业行为规制间的关系,形成正确的理论逻辑及执法、司法思路。

(一)理论意义

长期以来,我国卫生法学或医事法学的主流理论对农村医生的关注不足,这与我们国家卫生法治理论研究的起步较晚不无关系。[②] 至于医师权利

---

① 以2004年实施的《乡村医生从业管理条例》为界限,在行政村卫生室执业的农村医生已经形成一个复杂的群体,既可能有持执业(助理)医师证书的农村医生,也可能有持乡村医生执业证书的农村医生,还可能有持乡村医生全科执业助理医师证书的农村医生,甚至包括无证的卫生员。

② 卫生法学起步较晚除了与我国在改革开放之后才出现卫生法治实践(医患纠纷事件陡增)增多的原因外,还在于卫生法学的学科定位一直存在争议,直到近年来"领域法学"的概念开始引入我国,逐渐打破了部门法学思维的桎梏,才使得卫生法学成为一门部门法学眼中的法律科学。参见刘剑文等:《领域法学——社会科学的新思维与法学共同体的新融合》,北京大学出版社2019年版,序言第1~3页。

保障的理论探索远不如医患纠纷理论研究及患者(包括人体试验受试者、活体器官捐献者等特殊的医疗活动相关主体的权利保障)权利保障那样“百花齐放,百家争鸣”,即便是有关普通医师权利保障及执业行为规制的理论文章及专著、教材论述都是凤毛麟角,涉及农村医生的权利保障及执业行为规制的理论研究更是阙如。为此,课题组在开展前期课题论证时,尽可能运用可掌握的资料库及相关纸质资料对我国已经出版发行的,涉及普通医师、农村医生权利、执业行为规制的卫生法学教材、专著进行了全面的梳理,目前主要有:《医药卫生法学》①《法学基础与卫生法教程》②《卫生法学》③《卫生法学基础》④《中国卫生法学》⑤《卫生法学》⑥《医事法热点问题研究》⑦《医患权益与保护》⑧《医疗纠纷案例评析》⑨《乡村医生从业管理条例释义》⑩《医学的法律边界》⑪《医师的权利和义务》⑫等涉及了医生执业权利等相关内容,但对于村医权利、执业行为规制等问题的研究基本上是缺位的。

---

① 参见邓公平主编:《医药卫生法学》,上海科学技术出版社 1989 年版。

② 参见刘莹亭、郑宗秀主编:《法学基础与卫生法教程》,河南人民出版社 1990 年版。

③ 参见陈明光、刘本仁主编:《卫生法学》,上海医科大学出版社 1992 年版。

④ 参见赵书贵、郑国生主编:《卫生法学基础》,中国言实出版社 1997 年版。

⑤ 参见吴崇其主编:《中国卫生法学》,中国协和医科大学出版社 2001 年版。

⑥ 参见伍章天、黄飞主编:《卫生法学》,广东人民出版社 2001 年版。该书第 287 页首次提出“既要保护医师作为公民的权利,维护医师的合法权益,也要保护与医师执业相联系的特定权利”。

⑦ 参见冯玉芝主编:《医事法热点问题研究》,团结出版社 2009 年版。该书认为“在医疗服务过程中,医师的医学治疗权不再是一项个人的权利,而是一项权力”。“医师权利来源于患者权利的让渡”,同时,该书还对医师权利作了定义性的表述。

⑧ 参见王亚平:《医患权益与保护》,人民军医出版社 2003 年版。该书对医师权利与义务进行了较为全面的介绍,提出了对医师权利进行划分、归类的独到主张。

⑨ 参见王岳:《医疗纠纷案例评析》,对外经济贸易大学出版社 2012 年版。该书认为医生的权利分为“法定权利(公法上的权利)与约定权利(私法上的权利)”,“无论是公法还是私法上的权利义务,对于确保医师的资质,实现诊疗目的,构建和谐的医患关系而言,义务的履行都远较权利行使更为重要”。此外,该书将医师的义务划分为“诊疗义务(亲自接诊义务、作出诊断义务、实施治疗措施义务)、不加重患者病情义务、取得患者有效承诺的说明告知义务、转诊义务、医疗注意义务”。

⑩ 参见尚晨光主编:《乡村医生从业管理条例释义》,中国法制出版社 2003 年版。该书是对《乡村医生从业管理条例》逐条解释,对乡村医生权利保障及执业行为规制的具体制度有较为全面的介绍,但是多数也是对法律条文的重述。

⑪ 参见任元鹏:《医学的法律边界》,东南大学出版社 2012 年版。该书以案例形式介绍医师权利与义务,但是医师权利部分,仅介绍了人格尊严权及强制治疗权。

⑫ 参见王和平主编:《医师的权利和义务》,中国协和医科大学出版社 2012 年版。该书分上下两篇对医师权利与义务分条陈述,基本覆盖了所有医师权利及义务,但是没有厘清楚各项权利及权利与义务之间的关系。

从现有的卫生法学教材与专著可以发现，我国普通医师及农村医生权利保障与执业行为规制研究的特点如下：(1)总体存量、增量都不足，即过去30余年的卫生法学研究基本不是很重视医师权利保障，特别是农村医生权利保障，研究的重心放在农村医生队伍的管理上，呈现“重管理，轻保障”的特点，并且这种情况一直没有获得改善，农村医生权利保障问题大有被长期搁置的风险。(2)总体质量不高，多数研究成果具有明显的滞后性，与法律规范亦步亦趋，易言之，当前的可以归纳的研究成果中对农村医生权利保障与执业行为规制的分析、讨论至多使用了法律释义学研究方法，停留于法律条文的字面解释。而有掣肘于我国卫生健康法制领域长时间不进行法律修改调整，诸如《执业医师法》《乡村医生从业管理条例》多数是20世纪90年代及21世纪初的立法成果，其理论局限性也可见一斑；另外一个方面的原因可能与当时多数卫生法学教材针对的对象并非法科生这一原因有关。(3)多数局限于对医师权利与义务的研究，对农村医生、乡村医生权利保障与执业行为规制的关注度低。(4)部分研究成果将医师等医疗卫生人员归入卫生资源或者卫生人力资源的范畴，体现出这类研究对医师等医药卫生人员的人文关怀度不高，间接反映出卫生法学、医事法学理论界对于农村医生权利保障及执业行为规制问题的长期忽视。

鉴于此，我们通过借助前文四大背景为工具或观察视角，全面、系统、规范地梳理我国农村医生权利保障的性质、内涵、外延、主要权利及其分支权利、各项权利间的内在关联与区别，权利间的位阶等；在结合与农村医生权利保障的关系辨析的基础上明确对当前农村医生执业行为规制的限度、主要方式等。以期通过此研究成果起到抛砖引玉的作用，引起全社会对医患关系中的“医师”一方的更多注目，为深化我国普通医师和农村医生权利保障与执业行为规制理论添砖加瓦。

(二)实践意义

农村医生的“健康守门人”地位在当前以及今后很长一段时间内仍然是常态，农村地区的基本医疗与基本公共卫生以及突发公共卫生事件预防与处置的重任仍然需要有农村医生承担，虽然《基本医疗卫生与健康促进法》第56条提供了较为丰富的基层及边远贫困地区医疗卫生人力资源供给渠道，但是通过定向医生制度和全科医生制度乃至家庭医生制度等方式强化农村医生队伍还有很长一段时间的路程要走。

其实,正如前文所述,农村医生制度改革的关键是转换思路,正视农村医生在农村医疗卫生服务系统中的重要法律地位,通过建立完善的农村医生权利保障机制稳定现有存量农村医生队伍,积极吸纳新生代的农村医生力量,使他们愿意扎根农村医疗,而非通过强制命令等行政手段的方式限制农村医生执业或职业选择自由。同时,对农村医生的执业行为规制采取缓慢增强的阶段性执法策略,以为农村医疗卫生服务能力提供足够的"休养生息"时间,但是对于非法行医、过度医疗等严重违法行为要严厉肃清,为合法执业者营造良好的执业外部环境。

本研究不仅仅是理论层面的推演,同时借助大量的实证考察手段广泛收集卫生行政机关、农村医疗卫生机构、农村医生及社会公众的意见,以大量涉及农村医生权利保障及执业行为规制的案例和事例呈现与农村医生相关的执法、司法中面临的问题、困境,再以此为契机提出具体的更具针对性、可操作性的农村医生权利保障及执业行为规制对策与方案,为相关立法、执法乃至司法提供建议,为农村基层党委政府决策、执法和基层医疗机构的实际工作提供参考,从而推进健康中国战略和乡村振兴战略及相关国家发展战略在农村的顺利实施,并为卓越医事法律人才培养提供有益参考。

第二章　国内外研究现状

"以史为镜,可以见兴衰。"对于前人研究成果的全面、系统把握可以"站在巨人的肩膀上",以更高、更新的视角审视当前制度面临的问题。见之于农村医生权利保障与农村医生执业行为规制研究,在进一步的理论展开及逻辑推论之前有必要掌握现有研究的面貌。

在第一章研究意义的第一部分理论意义中,我们通过对我国现有的已经出版发行的卫生法学教材及专著的梳理,基本掌握了我国普通医师与农村医生权利保障及执业行为规制研究的现状,但是这一观察还是片面的,为此我们从两个方面增加了观察的维度,一是扩大文献种类至时效性更强、创新程度要求更高的期刊、报纸等;二是扩大文献的界域至外国同类研究或国内对域外同类问题的介绍性研究。

一、国内研究现状述评

由于农村医生制度在我国具有历史和时代的特殊性,因此在检索文献资源时,主要的文献资料都是来自我国,同时我们也比较了发达国家的基层医生制度及发展中国家类似的农村医生制度。下文主要以国内研究成果的回溯性评价为重心,兼顾对国外研究成果的批判性借鉴。

(一)对农村医生问题的综合性考察研究

在对收集的有关农村医生权利保障及农村医生执业行为规制的所有文献进行分类整理时,我们发现有部分研究并没有聚焦于农村医生权利保障及农村医生执业行为规制的某一些方面，而是基于对农村医疗卫生实践的观察、归纳以及对其他单项研究的聚类形成了一些有关农村医生普遍性问题，这些问题可各自归属于农村医生权利保障及农村医生执业行为规制范畴。

首先不得不提到的最早、最全面、最具代表性的有关农村卫生及农村医生的社会调查研究是由世界银行(World Bank)资助的卫生贷款项目，[①]该项目由中央课题小组及全国四省课题组组成的联合课题小组共同完成，其中河南省课题组自1993年起先后完成总体设计、基线调查、干预试验，部分成果于1996年、2000年开始连续在《中国农村卫生事业管理》杂志上刊发。具体的子课题分布如表2-1所示。

表2-1　中国农村卫生服务筹资和农村医生报酬试验研究农村医生相关子课题分布情况

刊期及页码	子课题或阶段任务名称
1996年第9期，第29~31页	“中国农村卫生服务筹资和农村医生报酬试验研究”河南省总体设计报告
1996年第9期，第32~36页	基线调查断面调查报告、基线调查断面调查质量评价
2000年第7期，第3~4页	系列报告之一：问题的提出和研究背景
2000年第7期，第5~7页	系列报告之二：课题的研究设计
2000年第11期，第16~17页	系列报告之十：中国乡村医生的演化
2000年第11期，第18~20页	系列报告之十一：乡村医生处方行为分析
2000年第11期，第21~22页	系列报告之十二：乡村医生处方费用、结构及影响因素分析
2000年第11期，第23~24页	系列报告之十三：乡村医生用药行为及干预措施效果的初步评价
2000年第12期，第19~20页	系列报告之十四：乡村医生报酬初探
200年第12期，第25~27页	系列报告之十六：乡村医生的培训及素质情况研究

表2-1中展开的针对农村卫生及农村医生的调查发生在20世纪90年

① 自1980年世界银行(World Bank)恢复我国的合法席位以来，借助世界银行的贷款资助，截至2005年我国获得了12个农村卫生项目及4个农村改水与环境卫生项目，其中就包含文本提到的“卫Ⅵ”项目，即“农村卫生人力开发”项目。参见刘方：《世界银行贷款卫生项目简介》，载《中国医疗器械信息》2005年第4期。

代，并且其借助农村医生的薪酬、培训及素质情况观察农村医生权利保障情况，借助农村医生处方行为观察农村医生执业行为规制情况。主要的观察结论认为：(1)村医报酬虽低，但总体高于普通农民，人员因报酬流失的情况少见；(2)村医收入机构多元化，并且药品收入占比较大；(3)处方用药高于当时的国际水平，有过度用药的倾向，特别是抗生素、激素、注射类药物的滥用；(4)培训周期短，日常适宜技术的培训缺乏。以上四个方面的情况，随着我国医药卫生体制改革的推进，部分获得了缓和、解决，但是村医薪酬待遇、村医培训与继续教育等问题获得的实质进展仍然很小。

后续的有关农村医生综合性考察基本遵循了这种研究思路。田疆、张光鹏等调查资料(中国卫生统计年鉴、国家卫生服务总调查研究报告、《中国乡村医生历史回顾与现状研究》数据、《乡村医生队伍发展的关键问题策略研究》)及文献资料分析提出，乡村医生面临着身份与承担任务不匹配、队伍老化、素质低、收入低、养老无保障等问题，并明确提出应赋予乡村医生以事业单位编制，专门开设“乡村医生执业助理医师考试”等对策。[①] 朱建华调研发现乡村医生的五个特点，即“层次结构不合理、年龄偏大、文化基础薄弱、医学理论不扎实、行医局限性和区域性”，并认为应当通过改变医院学院农村医生培养计划、教学大纲、教材等途径逐步培养出合适的农村卫生人才以替换现存乡村医生。[②] 张翠云、张建华基于2000～2014年的乡村医生研究文献，运用卫生系统模式原理，归纳出乡村医生领域的22类主要问题，再以此为基础归纳出五个大的方面，即“资源问题、组织问题、管理机制问题、产生结果及宏观环境”，研究认为整个乡村医生领域的问题基本符合“结构—过程—结果”的逻辑作用关系，除乡村医生系统本身各因素相互作用外，乡村医生系统还要受到外部宏观环境的影响，其中政策执行机制不力是导致乡村医生问题最直接的原因。[③] 更进一步，他们还对乡村医生领域的这22类问题的严重性进

① 参见田疆、张光鹏等：《中国乡村医生队伍的现状与发展》，载《中国卫生事业管理》2012年第2期。

② 参见朱建华：《乡村医生队伍的现状分析与今后建设的思考》，载《中华全科医学》2015年第9期。

③ 参见张翠云、张建华等：《基于文献分析的我国乡村医生领域问题研究》，载《中国全科医学》2015年第31期。

行了排序，其中排名前四的依次为“学历偏低、教育培训机制不完善、养老保障机制缺失及老龄化”。① 秦晓强、尹文强借助于对30名乡村医生的半结构式访谈资料的质性分析（开放式编码—主轴编码—选择编码），形成了乡村医生发展作用理论模型，并且认为影响乡村医生发展的三条主线是“医改部分政策的挤压、乡村环境需求的变迁、乡村医生素质能力不匹配”。② 邓元慧、张新庆等通过对全国14个省的问卷调查、实地调研认为当前农村医生的发展仍然面临“执业技能偏低、队伍老化、收入水平低、养老无保障、执业风险大、荣誉感低、免费培训效果差”这几个方面的问题。③ 刘永文、戴萌娜等运用政策量化分析方法，对新医改以来，即2009～2019年发布的有关乡村医生的政策文件，进行坐标轴化结构，将相关分析要素划分入“X轴—政策工具的类型（能力建设型、命令型、激励型、象征和劝诫型）”和“Y轴—乡村医生面临的问题（成长、待遇、身份和来源）”，交叉分析的结果为政策工具存在使用偏好，偏向于使用命令型工作，对乡村医生的身份问题和来源问题关注度尚不够。④

除上述全国性的研究外，还有大量的地方性研究，我们主要回顾一些以省域为单位的研究。余小龙、李若冰等通过对随机抽取的甘肃省14个市、州三千余名医生的问卷调查得出结论：甘肃省乡村医生的老龄化严重、人员素质偏低、收入水平偏低；乡村医生自身的健康状况堪忧。⑤ 陈晶晶、陈淑婷等随机抽取了安徽省192名乡村医生作问卷调查，调查分析显示乡村医生队伍存在“人员老化、收入偏低、养老机制不健全、培训力度不够”等问题，其在解

---

① 参见张翠云、张建华等：《基于文献分析的我国乡村医生领域问题严重性排序研究》，载《中国全科医学》2016年第19期。

② 该文章梳理了三者作用的基本逻辑理路，“结论：在多重政策的挤压下，乡村医生的待遇降低、工作积极性下降，加之乡村医生群体自身的质量不高、服务水平不足，难以满足乡村环境变迁对乡村医生在职业素养、角色、服务水平等方面的需求提升，导致乡村医生流失严重，数量减少，发展陷入困境。”参见秦晓强、尹文强等：《基于扎根理论的新医改背景下乡村医生发展研究》，载《中国卫生政策研究》2016年第6期。

③ 参见邓元慧、张新庆、韩跃红：《我国村医队伍发展的现状与问题》，载《中国卫生事业管理》2017年第2期。

④ 参见刘永文、戴萌娜等：《政策工具视角下我国乡村医生政策量化分析》，载《中国全科医学》2020年第22期。

⑤ 参见余小龙、李若冰等：《甘肃省乡村医生现状调查与分析》，载《中国卫生事业管理》2011年第6期。

决对策中也提到了要“改善后备力量培养模式”。[①] 代宝珍、王慧以江苏省5个样本县/市(区)的一千余名乡村医生为调查对象,得出的问题同前,并且认为乡村医生数量、质量等问题将严重制约农村卫生服务事业发展,阻碍我国农村现代化发展进程。[②] 刘云飞、刘秀洹以重庆市石壕镇这一个案为切入点,经深度访谈分析认为乡村医生存在“老龄化严重、专业水平有限、收入低、地位尴尬、养老无保障、执业风险高、晋升难”等问题。[③] 陈冰、邓梦瑶等以江西省某县城16个乡镇为例,调研发现乡村医生面临如下困境:(1)乡村医生未被纳入统一管理;(2)地方健康扶贫政策环境差;(3)乡村医生健康扶贫政策执行能力低。其在具体对策中特别提到了通过实施“以市带县、以县带乡、以乡代民”的“三带”培训模式提升乡村医生的诊疗服务能力。[④]

上述研究成果使用的不同的研究理论和研究工作,主要从社会学角度对农村医生的当前面临的自身问题和外部困境进行了较为全面的揭示与内外部关系阐明,使得我们不仅从表象上掌握了农村医生发展的现状,同时对部分文章基本厘清了这些问题间的内部关系,对我们后续的法学考察与分析具有借鉴意义。但是,我们也需要注意到这些结论中存在将现象倒置为主要原因的错误倾向,例如,将“改善后备力量的培养模式”作为解决农村医生问题的主要或特色对策就是典型,显然,在一个价值观念逐渐多元的社会里,如果农村医生的基本生存、发展权利不能获得保障,即使政府通过与普通医学中高等院(校)探索出了合适的农村医疗卫生人才培养模式,除非使用行政强制力,短时间内也无法实现农村医生队伍的大面积更新换代,甚至还不得不接受大量入职的新生代农村医生陆续跳槽、离职的倾向,因此,目前看来此路径显然不是解决农村医生问题的最佳路径。

此外,刘永文、戴荫娜基于政策工具的量化分析如醍醐灌顶,卫生政策在不断健全的医药卫生法治领域确实仍然是不容忽视的力量,特别是对历史

---

① 参见陈晶晶、陈淑婷等:《安徽省乡村医生现状调查分析》,载《卫生经济研究》2016年第4期。

② 参见代宝珍、王慧:《江苏省乡村医生发展现状研究——基于5个县/市(区)的实地调查》,载《中国卫生事业管理》2017年第4期。

③ 参见刘云飞、刘秀洹:《乡村医生的执业现状及对策——以重庆石壕镇为例》,载《文化创新比较研究》2018年第18期。

④ 参见陈冰、邓梦瑶、田川:《健康扶贫背景下欠发达地区乡村医生的定位、困境与出路——以江西省C县为例》,载《黑龙江生态工程职业学院学报》2020年第3期。

性、时代性较强的农村医生问题,不过,由此研究延伸出的问题在于,卫生政策应如何做好与现有农村医生法律规范间的协调匹配,我们将在后文的分析中加以展开。

(二)农村医生权利保障国内研究现状述评

借由对农村医生问题的综合把握,我们从中提炼出了更有价值的研究切入视角。但是,仅有整体的把握是不够的,农村医生具体权利实现情况如何,观察是否到位,都是值得我们进一步深入的。基于已经收集的有关农村医生的国内文献,我们归纳了以下几个方面的农村医生权利保障研究成果。

1. 乡村医生生存现状与满意度

张婷、何克春通过对湖北省宜都市村卫生室及乡村医生的走访调查发现,新医改政策实施后乡村医生生存的外部条件改善明显,但是仍然是治标不治本,对乡村医生人才断层、养老保障等核心问题没有有效解决。[①] 王鲁渝、刘毅通过对四川省古蔺县317名乡村医生问卷调查及与部分乡村医生的访谈发现,药品零差价政策直接导致农村医生收入减少,新医改集中行医增加了乡村医生提供基本医疗卫生服务的时间、交通成本。[②] 刘国艳、张俊峰基于对浙江、广西两省、区的调研认为,“解决乡村医生问题离不开大规模财政投入,乡村医生集中行医不便利于村民、村卫生室垄断经营缺乏竞争”。[③]

于丽玲、吕兆丰通过对北京市郊区42位乡村医生的个人深度访谈发现,“乡村医生的自我评价良好,对自身素质持有客观的期望”,村医与村民的特殊情感联系是老村医与农村居民维持良好的医患关系并愿意长期坚守岗位的主要原因。但是,其他地区的乡村医生对自身工作的满意度评价并不高。[④] 屈伟、马骁通过对西部山区100名乡村医生进行现场调查和深度访谈发现,虽然乡村医生对工作的总体满意度较高,但是高满意度的主要来源是与村民

---

① 参见张婷、何克春:《新医改背景下宜都市村卫生室及乡村医生生存现状及政策建议》,载《中国卫生经济》2016年第8期。

② 参见王鲁渝、刘毅:《新医改下山区乡村医生的生存与发展探究——以四川省古蔺县为例》,载《中国卫生事业管理》2017年第5期。

③ 参见刘国艳、张俊峰:《新医改背景下乡村医生的生存与发展问题——浙江、广西两省区调研报告》,载《中国经贸导刊》2010年第4期。

④ 参见于丽玲、吕兆丰等:《乡村医生的医疗卫生服务行为现状及心理因素分析》,载《中国全科医学》2011年第8期。

间的融洽人际关系，薪酬待遇满意度最低，也未能凭借专业技术获得社会的认可。[①] 丁海云、杨大锁通过对南京市主城区的乡村医生进行问卷调查发现，有约46.5%的乡村医生对现有工作不满意。[②]

2. 乡村医生队伍稳定与待遇保障

陈麒、周令在对大连市某区乡村医生队伍的调查后，认为乡村医生队伍总体稳定性较差，收入水平与养老保障是乡村医生执业的主要障碍。[③] 陈钟鸣、尹文强等选取山东省济南、济宁、日照地区的部分乡村医生、乡镇卫生院及卫生管理系统工作人员进行深度访谈，形成了基于基本药物制度的乡村医生离职倾向生成路径，该研究认为"投入与产出不成正比"是当下乡村医生对自身职业认同感低的主要原因。[④] 卢月、鞠磊等经过对山东省1142名乡村医生的随机抽样问卷调查得到，"收入、地位高低、工作满意度、工作稳定性"于乡村医生的稳定存在正向强相关关系。[⑤] 于倩倩、尹文强等抽样调查引入了组织公平感测量（包括程序公平与分配公平），[⑥]结果显示两者对乡村医生离职倾向均有直接正向影响，其中程序不公平直接导致乡村医生工作积极性下降，工作绩效低，分配不公平通过离职倾向影响间接影响工作积极性。[⑦] 沈冰洁、胡琳琳对我国中部8个省进行了抽样调查，结果显示"中部地区乡村医生离职倾向严重，影响离职的主要因素包括收入达到预期的程度、保险情况、职

① 参见屈伟、马骁等：《西部农村地区乡村医生工作满意度相关因素的调查分析》，载《中国卫生事业管理》2013年第1期。

② 参见丁海云、杨大锁：《南京市乡村医生满意情况调查及对策建议》，载《江苏卫生事业管理》2020年第2期。

③ 参见陈麒、周令：《乡村医生稳定与发展问题研究》，载《中国卫生事业管理》2012年第12期。

④ 该研究阐明了基本药物制度对乡村医生离职倾向的作用机制：随着基本药物制度的实施，乡村医生队伍出现工作满意度下降以及情感耗竭等现象，由于当前情况下乡村医生工作的投入产出比太低，因此乡村医生队伍的工作积极性开始逐渐降低，职业认可度下降，由此导致其工作稳定性下降，离职倾向不断增强。参见陈钟鸣、尹文强等：《基本药物制度背景下基于扎根理论的乡村医生离职倾向形成机制研究》，载《中国全科医学》2015年第25期。

⑤ 参见卢月、鞠磊等：《不同维度下山东省乡村医生队伍稳定性分析》，载《中国卫生事业管理》2018年第7期。

⑥ 分配公平感指乡村医生对资源配置结果的公平感受，程序公平感指乡村医生不仅重视分配结果的公平性，更重视资源分配过程中使用的程序及过程公平性。

⑦ 参见于倩倩、尹文强等：《山东省乡村医生组织公平感对其离职倾向、工作绩效影响》，载《中国公共卫生》2018年第5期。

业倦怠程度”。[①] 刘宇、康健通过对四川省藏羌少数民族聚居地区的乡村医生的调查得到，“收入水平、养老保障和职业发展对乡村医生离职倾向都有影响，但是影响的强度存在由高到低的递减变化”。[②] 陈醇、叶清和通过对我国6个省的乡村医生的随机抽样调查显示，乡村医生认可的职业化转化状态是基于职业化地位“给予相应的社会保障”，同时他们不愿意“放弃以前以农民身份分得的土地”。[③]

上面这些研究成果反映出，我国乡村医生队伍的稳定性总体上较差，影响乡村医生离职倾向的第一类因素为“收入、养老”等获得待遇保障权利的维护情况。其实，已有部分研究聚焦乡村医生收入、养老等待遇保障问题。方鹏骞、吴少玮等通过调查贫困地区2000余名农村医生发现，“贫困地区的乡村医生的经济收入不稳定，未建立起相应的乡村医生退休与养老保障制度”。[④] 张功震认为我国乡村医生经历了“由赤脚医生到乡村医生”的转变，正经历着“由个体化乡村医生到乡村一体化乡村医生”的第二次转变，在第二次转变中如何协调好乡村医生规范化管理与乡村医生利益保障是问题的关键，否则一面对乡村医生施加过度的“束缚”，一面又不保护其利益诉求，乡村医生仍然会“用脚投票”。[⑤] 荣念赫、陈哲娟经调查研究认为，即使是经济发展条件相对较好的东部地区，乡村医生薪酬水平仍然与当地的经济发展水平无法相匹配，经济补助和社会养老保障水平与其承担的基本医疗与基本公共卫生服务任务不成正比。[⑥]

柯青林、徐凌忠调研发现，截至2009年，我国对农村医生群体的养老保

---

① 参见沈冰洁、胡琳琳等：《我国中部地区乡村医生的离职意向及影响因素研究》，载《中国全科医学》2018年第34期。

② 该研究认为，“工资、保障等较低层次的需求属于保健因素，处理不当，会引发乡村医生对工作不满情绪的产生；职业发展等较高层次的需求属于激励因素，处理得当，能够使乡村医生产生满意情绪”。刘宇、康健：《乡村医生离职倾向：综合保障水平、工作满意度和职业承诺的影响——来自藏羌少数民族聚居地的实证证据》，载《农村经济》2019年第12期。

③ 参见陈醇、叶清和等：《我国乡村医生职业化转变意愿调查》，载《医学与社会》2019年第4期。

④ 参见方鹏骞、吴少玮等：《我国农村贫困地区乡村医生现状和经济收入情况分析及对策建议》，载《中国卫生经济》2009年第10期。

⑤ 参见张功震：《乡村医生的利益变迁》，载《医学与哲学(人文社会医学版)》2011年第8期。

⑥ 参见荣念赫、陈哲娟等：《乡村医生薪酬水平现状及影响因素研究——基于北京市和山东省临沂市的调查》，载《中国卫生政策研究》2013年第5期。

险方案主要有五种模式：一是“将乡村医生纳入农村社会养老保险体系”（主要有江苏省、江西省、北京市）；二是“将农村医生纳入企业职工的基本养老保险体系的保险制度”（代表是江苏省）；三是“鼓励农村医生自行参加商业保险公司承保的商业养老保险”；四是“设立农村医生专项福利基金”；五是“将乡村医生纳入小城镇社会保险”。五种模式各有优劣，其认为应结合不同地区乡村医生规模、集体经济发展水平从五种模式中加以选择或搭配，并且应当尽快采取措施加以解决。① 四年之后，张立强、宋大平在尚未出台乡村医生养老保障政策的 12 个省份，发现乡村医生主要参保的类型为城乡居民养老保险，但是由于养老保障水平偏低，大多数乡村医生的主动参保意愿并不是那么强烈。众多研究聚焦乡村医生收入水平及养老保障问题也反映出，待遇保障问题对当前乡村医生的影响。现有研究成果虽向我们展示了乡村医生收入与养老保障等待遇保障方面存在的问题，也基本揭示了乡村医生收入与待遇保障会直接影响乡村医生队伍的稳定性，但是较少与乡村医生面临的其他权利保障问题及执业行为规制问题进行比较分析。

3. 乡村医生执业能力与培训、继续教育

乡村医生的执业能力是乡村医生持续发展的必备要素，也是乡村医生立足于农村医疗卫生服务体系的“看家本领”。现有研究中，关于乡村医生执业能力的研究可以划分为三大板块，包括常规状态下乡村医生执业能力的总括性研究、突发疫情状态下乡村医生执业能力研究、乡村医生单项执业能力分析。

关于乡村医生执业能力的总体情况，张婷、何克春等研究认为，现有乡村医生队伍的执业能力无法满足农村居民日益增长和变化的农村卫生服务需求，尤其是医疗技术水平过于“原始”。② 吴堃走访湘西地区的村卫生室时了解到，乡村医生对于“临床技能、常见病多发病处理、基本药物制度及合理用药”知识的渴求度高，间接反映出当地乡村医生自知自身执业能力严重不足。③ 亓

① 参见柯青林、徐凌忠：《乡村医生养老保障模式研究》，载《中国卫生事业管理》2011 年第 12 期。

② 参见张婷、何克春等：《乡村医生在农村医疗卫生服务供给中的地位和作用》，载《卫生软科学》2018 年第 4 期。

③ 参见吴堃：《湖南西部乡村医生执业能力和职业需求探讨》，载《中国卫生事业管理》2018 年第 5 期。

爱杰、玄春艳的调查研究对影响乡村医生执业能力的主要因素进行了排序,依次为"医疗设施设备不足,乡村医生工作主动性不高,医疗环境差,乡村医生水平不高,乡村医生数量不足,乡镇医院指导不足,村民不认可,缺乏监管"①。

新冠肺炎疫情期间,乡村医生的执业能力问题也有所体现。李耀华、赵金香认为乡村医生在新冠肺炎疫情农村地区防控工作中发挥了重要作用,但是也暴露出其突发公共卫生应急处置能力不足等问题。② 侯贵林、高红霞等将新冠肺炎疫情进行了四个阶段的分期(分别是危机征兆期、危机发作期、危机延续期、危机痊愈期),并给予乡村医生在四个阶段中的不同期望,③但是由于疫情的突发性与跳跃性,新冠疫情期间乡村医生在四个阶段没有充分发挥健康"守门人"职能。④

关于乡村医生单项执业能力,丰志强、尹文强运用结构化方程模式的研究范式对影响乡村医生沟通能力的因素进行分析认为,是乡村医生的个人特质,并且这里的个人特质主要落脚于农村医生的理论水平和实践技能。⑤ 于倩倩、尹文强等重点关注了乡村医生对基本药物制度的掌握情况,调查发现乡村医生对基本药物政策的部分内容还存在不熟悉的情况。⑥ 黄小敏、赵亚莉通过对山东省烟台市的调研发现,乡村医生"中医药适宜技术掌握少,村卫生室的中医药饮片类型有限,儿童健康管理项目开展较少"。⑦

为此,有部分研究也开始关注如何通过培训或继续医学教育的方式来提

---

① 亓爱杰、玄春艳:《山东省乡村医生服务能力影响因素分析》,载《医学与社会》2018 年第 5 期。

② 参见李耀华、赵金香:《乡村医生在新冠肺炎社区防控中的作用与改进措施》,载《中国农村卫生事业管理》2020 年第 6 期。

③ 四个阶段的期望分别是:(1)危机征兆期:做好防疫的充足准备;(2)危机发作期:发挥网底守护功能;(3)危机延续期:坚守防疫岗位,但需谨防懈怠或防控过度;(4)危机痊愈期:提升危机防范意识和危机应对能力。

④ 参见侯贵林、高红霞、韩丹:《乡村医生在农村新型冠状病毒肺炎疫情防控中的作用及其存在的问题》,载《医学与社会》2020 年第 5 期。

⑤ 参见丰志强、尹文强等:《基于结构方程的乡村医生沟通能力影响因素研究》,载《中国卫生事业管理》2017 年第 6 期。

⑥ 参见于倩倩、尹文强等:《乡村医生对基本药物政策认知和评价及对策研究》,载《中国全科医学》2014 年第 19 期。

⑦ 参见黄小敏、赵亚莉等:《乡村医生中医药服务提供现状——以山东省烟台市为例》,载《山东大学学报(医学版)》2019 年第 3 期。

升乡村医生的执业能力。刘炫麟、韩君滢等研究发现虽然针对乡村医生培训的纸面上的法律法规规章等早已有之(如《执业医师法》《乡村医生从业管理条例》《村卫生室管理办法(试行)》《全国乡村医生教育规划(2011－2020)》等),但是仍然存在"培训的对象未分层、培训师资缺乏遴选程序、培训方式缺乏针对性、培训频次和时限不统一、培训地点缺乏原则性规定、培训经费和补助仍未妥善解决"等问题。[①] 朱丽丽、尹文强等的研究指出"今后乡村医生培训的工作中应当重点加强培训的有用性、提高培训的满意度,同时注意培训的易用性与培训的价值"[②]。王滢、杨练等在对四川省调查中提出,应"适当增加培训的时间,合理选择承担培训的医疗机构,分类培训,注重与临床及公共卫生的结合,增加财政投入"等对策。[③]

4. 乡村医生执业风险与参与民主管理

乡村医生待遇保障与乡村医生执业能力无疑是乡村医生及农村居民最为关注,也是目前在乡村医生领域最为核心的两个问题。但是,乡村医生权利保障还包括乡村医生参与卫生健康行政主管部门及行业组织管理的情况。

目前鲜见有关乡村医生行业自治的研究。米术斌研究发现,目前乡村医生对村医自治协会的了解较少,积极主动入会的少,乡村医生行业自治协会没有发挥应有的作用,建议"(1)明确村医协会的宗旨、地位和职能;(2)加强村医协会建设,实现村医行业自治;(3)建立完善的考核评估制度和方法"[④]。

综上,可见我国当前有关乡村医生、农村医生权利保障的研究聚焦明确,但主题还比较单一,还未深入乡村医生权利保障的各个领域,研究成果也存在重复研究、不成理论体系等问题。

(三)农村医生执业行为规制国内研究现状述评

农村医生执业行为的规范化问题一直是除农村医生权利保障以外的农村医生制度改革的另一大重心,并且如何做到执业行为规制与权利保障的平衡是

---

① 参见刘炫麟、韩君滢、戚淼杰:《乡村医生培训的现状、问题与对策研究》,载《卫生软科学》2015年第4期。

② 朱丽丽、尹文强等:《基于结构方程的乡村医生在岗培训行为意向模型研究》,载《中国卫生统计》2016年第4期。

③ 参见王滢、杨练等:《四川省乡村医生培训现状及需求研究》,载《卫生经济研究》2015年第2期。

④ 米术斌、王芳等:《村医协会行业自治调查》,载《医学与哲学》2019年第11期。

农村医生制度改革的难点。我们通过对文献的梳理发现,目前有关农村医生执业行为规制的研究主要是来自“宏观管理”和“微观规制”两个层面的观察。

1. 宏观层面的管理

(1)农村医生的管理现状与问题

罗奎从对重庆市黔江区的调查中发现,由于缺乏足够的市场监管,当时农村地区的医疗市场混乱,个体无证行医的现象在农村地区普遍存在,严重冲击农村卫生室的生存。其在加强村卫生室的对策中提到的比较有代表性的做法包括:“(1)明确乡镇卫生院是村卫生室的管理主体;(2)明确将村卫生室纳入全区的综合限价服务管理范围,实行村卫生室次均门诊处方限额制度;(3)把卫生服务质量评价体系延伸到村卫生室,由乡镇卫生院按月进行评价,提出改进措施,督促改进到位。”[①]齐玉梅、王生锋的调查研究显示,村卫生室管理制度中的部分管理制度尚不健全,诸如“慢病、传染病及医疗护理技术操作制度”等。[②] 王冠男基于文献梳理发现,我国乡村医生管理存在以下缺陷:“(1)人力资源管理不合理,只‘管’不‘理’与多头管理混乱现象并存;(2)教育培训制度不完善,培训内容单一,课程体系不科学,培训方式过程化、形式化,过程管理、过程监督有空白;(3)收入分配制度不合理,收入管理留有死角,收入水平低,收入构成缺乏灵活性。”[③]可见农村医生权利保障实质上系于监管机关的管理措施落实是否到位,两者存在密不可分的交叉关联关系。张溪婷、王晓燕等在研究中同样提出了与农村医生权利保障相关的管理问题,其认为当前农村医生管理存在的问题包括:“(1)管理主体不明;(2)激励机制匮乏;(3)公共卫生与基本医疗服务结构不合理;(4)乡村医生待遇及社会保障欠缺”[④]。总体上,现有研究认为我国对农村医生的管理还存在诸多问题,并且这种管理问题不仅涉及对农村医生执业行为规制的监管型管理,还包括对农村医生权利保障的服务型管理。

---

① 罗奎:《村卫生室建设及管理的实践与思考》,载《医学与社会》2009 年第 3 期。

② 参见齐玉梅、王生锋、王桂华:《湖北省村卫生室的卫生服务管理现状调查》,载《中国全科医学》2011 年第 4 期。

③ 王冠男:《基于乡村医生管理现状的分析》,载《卫生软科学》2014 年第 11 期。

④ 张溪婷、王晓燕等:《基于村医视角的北京市 H 区乡村医生管理存在的问题调查》,载《医学与社会》2016 年第 11 期。

(2)农村医生的管理模式与方式

臧礼忠、刘宝等基于行政隶属关系的视角较早分析了我国形成的医生管理模式,其认为当时的乡镇卫生院与村卫生室之间不存在隶属关系,这不受所谓乡村一体化的实质影响;但是从便于管理和保护乡村医生利益的角度,他们认为有必要将乡村医生的隶属管理调整至镇及社区卫生院。[①] 张广兄、张年红于《人民司法》杂志刊载的关于(2010)浦民初字第920号与(2010)淮中民终字第1184号的案件分析中指出,"乡镇卫生服务中心对乡村医生实施管理行为的性质不符合劳动关系成立的特征,是乡镇卫生服务中心依照不同阶段国家相关政策及现行乡村卫生服务一体化管理的要求所进行的行业管理行为"[②]。这一结论再一次肯认了在"乡村一体化管理"背景下乡村医生与乡镇及社区间的隶属关系。但是,也有学者对"乡村一体化管理"表示反对。王昕天、汪雷认为"乡村一体化管理"制度仅是一种过渡时期的权宜之计,其存续的条件已经不复存在(市场经济的广泛冲击),赋予乡镇卫生院在农村医疗市场上对农村卫生室及农村医生的考核、监督权将严重制约农村卫生室的发展,导致乡村医生的数量锐减,应赋予乡村医生更大的独立执业空间,同时通过政府购买的方式解决公共卫生服务问题。[③] 张功震更进一步认为,"乡村一体化管理"使得乡村医生的技术与资本发生剥离,导致乡村医生诊疗积极性下降,基于此他提出要恢复所谓的乡村医生"私有化行为",即"(1)乡村医生重新获得自我雇佣的生产资料;(2)在乡村实施'以药养医';(3)所有乡村医生都可以使用新农合基金;(4)建立守护农民健康的守门人制度"[④]。从目前主流的观点来看,农村医生管理的模式以"乡村一体化管理"最常见,也是实践中推行最广的一种管理模式。虽然"乡村一体化管理"还有很多需要完善的地方,但是基于此全面否定甚至主张私有化发展的思路无异于开倒车,也不符合农村医疗公益性的要求。

---

① 参见臧礼忠、刘宝等:《乡村医生隶属管理的探索》,载《中国卫生事业管理》2009年第4期。

② 张广兄、张年红:《社区卫生服务中心对乡村医生实施管理的性质》,载《人民司法》2011年第2期。

③ 参见王昕天、汪雷:《乡村医疗卫生系统一体化管理实践评述及政策转型》,载《贵州财经大学学报》2015年第3期。

④ 张功震:《乡村医生私有化行医论》,载《医学与哲学(A)》2015年第8期。

(3)农村医生的管理政策与制度

与农村医生管理最直接相关的法律规范是《乡村医生从业管理条例》,但是我们检索发现直接以《乡村医生从业管理条例》为研究对象的很少,仅在该行政法规出台后的几年内有过讨论。汪建荣回顾了该条例制定的过程,并对其主要内容进行了概括性的阐释,但是涉及乡村医生管理的内容主要是对法规条文的简单重述。① 田鸿丰认为条例的出台对规范乡村医生执业活动具有重要意义。② 肖云昌与夏松青认为条例关于乡村医生执业行为规制的规范过于原则化,需要进一步细化落实;执业规则模糊,易与普通执业医师的执业规则相混淆。③

此外,黄婷婷、陈家应提到基本药物制度的推行不仅影响乡村医生的收入,还间接影响乡村医生执业行为的规范性。④ 包国宪、刘宁认为新农合按服务付费的方式也是催生乡村医生扭曲执业行为的重要原因,其建议采用混合支付方式来调控乡村医生的执业行为。⑤ 由此可见,当前对农村医生管理政策与制度层面的关注尚待加强。

2. 微观行为的规制(涉及具体执业行为的规制)

(1)农村医生违法、违规执业行为规制

关于农村医生具体执业行为规制的研究主要集中在非法行医(包括非法行医罪)、不规范用药及医疗事故等方面。张兵对乡村医生的非法行医行为进行了类型划分,主要包括三大类:①乡村医生离开曾经注册的村医疗卫生机构,离开本土到他处,未取得医疗机构执业许可证擅自执业;②乡村医生虽然注册在当地的村医疗卫生机构,人仍在当地,但违反规定未在注册的执业地点内执业,表现为未取得医疗机构执业许可证私自开设诊所,非法从事诊

① 参见汪建荣:《〈乡村医生从业管理条例〉制定过程和主要内容》,载《中国卫生法制》2003年第6期。

② 参见田鸿丰:《〈乡村医生从业管理条例〉使乡村医生的执业活动更规范》,载《中国农村卫生事业管理》2004年第4期。

③ 参见肖云昌:《〈乡村医生从业管理条例〉应完善的几个方面》,载《卫生经济研究》2008年第10期;夏松青:《优化乡村医生队伍 制度“瓶颈”亟待突破——对〈乡村医生从业管理条例〉的修订建议》,载《卫生经济研究》2008年第5期。

④ 参见黄婷婷、陈家应:《村卫生室实施基本药物制度初期面临的问题与建议》,载《中国初级卫生保健》2012年第6期。

⑤ 参见包国宪、刘宁:《医保支付方式与乡村医生行为》,载《南方经济》2019年第9期。

疗活动或者从事游医活动；③下岗或退休乡村医生违反规定，未取得医疗机构执业许可证擅自开设诊所非法从事诊疗活动。[①] 刘峥嵘、刘军以一起乡村医生非法行为引发的行政诉讼为分析起点，认为应当通过进一步加强卫生行政部门的执业业务培训预防执法错误适用法律的情况发生，对已经实施“撤村改居”的村医疗卫生机构，其工作人员待乡村医生执业证书期满后不再重新签发，应按《执业医师法》的相关规定，鼓励乡村医生学习深造。[②] 伍晋通过一则案例分析，区分了非法行医罪与医疗事故罪，并认为即使乡村医生已经取得了乡村医生执业证书也可能构成非法行医罪。[③] 王光明指出乡村医生在临床应用抗生素存在“指征把握不严、种类选择不当、联用不合理、副作用认识不足、给药方法不对、频繁换药”等问题。[④] 汪春梅通过对乡村医生处方使用行为的观察，间接印证了乡村医生不规范用药的长期存在性。[⑤] 衡敬之、徐正东及胡灿、赵敏在关于医疗事故罪的实证分析中发现，乡村医生是医疗事故罪的常见被告人，并且药品使用相关违法、违规行为成为被提起公诉的主要原因。[⑥] 需要注意的是，以上研究成果仅仅是以农村医生某一类违法、违规执业行为为专题而展开的，部分关于执业行为规制的研究包含于前面的农村医生问题综合性考察研究及农村医生执业行为宏观管理研究，还有的存在于农村医生权利保障研究中。

(2)农村医生执业风险分担机制构建与完善

为有效缓解我国村医面临的各类型执业风险，除需要监管机关完善规制手段、方式外，近年来也有研究者呼吁为村医建立起常态化的医师责任保险以增强其抗风险能力。孟雨、吕兆丰等的研究发现，虽然我国村医与农村居民建立起了以信任与尊重为基础的良好医患关系，但是乡村医生仍普遍认为

---

① 参见张兵：《江苏省乡村医生非法行医情况分析及对策探讨》，载《中国农村卫生事业管理》2011年第10期。

② 参见刘峥嵘、刘军、李柏庭：《一起乡村医生非法行医引发行政诉讼案的思考》，载《中国卫生法制》2012年第6期。

③ 参见伍晋：《“乡村医生”能否构成非法行医罪》，载《中国检察官》2016年第18期。

④ 参见王光明：《乡村医生在临床应用抗生素中存在的几个问题》，载《实用乡村医生杂志》2003年第2期。

⑤ 参见汪春梅：《关于乡村医生处方使用情况分析》，载《中国乡村医药》2008年S1期。

⑥ 参见衡敬之、徐正东：《医疗事故罪20年理论争鸣的司法实证回应》，载《中国医疗管理科学》2019年第2期；胡灿、赵敏：《我国医疗事故罪案件的实证研究》，载《证据科学》2018年第1期。

存在较大的执业风险。其建议“为乡村医生建立适宜的执业责任保险,加强农村地区的法律宣传教育,提高农村医生防范风险的能力”①。孙葵、尹文强在对山东省部分乡村医生的抽样调查中发现,乡村医生对自身面临的执业风险认知逐步在提升,“资质因素、能力因素、硬件因素、业务培训、风险分担机制”是影响乡村医生执业风险的主要因素,应针对以上因素采取对应的改革措施。② 李悦晖、姜柏生较早提出在农村地区推行农村医疗责任保险,认为农村医疗责任保险制度不仅可以分担医疗风险,还可以促进农村医疗卫生事业的规范化发展。③ 刘兰秋、赵然认为当前乡村医生执业风险分担机制的构建,应当集合乡村一体化发展,建立起乡镇与农村一体“全覆盖、分类对待”的风险分担方式。④ 徐卫东、包英夫则主张参照普通医师强制责任保险的模式,建立乡村医生强制医师责任保险制度。⑤ 医师责任保险与医疗意外险(患者方购买)已经为立法所明确,成为医疗风险分担的两类主要探索形式,但是医疗责任保险在农村卫生室的推广并未全面铺开,结合农村医生经济状况与法治意识等特点,我们认为现阶段考虑建立强制责任保险的模式,即赋予政府更多的投保责任是可行的,也是必要的。

二、域外研究现状述评

农村医生制度问题是我国所特有的一项基层医疗卫生制度,当然不排除在其他国家也存在与我国农村医生制度相类似的制度,毕竟在前文历史回顾中我们也提到了我国的农村卫生工作经验曾经被世界卫生组织(WHO)作为世界各国尤其是发展中国家发展农村卫生的典范模式加以推广。从我们收集的文献资料的内容分布来看,关于农村医生权利保障的研究成果略多,但

① 孟雨、吕兆丰等:《村卫生室医疗纠纷的现状、原因与对策研究》,载《卫生软科学》2013 年第 1 期。

② 参见孙葵、尹文强等:《乡村医生执业风险现状及应对策略研究》,载《中国卫生事业管理》2019 年第 10 期。

③ 参见李悦晖、姜柏生:《关于推行农村医疗责任保险的若干思考》,载《中国卫生事业管理》2010 年第 12 期。

④ 参见刘兰秋、赵然:《我国乡村医生执业风险分担机制的构建研究》,载《中国全科医学》2013 年第 40 期。

⑤ 参见徐卫东、包英夫:《论强制村医执业责任保险的实施——以乡村振兴战略为背景》,载《当代法学》2018 年第 4 期。

也并非国外此领域研究的重点，而关于农村医生执业行为规制的研究成果则很少，多数未形成独立的主题，而是与其他普通医师执业行为规制一同被论及。

(一)农村医生权利保障域外研究现状述评

域外与我国农村医生最相类似的一类医师是在农村社区执业的全科医师(General Practitioner，GP)。而从目前收集的资料来看，在关于农村医生权利保障的研究中，涉及最多的主题为农村医生短缺、农村医生人才培养、农村医生队伍稳定、农村医生满意度调查及农村医生健康权保障情况调查。

农村医生短缺问题是一个国际性问题。① 自 1999～2020 年国内已有数篇文献对域外发达国家及发展中国家的农村卫生人才培养、激励制度进行了介绍，②在此，我们以表格的形式加以呈现，详见表 2－2。

表 2－2 世界各国农村医生培养措施对比

国家	人才培养、激励制度	主要特点
英国	重塑全科医生劳动力行动(Building the work-force-the New Deal for GPs)	1. 提供经济支持和更为灵活的培训计划； 2. 制定个性化的职业激励政策； 3. 提供医药、护理等职业助理； 4. 增加聘用投资，改善返聘条件； 5. 实行更灵活的雇佣年限，改革财政补贴方案
加拿大	未来医学教育项目(The Future of Medical Education in Canada，FMEC)	1. 平衡专科医生与全科医生比例； 2. 为农村医生提供“新科技、新技术、新法规”继续教育，为学习者提供全方位的经济补助； 3. 成立加拿大乡村医生协会等专业性的组织、机构； 4. 建设远程医疗服务项目，扩大农村医生服务范围

① See Story M，*The Rural Doctor Shortage：Two Aspects of an International Issue*，Medical Education，Vol. 42：6，p. 552－553(2008).

② 参见安燕：《加拿大和澳大利亚的农村医学教育》，载《国外医学(医学教育分册)》1999 年第 4 期；张超、陈楚康等：《农村地区培养卫生人才的国际经验与启示》，载《中国卫生政策研究》2018 年第 1 期；罗汝珍：《发达国家农村医生培养概况及其对我国的启示》，载《医学与哲学(A)》2015 年第 4 期；陈麒、周令等：《加拿大乡村医生教育及启示》，载《医学与哲学(A)》2013 年第 11 期；迟小小、周令：《印度乡村医生队伍建设及启示》，载《医学与哲学(人文社会医学版)》2011 年第 12 期；陈晓棠：《俄罗斯农村卫生人才培养与激励机制》，载《西伯利亚研究》2020 年第 4 期。

续表

国家	人才培养、激励制度	主要特点
美国	医生短缺地区计划(Physician Shortage Area Program,PSAP)+农村医学教育计划(Rural Medical Education Program,RMEP)+乡村医生协助计划(Rural Physician Associate Program,RPAP)	1. 重视招收对象的农村背景,增加其留农村执业的可能性; 2. 导师制培养; 3. 有贷款提供资金支持; 4. 重视农村医学生培养中的农村医疗环境体验
日本	成立专门培养农村医生的院校	1. 面向全国招收,生源由学校与地方政府共同选派,筛选条件为有意向到农村执业; 2. 课程设置中增加了对农村医疗环境的接触机会; 3. 强制执业要求:3 年岗前培训 +6 年医疗服务,违约退赔教育费
澳大利亚	地区性/全国性的农村医生专项培养计划	1. 为参与农村医学生培养计划者提供专项奖学金、经济补助等; 2. 增加农村医学生体验农村医疗卫生环境的机会
俄罗斯	定向培养+“乡村医生”和“乡村医士”计划+专项资助计划	1. 签订定向培养合同,服务年限 3~5 年,违约者将承担赔偿责任; 2. 合同期内必须在农村地区执业,之后可自由选择执业地点; 3. 对在职人员采取继续教育、提高工资待遇、改善工作条件、增强职业认同感的方式予以稳定
以色列	“医生工会合同”+医学教育改革+发展执业助理	1. 对毕业后留农村执业的医学生给予财政上的支持; 2. 增加农村医疗实践机会,向农村方向的培养计划提供资金支持; 3. 培养以实践为导向的短期农村卫生方向的硕士研究生(APPS)
南非	姆斯伍德朋友奖学金项目(Friends of Mosvold Scholarship Scheme,FOMSS)	1. 招收农村背景的生源; 2. 导师制+优厚奖学金
泰国	农村医生扩增计划(Collective Program to Increase Production of Rural Doctors,CPIRD)+“一区一医生”项目(One District One Doctor,ODOD)	1. 面向农村地区的生源招生; 2. 签订定向就业合同,毕业后必须回乡工作至少 3 年,违约者将承担赔偿责任; 3. 培养内容包括农村地区实习

续表

国家	人才培养、激励制度	主要特点
巴西	家庭卫生战略(the Family Health Strategy,FHS)+医学教育改革	1. 组建 FHS 小组,类似于我国的家庭医生签约服务团队; 2. 由公益医学教育组织负责农村医生教育及继续教育; 3. 在教育中重视农村医生及农村医学生对农村医疗环境的体验
印度	一系列措施并举	1. 缩减培养时间; 2. 提供优厚的待遇保障; 3. 报考农村医生方向研究生加分政策; 4. 建立移动保健站,发展远程医疗,改善农村保健中心条件

从表 2-2 可以发现,包括部分发达国家在内,农村医生短缺难题都是存在的,至于原因,可能与其人口老龄化、地广人稀、医疗行业门槛高等不无关系。无论是发达国家还是发展中国家,他们采取的农村医生培养措施都具有一些共性,如重视农村医生的农村背景,强调增加农村医学生接触农村医疗环境的时间,以定向培养为主(部分国家有定向就业约定,违反约定将承担赔偿责任),给予培训和受教育者优厚的补助与待遇,缩短培养学制开设专门的学历等。这些介绍与域外研究者的结论一致。①

另外一部分研究涉及农村医生职业满意度与队伍稳定性。Masatoshi、Matsumoto 等通过对全日本农村医生的问卷调查发现,总体而言,农村医生对现阶段的工作和生活条件较为满意,但是仍有不到 30% 的受访者希望在退休之后继续在农村执业。从人口学角度来看,男性、年龄大的农村医生更愿意留在农村继续执业。影响农村医生执业满意度的主要因素是继续医学教育、与市政管理部门的沟通、社区人际关系、薪酬待遇及工作成就。② R. Kearns、

① See Laven G. & Wilkinson D., *Rural Doctors and Rural Backgrounds: How Strong is the Evidence? A Systematic Review*, Australian Journal of Rural Health, Vol. 11:6, p. 277 - 284(2003); Inoue K., Matsumoto M. & Sawada T., *Evaluation of a Medical School for Rural Doctors*, The Journal of Rural Health, Vol. 23:2, p. 183 - 187(2007); Committee AMWA, *Doctors in Vocational Training: Rural Background and Rural Practice Intentions*, Australian Journal of Rural Health, Vol. 13: 1, p. 14 - 20(2005); Strasser P R, *How Can We Attract More Doctors to the Country?*, Australian Journal of Rural Health, Vol. 1:1, p. 39 - 44 (1992).

② See Masatoshi et al., *Rural Doctors' Satisfaction in Japan: A Nationwide Survey*, Australian Journal of Rural Health, Vol. 12:2, p. 40 - 48(2008).

J. Myers 等通过对新西兰农村地区 9 名海外培训医务人员的深度访谈了解到，要吸引远赴重洋来到新西兰培训的农村医生落地（澳大利亚也规定国际医学留学生在澳执业须去医疗资源短缺的农村地区执业[①]），须防止“诱骗”行为，解决其配偶工作问题及其生活与休闲需求，给予其接受继续教育的机会。[②]

仅有少部分研究关注了农村医生其他权利保障问题。AR Waliuddin，S Jeya-Dev 调查发现，澳大利亚农村医生存在因工作繁忙、与世隔绝、带病工作导致的身心健康问题，但是他们没有自己的全科医生，也没有定期健康检查，主要依靠自觉来维持身心健康水平。[③]

（二）农村医生执业行为规制域外研究现状述评

如前文所述，有关农村医生执业行为规制的主题性研究较少见，不过从域外对所有医师执业行为规制的研究可以窥见一斑。赵大海、陆露露在比较了中国与英美两国基层医疗系统改革之后，认为我国应该继续坚持政府监管为主市场调控为辅的监管模式，基层医疗改革的总体目标为实现基层医疗的公益性价值。要理顺大型医疗机构与基层医疗机构间的协助关系，加大对基层医疗机构的财政投入与监管，遏制因经济问题诱发逐利性行医等违法、违规执业行为。[④] 王卫国、鄢思佳等的研究发现，美国在充分尊重医师处方权的前提下，对执业医师超说明书用药给予宽容，但是强调医师在充分的循证依据的条件下，保证患者的知情权的前提下，才能实施超范围用药，此外还建立起了责任保险分担机制转移过高的风险。[⑤] 国外对不规范、不合理用药等过度医疗行为的规范研究多数是从非法律层面展开的。法律层面，以美国为例，美国不仅通过严厉的刑事措施对待过度医疗行为，同时在前期监管上注

---

① See Matthew R. et al. ,*International Medical Graduates Mandated to Practise in Rural Australia are Highly Unsatisfied*,*Results from a National Survey of Doctor*,Health Policy,Vol. 108,p. 133 – 139(2012).

② See Kearns R. et al. ,*What Makes “Place” Attractive to Overseas-trained Doctors in Rural New Zealand*?,Health & Social Care in the Community,Vol. 14:6,p. 532 – 540(2010).

③ See Waliuddin A. R. & Jeya-Dev S. ,*A Snapshot Survey of Rural Doctors' Health and Analysis of a General Practitioner Well Being Program*,Internet Journal of Family Practice,Vol. 7:1,p. 6(2009).

④ 参见赵大海、陆露露：《政府与市场：英美两国基层医疗卫生系统改革进程对我国的启示》，载《浙江大学学报（人文社会科学版）》2017 年第 4 期。

⑤ 参见王卫国、鄢思佳、古津贤：《美国超说明书用药对我国启示的伦理思考》，载《中国医学伦理学》2018 年第 7 期。

重政府机关、行业协会与医疗保险公司的协同多元化管理,对执业医师的执业行为予以更为严格的审查。[①] Liliane Lins、Suzana Herbas 在对巴西的医科学生的调查中发现,因经济原因而导致的非法实习行为高频出现,有必要为医学生提供更多带薪实习机会。[②]

总体而言,域外在农村医生培养及农村卫生人才稳定方面的经验值得我国批判性借鉴,但是对农村医生其他各项权利的保障研究同样没有深入、系统开展。而对农村医生执业行为规制及监管问题,我们认为我国现在还不宜参考西方发达国家采取的模式,即农村医生与普通执业医师采用一致的行为标准和监管强度加以规制管理,因为我国的农村医生队伍整体素质还在逐步提升的过程中。

---

① See Shapiro S. A. , *Limiting Physician Freedom to Prescribe a Drug for Any Purpose: The Need for FDA Regulation*,Nw. u. l. rev,Vol. 73:5,p. 801 – 872(1979);曹炜嘉:《美国刑法怎样对付过度医疗》,载《法治周末》2015 年 7 月 14 日头条版。

② See Lins L. et al. ,*Perception of Illegal Practice of Medicine by Brazilian Medical Students*,Journal of Medical Ethics,40,p. 432 – 434(2014).

第三章　研究内容与研究方法

一、研究内容

本课题的主要研究任务有两个，一是基于我国现行法律规范、法理逻辑及农村医疗卫生实践对我国农村医生所应当享有的权利予以系统的阐述，明晰各项权利的属性，权利间的内在逻辑关系，并提出适宜我国的农村医生权利保障构想；二是基于我国现行法律规范、法理逻辑及农村医疗卫生事件、案件，在厘清农村医生执业行为规制与农村医生权利保障内在机理的基础上，提出适宜我国现阶段农村医生执业行为规制的构想。课题研究内容具体围绕以下几个主题展开。

第一部分[第二编　医生权利保护与规制理论研究]为此项研究的重点，亦是该项研究的难点。考虑到农村医生是根据《执业医师法》附录部分被纳入我国医生管理体系的特殊群体，在研究过程中，课题组经反复讨论，综合《执业医师法》及《乡村医生管理条例》乃至 2021 年 8 月 20 日发布的《医师法》，决定不拘泥于农村医生本身，而是将研究的理论着眼点提升至整个医生群体，以期能够为未来实现农村医生向普通医生过渡提供理论支持。此外，此研究原有主题为“农村医生执业行为法律保护与规制研究”，亦即原有研究主题是以农村医生的执业行为为主要研究对象，但是课题组在研究过程中日益发觉，并非只保护医生执业行为就能有效保护医生执业，必须要保障其在执业活动中的人身权利和执业权利及执业相关权利才能有效保护其执业行为。易言之,医生权利保障与执业行为规制从语法上应为一对偏正结构,医生的权利无法得到切实的保障,其权利的边界(与患者等主体)无法厘清,医生更易堕入“不作为”“乱作为”的旋涡,当其权益无法获得基本的保护时,最终会导致农村医生队伍出现不可逆性“萎缩”,将危及农村卫生健康事业的发展。故此,本编的中心主要围绕对医生“三大权利”的理论及内在体系构成的剖析,以为后文农村医生权利保障与执业行为规制实证研究及对策提出奠定基础。

第四章“医生权利的基本理论”,本章为整个第二编乃至整个研究的核心,本章首先对医师权利进行了概念厘定,除文字性概念内涵阐释外,本章回顾了国内外不同医学发展阶段、发展模式中医生的地位与权利的变化,发现当前我国医生群体权利保障不受重视,医师常常沦为医疗体制改革的替罪羊,医患关系复杂导致医师被先验地贴上“强势一方”的标签。该章第二节基于当前我国的法律体系,将医生权利划分为三个部分,分别是“医生作为一般公民的权利”“医生的特殊执业权利”“医生的执业相关权利”,并对各权利项下的子权利进行分述。该章第三节重点论述医师权利保障的三个重要作用,当然也包括对医生执业行为规制的益处。

第五章“医生权利的法律渊源”,本处的法律渊源不仅是法官找法之处,亦是医生主动找法维权的所在。本章以现行法律体系所有涉及医生权利保护、保障的法律条文乃至司法解释为线索,从宪法到基本法律再到专门法律(《执业医师法》)包括行政规范中收集整理规范体系,系统地呈现我国医生权利保障所依靠之法律。并且,我们认为当下我国医生保障的法律体系形式上虽健全,但实质上“外强中干”,运行不畅,宣誓性条款多,可操作性不强,相关规范之间还存在诸多抵牾之处。

第六章“中国医生权利保障关键问题”,本章是对当前我国医生权利保障的整体性评价。研究发现,当前我国医生保障存在内生和外生两个方面的障碍,内生方面的障碍主要包括医生的法律意识普遍较低,这与法律通识课程或医事法律课程受重视度不足,法律知识继续教育不足,医药卫生立法中存在的主体多、层次多、数量多的三多局面等原因密不可分。同时,医生面对权利侵害的主动预防面临困境。当然,医师并非法律专家,在权利受到侵害后,无法通过自身的能力进行救济,所以必须建立和完善医师法律权利的救济体系,让侵权者得到法律的制裁。此外,舆论的不当引导也是影响执法、司法并最终影响医生权利保护的关键因素。

第七章“医生的一般公民权利法律保障”,医生一般公民权利即医生的非执业性权利,是每位公民应当享有的最基本的权利,主要源于宪法和民法。该章各节分别论述了医生的生命权、健康权、人格尊严权、劳动报酬权、休息权。

第八章“医生的执业权及其相关权利”,医生执业权利及执业相关权利都是以保障医生正常执业、生存乃至未来发展为主,其具有一定的复合型,即这些权利多数既是医生的权利,也是其义务。该章各节分别论述了疾病调查权、自主诊断权、医学处方权、特殊干预权等医生执业权;执业条件保障权、科学研究权、继续教育权、参与民主管理权等医生执业相关权利。

第二部分(第三编　农村医生权利保障现状评估)以社会调查为重点,结合部分农村医生权利保障典型案例,实现大数据与微观观察相结合的实证研究,明确当前我国农村医生权利保障的现状及存在的主要问题。第九章“农村医生权利保障社会反馈”,介绍了社会调查的开展情况,对采集到的受调查农村医生、监管机关、社会公众的意见予以整理并进行了量化分析,提炼其中有价值的反馈意见。

第十章“农村医生权利保障的个案观察”,该部分从微观的视角出发,主要分析了一些农村医生权利保障典型的新闻报道案例及个人访谈资料,从一个个鲜明的个案中感受农村医生所面临的权利保障之困境。第十一章“当前农村医生权利保障存在的问题及成因”,结合农村医生权利保障社会调查及个案观察,以农村医生制度所处的相关背景为分析工具,总结了当前农村医生权利保障存在的主要问题及可能的原因,为后文制定相应的参考性对策提供理论依据。

第三部分(第四编　农村医生执业行为规制现状评估)同前,该部分也是通过社会调查及农村医生执业行为规制典型案例分析,把握我国当前的农村医生执业行为规制现状。第十二章“农村医生执业行为规制的社会反馈”,对采集到的受调查农村医生、监管机关、社会公众对我国农村医生执业行为规制的意见予以数据分析,提炼出其中有价值的反馈意见。并且本部分还包含了三大受调查群体对新冠肺炎疫情期间我国农村医生的参与情况认知与态度的征集。第十三章“农村医生执业行为规制的个案观察”，该部分从微观视角出发，分析了一些农村医生执业规制的典型案例及个人访谈资料，从中发掘当前农村医生执业行为规制存在的不足甚至失当之处。第十四章“当前农村医生执业行为规制存在的问题及成因”，结合农村医生执业行为规制社会调查及个人观察，以农村医生制度所处的相关背景为分析工具，总结了当前农村医生执业行为规制存在的主要问题及可能的原因，为后文制定相应的参考性对策提供理论依据。

第四部分（第五编　农村医生权利保障与执业行为规制构想）分为三个章节，第十五章“农村医生权利保障构想”、第十六章“农村医生执业行为规制构想”及第十七章“《乡村医生从业管理条例》修订建议”。本部分主要是在考虑当前以及今后一段时间内我国的农村卫生发展的实际情况和未来走向，针对第三编与第四编农村医生权利保障与农村医生执业行为规制的现存问题提出针对性的对策以供决策参考，同时明确了农村医生权利保障与农村医生执业行为规制之间如何协调衔接。第十七章“《乡村医生从业管理条例》修订建议”，该部分主要是为衔接当前《医师法》的修订，以对现行有效的农村医生或乡村医生的中央、地方政策梳理为基础，从中提炼可供我国《乡村医生从业管理条例》修订的参考策略，以实现《执业医师法》修订后与其保持协同执行的状态，防止对乡村医生群体权利保障与执业行为规制的脱节。

二、研究方法

（一）研究基本思路

本课题在研究思路上重点突出实证研究，通过大量社会调查准确把握农村医生权利保障与农村医生执业行为中的法律保护与规制是什么、需要怎么做，从宏观与微观两个角度分析影响因素，厘清为什么；探讨农村医生权利保障与农村医生执业行为规制及相关发展战略、卫生政策间的关系，回答如果不有效保护农村医生权利和科学规制农村医生执业行为的后果是什么；最后从如何制定科学的配套制度、运行机制以及农村医患矛盾化解与处理机制来保障农村分级诊疗制度有效实施提出对策建议，明确政府执法部门、司法部门、社会和患者等对农村医生权利保障与农村医生执业应该做什么，具体怎么做。

(二)具体研究方法

本课题最重要的研究方法就是社会调查和访谈。课题组将坚持理论联系实际的原则,对国内外和新中国成立以来不同历史时期的农村医生权利保障与农村医生执业行为规制进行比较研究。综合运用法学、社会学、管理学、医学等多学科知识开展研究。在具体研究中,运用社会调查、案例分析、文献梳理等进行调查和现状评估;运用社会调查、现象归纳、理论演绎及文献梳理相结合的方法进行方案依据论证;采用多学科交叉和社会调查的方法进行解决方案运行机制的研究。

(三)研究之不足

本课题研究主要存在以下两个方面的不足之处:其一,关于农村医生、乡村医生的域外考察部分过于单薄。由于受资料收集的限制,目前课题组收集到的域外关于农村医生、乡村医生的研究资料较少,正如前文国外文献梳理部分所呈现的,域外研究主要是社会学研究,关注农村医生权利保障与执业行为规制的内容很少。故课题组最终没有完成系统域外考察部分,而是主要结合国内现状调查与我国国情提出了相应的对策。其二,关于农村医生、乡村医生的实证调查和个案观察部分案例没有涉及。本课题研究最大的特色和亮点便是理论研究与实证研究的高度融合。但是,由于目前我国关于农村医生、乡村医生权利保障与执业行为规制的主要事例、案例公开报道的较少,在课题组重新分类列举的所有权利类型中没有支撑案例进行分析,此部分权利保障与执业行为规制问题将在未来的农村医生发展实践中逐步涌现,课题组将持续关注这些动态,不断丰富我们的研究内容。

第二编

医生权利保护与规制理论研究

本编主要为医生权利相关的理论研究,是本课题研究的理论基础。有必要做出说明的是,本编并没有只研究农村医生的执业行为,而是作了两个方面的研究范围扩大,一是将主体由农村医生扩大为医生,二是将执业行为扩大到医生权利。按项目组研究中对农村医生的界定,在理论研究部分应当着重研究"在行政村级医疗机构(村卫生室、村卫生所及部分社会卫生服务中心、社区卫生所)中执业的医生,包括基于'乡村一体化管理'被纳入乡镇卫生院统一管理,但是实际在村卫生室工作的医生",这一群体的执业行为保障与规制问题,但在对相关理论和文献研究中发现三个方面的问题:第一,尽管在实践中,国家对农村医生和其他医生行为的保护与规制所采取的具体措施有所差异,但国家对农村医生和其他医生的保障在理论上不应当存在较大差异,均应对其人身权利、执业权利、执业相关权利进行基本无差别的保护;第二,尽管需要保护和规制的行为应当是执业行为,但项目组在研究医生执业行为保护时却发现,并非只保护执业行为就能有效保护医生执业,必须要保障其在执业活动中的人身权利和执业相关权利才能有效保护其执业行为;第三,无论是研究医生执业行为保护与规制还是农村医生执业行为保护与规制,其核心在于弄清楚其权利的边界四至,并在此基础上研究如何让医生的这些权利能正常行使。既能保障医生权利又能保障患者权利,实际上就是研究如何保护医生在其权利的边界四至内能充分行使权利并能有效地将医生的相关行为限定在边界四至以内。

基于上述情形,项目组决定在理论研究部分适当扩大研究范围。本编共分为五章,主要包括医生权利的基本理论研究,医生权利的法律渊源,当代中国医师法律权利的保障概况,医生的一般公民权利,如生命权等的研究,医生执业权及与医生执业密切相关的权利,如接收继续教育权等的研究几个部分组成。

第四章　医生权利的基本理论

白衣天使、医者仁心，这些对医师职业最崇高的评价，随着医药卫生事业发展水平与人民群众健康需求的不平衡加剧而越来越淡漠。医疗纠纷案件不断增加，医患矛盾日益恶化，医方似乎成为“看病贵、看病难”的罪魁祸首，提供医疗服务、直接与患者进行接触的医师成为权利被侵害者，伤医、杀医事件层出不穷。医师职业的高风险性、高负荷性、高奉献性，逐渐让医生产生了职业的倦怠感，减少了对自身职业的满意度，淡化了曾经进入医学院校时铭记于心的健康所系、性命相托的医学生誓言，也使众多医师不愿让自己的子女踏入医学行业。在强化患者权益保护的社会舆论大力推动下，自从第二阶段医药卫生体制改革肇端以来，党中央与国务院就在历次医药体制改革重点工作中尤为突出患者权益之保障，将患者安全保障、医疗质量提升、医疗不良事件（包括医疗事故等）作为评价医疗机构绩效的重要参考指标，反观医生的权利则远不如前者受到重视的程度高。

一、医生权利的基本理论

（一）医生权利的内涵

中国传统社会强调等级有序的礼法秩序，身份不同的成员享有不同的权利，“刑不上大夫、礼不下庶人”就是一种权利不平等的体现。在西方进入契约时代后，社会成员享有无差别的公民权利，19 世纪中后期，公民权利传入中国并引起了理论界的不断讨论,但并未真正落实到制度层面,新中国成立以来,权利才真正进入人们的政治和社会生活。20 世纪 50 年代以来,世界范围内掀起了民族解放与追求自由、平等的思潮乃至激烈的社会革命运动,以《世界人权宣言》为代表的国际法渊源体系逐步确立“二战”后人类对于人权、公民权等基本权利的认知,通论认为所有可资列举的、为少部分群体所秉持着的差异性因素,诸如性别、职业、出身、信仰等不能妨害每一个人生来就享有的,亦绝对享有的公民权。与此同时,根据个人职业的不同,在坚持权利平等的基础上,不同职业的公民享有不同的职业权利。在《现代汉语词典》中,医生(医师)被定义为具备如下几个要素的群体:(1)以救死扶伤及疾病预防保健为主业、负担重大事项医疗救助、公共卫生职责;(2)应受到过高等医学教育(大部分农村医生除外)或为国家认证的同等学力者;(3)经法定行政许可、审批程序取得执照。[①]《执业医师法》第 2 条从法律角度对医师进行了定义,医师系依法取得执业医师资格或者执业助理医师资格,经注册在医疗、预防、保健机构中执业的专业医务人员,包括执业医师和执业助理医师。根据农村医生的定义,农村医生本质上是属于“大医生群体”的,相关权利也与医师权利紧密关联。由于诊疗活动更能全面地展现医生的权利,所以下文对医生权利的研究,以深入临床一线医生的权利为主,兼顾其他医务人员的权利。

医生不仅具有一般公民的基本权利,还具有从事医疗行业相关的特殊执业权利。在享有一般公民平等的权利以外,医生还享有最能体现其核心本质的权利,即基于其自身所受专业训练或师承等方式习得并为国家专门机关认可的专业技能,被赋予得以自主开展诊疗活动之权利,包括与之配套的辅助其完成诊疗的相关权利。课题组一致认为,医生的权利包括一般公民权利、特殊执业权利和执业相关权利,三个方面权利内容的本身不会存在冲突,但在当前的医疗环境下,医生在行使执业权利的过程中,基本的公民权利时常受到威胁和侵害,“伤医”“杀医”案件最为典型,使得医生在行使特殊执业权利的时候受到极大的限制,迫使有些医生的执业行为偏离治病救人的目的,受到以不发生医疗纠纷、不损害自己的一般公民权利的限制,严重影响患者

① 参见中国社会科学院语言研究所词典编辑室编:《现代汉语词典》(第 5 版),商务印书馆 2005 年版,第 1603 页。

的最佳诊疗,阻碍医学的创新与进步,最终不利于健康中国战略的落实。执业相关权利不能得到很好保障,加重了医生开展诊疗活动的负担,降低医生的执业满意度和在医疗活动过程中的主体地位,难以提高医生的医疗水平和医疗新技术的开展。

(二)医学模式发展中的医生权利变化

医学模式为划时代之重要概念,系美国著名医学家恩格尔(G. L. Engle)所倡导,19 世纪跟随现代医学被引入我国医学界。所谓医学模式,是指"关于人的身心健康和疾病的主导的理论系统以及与之相应的主导的实践方式,质言之,医学模式是指特定的历史时期内居于主导地位的医学理论和医学实践方式"①。古代的医学模式有巫医模式、整体医学模式、僧侣医学模式三种,近代医学主要体现为生物医学模式,现代医学发展为生物—心理—社会医学模式。② 溯源世界医学模式之发展,医学模式的变化实际上就是医患矛盾体"博弈"的反映,以患者为中心的医学理念不断强化,医生的地位逐渐降低、权利不断弱化,医生必须履行更多的义务,患者被赋予了更多的权利,医生与患者之间的关系趋于平等。

唯心的巫医模式源于远古时代人类认识能力的不足,无法解释自然科学领域的奇异现象,对于生老病死等现象只能归之于神灵的作用。人类最早的医药知识都带有强烈的巫医迷信色彩,认为疾病的产生是魔鬼作祟,用占卜和着魔解释疾病的产生,将"驱魔""驱邪"作为治疗疾病的手段。疾病的诊断和治疗掌握在巫医和祭司的手中,这也是医生最早期的形象,巫医作为神灵的唯一感知者,执行神灵的旨意,享有至高无上的权威。而作为原始社会的氏族成员在此种医学模式中无任何权利可言,完全将自己的健康与性命寄托在巫医的身上,即使存在医疗过错,也可辩解为是神灵的惩罚。

整体医学模式也可称为朴素的系统医学模式,是在人类认识能力提高以后,对唯心的巫医模型进行反思而产生的整体医学观,鬼神、巫术被逐渐的驱除出医学领域,人类对人体的科学认识在逐步萌芽,但是仍然停留于朴素的

① 邹成效、何天云:《论医学模式的演进》,浙江科学技术出版社 1998 年版,第 13 页。

② 参见冀中等编著:《医学模式》,北京医科大学、中国协和医科大学出版社 1991 年版,第 19 ~ 53 页。

物质、现象层面。此一时期，提出“四液理论”的现代医学奠基人希波克拉底就是个中翘楚，体液被视为人体机能之“源泉”，但是体液显然不等同于血液，其范畴远超血液。《内经》的产生是我国整体医学模式出现的标志，贯穿着天人合一的哲学思想，并以阴阳五行学说作为其理论基础，体现了朴素的唯物论和辩证法思想。医师内心真诚地怀揣着“悬壶济世”“救死扶伤”的高尚医德，西方的《希波克拉底誓言》和我国的《大医精诚》都出现于这一时期，医师精通医术并具有高尚的品格，患者完全信赖医师，形成了良好的医患互动关系。但此时的医患关系仍然以医生为中心，患者的权利并未得到充分保障，医生自主决定诊疗方案，并有权拒绝治疗，扁鹊提出的“六不治”思想以及《希波克拉底誓言》中提出的不对结石患者实施手术，都体现出医师的选择性治疗权利。

僧侣医学模式是医学模式发展过程中的倒退，医学沦入了僧侣的解释和操控中，职业医师也由僧侣担任，从朴素的整体医学观又回到了唯心主义的医学观。我国并未出现僧侣医学模式的倒退，但在中世纪的欧洲，僧侣医学模式大行其道，神学思想又开始禁锢人们的思想，祈祷成为僧侣医师治病的主要方式。这一时期，僧侣作为医师的形象代表，由于依附于神权，僧侣也在医患关系中具有极大的权利，患者的权利无从谈起。

文艺复兴使医学从僧侣医学模式中解放出来，结合自然科学技术的飞速发展，形成了近代医学的生物医学模式。近代医学模式逐步开始以“假设—实验”的基本模式为认识人体医学科学之工具，代表性的人物是相较于医学之父希波克拉底更进一步，发现血液的英国生理学家与医学家哈维（Harvey），“血液循环理论”取代了朴素的医学认知。生物医学模式立足在生物科学基础上，认为每种疾病都必须并且可以在器官、细胞或生物大分子上找到可以测量的形态或化学改变，都可以确定出生物和理化的特定原因，都应该能够找到治疗手段；[①]发展了解剖学、组胚学、生理学、免疫学等医学基础理论，准确地解释了医学生命特征和病理机制。但生物医学模式将疾病的诊疗机械地进行拆分、修补，忽视心理和社会因素对患者影响，医患关系较为淡漠，相对整体医学观念的天人合一和高尚医德的提倡而言有所退步。医生拥

① 参见冀中等编著：《医学模式》，北京医科大学、中国协和医科大学出版社1991年版，第29页。

有治疗活动中的绝对权力,医患关系中的信息存在巨大的差距,患者由于不具备相应的医学常识,医生也未尽到充分的说明,使得患者只能选择信赖医师的一切诊疗行为。

生物—心理—社会医学模式我们亦可称其为"三位一体"的医学模式,其源于1946年世界卫生组织对健康的全新认识,健康不等于没有疾病,人类的健康应是整体的健康,包括健全的心智和良好的社会生存适应能力,三者间呈现互为表里的关系。随后美国罗切斯特大学医学院精神病学和内科学教授恩格尔1997年在《科学》杂志上发表《需要新的医学模式:对生物医生的挑战》的文章,正式提出生物—心理—社会医学模式,这是医学发展史上的一次飞跃。[①] 生物—心理—社会医学模式在坚持生物医学模式人的自然属性的同时,将健康和疾病观念扩展到人的心理和社会的影响,提出必须重视人的心理和社会因素对人类健康的影响。同时随着人类权利运动的发展和法治化进程的迈进,病人的自主权利、知情同意权、隐私权利逐渐得到医学界及各国法律的认可,医生同时被赋予更多的义务,医患关系中权利地位的不平衡受到极大的限制,新型的平等的医患关系在现代医学模式下得以建立。

(三)我国古代医生权利和社会地位的演变

医生的权利和社会地位与社会环境密不可分,深受当时的政治、经济、文化的影响,我国医生经历了从无到有,从巫医到专职医师的发展历程,其权利和社会地位也在发生着变化。

我国也经历了唯心的巫医模式,特别是殷商时代,鬼神信仰十分严重,凡事都要由巫师通过占卜、祭祀向神灵请求指示和祈求福祉。当时的巫医是指具有双重身份的人,既能交通鬼神又兼及医药,是比一般巫师更专于医药的人物。[②] 巫医在当时的社会地位非常高,可担任很高的官职并经常出入王宫之家,有的死后甚至能上升为上帝的座上宾,[③]并在社会上享有许多特权。周取代殷商后,巫医地位逐渐下降,人们渐渐开始怀疑巫医和巫术,这一时期呈

① 参见纪明堂、石玉修主编:《现代医学模式》,青岛海洋大学出版社1997年版,第14页。
② 参见李经纬、林昭庚:《中国医学通史》(古代卷),人民卫生出版社2000年版,第59页。
③ 参见宋镇豪:《商代的巫医交合和医疗俗信》,载《华夏考古》1995年第1期。

现“巫医并行”的状态，一些医生明确地摒弃巫术、反对巫术，巫医的社会地位逐渐受到质疑，但还是具有不同于一般庶民的特权。

春秋战国时期，持不同理念的各家之间出现百家争鸣之景象，更显“规范化”“正统化”的儒家、道家思想渐次融入各行各业，医学亦逐渐脱离神学的束缚，崇尚实用主义、经验主义的中国古代医学开始从居于异端邪说之流的巫术中分离出来，曾经是宫廷、庙堂专属的技艺流传到了民间社会，悬壶济世的专门的医生群体形成，他们虽然失去了曾经氏族“精神领袖”的地位，但是仍然属于“士”这一阶层，被人们尊称为“大夫”。虽然士阶层处于贵族集团的最底层，但与普通的民众相比，在社会上仍然具有很高的地位，也享有一定的权利。如扁鹊出于对医师自身的保护，提出“使圣人预知微，能使良医得早从事，则疾可已，身可活也。人之所病，病疾多；而医之所病，病道少。故病有六不治：骄恣不论于理，一不治也；轻身重财，二不治也；衣食不能适，三不治也；阴阳并，藏气不定，四不治也；形羸不能服药，五不治也；信巫，不信医，六不治也。有此一者，则重难治也”①。该“六不治”原则体现了医生对于病患的自由选择权。

两汉时期，基于国家大统一的需要，儒学家董仲舒提出“诸不在六艺之科，孔子之数者，皆绝其道，勿使并进”②，“罢黜百家，独尊儒术”思想得到汉武帝的支持。相对儒学来讲，医学沦为了六艺之外的“小道”“方技”，医生由原来的士阶层降低为工的阶层，这种社会阶层的变动直接影响着医生群体所获得的基础社会评价，间接影响者医生群体的职业激励、职业发展期望，“以行医为耻辱”的心态湮没了“医者仁心”的传统医学观念，知识分子不愿意从医，医生的整体水平不高。一些流传已久的名医言论更是影响了整个社会的从医风气，比如东汉名医华佗，即使在自己医术名满天下之时，也时常后悔自己学习了医术，其曾感叹“佗之绝技，凡此类也。然本作士人，以医见业，意常自悔”③。

唐朝时期对医学较为重视，设立了有集医政管理和国立医学院为一身的

---

① 周显忠编译：《博古今文》，西南师范大学出版社 2003 年版，第 706 页。

② （汉）班固：《汉书》，中华书局 1962 年版，第 2523 页。

③ 《医古文》编写组编：《医古文》，人民卫生出版社 1983 年版，第 21 页。

太医署,在地方设立了教学与巡疗并重的医学校。重视医学的同时,医生的社会地位并未得到提高,医生的社会地位低下甚至受到社会的蔑视,医生及医学仍然处于不登大雅之堂的"小道"。导致医学人才在数量上、医学造诣上与同时代的其他文化的空前盛行不能相提并论。正如韩愈所说,"巫医、乐师、百工之人,君子不齿"①。

宋朝,医学受到重视,设立翰林医官院管理医疗行政,太医局成为独立医学校,宋徽宗政和元年,朝廷宣布医官从同武职改为文职,并设有"大夫""郎"等职位二十余种。② 在人才选任机制上,宋朝不仅重视官吏的选任,也十分重视专门的医疗官员的选聘。现在人们对医生的尊称就源于这一时期相关选聘制度的留存,如"大夫""郎中",医生的社会地位相比较而言,有了极大的提高,医生的权利也得到法律的保障,《宋刑统》中规定了医德、医疗事故、民众医药等医药卫生管理法规,医生一旦治病无效或失误,一般也不会受到牵连或迫害,医生的人身安全和医疗豁免权得到保障。

元朝统治者十分重视医学,在官僚系统内基本做到了各级都嵌入医学部分,路—府—州—郡县先后设置了医官系统。医学扩大设置范围,除路一级单位设置医学外,府州郡县也陆续设置。医学学校成为元代儒学之外数量最多,普及范围最广的学校。③ 元朝社会把人们按职业分为十等,"即一官、二吏、三僧、四道、五医、六工、七猎、八匠、九儒、十丐"④。医师的社会地位远高于儒士,使大批儒士投入医学领域,将精力投入医学理论。

明清时期,医生的地位有一定的下降,但基于医生救死扶伤的社会职责,受到普通大众的认可。由于儒学的强化巩固,在一定范围内也对医学和医师存在歧视,医学在一定时期又被视为"奇技淫巧""小道"而受到限制。作为所谓的最高级别医疗官员,皇宫中的太医(御医)在整个官僚系统的地位随朝代更迭而逐渐下降,由元时正二品到明朝正五品。明代医学世家,《本草纲目》作者李时珍,起初其从事医学并不被父亲看好,其父期望他走上仕途,但多次科举未及第的李时珍自知不适合此路,转而选择跟随自己的父亲从医,

① 吴楚材、吴调侯编:《古文观止》,浙江古籍出版社 2010 年版,第 210 页。
② 参见李似珍:《从陈高由儒转医看宋代的儒医现象》,载《医古文知识》2001 年第 4 期。
③ 参见乔卫平:《中国教育制度通史》(第 3 卷),山东教育出版社 2000 年版,第 511 页。
④ 陈垣撰:《元西域人华化考》,上海古籍出版社 2000 年版,第 134 页。

潜心钻研,后来取得丰硕的成绩,被后世尊为中医本草集大成者。

(四)当前我国医药卫生环境下的医生权利现状

自2000年后,中国医师协会曾多次对我国医师执业状况进行调查,2011年8月中国医师协会进行了第四次调查。调查结果反映了当前我国医生(部分农村医生)对待自身职业的态度,包括:(1)对执业环境不满意(48.51%);(2)工作经常满负荷运行,收入却未获得同等提高;(3)不希望"子承父业"的比重高(78.01%)。[①] 从以上调研数据可以看出,我国的医药卫生环境并未给医师足够的自由或权利,医师职业尊严和执业权利并未得到很好的保障,也反映出对医师权利保护不足可能导致的严重后果——我国医药卫生事业发展可能面临后继无人的困境。本书认为主要有以下三方面原因。

第一,在医药卫生体制改革过程中,国家对医生权利的重视程度严重不足。2009年党中央、国务院发布的改革开放后第二阶段医药卫生体制改革的总方针,其核心意旨在于矫正第一阶段医药卫生体制改革中坚持"医疗市场化"的错误思路,回归医疗卫生服务事业应当坚持的"初心与使命",一言以蔽之,即要实现"人人享有基本医疗卫生服务"的目标,这也与世界卫生组织"阿拉木图宣言"的意旨相扣。但改革意见中对医生的权利保障问题却只字未提,涉及的内容也仅是医生的任职资格和教育培养问题,在患者权利和主体地位不断得到确认和扩充的同时,将医师置于了医药卫生体制改革中的客体,忽视医师在医药卫生体制改革中的主体地位,忽视医师在改革过程中的权利保障。国务院办公厅于2010~2014年,相继颁布了深化医药卫生体制改革主要工作安排,对于医师而言,还是将医师至于客体的地位,内容包括住院医师规范化培训、乡镇卫生院医师队伍的建设、医师的多点执业等问题,而在医师权利保障方面仅提到了乡村医生工资补贴与养老待遇保障问题。从整个国家的高度而言,当前及今后的一段时间,随着国民经济的不断发展,人民群众对美好生活的向往肯定包括对卫生健康服务需求的提升,这是矛盾的主要方面,但是缓解矛盾的重要因素之一,即医生的权利保障问题也应当受到同等的重视。医生权利得不到重视,从长远来讲,医药卫生事业健康发展

---

① 中国医师协会:《第四次医师执业状况调研报告》,载中国医师协会官网,http://www.cmda.net/gongzuodongtai/zhinengbumen/2011-08-08/9778.html。

的可持续性问题也会受到极大的影响。不幸的是,我们的社会中出现了一股极端化的歪风,他们将对社会的不满情绪发泄到医生这一群体上,轻则聚众扰乱医疗机构秩序、辱骂、殴打或实施网络暴力,重则蓄意杀害医务人员,最终受损害的仍然是患者群体利益。好在这一乱象受到了来自党和国家的高度重视,最高人民法院、最高人民检察院等五部委于2014年4月联合发布了针对涉及的违法犯罪的惩处意见,对无端伤医、杀医者重拳出击,有效遏制了这股"威风邪气",医生的基本人身权利首次在规范性文件中得以重视。

第二,医生成为医疗体制改革中各种矛盾的"替罪羊"。其一,医疗体制改革过程中,国家将医院推向了市场,导致医院企业化、私营化的经营,医生从救死扶伤的白衣天使沦为了谋利的工具,同时应有的劳动报酬权和休息权利也受到如资本家式的剥削,医生的休息权不能得到很好保障使得医生的医疗服务质量大大降低,易引发患者的不满。劳动报酬权不能得到合理的体现,极易引起医生商业受贿的道德和法律风险。其二,医疗体制改革过程中,最为重要的一个宏观问题就是医疗卫生资源的配置均衡性问题,基层医疗机构卫生技术人员诊疗服务水平过低导致城市大型医疗机构"虹吸"病源,在这些医疗机构来不及扩大规模之前,患者或其家属不得不选择排队等候,专家号有时都是一号难求,"看病难"的问题成为医药卫生体制改革的"心病",亦影响人民群众改革开放获得感的提升;同时,医生每天也要对许多病人进行检查、诊断和治疗,没有充分的时间和患者进行沟通,这样的情况下,充满不满情绪的患者极易和疲劳不堪的医师发生冲突,医生的人身权利也常常因此受到威胁和实际的侵害。其三,在2009年以前的医疗体制改革中,市场化被引入到医疗,公益性要素逐步被稀释,逐利性因素被提高到医疗机构运行的重要目标,为了所谓的"创收",医师开具"大处方""大检查","看病贵"问题逐渐现身,由此形成医患间矛盾的重要根源之一,医患信任不复从前。

第三,医患关系法律属性的复杂性导致医师权利的侵害。医患关系的法律性质可谓众说纷纭,一种观点认为,医患关系属于民事法律关系,[①]在此前

① 参见梁慧星:《给法官们的建议》,载《公民导刊》1999年第2期。

提下，又产生了消费关系、[1]合同关系；[2]另一种观点认为，医患关系属于行政合同关系；[3]也有学者认为医患关系是不同于民事法律关系和行政法律关系的独特的卫生法律关系；[4]民事法律关系的认识激发了患者对医疗平等和公平的追求，对医患双方的沟通提出了更高的要求，患者的知情同意权增加了医师医疗过程中的义务，同时也造成了患者的自主医疗权和医师的主动干预权的矛盾，北京肖某军案件就是二者冲突带来的典型悲剧。[5] 消费关系和合同关系的法律关系认识，造成了患者对医疗活动的高期待性，这与医疗活动本身具备的高风险性又相互矛盾，致使医师不得不采取防御性医疗策略，不但影响疾病的诊治，也有碍医学的进步和发展。同时，患者会由于医师积极的医疗策略造成严重后果或由于医师消极的防御性医疗策略未能治愈疾病，而对医师基本的人身权利进行侵害。从吉林省十家医院的调查中发现，2012～2013 年，有 4% 的医生曾被患者或者家属进行了身体侵犯；有 47% 的医务人员曾遭受患者及家属的辱骂；有 30% 的医生经历过患者的威胁或恐吓。[6] 当前患者几乎都认为医疗关系属于消费或者合同关系，医院就如同修理厂或者医疗服务提供地，必须将人体缺损的部件修理好或者在医院接受“顾客如上帝”的标准进行服务。当然医师应追求精湛的医术，力争将每一名患者都进行完美的救治，在对待患者时，都要满足患者各种合理的要求，但长期身处执业紧张及高负荷状态下的医师，很难做到十全十美。

二、医生权利的体系构成

如前文所述，医生的权利，其核心是诊疗权利，即基于其自身所受专业训练或师承等方式习得并为国家专门机关认可的专业技能，被赋予的得以自主

---

① 参见王泽红、姜柏生：《医疗行为与消费行为》，载《中国卫生法制》2000 年第 3 期。

② 参见柳经纬、李茂年：《医患关系法论》，中信出版社 2002 年版，第 27 页。

③ 参见胡晓翔、邵祥枫：《论国家主体医疗卫生事业中医患关系的法律属性》，载《中国医院管理》1996 年第 4 期。

④ 参见张赞宁编著：《医事法学研究及典型案例评析》，东南大学出版社 2003 年版，第 10～11 页。

⑤ 2007 年 11 月 21 日，怀孕 9 个月的李某云因呼吸困难，在同居男子肖某军的陪同下赴北京某医院检查，医生检查发现孕妇及胎儿均生命垂危。由于肖某军多次拒绝在手术单上签字，最终孕妇及体内胎儿不治身亡。

⑥ 参见闫英：《医疗改革中医生权利的保护》，载《长白学刊》2014 年第 1 期。

开展诊疗活动之权利,包括与之配套的辅助其完成诊疗的相关权利。当然,我们不能忽视医生亦非"神灵",也是普通人,他同样享有一个公民应当享有的基本权利。医生的权利可分为一般的公民基本权利、执业权利及执业相关权利三个部分。医生和其他社会公民一样享有平等的公民权利,但该权利常常因为医师职业的特殊性而受到侵害;医生的执业权利是在诊疗活动中享有的特殊权利,但该权利也会因为法律规定的不明确而受到影响,因为患者权利的不断扩张而受到制约;执业相关权利是提高医疗服务质量、促进医药卫生事业长足进步的重要权利,但常常被社会所忽视,因为保障力度不够使其从权利变成义务,增加医生负担。

(一)医生作为一般公民的基本权利应当予以重视

公民的基本权利按照主要特性涉及人从生到死的主要方面,如生命、健康、婚姻自主等人身权利,接受文化教育、自由信仰宗教等思想自由权利,参与社会经济活动、享有财产、享有知识产权等财产性和经济性权利,还有提起诉讼、控告、举报等救济权利。我国《宪法》第33条规定了我国的人权保障条款,此条被誉为我国的"人权条款"或基本权利一般性条款,也是未被列举的基本权利生发性条款。医生基于执业的特殊性,其基本的公民权利往往受到侵害和威胁,国家对医生的基本权利的保障力度有待加强。

第一,医生的生命权、健康权和人格尊严权在当前医疗环境下需要进行有效的保障。人之所以为人,在于作为万物灵长的"高级动物",我们意识到了生命是有尊严的,数万年的演化使得我们逐渐抛弃物化人类的落后思想。基于此,生命权较早地诞生于基本权利体系之中,生命权包含了生命安全和生命尊严两项重大权益,当然也有观点认为生命人生而有之,是自然性权利,由法律加以规定似乎有越俎代庖之嫌,也不能体现对生命的尊重。但是,作为一切权利之基石,生命权应为宪法、法律所明确。身体权是公民从事生产和生活的基本前提,是依法保护其身体组织完整、维护正常生理机能的权利。人格尊严又称人格权,是公民人身权利的重要组成部分,包括姓名权、肖像权、名誉权、荣誉权等权利。医生与其他社会公民一样平等地享有生命权、健康权和人格尊严权,在法律面前应当受到平等的保护,但是在当前的医疗环境下,医生的上述权利被置于了更容易受伤害的境地,因而相应地,国家应给予更多的保障。2003～2012年有课题研究组对全国范围内发生在医疗机构的医疗暴力事件情况进行了调查，调查数据显示医务人员普遍受到患者方人格上的辱骂、生命与健康威胁，以及实际受到患者方的攻击，总体比例都有显著上升，医疗执业环境对医生不是很安全。[①] 另外还存在大量造成医生直接死亡，侵犯医师生命权的恶性伤医案件。对医务人员生命权、健康权和人格尊严权的伤害对在岗医务人员造成极大的影响，在此次调查中，98.7%的医务人员表示暴力伤医事件对自己有影响，且高达87.2%的医务人员表示影响程度大（影响非常大62.9%＋影响比较大24.3%）。28.4%的医务人员会倾向于选择自我保护性诊疗方式给病人诊疗，20.7%的医务人员有过放弃从医的念头，19.1%的医务人员表示在诊疗时对患方会心存戒备，15.9%的医务人员明确表示坚决不同意子女从医或学医。[②] 以上调研数据显示出医师执业过程中人身权利受侵害的高危险性，这种危险已经严重影响到医师群体的正常执业状态和患者的正常就医，更严重威胁到医药卫生事业的健康可持续性发展。从一般公民的角度来看，高危险性执业理应得到更多的法律保障，从医药卫生事业整体发展方向上来讲，医生的执业安全性也需要国家和全社会公众给予更多的关爱，尤其是身处边远地区的农村医生。最高人民法院、最高人民检察院、公安部、司法部、原国家卫生和计划生育委员会于2014年4月联合颁布的《关于依法惩处涉医违法犯罪维护正常医疗秩序的意见》开始从法律层面重视医师的生命健康权和人格尊严权，对暴力杀医、伤医以及在医疗机构聚众滋事等违法犯罪行为进行严格依法惩处，在一定程度上增强了医生的权利保障，但这仅是事后的法律惩罚措施，如何进行事前的预防，还需要进行更多的论证和思考，还需要出台相应的法律法规进行合理的预防。

第二，医生的劳动报酬权在当前的医疗环境下需要得到完善。劳动报酬是现代公民生存、发展的重要物质基础，社会化大分工日益强化的大背景下，每一个人欲独善其身似乎不大可能，劳动关系已经成为社会生产的主要关系，是推动社会发展的重要力量。而劳动者基于其劳动获得同等的价值的报

---

① 参见贾晓莉、周洪柱等：《2003年－2012年全国医院场所暴力伤医情况调查研究》，载《中国医院》2014年第3期。

② 参见王玲玲、王晨等：《医院场所暴力伤医趋势、不良影响分析与思考》，载《中国医院》2014年第3期。

酬，主要是工资、奖金、分红等收入，符合公平的法治理念。但在当前医疗体制改革的过程中，医生的劳动报酬不能体现医生的劳动价值。其一，我国医生的劳动报酬远低于发达国家。发达国家都十分重视医生的劳动价值，医生与律师都是受到社会普遍尊重的高收入群体，据相关文献调查数据显示，“英国在2011～2012年度中，年收入超过15万英镑的家庭医生共有3620人，670人超过20万英镑，160人超过25万英镑，比首相的工资还高；美国神经外科医生年薪达到38.15万美元，医生是美国薪水最高的职业；加拿大医生一年的平均净收入高达25万加元；日本中年医生平均年收入可达1000万日元；新加坡一些专科医生，月收入超过2万新加坡元，是当地收入最高也最受尊敬的职业”[①]。相反，我国医生的收入水平与工作强度基本处在平行线上，相关调查数据显示，“我国医生的月薪从最低不到3000元到8000元不等。三级医院医生月薪达到8000元的只占10%，68%的医生月薪在3000～8000元；一级医院60%的医生月薪在3000元以下，据有关机构调查显示，88%的医生对自己的收入表示不满意，表示满意的仅占到7%”[②]。其二，从国内各行业之间的对比来讲，医师的收入并不占优势。2013年全国城镇单位就业人员年平均工资51,483元，卫生和社会工作行业就业人员年平均工资为57,979元，最高的金融业就业人员年平均工资为99,653元，[③]医生在我国不同行业之间的收入水平不占据任何优势。反观一些发达国家，医生收入在各职业中均居前列，是社会平均工资的1.8～6.2倍。[④] 医生是不同于医疗器械的人，在计算劳动力成本时，应充分尊重医师在诊疗活动中的主体地位。其三，劳动报酬权，不仅包括公民享有取得劳动报酬的权利，还应当包括取得与自己的知识能力水平、劳动付出的大小及其职业环境的优劣相应的劳动报酬多少的权利。由于医师的接受医学教育周期长、专业化程度要求高、劳动强度和执业风险性较高，所以应当给予医师更高的劳动报酬。这也是医生认为自己的付出与收入不成正比的重要原因。其四，医生劳动报酬权如若不能得到提

① 《部分国家医生收入情况》，载《中国医院院长》2014年第17期。

② 《我国医生收入情况》，载《中国医院院长》2014年第17期。

③ 资料来源：国家统计局：《中国统计年鉴2014》，载国家统计局官网，http://www.stats.gov.cn/tjsj/ndsj/2014/indexch.htm。

④ 参见马天龙：《发达国家全科医生薪酬福利制度解析》，载《中国卫生人才》2015年第1期。

高或完善,医师群体的职业积极性和执业满意度将一直低迷,医疗效率和质量很难得到提高。医生会更多地选择异地执业或兼职行医,也会使一批医生放弃医德,产生不合理用药和开贵重药等行为,甚至会收取医药代表药品和高价值耗材的回扣,走向犯罪的边缘。

第三,医生的劳动休息权亟须得到改善。休息是解除疲劳、恢复体能和智能的重要手段,也是使将来劳动更有效率的必备条件。休息权是劳动者依法享有的暂时停止工作、学习或活动的权利。医生长期处于昼夜颠倒、超高强度、超长时间的工作状态,休息权并没有得到很好的保障,甚至产生了一些医师"过劳死"的案例。山西省医务人员工作时间调查是医生休息权不能得到保障的缩影,相关调查数据显示,"90.5%的医务人员不能享受国家法定的每周2天公休日的待遇,21.2%的医务人员得不到每周至少1天的最低休息时间;93.1%的医务人员每个月都需要加班1天以上,每次加班时间持续3小时以上的占60.4%,加班时间超过8小时的占到20.4%"[①]。本书认为,医生的休息权应依法得到保障,也具备保障的现实可能性,医生的执业特殊性并非医生休息权不能得到保障的理由。其一,医生基于救死扶伤的医德,被赋予了较高的奉献义务,晚间值班和平时加班几乎成了家常便饭,但这并不应是侵害医生休息权或无法解决的理由,增加医务人员的数量,充实医疗队伍是解决医生休息权的最关键因素,也是需要长期解决的问题,另外合理宣传引导患者理性就医也不能忽视。其二,医疗资源的不足和医疗服务需求矛盾在暂时不能快速解决的前提下,医生的加班补偿制度就显得格外重要,但我国医院大多未设立完善的加班补偿制度,即使有加班补偿制度,加班补贴的费用也较低,医生的休息权不能得到很好的补偿,如若不断建立完善医院的加班制度、补休规定和报酬标准并在实际工作中得以落实,也能弥补医生休息权保障的不足。其三,对休息权受到的侵害,公立医院医生长期处于无可奈何的境地。一方面,公立医院医生迫于就业所带来的生存压力,不敢主张自己的权利。另一方面,公立医院医生属于事业单位编制,严格意义上来讲不在《劳动法》调整之列,《执业医师法》的规定又不具体,公立医院医生休息

---

① 李建涛、郑建中、武振华:《山西省医务人员劳动休息权益保障调查研究》,载《中国社会医学杂志》2013年第3期。

权难以通过诉讼的途径解决。同时,在我国公民对休息权不够重视的情况下,难以期待医生因为休息权受到侵害而去法院起诉医院,那么他们只能选择沉默。但卫生行政部门和劳动部门可以加强对医疗机构的监督力度,迫使医疗机构完善和落实劳动休息制度,并及时对侵害医务人员休息权的行为进行处罚。医生也和普通的公众一样,有自己的家庭,在尽到社会义务的同时也需要给予医生一些休息时间去完成家庭义务。

(二)医生特殊的执业权利

医生特殊的执业权利亦称医生执业权,是医生基于其特殊职业身份所享有的权利,乃至特权,也是整个医生权利中心。医生特殊的执业权利包括疾病调查权、身体检查权、疾病诊疗权、疾病特殊干预权、医疗告知裁量权、医生行为豁免权、疾病证明权等七个方面的内容。医生特殊的执业权利的顺利行使是保障诊疗活动顺利进行和患者疾病得以正确诊治的重要前提。由于法律法规的界定不明确和患者权利的不断膨胀,医生在行使上述权利时常常与患者的权利发生冲突。

1.疾病调查权

疾病调查,又称疾病回溯,是指通过固定、法定的流程与方式,针对罹患疾病的个体,全面、透彻地获知其疾病的发生、发展,并预判可能的转归。它是整个医疗活动的基础,是准确诊断的前提,是科学制定治疗、康复方案的前提。诊疗活动如同与疾病对战,“知己知彼,方能百战不殆”。该权利包括两个方面,首先是医师的病史调查权,病史调查是诊疗活动中疾病调查的第一步,也是最重要的一环,真实、详细的病史资料是医师正确诊断的基础。其次是病例书写权,病例书写是诊疗过程记录的重要手段,即使进入信息化时代,病例书写仍然是一名合格的医生必须熟练掌握的技能,据实撰写病例,包括部分涉及患者个人隐私和私密的信息,只要与疾病诊疗相关,医生都应当一一记录在案,任何人(包括医生与患者本人)都不得在无正当理由的条件下要求或擅自涂改病例,更不能作出销毁、隐匿等严重侵犯疾病调查权的行为。医生对患者的疾病信息有权进行归档和整理,形成患者病史资料的医疗档案。作为疾病调查相对人的患者负有相应的诚实协作义务,即必须详细地、完整地、毫无隐瞒地将自己真实的病史及其他相关信息告知医生,不得拒绝医生与疾病相关的询问和隐瞒病情，不得故意欺骗医生、隐瞒病史。疾病调查权也赋予了医生获取患者疾病有关的隐私的权利，但这一权利的行使也意味着医生同时也具备了保密的义务，正如《希波克拉底誓言》中写道的，“凡我所见所闻，无论有无业务关系，我认为应守秘密者，我愿保守秘密”，但实践中患者常常以隐私权受到侵害而状告医院，患者隐私权和医生疾病调查权的矛盾比较突出。我国法律虽然确认了医生的疾病调查权，但并未设置疾病调查权受到侵害后的法律责任，仅是医疗机构行使不承担医疗侵权的抗辩理由。如《民法典》侵权责任编第1224条第1款第1项规定了患者或近亲属不配合诊疗时，医疗机构得以此为由不承担责任。

2. 身体检查权

医生的身体检查权是在执业活动中，取得病人同意或承诺的情况下，在正常合理的范围内，未超过必要限度对患者身体进行的各项检查。中医诊疗有“望闻问切”，“切”即中医身体检查之概要与精髓，现代医学中身体检查是诊断学的又一个重要分支，是一项古老而必要的医疗技术，取得相应执业专业领域资质的医生有权亲自诊察患者身体。对患者身体的各项检查可能会对病人进行包括生殖器等私密部位的触诊或医疗辅助器械检查，基于执业特许，这些活动不是对患者身体的侵犯，患者也有义务配合、容忍，其也不能被评价为刑法上的猥亵或伤害行为。医生的身体检查权是医生安排下一步诊疗方案的基础，患者如若同意进行检查，就除却了医生检查过程中对其身体接触的违法性，除非医生超过了必要的限度和检查的需要。医生的身体检查权也常常和患者的隐私权、身体权发生冲突，现实生活中也不乏因为身体检查而发生的医患纠纷。在当前医疗环境下，医生的身体检查权不能自由地行使，一些医院基于不同的利益分配方式——医务人员的收入与经济效益挂钩，迫使医生对一些疾病进行多项没有必要的检查，造成过度医疗现状。过度医疗虽不限于检查，但是主要的案件和典型的事例多发生于检查。循证医学要求和医疗举证责任倒置在其中发挥着重要的影响，为此，行政管理部门从“医生”“医保”等方面采取了多样化的改革，近来推行的临床路径管理试图让医生诊疗“有章可循”，但是这样势必会损害医生自主检查的权利。

3. 疾病诊疗权

以上两个阶段相当于“侦查敌情”，而最具不确定性和体现医生经验水平的就是诊断权或诊疗权。良好的诊断预示着疾病“战役”已经取得阶段性胜利,医生诊断行为常常是衡量医疗过错的重要着眼点。根据患者的疾病情况自主地选择治疗措施以保障患者的生命健康,任何人都不得指示医生作出与自己诊断相违背的判断和命令医师选择违背医学目的的诊治方案,同时也包括依据现有的流行病学资料采取积极的预防措施。疾病诊疗权是医疗活动中最重要的一个环节,对患者的身体健康和生命安全有着极其重要的意义,诊疗权的行使必须符合医学目的并尽可能的完美、正确,必要时候需要组织各专家进行会诊,否则一旦诊断失误或医疗方案选择错误,医生都将承担相应的法律责任。在当前法律规定下,诊疗权行使必须以取得患者的同意为前提,基于患者的自主决定权,医生的疾病诊疗权在某种程度上只是一种建议权,实际上无权处分患者的身体,疾病的诊疗处分权实际上交给了大多不具备医学判断能力的患者及其家属。疾病诊疗权的实施过程中需要尊重患者的知情同意权,医生在此权利行使过程中又被附加了更多的义务,需要与患者进行充分的沟通,但医疗行业的高科技性、高风险性使得医师很难彻底地将诊疗活动的全部信息完整地告知患者并使其理解明白,以致医患双方都对诊疗活动存在顾虑,医生的疾病诊疗权常常与患者的知情同意权发生冲突,从而导致医疗纠纷的出现。

4. 特殊干预权

此项权利其实是医生基于专业性被赋予的法定特权,当然此处所谓“特权”不是利己的,而是利他的,是以维护患者权益为中心的。通常情况下,医生的诊疗权利需要获得患者知情同意(自主决定权)之豁免,原因在于医疗行为的外观就是侵权,其正当性源于职业伦理正向评价和患者及其法定、授权决定主体明确授权。但是,特殊情况下,尤其是难以或不能获得授权的情况下,医生的诊疗权可以不要求患方知情同意这一前提条件,法律赋予医生限制病人自主决定权的行使,以达到完成对病人应尽的义务和对病人根本利益负责的目的,在此种情况下,医生的诊疗权可以不必经过患者或其家属的同意而强制对患者进行治疗,如强制隔离诊疗权、强制性戒毒权、对自杀者的救治、家属不同意危及患者生命、患者不理性地拒绝治疗等危及自身和他人生命健康安全的情况,但必须以患者自主决定权不能正确行使为前提,当病人的自主决定权与生命原则、有利无伤原则及公序良俗原则发生冲突时,医生可以行使该权利。但基于当前较为复杂的医疗环境,除了危及公共利益和第三方利益的情形,医生的特殊干预权很难实施,医学的高风险性和医生的自我保护意识使医师的特殊干预权屈从于患者的自主决定权,为了避免日后产生医疗纠纷,医生往往采取防御性医疗措施或者不采取任何救治措施,北京肖某军案件就是一个典型案例①。

5. 医疗告知裁量权

医疗告知裁量权是医生享有的诊疗行为变更权(医疗服务合同变更请求权),医生有权根据患者病情的发展状况随时调整治疗方案和在充分尊重患者知情同意权的前提下,为避免给患者带来过度的心理和情绪等方面的负面影响,自由地裁量医疗告知内容的权利。一般包括两种较为常见情形:首先是对疾病的治疗存在多治疗方案时,医生是否需要对患者进行全面的说明,其次是对于癌症等不治之症或晚期病症,是否需要告知患者本人及告知的范围。在当前患者权利不断兴起的今天,医疗告知裁量权被控制到了最小的范围,医生需要对诊疗活动中的多种诊疗方案完整地告诉患者,并不享有自由裁量权和自主选择权,患者的自主决定权居于主导地位,医生原则上必须履行医疗告知义务。但是,医疗告知—患者知情同意不同于所谓的商家与消费者的告知—知情同意,前文也提到了现代医学模式已经认识到了心理因素、社会因素是人体健康的重要影响因素。因此,病情的告知说明对患者本人而言不一定都是有益的,选择性的说明、保留性的说明不失为一种"善意的谎言",尤其是罹患低治愈率疾病的终末期患者,往往是弱不禁风的,此时法律应适当地限制医生的医疗告知裁量权。医疗告知裁量权与知情同意权存在天生的冲突,我国法律并未给予医生医疗内容上的裁量权,而是给予了医疗告知对象的自由选择权,如现行《民法典》侵权责任编第1219条分别规定了一般医疗知情同意制度和特殊医疗知情同意制度两大类医疗知情同意制度,并且规定了保护性医疗知情同意制度。

---

① 2007年11月,一名孕妇被送到北京朝阳医院,与其同来的丈夫肖某军拒绝在医院的剖官产手术上面签字。该医院的院长亲自到场、警察也来到医院。在长达3小时的医疗告知后,肖某军却在手术通知单上写:"坚持用药治疗,坚持不做剖腹产手术,后果自负。"医院医生和护士最终束手无策,孕妇因抢救无效死亡。

6. 医疗行为豁免权

医疗行为的豁免权，是指医生在对患者实施合法诊疗活动中造成难以预料的不良后果不受追究的法律制度。[①] 医疗行为豁免是有效避免“有死伤就必然赔偿”的错误医疗裁判理念的重要法律依据，医疗领域不应当随意引入公平分担损失规则，并且《民法典》第1186条已经限制了公平条款的滥用。医疗行为豁免权是法律赋予医生合法合理排除难以预测医疗风险导致的不良后果的权利。其主要是基于：(1)医疗行为虽有违诊疗规范但并无损害，当然如果患者可以举证精神性等非物质损害的可另案处理；(2)抢救生命垂危的患者等紧急情况；(3)患者病情特殊转归和超常人体质导致的意外情况；(4)非医患双方可预见、可避免、可克服之情形，即不可抗力；(5)现有医学技术水平不能预料和避免的情形。[②] 为保障医疗行为的顺利开展和从根本上保护患者的健康权，医生享有在医疗过程中的豁免权。在当前，医疗行为的豁免权和患者对医疗行业的高期望值存在较大冲突，医生的医疗行为豁免权受到极大的危害，医院为了息事宁人，对一些医疗意外和医疗并发症进行了赔偿，赔偿后又追究医师的经济责任。医生医疗行为的豁免权并未受到很好的保障，医生的诊疗行为受到极大的限制，严重损害医务人员的执业积极性，治疗措施更趋于保守，医学的进步受到制约。

7. 医生的证明权

医生的证明权是医师按照从业的执业类别，即临床医疗、公共卫生、预防、保健等医学类别，出具相应的医学证明文件，选择合理的医疗方案的权利。[③] 医学证明文件包括了死亡证明、出生证明、精神状况证明、疾病诊断证明等文件。我国《执业医师法》第23条从正反两个方面规定了医生的证明权，正面即医生可以开具基于自身执业范围，且经自身亲自诊查患者的相关医学文书，反之超范围或随意开具医学证明资料的将面临相应的法律责任。医生的医学证明权有着非常重要的影响力，医生开具的自然人出生和死亡证

① 参见王才亮：《医疗事故与医患纠纷处理实务》，法律出版社2002年版，第119页。

② 参见张喆：《医疗行为豁免权及其立法意义》，载《锦州医学院学报（社会科学版）》2006年第4期。

③ 参见徐萍、王云岭、曹永福主编：《中国当代医患关系研究》，山东大学出版社2006年版，第101页。

明涉及自然人一系列权利义务的产生和终止;参加医疗保险和健康保险的投保人,医生一旦出具疾病的医学证明,其就享有请求保险公司支付保险费的权利。精神病的鉴定及其诊断以及出具的相应证明,能决定自然人是否具有相应的刑事责任能力,决定其能否构成犯罪。职工的疾病诊断也是其向所在企业主张劳动赔偿的重要证据。医生的证明权属于执业的特有权利,但该权利必须按照医学的检验标准正确的行使,否则将造成一系列不可预知的后果。

(三)医生的执业相关权利

医生的执业相关权利是医生医疗活动顺利进行的保障,是提高医疗服务质量、促进医药卫生事业长足进步的重要内容。其包括执业条件保障权、继续教育权、民主管理参与权三个方面。医生和患者是医患关系中对立统一的两个方面,医生的执业相关权利得以实现,有利于患者接受更高水平的医疗服务,更有利于患者的生命健康安全。

1. 执业条件保障权

医生的执业条件保障权是指医生在诊疗活动中享有使用与诊疗活动相关的设备和器材的权利和享有的安全有序医疗环境的权利。“工欲善其事必先利其器”,在现代医学模式下,诊疗活动呈现出高科技型,使医师行使诊疗权的过程中更加依赖于先进的技术和设备,在医疗行为逐步分级的当下,不同级医疗机构根据其所被许可的执业范围和执业项目应当获得同等的医疗设施、设备支持,没有对应的医疗设施、设备,医生应当有权利拒绝诊疗,可以建议患者及家属向上级医疗机构转诊。《执业医师法》第 21 条第 2 项明确提到了医生享有获得与其执业活动相称的设施、设备配置基本条件的权利。该项权利的法定义务主体是医疗机构,医疗机构作为用人单位,提供充分的设施、设备保障既是确保医疗机构正常经营所需的客观条件,也是确保医生个人人身安全所必须付出的。此外,医生的执业活动需要具备安全有序的医疗环境,医疗机构有建立良好有序医疗环境的义务,国家机关也有保障医疗秩序的义务,媒体和社会公众也应努力营造良好的医疗环境。安全有序的医疗环境不仅有利于患者的治疗与康复,而且还是医生提高执业满意度和降低医生执业风险的需要。例如,手术器材的灭菌程度,手术室灯光、通风量、新风量以及不同区域的压差等，决定了医师手术环境的优劣。医院医疗区的合理布局、医师办公室和休息室的设计，安全监控系统的布置等医疗环境建设不仅有利于提升医院形象，还有助于医师在良好环境下的工作。国家机关应当对破坏医疗环境秩序的行为进行主动的介入和提前的预防。2012 年 4 月 30 日原卫生部联合公安部专门发布了维护医疗机构秩序的通告，要求二级以上医院等重点医疗机构派驻警务室，严厉打击破坏诊疗秩序的行为。媒体对涉医案件的报告应力求公正，不应当断章取义或不明真相地哗众取宠，吸引眼球，社会公众也应该给予医疗活动客观的评价，使医师的诊疗活动有一个安全有序的社会环境，这也是医师执业条件保障权得以实现的重要因素。

2. 科学研究权

科学研究权主要是上级医疗机构（有科研任务）的相关医生及医生群体享有的一项权利。医学技术的发展得益于医学科学研究的不断试错，可以说，没有一流的医学科学研究队伍也难以有优质的医学临床实践队伍，此项权利针对的对象是疾病，目标是治疗方案和预防对策的提出，当然科学研究不能等同于实验，还有学术交流、论文发表等。需要说明的是，农村医生在法律（《乡村医生从业管理条例》）上并未被赋予科学研究的权利，原因在于其基层定位与自身知识储备不足，当然农村医生完全可以参与一些疾病和传染病科学研究活动，在专业技术人员的指导下开展科学研究。虽然现代医学取得了相当大的进步，但医学领域还存在许多未知的地带，这决定了医生在临床实践的过程中需要进行大量的研究，获得新的突破和进展。一些新的药品和医疗器械的运用需要在取得患者的同意的情况下进行临床观察；对各种流行病或家族遗传病，医师需要获取大量临床一手资料进行研究。科学研究权虽然是最终服务于患者利益的一个权利，但也受到了具体的限制：其一，坚持患者的生命原则，医学研究需将患者的生命健康放在首位，不得以损害患者的生命健康为代价，必须向志愿参与实验的患者充分说明试验的内容、目的、方法、危险性，并且患者应当签订志愿参与实验同意书。其二，坚持社会公益的原则，医学研究目的是推动社会健康与发展，对人类社会安全造成威胁甚至破坏的医学研究是禁止的，如人类克隆和生化武器的研究等。其三，坚持诚实研究的原则，医师应当实事求是地收集实验数据，按照科学方法进行分析处理,并且应当亲自主持和参与实验的过程,反对医学研究的虚假行为。[①]但在当前的医疗环境下,科学研究权从医生的权利悄然地演变成了医生的义务,医生的考核和职称的评审并非以医生的诊疗活动的优劣作为评判标准,而是以科学研究进行的多少作为衡量的重要尺度,医学研究成了医生诊疗工作之外的巨大负担,为此多数医生不得已放弃在诊疗专业性和精准性上的追求,而将更多精力投入科学研究。

3. 继续教育权

专家型职业,如医生、律师、会计师等都需要终身学习,一名优秀的执业医师一般都需要至少10年乃至20年的培养,医学院基础教育仅是起步,常年的临床规范化培训,持续不断的继续医学教育都是不可或缺的。医师的继续教育权是指医师享有的与从事医学职业相关的终身教育权利。终身教育包括脱产教育和在职培训两个方面的内容。脱产教育包括入学深造(硕士研究生和博士研究生学习)、国内外进修学习、调研考察、访问学者等形式;在职培训包括开展学术交流沙龙、专题讲座、病例讨论等。参与继续教育是提高医师专业技能的重要途径,也是提高医疗服务水平的重要途径。基于医学快速发展的特殊性,医师的继续教育显得尤为重要,医师需要及时更新知识内容,调整知识结构,不断提高业务水平,从法律上明确医师的继续教育权,保障医师能在继续教育过程中暂时停止职业工作并延续执业权利,让患者对医师的继续教育给予支持和理解,比如当以往接诊自己的医师外出学习时,可以改选其他医师,请其他医师为自己治疗。在当前医师还处于高负荷工作的情形下,继续教育权的行使在某种程度上加大了医师的负担,一些医疗机构并没有创造医师接受继续教育的良好条件和提供更多的继续教育机会,一些继续教育内容流于形式,继续教育的多元化方式开展力度有待加强,网络继续教育方式应进一步得到推广。

4. 参与民主管理权

医疗实践中,医生必须加入医学会组织,但是医学会等行业协会组织不应当仅仅是"上对下"的行政管理,医生应获得发声的渠道,获得主人翁的地位。此外,医生还应被允许广泛参与医疗机构、医药行政管理活动,有权提出

---

① 参见贾海洋:《医疗纠纷与损害赔偿研究》,辽宁人民出版社2006年版,第79~80页。

自己的意见和建议。《执业医师法》第21条第7项就是以此为要旨的。医生是医疗卫生队伍中的中坚力量,处于医疗服务的第一线,自然更熟悉业务、更了解现实情况,更具有发言权。医生民主管理参与权的正确行使,有利于调动广大医生搞好医疗卫生工作的主动性和积极性,提升医生的主人翁地位及工作满意度,有利于对医疗机构和卫生行政部门的工作进行监督,及时发现问题和改进工作。医生所在机构的工作人员和卫生行政部门的工作人员不得压制医生的批评建议,更不允许对医生进行打击报复。医生依法参与所在机构的民主管理,参与讨论决定所在机构有关医生切身利益的重大事项,更有助于提高医疗机构的管理和服务水平、医学专业技术水平和诊疗质量,促进医疗卫生的健康发展。①

三、医生权利保障研究的意义

(一)医生权利保障是医生正常充当职业角色的前提

医生的社会角色是指在医疗卫生体制中,医生根据自己的医药知识和技能,对患者进行检查诊断治疗为己任的医务工作者角色。医生的社会角色具有三个方面的性质:(1)技术上的专业性,即医生应具备专业技术职称和岗位所要求的技能;(2)情感上的中立性,即医生保持专业技术判断居上位,不可因个人主观情绪影响专业判断;(3)对待患者一视同仁,即在诊治疾病时不应戴上有色眼镜,在救死扶伤面前应"人人平等"。医生的权利具有道德与法律的双重背书,亦是双重约束,其权利既包含法律上被许可的行医权益,也包括道义上应享有的行医之权益。② 无论是法律权利还是道德权利,如果得不到强有力的保障,医生都不能正常地充当自己的社会角色或者会背离自己的社会角色。

医生作为普通公民,除了职业所赋予的社会角色,还要充当子女、父母、妻子、丈夫等社会角色,单一看待和强调医师的职业角色,容易忽视医师作为普通公民的基本需求,而作为普通公民的价值追求如若不能得到体现,势必也会影响医师的执业角色。医生作为普通公民所享有的生命健康权、劳动报

---

① 参见孔志学主编:《医疗纠纷与法律处理》,科学出版社2014年版,第13~14页。
② 参见张瑞宏主编:《医患交流与沟通》,西南交通大学出版社2011年版,第54~56页。

酬权、休息权等基本权利是医生正常履行医师社会角色的前提,从当前的医疗现状来看,这些权利需要得到更高的重视并给予充分的保障。生命权、健康权是医生正常充当医生执业角色的安全保障权利,生命健康权的保护需要建立良好的医疗秩序预警预防机制,提前进行有效预防。劳动报酬权是医生有效充当医生执业角色的物质基础,只有当医生的劳动价值得到物质上的保障,医生才能安心于自己的工作,并在工作中提高工作效率,为医学创新提供源源不断动力,遏制过度医疗和商业贿赂等偏离医生社会角色的行为。休息权是医生正常履行执业角色的重要补充,医生休息权得以重视和保障,有利于减少医生的执业心理倦怠,建立健康积极的医师队伍。

医生的执业角色主要体现在特殊的执业权利上,但现代医学模式下病人权利凸显而引发的医生特殊的执业权利和患者权利的冲突,客观上造成了对医生权利的限制或忽视,影响了医生的职业角色的展现。疾病调查权与患者隐私权的冲突,造成医生不能详尽地或错误地了解患者基本情况;身体检查权与患者隐私权、身体权的冲突使医生不能正确地检查疾病。疾病诊疗权、特殊干预权与患者知情同意权、自主选择权的冲突让医生偏离了治病救人的社会道德角色;医疗行为的豁免权与患者损害请求赔偿权的冲突,让防御性医疗和消极性心理主导医师的行为,挫伤了医生悬壶济世的社会角色和形象。医生的权利与患者权利并非生来冲突对立,患者权利理应得到尊重和保障,二者本应是和谐统一的两个权利方面,但国家和社会层面单纯强调或重视患者权利,只会导致医生权利和患者权利的不平衡,这种不平衡最终会导致医生被动地放弃充当本应具备的社会角色,逐渐沦为患者权利体系下的医疗工具。

医生的执业相关权利的保障并未得到完善,造成社会丧失对医生执业角色的尊重,也导致医生缺乏执业过程中对自我实现的追求。执业条件保障权落实不完善,造成人们怀疑医师治病救人的能力,降低民众对医师角色的信任感;科学研究权和继续教育权既是权利又是义务,是医生在专业上的终身学习追求,但过于强调义务忽视权利,加之职称和级别的单一评价体制,让科学研究权和继续教育权流于形式,并加重了医生的执业负担,影响医生诊疗活动的正常开展;参与民主管理权并未真正体现全体医师的意见和愿望,医生在诊疗活动中的主体地位并未得到尊重。

(二)医生权利保障是建立和谐医患关系的重要因素

对医患关系的主体认识,理论界并未达成共识,法学理论上强调医疗机构和患者的关系,社会学重视包括医生及医疗机构在内的医方与包括患者近亲属在内的患方的关系,也存在广义的医患关系和狭义的医患关系之分。[①]医患关系中存在医疗机构、医务人员、医院管理人员、患者本人、患者亲属等权利主体。但从医疗活动的顺利进行来讲,医患关系的核心应该是医生和患者。正如亨利·西格西斯所认为,“每一种医学行动始终涉及两类当事人,即医师和患者,或者广泛地说,是医学团体与社会,医学无非是这两群人之间多方面的关系,是特指医生与患者关系的一个专门术语”[②],课题组也认为和谐的医患关系发生在医生和患者直接接触的诊疗活动中,根基于医生和患者的相互信任中,更产生在医生和患者权利的平等重视与保障之下。在医患关系中,患者是权利保障的强势群体;医生是权利保障的弱势群体。

只有平等地对待医生和患者的权利,才能调和二者有可能产生的矛盾,建立良好的医患关系。当前患者的权利受到重视,国际社会各个国家之间缔结了《赫尔辛基宣言》《世界医学会病人权利宣言》《欧洲社会宪章》等国际公约保障患者权利,各国也颁布了大量法律法规保障患者权利,如芬兰、丹麦、美国和挪威等先后颁布了病人权利法案。[③] 我国在《母婴保健法》《献血法》《传染病防治法》《执业医师法》中规定了患者的法律权利,《医疗机构管理条例》《医疗机构管理条例实施细则》《护士条例》等法规和规章进一步确定了患者的权利。而对于医师的权利保护,世界各国并未制定专门的法律规定给予同等的保护,我国也仅有《执业医师法》对医师权利进行了专门规定。从矛盾的对立统一上来讲,患者的权利和医师的权利应得到同等的重视,使二者能相互协调制衡,当前医生权利的忽视会造成二者的不平衡,而重视医生权利保障是建立二者良好互动关系的重要因素。

---

① 广义的医患关系是指以医师为主体的一方群体,包括护士、医技人员、医院管理人员等与以患者为中心的患者一方的群体包括与患者有直接或间接关系的患者家属、亲属、监护人及所在工作部门、单位等,在医疗活动中所建立的特殊人际关系。狭义的医患关系是指医师与其所诊治的患者之间特定的医患个体之间的关系。参见郑雄飞:《医患关系的伦理透视和实践理性》,载《北京社会科学》2009 年第 2 期。

② 郭永松、李平:《论医患关系的法律属性与法律应用》,载《医学教育探索》2002 年第 1 期。

③ 参见高春明、车飞:《浅议我国医疗责任保险制度》,载《中国商界(上半月)》2009 年第 8 期。

医生的权利得以有效保障,是患者权利最终得以实现的前提,也是建立良好医患关系的现实需要。良好的医患关系建立在患者接受到全面高质量的医疗服务的基础上,医生权利得以全面保障是满足患者医疗服务需求的前提。由于小部分患者的过激行为,使医生的生命健康权时常受到威胁,让医生一直处于高紧张状态,不利于其他大多数患者的治疗;劳动报酬权不能得到保障,使更多医生走向兼职行医、过度医疗、商业贿赂,最终埋单受害的还是患者;休息权不能得到保障,疲惫的医生对患者的医疗服务质量会下降;疾病调查权和身体检查权得不到保障,医生难以了解患者的病情,难以找到正确的诊疗方案,从而影响患者健康;疾病诊疗权和特殊干预权得不到保障,让医生背离治病救人的道德角色的同时,危及患者的健康甚至是生命安全;医疗豁免权得不到保障,挫伤医生积极性的同时,难以解决患者的疑难病症;医疗执业条件保障权得不到保障,医生难以进行正常的诊疗活动,患者的疾病也无从医治。科学研究权和继续教育权如不能得到体制性的改善,患者的新疾病无法得以根治。参与民主管理权不能得到有效体现,医生的主体地位不能提高,导致与患者的沟通缺乏主动性。

(三)医生权利保障是医药卫生事业顺利发展的必备条件

医疗是人类得以长久延续的重要技术基础,传统医药还承载着一个民族的生命哲学与生命伦理观念。医药卫生事业的发展,乃是全民的福祉,是重要的民生工程。我国医药卫生事业的发展应从单纯数量增加转向医疗服务质量的提高上面来,在提高医疗服务质量方面,医生居于主体和核心地位,是医药卫生事业改革顺利进行的中坚力量,而医生的权利保障是促进医药卫生事业顺利发展的必备条件。

医生的作为一般公民基本的权利得以保障,是医药卫生事业顺利发展的基础条件。医药卫生事业顺利发展,需要在职医生对自己的工作具有较高的满意度,热爱自己的职业;社会尊重医师,大量的人才也会涌向医学领域,为医药卫生事业提供持续发展的动力。医生的满意度是患者满意度的基础,较高的工作满意度可以正向激励医生,发挥自身潜能,对医术更加精益求精,以此间接起到提升患者安全指数,提高患者就诊满意度的作用。倘若医生对自己的职业满意度低,势必会影响医疗服务的效率和降低医疗服务的质量,阻碍医药卫生事业的顺利发展。医生的工作满意度主要体现在医生作为一般公民基本的权利保障上,其中,生命权、健康权是前提,劳动报酬权、休息权得以保障是医生提高工作满意度的关键和持有动力源泉。

医生的特殊执业权利得以保障,是医药卫生事业顺利发展的核心。医生因为其享有的特殊执业权利而与其他职业不同,该权利的顺利行使是满足广大人民群众对医药卫生事业发展的期待和愿望,也是医药卫生事业发展的最终落脚点。如若此权利的行使受到大量的限制和有可能因为该权利行使给医生带来职业上的损失和风险,医师会基于自我保护,不全面或不积极行使该权利,造成医药卫生事业发展的阻碍。

医生执业相关权利得以保障,是医药卫生事业顺利发展的动力。执业条件保障权是医生履行诊疗职责的基础,开展诊疗活动的保障;科学研究权和继续教育权有利于促进医学水平的发展和进步;参与民主管理权是医生主体地位的体现。医药卫生事业的发展不仅依靠提供高质量的医疗服务,还需要医生在诊疗活动中,发挥诊疗活动的主体地位,不断总结经验,进行科学研究和继续教育培训,对出现的疑难杂症和新兴疾病进行研究,为医药卫生事业发展提供源源不断的动力支持。

第五章　医生权利的法律渊源

一、法律渊源的基本含义

法的渊源是指法的来源、源头、源泉，是指法是怎么来的，它源自何处，一般认为法的渊源是指法的法律效力来源。[①] 法律渊源存在以下几种含义：第一种观点认为法源乃是基于人类之理性本质，是其在法律领域的自然延伸而已；第二种观点认为法源是指导一个国家乃至一个区域法律发展的基础性思想，如平等、自由；第三种观点认为法源是国家、民族法律文化积淀的历史性产物，如英国的衡平法；第四种观点认为法源来自经典法律文献，是一些法律文件的汇集，如古罗马时期的《查士丁尼国法大全》；第五种观点认为法源就是法律效力之所及，此为法律的形式渊源或直接渊源。[②]

法律渊源最重要的划分是依据其效力来源之处，毕竟法律的生命在于实际实行，以达到直接或间接影响个人或全体。依据通论，按照是否来自国家权力机关及其授权机关制定或承认，可以将法律渊源划分为正式法律渊源与非正式法律渊源。正式法律渊源由于其制度机关之不同，又有明确的效力层级，其适用有赖于专业人员加以解释；非正式法律渊源则是一些法律意念与准则之集合，其特性就是具有地方性

---

① 参见江伟、李宁主编：《法理学教程》，吉林人民出版社2008年版，第74页。

② 参见张晓晓主编：《法理学导论》，知识产权出版社2013年版，第83页。

和民族性，当然有些非正式法律渊源后续经相应程序上升为正式法源，并通过国家间继受而具有了世界性，成为普遍的法律观念与准则。以下主要以正式法源为讨论基点，展开我国医生权利的法律渊源。

二、当代中国的法律渊源

当代中国的法学学者们对于法律渊源的使用，大多是从与法的形式的关系来看待法律渊源问题，主要是将法律渊源和法的形式联系起来看，[①]从而认为法律的渊源是指法律创制方式和外部表现形式。如前所述，形式主义的法律渊源有其层次性与逻辑性，如同一个国家法律的金字塔，从最顶层的宪法到地方性法规与规章，各级法律与衍生机关的权力范畴直接相关联，在解决某一领域性法律问题时，这些不同层级规范形成一个规范群，“一记组合拳”，共同应对，而非单一某一法律就能胜任，此亦是强调法律渊源的意义之所在。

（一）宪法

宪法源于西方对国家政治与权力架构的原初认识，它与一个国家的政治、历史背景有着深刻的渊源。常见的表述认为宪法是国家法律之根本，理由在于宪法的重要内容之一是权力机构设置及其权力配置，而这是广义法律产生的重要基础。但是，我们不能忽视宪法的另外“半壁江山”，即公民基本权利。现代意义上的宪法可以等同于权利法，基本权利（有的国家称基本人权、人权宣言等）占据首要地位，公民以此获得最基本的法律保障，以此对抗不正义之权力的迫害。宪法是公法的代表，是以政治国家（政治社会）为规范旨趣的，其调整国家与公民之关系，其规定往往是大而化之的，关涉国家的重大发展方向。马克思主义法学认为法律是统治阶级的意志与利益的体现，宪法就是其中的典型代表，其规定着一个国家最基本的政治、经济、文化等制度，其本身就构成评判其他一切法律的最高依据，任何法律不得僭越宪法，因此宪法亦被认为是最高的法律渊源，是一切国家机关、社会组织、个人等的终极行为准则。[②] 我国宪法主要包括两个方面的基本规范：（1）宪法法典本身，我国在法律史上被学界认可的宪法有四部，最早制定的宪法是1954年《宪

---

① 参见彭中礼：《法律渊源论》，山东大学2012年博士学位论文，第51页。

② 参见贾亚丽主编：《中国宪法教程》，陕西人民出版社2007年版，第2～4页。

法》,该宪法是由第一届全国人民代表大会制定的,后续出现了1975年《宪法》、1978年《宪法》,这三部宪法的生命力极短,现行宪法为1982年《宪法》,其经历了五次修正(1988年、1993年、1999年、2004年、2018年);(2)宪法性法律,我国宪法体系除宪法典外,还有立法法、组织法、选举法等宪法性法律,这些法律是对宪法中特定领域权力或基本权利设置的细化或程序化。

(二)法律

此处的法律指的是最狭义的法律,即其是由最高权力机关依据严密的程序制定的规范性文件,在我国,这一机关是全国人民代表大会,包括其常设机构全国人民代表大会常务委员会(以下简称全国人大常委会)。法律的效力层级位于第二位,当然我们国家法律渊源理论还承认部分国际条约和国际惯例的效力,其被转化为国内法后效力常优于法律。依据我国《立法法》之规定,根据法律调整之领域的重要性,狭义的法律又可区分为基本法律与非基本法律,两者的制度分属全国人民代表大会和全国人大常委会,当然在特殊情况下全国人大常委会也承担了基本法的制定与修改工作,如原《侵权责任法》、2015年《行政诉讼法》。

(三)行政法规

行政法规严格意义上并不是"规范"的法律渊源,不符合近现代法理思想之所谓"权力分立"主义,即立法机关、行政机关、司法机关仅应享有自己权力范畴内之特权,行政机关是法律的执行者。鉴于此,行政机关的"立法权"来自立法机关的授权,且行政法规的主要作用也被限制在执行法律,在我国由国务院负责制定和公布行政法规,目前具体的负责部门已经转设至司法部(原国务院法制办),此外国务院发布的决定和命令部分也是属于行政法规范畴的。

(四)地方性法规

地方性法规是属于权力机关体系所生法律渊源,只不过这里的权力机关的权力所及范围被限定在一定的行政区划范围内,即各个省级、地级市(经立法法授权享有文化、历史、环保等领域的特殊立法权限)行政区划内。地方性法规除贯彻落实上级权力机关法律或规范性文件以外,尚有一定的"自治"权限，其可以完全与上级权力机关的立法规划一一对应，可以针对区域内的发展情况制定相应的法规。为确保地方性法规不抵触宪法和法律，省市两级地方人民代表大会及其常务委员会制定的地方性法规须报全国人大常委会和国务院备案。

(五)行政规章

行政规章是属于行政机关体系所生法律渊源，但是一般不作为裁判之依据，对司法机关没有拘束力，其属性上基本上已经退化为完全意义上的行政性规范文件，主要的功能就是明确行政机关执法的细节和程序，是对行政法规的进一步细分落实，部分相较于行政法规其切分得更小，专业性更强。根据制定的部分不同，有源于中央部委的行政规章，也有源于地方政府的地方政府规章。

(六)自治条例和单行条例

自治条例和单行条例也是属于权力机关体系所生法律渊源，只不过这里的权力机关具有属性上的特殊性，即只能是民族自治地方的人民代表大会。我国是一个少数民族众多的多民族国家，自治区、州、县广泛分布于全国，由于部分少数民族在政治、经济、文化等方面的特殊性，有必要作出法律的例外性规定，例如，基于少数民族人口比例较低，部分民族自治地方制定了鼓励生育的条例，就属于对《人口与计划生育法》的例外性规定，诸如此类的特例还有很多。这一特殊法律渊源也是由我国宪法确立的基本制度——民族区域自治制度的重要体现之一。

(七)国际条约与国际惯例

前面提到了，国际条约与国际惯例若经我国承认了，是具有法律渊源地位的，若转化为我国国内法也就顺理成章地转化为法律渊源体系了。国际条约与国际惯例自近代以来在国家间政治、经济、军事、法律等方面起到了明晰主权边界、确立人类处理特定事务基本原则的重要作用，比如卫生健康领域，第二次世界大战后成立的世界卫生组织(WHO)及相关组织所倡导的卫生健康国际条约和形成的国际惯例就直接或间接影响了各国卫生健康事业的发展。

三、当代中国医生权利的法律渊源

(一)《宪法》中的医生权利

早在1954年《宪法》中,公民基本权利即被规定,现行《宪法》(1982年)为体现对公民权利的重视,还特意将公民的基本权利前置于国家机关组织构成之前,体现出我国法律理念的重大转型。在我国开诊的医生主要是具有中华人民共和国国籍的中国公民(包括港澳台人员),外籍人员若要在中国执业须依照国家规定程序办理相关手续。因此,作为具有国家认证认可的特殊职业技能的公民,具有我国国籍的我国医生受到《宪法》的保护,当然地享有一切中华人民共和国公民应当享有的基本权利。基本权利体系是医生权益保障的最后一道屏障,也是其他权利法律渊源的起点。当然,部分在我国注册的外籍医生依国际法原则,享有被平等对待的国民待遇。坚持宪法至上原则,维护宪法权威,才能使宪法所规定的权利落到实处。医师和社会公众必须尊重和捍卫宪法赋予的基本权利,才能让医师的权利得以保护。

以下将按照2018年修正的《宪法》的条文顺序分别论述我国医生享有的宪法基本权利。

1. 医生的人身自由权

人身自由和思想自由是公民应当享有的两大最重要的自由权,自由权属于防御性权利或消极性权利,即国家对公民负有非依法律根据、非经法定程序不得限制其人身活动的义务。《宪法》第37条明确了我国公民享有人身自由权利,当然第37条第2款只是明确了一种特殊的情形,即刑事逮捕限制,但是课题组认为应当作广义理解,即一切国家机关非法限制公民人身自由的行为都是被禁止的。那么,是不是仅有国家机关才受此限制呢?答案是否定的,公民基本权利是可以对抗一切主体的,第37条第3款就没有设置主体限制,一切主体非法剥夺、限制公民人身自由都是应被禁止的。诊疗实践中,经常出现的就是患方组织“医闹”非法限制医生人身自由。这显然是违背宪法基本原则的。

2. 医生的人格尊严权

人之为人,须受到基本的尊重,享有基本的尊严,生命的可贵就在于人格有尊严。每一个人都享有独立的人格，这是近代法治思想摆脱神权束缚的重要论据，也是现代宪法法律的基点，一切法律都不得有贬低人格之嫌，“法律面前人人平等”实际上就是法律面前每个人的人格平等地受到尊重。现行《宪法》第38条专门规定了公民的人格尊严权，从条文表述分析来看，它也是一项消极权利和防御权利，其权利内涵是任何主体不得以任何形式“侮辱、诽谤、诬告”公民。诊疗实践中，医患间冲突激化后最低级别的攻击就是言语上对医生的侮辱、诽谤，也有借机向公安、司法机关诬告的。这些恶意中伤行为有时甚至比直接的肢体冲突对医生的损伤更大。

3. 医生的劳动报酬权

劳动报酬是劳动的必然结果，除非公民主动放弃或基于国家享有的法定权力（征收权），否则不得迟延发放或克扣。劳动报酬权属于宪法法理上广义的生存权的范畴，劳动报酬是劳动者劳动成果的重要体现之一，也是劳动者进一步发展、提升的物质基础。当然，我国《宪法》明确了劳动权也是一项义务，除非出现法定情形，否则公民不能不劳而获，劳动是取得劳动报酬的前提。另外，劳动报酬应与劳动强度匹配，《宪法》第42条第2款明确了国家有“提高劳动报酬和福利待遇”的义务，当前我国公民劳动报酬，尤其是医生的劳动报酬与其劳动强度还存在较大差距，亟待全面改善。

4. 医生的休息权

适当的休息、调整有助于工作的进一步开展，休息权是每一位劳动者应当享有的重要权利。前文提到，《宪法》第42条第1款明确了我国公民享有劳动的权利和义务，而休息权正是劳动权的权利面向，如若劳动者只能一直劳动而无法获得合理的休息时间，劳动权也就变相成为一项义务，这违背了宪法设定劳动权的初衷。因此，休息权的规定是必不可少的。而实际中，休息权被贯彻得最差的可能就是医疗行业领域，这也取决于医疗活动本身的长期坚守性，医疗需求的暴增导致医生常年要面临无休息、无休假的情况，随叫随到，连续工作也导致了医生一系列的健康问题。《宪法》第43条规定了公民的休息权。

5. 医生获得社会保障待遇权

从前述两项权利可以看出，劳动者在我国的重要地位，医生作为具备特殊技能的劳动者更是应当受到保障的对象，否则人民群众的健康权益很难获得充分的保障。那么,医生在从事存在风险的诊疗活动(拍摄 X 射线等)时,在远离工作岗位退出医生队伍后的权益应当如何保障?《宪法》第 44 条明确了我国公民享有获得社会保障待遇权。诊疗实践中,普通医生基本都能获得社会保障待遇,但是农村医生群体的社会保障待遇问题,尤其是养老保障问题一直未得到系统解决,国家和全社会应保持足够的重视。

6. 医生的执业条件保障权

现代医疗活动是建立在大量循证医学证据的基础之上的,医生诊疗通常需要大量的影像学辅助检查和实验室辅助检查,必要的仪器设备的配置是开展对应诊疗服务活动的基本要求,即使是最偏远地区的农村医生,为保证诊疗活动的安全性,亦应当配备适当的设施、设备。《宪法》第 21 条第 1 款和第 45 条第 1 款都明确规定了国家有举办医疗卫生事业的义务,虽然没有出现医疗执业条件保障权,但是从这个义务的侧面是可以推导出医生是享有执业条件保障权的,因为这是保证医疗卫生事业得以健康发展的重要因素之一。在现代医学模式下,诊疗活动呈现高科技性,使医生行使诊疗权的过程中更加依赖于先进的技术和设备,没有基本的医疗设备作保障,医生很难开展正常的执业活动。所以,应该调动更多资源配置先进医疗设备和营造良好的医疗环境,为医生正常的医疗活动提供保障。

7. 医生的受教育权

医学发展速度日新月异,新的科学技术的引入给医生提出了更高的要求,需要医生不断地进行学习。作为知识型劳动者的代表性群体,医生享有受教育权,这更多地体现在医生的职业继续教育上,同时,作为中华人民共和国公民,医生也享有进行继续深造进修的权利(包括攻读硕士研究生、博士研究生等),医院和社会不仅不应阻止,还应当为医生创造受教育的条件,提供受教育的机会,保障医生受教育权得以顺利实现。《宪法》第 19 条第 3 款和第 46 条对公民的受教育权有明确的规定。诊疗实践中,医生尤其是农村医生很难获得继续教育,其诊疗服务水平也难当大任,限于自身能力导致的过度医疗、误诊和漏诊问题频发。

8. 医生的科学研究权

医学研究成果代表了医学发展的前沿,医学技术发明创造使科学研究成果转化为具体的物质形态和生产力,促进医疗卫生事业的发展,由国家对科研成果和技术发明创造实施奖励，充分体现了医学研究在国家医疗事业中的重要地位，也能够极大地激励广大医务工作者从事科研和发明创造的热情，同时也在一定程度上确认了科学研究权。我国《宪法》第47条明确了公民享有科学研究的基本权利，当然这里的科学研究权适用于部分医生，农村医生一般不能独立进行科学研究。

除上述宪法列举的医生公民基本权利外，《宪法》第33条的兜底性条款——人权条款也是解释其他公民权利的重要切入点，虽没有出现生命权、健康权字样，但我国宪法的核心精神要义是必然包含此类重要基本权利的。

（二）狭义法律渊源中的权利

如前所述，狭义的法律主要包括基本法和非基本法，两者分别由全国人民代表大会及全国人大常委会制定，两者的关系可以理解为"总—分"或"一般与特别"的关系，基本法律确立了社会生活中涉及民事、刑事、行政等领域的基本法律问题的处理原则与规则，而非基本法律则是对基本法律中未细化的问题进行细化，或是相较于基本法适用于更为特殊的主体、领域。这些非基本法还可以表现为多种法律属性的集合，内含民事、行政和刑事规范，程序性规范与实体性规范混合。基本法律中并没有直接规定医生的权利，还是将医生置于一般公民的角度进行保护，课题组也从医生作为一般公民的角度来探究其法律渊源。非基本法律《执业医师法》《劳动法》等专门规定了医生的权利。

1.基本法律中的医生权利

我国现行《刑法》制定于1979年7月1日，自1997年第八届全国人民代表大会第五次会议对刑法进行了一次修订，截至2020年12月，全国人民代表大会已经对现行《刑法》进行了十一次修正，《刑法修正案（九）》将医疗机构列为聚众扰乱公共场所罪的场域之一，为规制"医闹"行为提供了明确的法律依据，最新的《刑法修正案（十一）》还大量规定了涉及疫情防控犯罪、基因编辑技术滥用犯罪等涉及医疗卫生的犯罪类型。这是所谓的狭义的刑法，即刑法典；此外，我国还有大量的司法解释（最高人民法院、最高人民检察院独立和参与发布的）。因此，结合最高人民法院、最高人民检察院等5部委联合发布的《关于依法惩处涉医违法犯罪维护正常医疗秩序的意见》，当前我国医生的权利包括如下几方面:(1)医生的生命权、健康权。这集中体现在《刑法》分则侵害公民人身权利、民主权利中的几个重要犯罪,如故意杀人罪、故意伤害罪,以及妨害社会管理秩序犯罪类型中的寻衅滋事罪、非法拘禁罪。(2)医生的人格尊严权,体现在《刑法》第246条侮辱罪。(3)医生的医疗执业条件保障权(主要是医疗秩序的维护),涉及故意毁坏财物罪、聚众扰乱社会秩序罪、聚众扰乱公共场所秩序罪等罪名。

《民法典》已于2020年5月28日由全国人民代表大会通过,并自2021年1月1日起施行,根据《民法典》第1260条之规定,《民法典》的实施意味着《民法通则》《民法总则》等九部民事基本法律失去效力。作为我国第一部以法典命名的法律,其独特的体系结构可以称为一部"公民权利的宣言书",从"摇篮到坟墓"的法律关怀使其远超其他基本法的涵摄范围,被习近平总书记誉为"基础性法律"。根据《民法典》及其司法解释,当前我国医生的权利包括以下几个方面:(1)生命权、健康权及人格尊严权。起始于2014年《民法典》编撰在分则编撰时最大的争议之一就是人格权编的存留问题,后来人格权编还是进入了《民法典》,因此无论是医生生命权、健康权还是其一般性的人格尊严权等都获得了实证法依据的保障。(2)紧急医疗处置权。这一权利涉及《民法典》多个条文,包括人格权编第1005条,侵权责任编第1220条等。(3)医疗豁免权。《民法典》侵权责任编第1224条规定了三种情形下医疗机构或其医务人员可以豁免医疗损害责任,当然还包括一般性的豁免情形,如不可抗力等。(4)《民法典》第1228条还专门宣誓性地规定了保护医务人员的合法权益。

《基本医疗卫生与健康促进法》于2019年12月28日发布,2020年6月1日起实施。该法被誉为我国医疗卫生健康领域的一部基本法,该法第4条将宪法未明确的健康权予以明文化。立法体例结构上该法采取了"医疗—医药—医保"的结构,专门针对医疗卫生人员设置了第四章。涉及医生权利(农村医生权利)的主要有:(1)受教育权。该法第52条规定明确了国家应建立医疗卫生人员培养规划,完善院校教育到毕业后继续教育的教育体系。(2)获得劳动报酬权。该法第55条提出要不断完善医疗卫生人员的薪酬待遇,体现其职业特点和劳动价值。(3)人格尊严权。该法第57条对此进行了专门的规定。该法第55条针对农村医生队伍面临的一些特殊问题——薪酬待遇、养老保障、继续教育、职称晋升等作出了特别规定，这是此前所没有出现过的。

2. 一般法律中的医生权利

一般法律即非基本法律，是医生具体权利来源的“大户”。首先，作为医生的职业法，《执业医师法》是医生执业专门法，注意，农村医生虽然由《乡村医生从业管理条例》管理，但是其主要内容仍然是参照执业医师法制定的，其基本原则和基本规定也是由此生发的，有关《乡村医生从业管理条例》的讨论将在后文阐述。《执业医师法》是由第九届全国人大常委会第三次会议审议通过的，1999 年施行，2009 年进行了一次细微的调整，20 余年都没有进行修改，因此也暴露出一些问题。近期，全国人大常委会已经启动该法的修订，新法草案对该法进行了大面积的调整，反映了当前我国医疗卫生领域的最新改革与变化。目前，本书讨论的仍然是以 1999 年《执业医师法》为准，该法所包含的医生的权利主要包括以下几方面：(1)医生合法权益保障宣誓性规定。该法第 1 条将保障医师权益(注意，此处没有仅着眼于患者权益的保障)作为重要的立法目的，即体现出对医生群体执业活动中面临的艰难与危险的重视，并且在该法具体条文中予以了具体化。(2)人格尊严权。该法第 3 条第 2 款提到全社会都应尊重医生。(3)首次对医生的权利进行了系统设置，集中体现在该法第 21 条。(4)人身自由、人格尊严权保护规定。见该法第 40 条。

《执业医师法》虽然可以适用于所有的医生群体，但是需要引起我们注意的是，我国执业医师具有明显的西医化倾向，除个别条款外，主要规范的假设对象是西医医师。而规范中医药医生此前主要是依据《中医药条例》(2003 年实施)(已失效)，但是，2016 年 12 月第十二届全国人大常委会第二十五次会议审议通过了《中医药法》，正式将这一行政法规升级为法律。该法是落实宪法中西医并重的医疗卫生事业发展理念的重要体现。需要强调的是，这里的中医药不仅仅是汉族中医药，还包括了少数民族中医药。该法第二章“中医药服务”第 13 条、第 14 条体现了对中医药医生(部分农村医生)从事中医执业的支持，包括中医诊所备案制，第 16 条强调中医适宜技术应用的重要性；该法第四章“中医药人才”专门提到要建立完备的中医人才培养体系，包括师承中医师和确有专长中医师的教育培养问题；该法第五章“中医药科学研究”是专门针对中医药医生科学研究权的规定；第六章“中医药文化传播传承”通过特殊的权利赋予方式,体现了中医药医生传承中医药文化这一重要使命。

劳动保障法律制度的核心是《劳动法》,该法也是20世纪90年代制定的一部法律;此外作为特别民事法律关系,劳动法律关系是合同法律关系之一,因此劳动权利保障还要受到《劳动合同法》的规制,该法于2007年第十届全国人大常委会第二十八次会议表决通过,2008年起施行。自20世纪90年代全面推行市场经济体制改革以来,我国在医疗服务市场领域也开始了第一阶段的医药卫生体制改革,市场化运作模式快速推进,一大批民营医疗机构成立起来,当然公立医疗机构仍然是占据主导地位的,不过失去政府经费支持的公立医疗机构不得不与民营医疗机构一道实施市场化改革,此时医生与医疗机构的关系也逐渐由事业编制关系(虽然在公立医疗机构中编制仍然很重要)向劳动合同法律关系转型,农村医生更是因此失去依托而面临失业的风险。当然,最受诟病的问题就是编制内外区别对待,编制外医务人员无法享受相应的福利待遇,甚至一度被视为是“临时工”,医生对医疗机构没有归属感。但是,课题组一致认为,编制问题属于历史遗留问题,劳动法和劳动合同法乃是基于宪法劳动权条例的具体化,应适用于所有医生群体,无论其是否有编制。编制不能成为区别对待医生权利保障的依据。因此,该法所确立的劳动报酬权、休息权、劳动安全权、职业培训权、社会保障权等权利保障制度理应适用于所有医生群体。

自2016年召开全国卫生健康大会后,我国医疗卫生事业发展进入了“健康中国”时代,公共卫生及预防医学受到了前所未有的重视,当然2020年初暴发的新冠肺炎疫情远超2003年“非典”疫情的破坏力,持续震荡着世界公共卫生体系,显然疾病不限于治疗阶段,“治未病”更为重要。医生的预防职能没有充分发挥,公共卫生法律体系面临体系化调整,尤其是突发公共卫生事件的监测、预警和报告暴露出很大的问题。因此,医生不仅负有救死扶伤的职责,还负有常态和突发公共卫生监测、报告职责。《传染病防治法》《职业病防治法》等法律赋予了医生诊断、报告传染病、职业病的职权,其不仅是医生的特殊医疗权利,也是一项重要的义务,是保障我国公共卫生安全的一系列重要制度的纽带。

除了针对特殊疾病,公共卫生中日常公共卫生服务还包括母婴保健,一个国家的儿童出生后死亡率、孕产妇生育死亡率是衡量该国人群健康控制水平的重要指标。因此,《母婴保健法》专门在此领域做了系统规定。医生享有一些在一般患者上不能实施的医疗权(特殊医疗权),如婚前医学检查,产前诊断等。

(三)行政法规中的医生权利

医疗纠纷覆盖面较广,包括因医疗事故、医疗损害等引发的纠纷。此前医疗纠纷的处理最大的问题就是行政与民事处置程序交错不分。《医疗纠纷预防和处理条例》千呼万唤始出来,2018 年由国务院发布实施,该条例与《医疗事故处理条例》实现了管辖上的分工,其涉及医疗纠纷的前期分流,主要通过民事非诉或诉讼方式处理医疗纠纷,而《医疗事故处理条例》只是涉及医疗事故行政处罚或少部分医疗事故罪前期处理程序。该条例不仅重视纠纷的处理,而且重视纠纷的预防,其中也不乏对医生权利保障的规定。例如,该条例第 3 条倡导医患双方应相互尊重,不能采取违法手段维护自身权益。第 7 条倡导建立医疗风险分担机制,这也是时下比较热门的医患保障制度设计。该条例第三章虽重点在于规范医疗纠纷处理,但多样化的纠纷处理渠道的赋予,本身就是对医生生命权、健康权乃至人格尊严权的保护,避免矛盾激化为暴力冲突事件。第 29 条再次强调了医疗秩序维护的重要性。

如上所述,2002 年颁布实施的《医疗事故处理条例》曾经是医疗纠纷处理的核心法律依据,但是随着《侵权责任法》《医疗纠纷预防和处理条例》等法律规范的出台,其医疗纠纷民事处理功能逐渐被废止,主要的作用在于行政事故处理和刑事责任鉴定。当然其中也有大量的保护医生权利的规定。该条例第 1 条同样强调了保护患者权益与保障医生权益同等重要;该条例第 33 条通过反面排除的方式,明确了一些特殊情形下医生可以豁免医疗事故责任。

《乡村医生从业管理条例》是专门针对乡村医生执业管理及权利保障的行政法规,该条例于 2003 年颁布实施。《乡村医生从业管理条例》实质上就是低配版的《执业医师法》,乡村医生经注册后也可从事医疗、预防、保健工作,部分乡村医生还可获得执业医师和执业助理医师资格。该条例关于乡村医生权利的规定在内容上与执业医师法基本相同,仅在部分权利结合乡村医生实际进行了缩减。其权利条款集中于第23条。

作为医疗活动的重要参与者,医疗机构的作用不能被忽视。目前我国没有制定医疗机构法,但是1994年我国颁布施行了《医疗机构管理条例》(2016年修订)。该条例从宏观层面保障了医生的执业条件,为营造良好的诊疗环境提供法律保障。绝大多数医生是在医疗机构中执业的,独立看诊的医生只是少数。因此,其权益保障的一个重要参与主体当然包括医疗机构方。此外,医疗机构管理条例也规定了一些医生医疗权、特殊干预权制度,如该条例第32条、第33条。

(四)其他法律渊源中的医生权利

在北大法宝上以"医师"二字作为搜索词进行法规标题搜索,截至2021年12月3日,涉及"医师"二字的部门规章共计214部,地方性规范性文件共计821部。以"医生"二字作为搜索词进行法规标题搜索,截至2021年12月3日,涉及"医生"二字的部门规章共计80部,地方政府规章与规范性文件共计547部。由于诊疗活动的不确定性和高速发展性,而规章管理较为灵活,因此医疗卫生领域规章发挥着重要的作用,但囿于规章体系庞杂、范围广,本书不对该部分的法律渊源逐一评析,只选取较有代表性的两个部门规章进行分析。

以下两个规章都是涉及医疗秩序维持的,因此发布主体就是原卫生部、公安部。一是《维护医疗机构正常的医疗秩序,保证各项诊疗工作有序进行》(卫通〔2001〕12号),二是《关于维护医疗机构秩序的通告》(卫通〔2012〕7号)。从文件名称可以看出,两者大同小异,再看发布时间时隔11年,此类问题仍然获得了较为妥善的处理,证明这一时期确实可以称为医患关系的"冰河时代"。前者对危害医生人身安全、损害医疗机构财产的行为进行了细致的列举,①后者进一步强调了对医生执业条件保障权、身体健康权、人格尊严

① 《维护医疗机构正常的医疗秩序,保证各项诊疗工作有序进行》(卫通〔2001〕12号):有下列行为之一构成违反治安管理行为的,由公安机关依据《治安管理处罚条例》予以处罚;构成犯罪的,依法追究刑事责任,(1)倒卖医疗机构挂号凭证的;(2)在医疗机构内寻衅滋事的;(3)在医疗机构内故意损坏公私财物的;(4)利用封建迷信扰乱医疗机构秩序,损害他人身体健康或者骗取财物的;(5)偷窃医疗机构、医务人员以及患者财物的;(6)侮辱、威胁、恐吓、殴打医务人员的;(7)非法限制医务人员人身自由的;(8)其他扰乱医疗机构正常诊疗秩序的行为。

权的保障,[1]侧重点上又有所差异,可见我们的社会整体上对医生面临的危险处境的认知在进步,开始重视他们的一般公民权利保障。

四、当代中国医生权利的法律渊源评述

医生权利保障的法律规定形式上较为完备,但由于欠缺统筹规划性,呈现立法主体多、层次多、数量多的“三多”局面,专门性的权利保障条款立法层次不高,权利性条款与义务性条款、责任性条款不协调,内容较为原则笼统,缺乏可操作性和可执行性,一些权利还存在歧义和较大的理论争议,使医生的法律权利实现困难,呈现主动维权少,被动维权多的局面。

(一)医生权利保障的法律规定形式上较为完备

医生法律权利的规定形式上较为完备,但立法呈现立法主体多、层次多、数量多的“三多”局面,导致医生的权利规定内容分散凌乱,有些规定相互矛盾,甚至冲突,使司法者和执法人员往往无所适从。

其一,医生的权利在我国的立法体系中,实际上是规定得比较完备的,并未存在一些学者所认为的在保障医生权利上的立法漏洞或者说立法空白之处。无论是医生作为一般公民享有的生命权、健康权、人格尊严权、劳动报酬权、劳动休息权,还是医生特殊执业权和执业相关权利,在我国的立法体系中,都进行了相关的规定,一些法律法规甚至将保护医师上述的合法权益作为法律法规的立法目的之一。其二,医生的法律权利遍布立法的多个层次,从最高效力的根本法《宪法》到一些部门规章或地方法规,直接或者间接地规定了医生所享有的权利。《执业医师法》还设专条系统地规定医生所享有的权利。其三,涉及医生权利的立法数量也较多,在北大法宝上以“医师”二字作为搜索词进行法规标题搜索,截至 2021 年 12 月 3 日,涉及“医师”二字的部门规章共计 164 部,地方规范性文件共计 821 部。以“医生”二字作为搜索

---

[1] 《关于维护医疗机构秩序的通告》(卫通〔2012〕7 号):有下列违反治安管理行为之一的,由公安机关依据《治安管理处罚法》予以处罚;构成犯罪的,依法追究刑事责任,(1)在医疗机构焚烧纸钱、摆设灵堂、摆放花圈、违规停尸、聚众滋事的;(2)在医疗机构内寻衅滋事的;(3)非法携带易燃、易爆危险物品和管制器具进入医疗机构的;(4)侮辱、威胁、恐吓、故意伤害医务人员或者非法限制医务人员人身自由的;(5)在医疗机构内故意损毁或者盗窃、抢夺公私财物的;(6)倒卖医疗机构挂号凭证的;(7)其他扰乱医疗机构正常秩序的行为。

词进行法规标题搜索，截至2021年12月3日，涉及“医生”二字的部门规章共计80部，地方政府规章与规范性文件共计547部。从我国医疗机构及其医务人员权益立法现状来看，散见在其他法律法规中对医药卫生行为的规定多达545部（已失效41部）。[①] 其四，根据医疗卫生事业发展过程中的医生权益受到侵害日益激增的问题，相关部门在特定时期制定有针对性地条款保护医生的合法权益。如原卫生部、公安部发布实施的《维护医疗机构正常的医疗秩序，保证各项诊疗工作有序进行》（卫通〔2001〕12号）与原卫生部、公安部《关于维护医疗机构秩序的通告》（卫通〔2012〕7号）就是一个具体的体现。

（二）医生法律权利宣示性条款多、可操作性差，责任性条款不明确

如前所述，医生的法律权利在形式上较为完备，各种权利都能找出其存在的法律渊源，但现实中的医生却往往感觉到这些法定权利都并非他们实际所享有的权利，应有权利与实际权利之间的差距太大，一些学者还认为医生的某些法定权利是“纸面上的权利”“静止的权利”“死的权利”。[②]

其一，我国法律体系中涉及医生的权利条款总体呈现抽象化、模糊化的特征。我国立法部门在对医生权利性条款进行立法的时候，往往造成对医生权利规定过于抽象而脱离具体的法律关系，无法明确具体由谁来保障医生权利的实现，以及具体如何保障医生权利的实现，造成医生权利保障的立法偏重宣示性、原则性，造成大量的宣示性条款实际控制了医生权利实现机制。[③] 进而使得医生权利规定如同“画饼充饥”，权利如同空头支票，受到不确定性因素牵制的可能性很大。[④] 在《执业医师法》中，相关条款仅声明医生享有特殊医疗权、医疗相关权、一般公民权等权利，但并未明确规定医生权利的保障主体，如何具体进行保障。并且其集中性条款被放置在医师执业规则这个章节下，似乎这些权利的义务性一面更强。

---

① 参见徐正东、程琴：《医务人员医疗相关权利及其实现研究》，“卫生法学与生命伦理”国际研讨会会议论文，2014年10月于北京。

② 参见宋儒亮：《执业医师法定权利的运行、问题与思考》，载《中国现代神经疾病杂志》2005年第3期。

③ 宣示性条款在法律条文中仅彰显某种观念价值或价值取向，而并不包括实际具体的行为模式和法律责任等要素。

④ 参见［德］罗伯特·阿列克西：《法　理性　商谈——法哲学研究》，朱光、雷磊译，中国法制出版社2011年版，第232页。

其二,医生法律权利规定的可操作性差,源于上述的宣示性条款较多,最终导致医师权利的难以实现。这种基调奠定于宪法,《宪法》中规定的医生作为一般公民所享有的权利的宣誓性就很明显。原《侵权责任法》、《民法典》侵权责任编"医疗损害责任"章是处理医疗纠纷民事途径的主要规范依据,当然还有2016年出台的《医疗纠纷预防和处理条例》,它主要涉及医疗纠纷的非诉处理和预防。一个值得注意的法条就是原《侵权责任法》第64条和《民法典》第1228条,该条不属于私法规范,不是法院裁判的依据,没有实质作用,当然现在可以与《民法典》人格权编的相关条款搭配使用。这一条款及其精神实质还出现在《基本医疗卫生与健康促进法》《医疗纠纷预防和处理条例》,但是真正的作用不大。这类没有"牙齿"的规定,不能有效遏制"医闹"等威胁医生权利的行为,反而给侵权人一种错误的暗示。解决法条可操作性差的问题,有学者提出应做好两个环节,"一是在立法过程中应广泛征求医院、医师,特别是医事法律工作者的意见,要使法律规定更贴近实际,更能解决实际问题;二是法律用语力求准确、清晰、没有歧义,便于法律在执法、司法和守法各个环节都能被准确地把握"①。

其三,侵犯医生权利的责任性条款不明确。根据法律规范要素的完满程度,法律规范被划分为完全性规范与非完全性规范,组成一个法律规范的基本要素应包含三个方面,行为模式、法定要求、法律后果。行为模式即适用法条的基本的行为方式,即何主体在何时何种情形下实施了何种行为才满足法条涵摄的基本条件,这种行为模式的设定应是客观的,只要当事人出现行为外观即可。法定要求,即法律对该行为的发展方向的条款,包括肯定继续、禁止阻止等;这是法律规范的核心,也是规范主体。法律后果,根据性质不同,有积极肯定的后果,也有消极否定的后果,一般否定后果会遭受法律制裁,如果有豁免情形的除外。《执业医师法》第21条提出了医生应当享有的7个方面的权利,但是违反权利规定的,在该法的第五章法律责任中仅有第40条规定了侵害医师生命健康权和人格尊严权的法律责任,只是上述7个方面权益中的一个方面,剩余的6个方面医生的权利保护并未规定相关的法律责任,进而无法进行相应的法律制裁。另外,较为原则性的规定缺少具体的针对

① 徐正东、程琴:《论医师医疗相关权利的实现》,载《医学与法学》2015年第2期。

性，一旦医生的权利性条款不被人们遵守时，难以实现保护医师权利的目的，难以达到立法的预期效果。正如李培传教授所认为：“法律责任设定应当严格遵循协调性原则，它不仅关系法律法规结构形式的健全和完善，更重要的是关系着法律法规的质量和实施效果，关系着立法目的的实现程度，甚至会关系着社会主义法制的权威和尊严。”①

（三）医生的权利性条款和义务性条款的规定不协调

1. 医生的权利性条款基本认识

权利性条款按照不同的标准可以分为不同的类别。其一，按照权利和义务所体现的社会内容的重要程度划分，可分为基本权利性条款和普通权利性条款，基本权利是人民在国家政治生活、经济生活、文化生活和社会生活中的根本权利，如《宪法》第33条第3款规定的“国家尊重和保障人权”，就属于医生的基本权利性条款。普通权利条款是人们在普通经济生活、文化生活和社会生活中的权利。如《执业医师法》第21条规定的医师7个方面权利。其二，按照权利和义务对人们的效力范围不同可以划分为一般权利性条款、特殊权利性条款。一般权利性条款是一种属于法律上的对世权利，对权利主体而言无特定的义务人，而以社会上的每个人作为可能的义务人，如医生的人格尊严权，就由《宪法》第38条规定。特殊权利条款有特定的义务人与权利人相对，权利主体可以要求义务人作出一定的行为或者不能禁止一定的行为，例如，原《侵权责任法》第60条规定的医师的医疗豁免权，其特定的义务相对人为患者。其三，按照权利享有的主体不同，可以划分为个人权利性条款、集体权利性条款和国家权力性条款。其四，按照权利条款规定的内容不同，还可以划分为权利定义条款、权利成立条款、权利取得条款、权利归属条款、权利限制条款等等。②

2. 医生的义务性条款基本认识

义务性条款是指在内容上规定人们的法律义务，规定人们应为或勿为一定行为的条款。医疗卫生活动事关人民群众生命健康，义务性条款在其中发

---

① 李培传：《论立法》，中国法制出版社2011年版，第234页。

② 参见张鹏：《我国法律文本中的权利性条款规范化设置研究》，山东大学2014年博士学位论文，第20~21页。

挥着重要的规范作用，为医生划定权利的边界，防止其执业行为偏离法律和医学伦理的轨道，使其清楚地认识到自身权利建基于患者的自主决定权，并且是为维护患者生命健康最大利益的。因此，《执业医师法》第 23 条命令执业医师必须亲自诊查患者，才可开具医疗证明文书，这属于命令型的义务条款。当然，还有大量的条款是在条文首部或首段标示"禁止"，例如，原《侵权责任法》、《执业医师法》明确禁止过度检查行为。两类义务规范的目的不一样，一个要求医生一定要为一定行为，另一个要求医生一定不能为一定行为，但是两者都是强迫性规范。

3. 医生的权利性条款和义务性条款的不协调问题——以《执业医师法》为例

《执业医师法》出台之后，当时的医药卫生法制研究学者纷纷表示医生的权利从此有了法律的保障，也让多数医生看到了自己权利受到保护的曙光，有学者提出："《执业医师法》的颁布意味着多年来存在于人们概念中的医务人员权利和义务，由法律加以确认和固定。"①也有学者提出："《执业医师法》的颁布，对于进一步加强医疗队伍与建设、提高医师的职业道德和业务素质、保障医师的合法权益以及保护人民健康都具有重要意义。"②原卫生部卫生法制与监督司副司长赵同刚认为："《中华人民共和国执业医师法》经第九届全国人大常委会第三次会议于 1998 年 6 月 26 日审议通过，并由江泽民主席签署第 5 号主席令发布，从此，医师的执业活动有了法律的规范和保护。"③但为何之后的医生权利并未得到重视，医生权利屡屡遭受侵害，本书以《执业医师法》为例反思医生的权利性条款和义务性条款的不协调问题：

其一，权利性条款和义务性条款在数量上的不均衡性。基于医生自主行使权利的视角，从条文的文义上看，能够清楚地体现出有保障医生权利的条款数量上不占优势。《执业医师法》第三章规定的执业规则，共计 10 条，其中涉及医师权利的仅 1 条，涉及医师义务的共计 9 条。仅剩的权利性条文第 21 条中还有很多项子权利是通过设定相对主体义务的方式制定的。

---

① 万建华：《论〈执业医师法〉与医德医风建设》，载《中国医学伦理学》1999 年第 6 期。

② 刘文雅、范达：《学习〈执业医师法〉后的几点思考》，载《中国医院》1999 年第 3 期。

③ 赵同刚：《认真学习〈执业医师法〉　明确医师的权利、义务和法律责任》，载《中国卫生》1998 年第 10 期。

其二,权利性条款的宣示性与义务性条款的明确性。《执业医师法》第21条规定的医师享有的一般权利性条款或特殊权利性条款如前文所述都偏重宣示性、原则性,而剩余的9条义务性条款较权利性条款却具有很强的明确性。如第23条规定了医生在出具医学证明前必须亲自诊查,不得超范围、超类别开具医疗证明文件。由此可见,执业医师法的规范旨趣似乎集中在管制而非权利保障。

其三,责任性条款对医生的义务规定更多、更具体。《执业医师法》第五章规定的法律责任,共计7条,仅在第40条规定了医生(农村医生)权利受到损害后,侵害人所应当承担的法律责任,其余法律责任都是针对医生和医疗机构而设定;同时对侵害医生权利的法律责任条款较为原则笼统,例如第40条规定侵犯医生人格尊严权的,患者方承担何种责任主要是通过转介的条文表述方式转移到《治安管理处罚法》和《刑法》条文上。而对医生违反义务条款的法律责任规定较为具体,例如该法第37条详细列举了总计12种涉嫌行政处罚和刑事犯罪的情形。

其四,义务性条款和法律责任的设定凸显立法的目的。虽然《执业医师法》第1条将保障医生合法权益作为立法目的之一,但在立法时给予的重视程度却不高,医生权利保护条款的实施效果并不好。《执业医师法》实质更多的是规范医师的行为、赋予医师更多义务。带有禁止性或强制性义务条款的设定,往往涉及所制定的法律法规中的一些重要的或实质性问题,涉及立法目的和任务的实现。[①] 如上属性,注定《执业医师法》下的医生权利带有很强的"义务对价性",其权利受到大量义务规范的限制。

(四)某些医生权利规定存在缺陷

发生在浙江的周某芝案件与肖某军案件的情况类似,但却出现了不一样的处理方式,不一样的结局,究其原因,还是由于法律对医生的特殊干预权的规定不明确所导致的。《医疗机构管理条例》于1994年9月1日起正式施行,于2016年修订,明确规定了医疗机构作为医疗主体在特殊情况下与患者的沟通和告知责任和义务,甚至连具体操作方式都做了详细规定,但是却对

---

① 参见李培传:《论立法》,中国法制出版社2011年版,第234页。

相关概念界定不清。该条例与沟通告知义务相关的第 33 条中就有两个概念不清晰，导致实践中操作困难，一是“家属”，家属在法律中并无明确界定，是一个相对口语化的概念，我们可以认为近亲属是家属的种概念，但是近亲属以外的亲属算不算本条所称的家属呢？实践操作中，医生应该在取得与患者相关的哪些人签字后才能施行手术呢？二是“特殊情况”，此条中提到的“特殊情况”也是一个不确定法律概念，而该条并没有给予明确的说明，使医生的特殊干预权没有明确的适用前提。1994 年 9 月 1 日起施行、2017 年修正的《医疗机构管理条例实施细则》第 62 条亦复如此，作为规定医师执业行为的重要法律，并未对医师的特殊干预权的启动条件进行规定。即使到了基本法的层面，这个问题还是没有得到彻底解决，2010 年 7 月 1 日施行现已失效的《侵权责任法》第 56 条明确规定了：其一，该条仅规定了特殊干预的条件是“生命垂危”，而没有对“其他紧急情况”进行明确的规定。其二，该条将“不能取得患者及其近亲属意见”作为启动特殊干预权的前提，这里的意见可以是“同意”或“不同意”，假设医生取得了“不同意”的意见，那就无法启动特殊干预权，事实上，特殊干预权的核心是医生为了患者生命健康权益而限制其自主权的权利，大部分是在患者明确表示不同意的情况下，为了保障患者的生命健康而继续实施医疗措施。但依据该条，显然就失去了特殊干预权的设定意义。也就是说，如果患者家属明确表示不同意，医生是否就不能基于保护患者利益行使特殊干预权？当时正是因为相关司法解释或行政法规也未给予明确的回应，才导致肖某军案件与周某芝案件截然不同的结局。但是现在，2017 年发布 2020 年修正的最高人民法院《关于审理医疗损害责任纠纷案件适用法律若干问题的解释》（以下简称《医疗损害责任纠纷解释》）已经对不能取得或者其近亲属的意见有了明确的列举，有所进步，但是也存在巨大的争议，尤其是患者利益保护是否应优先于近亲属意见尚未有定论。[①] 其三，

---

① 《医疗损害责任纠纷解释》（2020 年修正）第 18 条规定：“因抢救生命垂危的患者等紧急情况且不能取得患者意见时，下列情形可以认定为民法典第一千二百二十条规定的不能取得患者近亲属意见：（一）近亲属不明的；（二）不能及时联系到近亲属的；（三）近亲属拒绝发表意见的；（四）近亲属达不成一致意见的；（五）法律、法规规定的其他情形。前款情形，医务人员经医疗机构负责人或者授权的负责人批准立即实施相应医疗措施，患者因此请求医疗机构承担赔偿责任的，不予支持；医疗机构及其医务人员怠于实施相应医疗措施造成损害，患者请求医疗机构承担赔偿责任的，应予支持。”

“可以”立即实施相应的医疗措施，这里用的是“可以”，而没有用“应当”，该权利是否可以放弃？是否可以见死不救？理论界也存在较大争议。可见原《侵权责任法》的重大缺陷还在于仍未对“涉及公共利益或涉及第三者利益”等特殊情况的医生的特殊干预权进行规定，使得“其他特殊情况的”不确定性一致延续，“肖某军事件”还会在以后的诊疗过程中重演。[①]

① 参见苏玉菊：《患者生命权与知情同意权冲突之解决——基于法律解释的视角》，载《清华法律评论》2013年第1期。

第六章　中国医生权利保障关键问题

一、医生的法律意识问题

（一）当前医生法律意识普遍较低

随着社会经济的高速发展，公民对医疗卫生服务的追求从量变走向质变，重视治疗过程的舒适度，治疗结果的优质性，将医疗卫生服务等同于一般服务，自认为是“上帝”般存在的消费者。但凡医生有不合其心意的行为，患者都会竭尽全力主张维权。双重压力对医生的法律意识水平提出了更高的要求。但现实却不容乐观，长久以来我国的各层级和各阶段医学教育都没有重视医生规范意识、权利意识的培养，或即使有设置课程、讲座也只是形式上的，医生的法律知识储备严重不足，医生的法律意识还处于法律心理或法律观念的低层次，更难言其有形成一定程度的法律理论水平，基本没有所谓法律信仰。我们忽略了医生法律意识的培养，也并未找到切实有效的培养方式，使医生的法律意识难以形成或者难以到达较高层次。为了保护医护人员的人身安全，深圳某医院曾出现“医院全体医生护士为安全戴钢盔上班”的奇怪场景，[①]广东省高级人民法院审判理论专家宋儒亮称：“通过加强医院的武装设备，维护不了医护人员的自身安全，

---

① 参见佚名：《医院全体医生护士为安全戴钢盔上班》，载新浪网，http://news.sina.com.cn/s/p/2006-12-25/064711876752.shtml。

戴钢盔是找错了武器，唯有拿起法律武器才能保护医生权利。”[①]党的十八届四中全会提出了“全面推进依法治国”的重要战略规划，依法治国成为此后新时代中国特色社会主义建设的重要推动力，法治被要求融贯于社会发展的各个领域、各个层面。这就要求医生也应知法、懂法、守法，增强法律意识，形成法制观念。法律意识是实现医生法律权利的重要因素，只有增强医生的法律意识，才能正确有效地维护医生自身权利。法律意识是指在一定社会条件下，人们关于法律现象的思想、观点、知识和心理的总称。法律意识是社会意识的一种特殊形式，是法律文化中十分重要的一个组成部分。[②] 当前我国医疗环境下医生的法律意识普遍不高是造成医生的法律权利难以实现的重要原因。法律意识可划分为法律心理、法律观念和法律思想体系三个部分，同时由该三个部分形成了法律意识的结构体，体现法律意识逐步定型化、稳定化和理论化的过程。[③] 如前所述，当前我国医生的法律意识还处于初级阶段，亟待唤醒和提升。

(二)医生法律意识较低的原因

1.医学类高校不重视医生的法律意识培养

其一，医学院校法律教育被选择性忽视，形成医学生法律知识储备结构性失衡。医学高等院校囿于其学校定位——行业性院校，加之医学人才培养的长周期性，两大因素导致医学院校在医学专业课程配置上都学时分配有限，更何况单独辟出时间学习法律知识。因此忽视是主客观因素共同作用的结果。大多医学院校仅开设“法律基础”或“思想道德修养与法律基础”[④]课程来实现法律教育，但是由于课时少，内容庞杂繁多，教学人员往往蜻蜓点水，匆忙赶进度，只能是简单地进行知识的罗列、堆积和灌输。医学学生并未提高对学习法律重要性的认识，学习的目的就是获得学分，如果课程被设置被选修课，则很少会有医学生选择。其二，医学院校人文学科普遍不受重视，法学学科更是难觅其踪。自20世纪80年代开始，我国部分医学类高校开始

---

① 查清云：《医生法律意识待加强》，载《中国医院院长》2012年第11期。

② 参见朱力宇主编：《法理学》，科学出版社2013年版，第175页。

③ 参见公丕祥主编：《法理学》，复旦大学出版社2002年版，第263页。

④ 参见曾茂菊、王筱涵：《医学院校〈思想道德修养与法律基础〉教学特色探讨》，载《文教资料》2014年第21期。

减少交叉学科专业，探索了医事法学、卫生法学等领域法学学科的教学，并且不仅适用于法学学生，还在医学生中大规模推广。但是，这一队伍在全国范围内都是小众的，其影响力更是杯水车薪。其三，医学高等院校不注重营造校园法律文化氛围。当然，我们也能理解，作为医药专业高等院校，其广播、宣传栏、微信、微博等宣传平台更加注重学校动态、医药卫生专业本身和国内外新闻宣传是正常现象，另外，高等医药院校里法学人才储备不足，教师和学生对卫生法律法规知识本身不熟悉、不了解，因此，其宣传、普及和引导缺乏，不利于医学院校学生强化法律意识。其四，医学院校教师法律意识不强，“双师型”教师短缺。医学院校师资主要由基础医学院从事科研工作的教师和附属医院从事临床工作的医生构成，它们在教学活动中或是一味强调医学生的科研能力，或是强调培训医学生的临床技能，多数不具备法律专业知识的背景，[①]平时的教学少有涉及人文或法律知识，所以导致医学课堂上缺少法律意识的培养。另外，既有法律知识又有医学知识的“双师型”教师短缺，导致如“卫生法学”“医事法学”“生命法学”“医疗争议处理法学”“医患沟通学”等课程流于形式，甚至因人设课或不开课。[②]

2. 医生的法律知识继续教育培训不足

其一，医生本身未充分认识到法律知识继续教育的重要性。医生高负荷工作，少有自主学习和参加继续教育的时间，由于服从本职工作的需要，仅有的学习时间也用于更新医学知识和医学技能，提高医学业务水平和能力，而大多数医生未认识到法律继续教育的重要性。其二，医疗机构法律意识淡漠。医疗机构缺乏有效的管理制度和依法治院的理念，极少数医院才开展医生的法律教育与培训，即使开展了相关法律方面的继续教育与培训，但普遍存在时间过于短暂、片面注重形式、缺乏系统方案等问题，由此导致了法律培训的质量不高、效果不明显。其三，我国医务人员的继续教育大多没有开设卫生法制课程，医科学生在其成长为医生甚至“老医生”的过程中始终存在卫生法律知识的欠缺，这也是导致医生法律意识不强，风险意识和责任意识淡

① 参见邓媛媛、屈艺、母得志：《浅谈医学生法律教育的一些问题》，载《成都中医药大学学报（教育科学版）》2011 年第 1 期。

② 参见胡睿、孙岳鹏、卢海威：《医学院校大学生法律知识掌握现状及应对策略》，载《中国科教创新导刊》2011 年第 7 期。

薄以及医院医疗纠纷频发的重要原因。[①] 其四，一些法律继续教育的内容导向存在问题。面对日益增多的医疗纠纷，医生及医疗机构也采取了相应的改变，但从管理措施、医疗技术、患者、社会等方面探寻解决之道，效果并不明显。一些法律继续教育的内容并未将重心放在医生的诊疗法律规范，病例书写规范，患者知情同意权、隐私权等详细法律条款的解读，而是将医生导向了消极防卫的极端，使大多数医生采取防御性医疗、依赖于大量的检查、怠于尝试新的医疗技术等措施，进一步加深了医生和患者之间的不信任，反而增加医疗纠纷发生的概率，造成医生权利侵害的巨大隐患。

3. 立法中的“三多”局面也是影响医生法律意识的重要原因

我国医药卫生立法中存在的主体多、层次多、数量多的“三多”局面，造成法律内容太原则和庞杂，缺乏可操作性、可执行性；已有的法律条文多，内容过于简单、原则，缺乏细致性、具体化和可操作性，有些条文甚至出现矛盾和巨大争议，使法律专业人士都难以准确把握，很大程度上影响了医务人员法律意识的形成。本书在第二章已经详细论述，在此不再做更多赘述。

（三）提高医生法律意识的途径

1. 增强医学院校学生法律意识

2008 年教育部、原卫生部联合发布了《本科医学教育标准—临床医学专业（试行）》，该文件，在第一部分的“本科临床医学专业毕业生应达到的基本要求”的第 1 条第 9 项中，对医学生职业素质标准明确规定，“树立依法行医的法律观念，学会用法律保护病人和自身的权益”。可见，法律素质在医学生整体素质中占据重要地位。医学院校学生大多要走上临床岗位，是未来的“准医师”，增强医学院校学生的法律意识，是提高医生法律意识的重要途径。首先，应在思想上高度重视医学院校学生的法律知识，完善课程设置。改变重伦理教育轻视法学教育的趋势，将法学教育从公共课程、选修课程转变为必修课程，并增加课时，提高学分，制订完善的教学计划。要加强交叉学科教材、课程的建设力度，大力加强“卫生法学”“医事法学”“生命法学”“医疗争议处理法学”“医患沟通学”等法学课程的教育。其次，要改变对医学生进行

---

① 参见梁晚益、陶惠：《浅谈医科学生的法律教育》，载《卫生职业教育》2003 年第 6 期。

法学教育的方式，多进行案例教学，特别是医疗行业中与其职业相关的案例分析，同时要对重点法律条款进行详细有效的解读，使枯燥的法律变得生动、容易理解。最后，加强师资力量，培养“双师型”教师。医学与法学是两门专业性很强的学科，懂医学不懂法学或懂法学不懂医学的现象普遍存在，“懂医又懂法”的教师寥寥无几。一方面应提高医学院校临床教师的法律继续教育培训的力度；另一方面应让医学院校的法学教师努力学习医学知识和技能，让医学与法学进一步融合。为了解决这一问题，应学习一些已经设立了法学系、法学院的医学院校，开展医学与法学的教材建设、课程建设、师资队伍的培养。

2. 完善法律法规知识继续教育培训机制

医学生院校教育是基础，其着眼点应放置在医学基础知识和临床技能的奠定，此阶段不宜将法学课程做大幅度调整，因为学校卫生法律法规知识重点在于运用卫生法律法规知识预防和处理医疗纠纷。因此医生卫生法律素养的养成应着眼于毕业后教育、继续教育阶段，结合临床实践案例进行。首先，提高认识、建立科学合理的医生继续教育体系。建立科学的医生继续教育体系，优化继续教育课程配置，提高卫生法规类继续教学比重，在医生工作中融入纠纷预防提示要素，使其养成终身执业风险防范意识。医疗机构也应转变观念，创造医生进行继续教育的时间和经济条件，不能将继续教育流于形式。继续教育的内容应当加大职业相关的卫生法律法规知识的学习，培训方式应以医疗行业相关的案例分析和重点法条的解读为主，培训导向应积极正面引导医生进行主动履行法律义务、维护法律权益，而非消极被动进行防御性保护。其次，医师协会统筹医生的法律知识继续教育。开展对医生的继续教育是中国医师协会的职责之一，医师协会要避免突击式、散打式教育培训模式，结合新的卫生法律法规出台情况，邀请优秀师资集中进行专题式讲解，保证学时配给，分配次进行学习，使医生获得全面认识，学习情况考核应侧重于日常风险防控与突发医患纠纷处置中医生的表现。最后，要提高法律培训的质量和实用性。法律知识培训也要提高自身质量和水准，一些法律知识培训并未让医生都有所收获，这和我们培训自身的质量和水准不无关系，我们要让培训发挥预期的作用就要提高培训的质量，让培训更有吸引力，让医务人员乐于参与并有所收获。同时对医生的教育和培训，应重视与岗位工作实际问题密切配合，形成合法权益维护真实战斗力，同时还应使其能够认识到权利的边界，严格依法执业，保证各项规章制度落到实处，在保护患者合法权益的同时，也依法保护了自身的合法权益。

3. 大力培养医学与法学复合型人才

除上述增强医生自主纠纷预防与处置能力的方式外，还可通过建设专业的纠纷预防与处置人才队伍，充实医疗机构的医政管理部分，完善医院的现代管理制度，法治治院，发掘医疗机构运行的主要风险点。这就不仅需要具备医学知识，亦离不开一定的法学知识。医法复合型人才培养源于20世纪80年代，由原南京铁道医学院首开先河，后该院为东南大学所兼并，不过此学科专业优势依然存在。截至目前，医药卫生法治人才培养已经探索30余年，逐步形成了独有的培养方式、培养规划，积累了一定的培养经验。至2014年，全国已有50余所高校开设了医事法学、卫生法学等方向性专业，其中医学院校30所(西医院校23所，中医院校7所)，设法学院的院校10所，其他综合性院校7所，独立学院6所，高职院校1所。[①] 医药卫生法学培养目标既包括复合型预防法治人才，也包括复合型卫生法立法、执法、司法人才，以此形成一批“既懂医学又懂法学”的复合人才队伍。[②] 大力培养医学与法学复合人才，一方面有利于为医学院校学生的法律意识培养提供“双师型”教师，为医生的法律继续教育培训提供智慧之源；另一方面可以促进医事立法、营造行业良好的法制环境、依法行医、保护医生的权益。

二、医生主动预防问题

(一)对暴力伤医事件的主动预防

暴力伤医问题系全球性的难题，国内、外都存在的暴力伤医事件。中国医院协会发布的医院场所暴力伤医情况调研报告调查了全国316家医院、8388名医务人员和8204名患者，调查数据显示，“暴力伤医事件的发生医院

---

① 参见田洪鋆、刘仲祥、魏君：《医事法学人才培养模式20年之进展》，载《医学与哲学(A)》2014年第9期。

② 参见罗刚、刘博等：《医事法学专业“理论与实践”教学体系的整合构建研究》，载《中国卫生事业管理》2013年第1期。

从2008年的47.7%上升至2012年的63.7%，医务人员遭到谩骂、威胁较为普遍，发生医院的比例从2008年的90%上升至2012年的96%；医务人员躯体受到攻击、造成明显损伤事件的次数逐年增加，发生医院的比例从2008年的47.7%上升至2012年的63.7%；每年发生次数在6次及以上的比例逐年上升，2012年(8.3%)是2008年(4.5%)的将近两倍”①。而在域外，暴力伤医事件也并不鲜见，据2008年美国《护理管理》杂志的一份调查报告的数据显示，“包括美国、沙特阿拉伯、阿富汗在内的17个国家和地区中，有80%的护理人员遭受过医院场所暴力，其中有73.7%的护理人员表示偶尔遭遇、有19.4%的护理人员表示频率一般、有1.7%的护理人员表示经常遭遇、有5%的护理人员表示从来没有遭遇暴力行为”②。2005年美国密歇根大学的调查显示，“74.9%的急诊科医生每年至少遭受一次言语威胁，有28.1%的急诊科医生遭受过身体暴力伤害。根据英国政府的调查，在2000年遭受过患者及其家属攻击的医务人员达65,000人，每3名护士中就有1人遭到过患者或家属的辱骂”③。暴力伤医事件的危害最为严重，在当前情况，杜绝暴力伤医事件，刻不容缓，应当建立以提前预防为主，事后惩罚为辅的预防保障体系：

其一，虽然得到了国家层面高度重视，但预防保障措施的执行力度有待加强。2014年最高人民法院、最高人民检察院、公安部、司法部、原国家卫生和计划生育委员会发布的《关于依法惩处涉医违法犯罪维护正常医疗秩序的意见》实为对暴力伤医者的一次强大震慑，也进一步细化了医疗案件处置机制和标准，能有效指导司法与医疗实践中对医疗暴力事件的协调处理，也为暴力伤医案件的司法实践提供了明确的处罚依据。2013年原国家卫生和计划生育委员会与公安部联合发布了《关于加强医院安全防范系统建设的指导意见》，响应“平安中国”，建设“平安医院”，要求进一步完善医疗机构安全防控体制机制，将医院内生性事件、案件发生率降至较低的水平，维护正常医疗秩序，推动卫生健康事业平稳发展。虽然国家中央层面很重视此问题，但是

---

① 王玲玲、王晨等:《医院场所暴力伤医趋势、不良影响分析与思考》，载《中国医院》2014年第3期。

② Hader R, *Workplace Violence Survey* 2008, Nursing Management, Vol. 39:1, p. 13 – 19(2008).

③ Camerino D, Estryn Behar M & Conway PM, *Work-related Factors and Violence Among Nursing Staff in the European NEXT Study*, Int Nurs Stud, Vol. 45:1, p. 35 – 50 (2008).

各级医疗机构响应水平参差不齐，很多基层医疗机构专项行动没有得到很好贯彻。《关于加强医院安全防范系统建设的指导意见》中的人防、物防、技防相结合的三防系统在很多医院并未建立，组织领导机制不健全、应急处理机制并未建立、缺乏安全防范制度、教育培训和定期检查制度流于形式。医院保卫队伍配备不足，守护巡查管理不严格，防护器材与设施配备存在缺陷。技防系统中的安全监控系统和一键式报警装置并未按照指导意见的要求严格设置。可见，对暴力伤医事件的预防，对"平安医院"的建设制度是"丰满"的，但各地医院的执行却很"骨感"，如若都按照相关规定执行，暴力伤医事件的预防必能得到很好的改善，当然同时需要地方政府给予财政和人员配备上的支持，才能让各项政策落到实处。

其二，完善医疗纠纷的处理机制。医疗纠纷发生时，并非次次均可发生暴力伤医事件，诱发暴力伤医事件原因很复杂，但医疗纠纷一定是暴力伤医、杀医案件发生的诱发重要因素，如何采用疏堵结合的方式，合法迅速且正确地处理医疗纠纷，化解医患矛盾，多渠道解决医疗纠纷于微时，是解决暴力伤医事件的重要途径。首先，院内应建设流程完备的医患纠纷处置机制，形成可靠的突发医疗事件应急预案体系。在各科室张贴纠纷处理流程图，有条件的在各科室设置医患沟通谈话室(配置实时电子监控系统)，设置专岗专人负责患者来信来访接待，公示投诉处理人员及处理进程。其次，对医患和解不能的纠纷，应及时引导双方进入非诉讼纠纷解决机制，由专业的医疗纠纷调解、律师调解等第三方介入处置，树立第三方调解的权威性和中立性，让患者和医方都愿意主动将纠纷提交医疗纠纷调解委员会进行调解。最后，对不能进行沟通或调解的医疗纠纷，应当引导患者通过司法途径解决，防止暴力伤医事件的发生。

其三，医生本人应提高自我防卫的能力。暴力伤医事件具有突发性的特点，医院的安保体系的介入和国家的公力救济，会存在一定的时间差，在这一个权利正在受到侵害的紧急时刻，医生需要提高自力救济的能力，保护自身的人身安全，医院可以设置紧急情况避险房间和紧急备用出口，在紧急情况下，医生应立即逃离暴力现场，进入紧急避险房间和通过紧急备用出口逃离。另外，可以对医生进行防卫技能的培训，如 2013 年上海中山医院工会组织的跆拳道自卫技巧培训讲座，吸引了大批医护员工，就在同一天，上海的华山医院也邀请了宝山区公安分局专职教官向医院职工培训正确自卫方法，[①]例如《医疗工作场所防止暴力行为中国版指南（2013－2014）》中提出的防卫方法。[②]

其四，医生提高医患沟通能力是减少医患纠纷，预防“医闹”的重要因素。据相关调查表明，“在出现医患纠纷的案例之中，由于医生的技术问题而导致的纠纷仅仅占到其中20%的作用，另外80%都来自医生在服务之中语言的沟通，服务的态度等方面的问题”[③]。医生应在诊疗过程中主动营造出良好的沟通氛围，医疗机构自身及相应的医患关系研究单位可加强患者就诊中心态变化即影响因素的相关研究，推广、辅助医疗机构建立医患沟通机制。只有营造出医生和患者良好的交流氛围，才能提高患者对医生的信任程度，减少医疗纠纷，预防暴力伤医事件的发生，保护医生的基本权利。

其五，医生及医疗机构应联动建立暴力伤医处理流程。脱离现场，脱离肢体接触，避免进一步伤害—急诊科诊室可按下警铃，大声呼救—及时通知保安，及时报警并记录报警时间—在视频监控区域，申请调取视频—寻找现场目击者—上报通知部门所在护士长、部门主管、病人关系科—同新闻媒体沟通，将信息真实传递出去—坚持不私下调解。[④]

（二）对疾病调查权和身体检查权的保障

疾病调查权既是权利又是义务，包括两个方面，一方面是医生的病史调查权，病史调查是诊疗活动的第一步，也是最重要的一环，真实、详细的病史

---

① 参见佚名：《上海医院及医生自我防卫加速升级》，载医药医疗研究网，http://yy.chinairn.com/news/20131107/084646611.html。

② 具体方法：“手机要提前设置好医院保卫科或者报警电话的快捷键，涉事医生使用周边顺手物品用于正当防卫，如利用钢制病历夹抵挡和防护砍刺；也可将白服叠厚，缠绕在左手或左前臂（左利手者可以缠绕右侧），抵挡各种钝器和锐器对身体的伤害。如应对时间充裕，可以及时脱掉白服，混在现场人群当中，迅速脱离现场，以躲避伤害。有条件者应互相扶助，及时逃离现场或躲于安全屋中。确保安全后可凭借手机，平板电脑等手持设备照相摄像以取得更多现场证据。如遇砸门砸窗等情况，可用室内桌椅等办公设施顶住门窗。平时应在办公室内配备一些非管制防暴用品，以应不时之需。”参见丁香园：《医疗工作场所防止暴力行为中国版指南（2013－2014）》，载丁香园网2014年2月18日，http://6d.dxy.cn/article/56083。

③ 高守宝、张洪卫等：《医患沟通在防范和解决医疗纠纷中的作用》，载《齐齐哈尔医学院学报》2015年第15期。

④ 参见吕绍刚、张娜、傅文杰：《给暴力伤医装上杀毒程序》，载《人民日报》2015年7月8日，第14版。

资料是医生正确诊断的基础。另一方面是病例书写权,医生是病历书写的权利主体,任何人都不能任意涂改、伪造、隐匿、销毁或抢夺病历资料,医生对患者的疾病信息有权进行归档和整理,形成患者病史资料的医疗档案。首先,病史调查权的行使需要患者的配合,患者应如实全面地告诉医生病史、病情、病因,医生应提示患者病史调查的重要性,将患者的病史、病情、病因详细予以记录,并告知隐瞒病史、病情延误诊疗导致不良后果,应由患者本人承担法律上的责任,对于一些急诊病人或昏迷不醒的病人,在选择治疗方案之前,应尽量取得其家属关于其病史的论述,并将其记录在病历中,上述病历都需要患者或者其家属的亲笔签名。从法律上来讲,《医疗事故处理条例》第33条、原《侵权责任法》第60条都明确了肇始于患者方原因引起的事故及损害,除医疗机构同时存在过错的,豁免全部责任。其次,病历记录不规范、病历书写不及时、病历修改不规范、病历资料使用与保管不当极易引发法律风险。病历书写权的行使需要医生本人严格按照《病历书写规范》《医疗事故处理条例》《医疗机构病历管理规定(2013年版)》等要求规范化地书写病历,病历书写,尤其是有严格时限的病例书写应严格按照法定形式、内容要求及时完成,所有循证诊断依据不得遗漏,并与临床诊断相契合。医疗机构应组织相关的病历书写培训,加强质量监控,定期抽查病历,同时要加强病历的保管,特殊病历专门保管,专人传送病历等。①

身体检查权是基于医生职业身份及执业伦理被认可前提下赋予的一项诊疗权,医生主观上不得有不当动机,其接触病人身体应符合临床诊断规范和指南。为保障医生的身体检查权,减少有可能发生的纠纷,医生本人在行使该权利时应注意以下前提:必须是在医生执业过程中进行身体检查;必须获得病人的同意或者承诺,必要时提前制定进行身体检查相关的书面承诺书,让患者进行签字确认;必须在正常合理、必须的范围内,不能超过必要的限度。医疗机构对于各项涉及隐私的身体检查,应做好相应的安全防护或隐私保护措施,避免危害患者身体或泄露患者隐私而引发纠纷。② 另外也要赋予医生在身体检查权上一定的自由度,医疗机构不能因盲目追求经济利益,

① 参见邓虹、周楠、彭艳霞:《病历中的法律风险防范》,载《医学与法学》2015年第3期。

② 参见古津贤、强美英主编:《医事法学》,北京大学出版社2011年版,第57~58页。

而迫使医生进行不必要的检查,也不能完全受制于临床路径,忽视特殊疾病应当进行的检查项目。

三、医生权利的救济问题

主动保障体系并不能完全杜绝侵害医生权利的行为,一部分的医生权利已经受到侵害的情况下,要解决的是如果利用法律的武器进行救济的问题。医生并非法律专家,在权利受到侵害后,无法通过自身的能力进行救济,所以必须建立和完善医生权利救济体系,让侵权者得到法律的制裁。

(一)加大对暴力伤医案件的司法处置力度

其一,对于在医疗纠纷中可能涉及的侵害医疗机构正常诊疗秩序和医生合法权益的行为,公安机关加强医院周边警力配备,提高出警的频率和效率,有条件的情况下必须在医院内设立警务室,形成内外联保的联动机制,对于涉医违法犯罪活动应全面、客观、快速收集、调取证据,及时地进行立案侦查。其二,检察机关应主动加强与医疗相关部分的协同联动机制的构建,对重特大涉医犯罪案件强化法律监督。具体可采取专项渠道、专岗设置、专案办理的方式处理,涉及疑难、利益关系错综复杂的社会影响性案件,检察机关应提前介入,配合、引导公安机关侦查;起诉阶段,应结合案件情况、犯罪嫌疑人个人情况,宽严相济,综合考虑处理方案,即对恶性伤医案件,坚决从严处理,对主观恶性不大,社会危害性较小案件,依法从轻处理;同时检察机关要加强对涉医案件的法律监督,正确衔接刑事司法和行政执法机制,加强对公安机关和相关部门的刑事立案监督,重点排查有案不立、有案不移交公安机关、以行政处罚代替刑事处罚等问题,同时要加强对法院的审判监督,对确实存在错误的裁判要依法提出抗诉。[①] 同时,不停留于案件处理本身,加强对犯罪嫌疑人及其近亲属的教育。2014 年 9 月 5 日,成都市武侯区检察院与武侯区公安分局在四川大学华西医院联合会签署《涉医案件处置机制实施办法(试行)》,就常见涉医违法犯罪行为作出了细化规定,系四川省首个检察机关和公安机关关于涉医案件的处置机制正式建立。该办法对伤害医务人员、在医

① 参见最高人民检察院:《加大对涉医违法犯罪处置力度》,载正义网,http://news.jcrb.com/jxsw/201506/t20150624_1519215.html。

疗机构设灵堂、堵塞大门、停放尸体、限制医务人员人身自由、暴力恐吓医务人员、“职业医闹”等违法犯罪行为进行了细化规定。[①] 地方政府应及时协调公安、检察、医院、卫生行政部门制定相应的涉医案件处置机制，让司法处置力度落到实处。其三，人民法院应坚持诉源治理体制机制的构建，加强法院与医疗机构的协同，完善多元化医疗纠纷解决机制，及时妥善处理医疗纠纷，将其化解在萌芽之中，减少暴力冲突的发生。此外，坚决打击涉疫违法犯罪行为，对暴力伤医和严重扰乱医疗秩序者，依法从严惩处。

（二）充分发挥医务科的职能，完善法律顾问制度

医务科，有的医疗机构又称医务部、医政科、医教科，其直属于院长和行政副院长，主要负责医疗机构日常运行中的医疗安全、医疗质量管理，处理医疗纠纷是其重要职能之一。医务科常见的医疗纠纷处理环节是应对患者方投诉——来信、来电或来访，形成医患纠纷处理的初步方案，并与自愿和解的患方协商达成和解协议；此外医务科还要负责出庭应诉。医务科对医疗纠纷的处理不仅关系患者权利的实现，还对医生权利的保护和实现产生重要影响。医务科负责医疗纠纷处理人员最好是具备医学知识又具备法学知识的医事法学本科或硕士研究生专业背景人员，在预防层面，督促各科室贯彻和落实医疗卫生相关的法律法规，对医疗质量进行监督和控制。具备医疗纠纷的危机管理意识，在出现医疗纠纷后，积极主动介入医疗纠纷的处理、妥善解决患者的医疗投诉，尽量在医患冲突产生初期就将其及时解决。定期梳理医患纠纷，避免患者的情绪积累和冲突升级，对有可能引发暴力冲突的事件积极调查，主动接触患者，进行良好沟通。外部加强与公安机关联动，内部加强与安保部门协同，建立科室医疗纠纷联络人制度，及时研判医患纠纷发展趋势，对存在极端行为倾向的个人重点关注，加强纠纷所有医务人员的安全保障、安全巡查。对监察到的具有重大纠纷风险和高风险施暴者，应及时上报公安机关进行监控和处理。另外，医务科还承担着其他医疗卫生法律法规的落实，对于医生的获得报酬权、休息权、诊疗权、执业条件保障权、科学研究权、民主参与权、继续教育权等权利进行监督和保障，医务科应该建立相关的

---

① 参见陈博、黄晶：《四川省首个涉医案件处理机制出台》，载《民主与法制时报》2014 年 9 月 11 日，第 5 版。

投诉机制，协调各科室，保障医生的其他权利得以实现。

因为医务科工作人员要处理大量的医院事务，我国法律法规较多且更新修改速度较快，仅靠医务科工作人员进行医疗纠纷处理，维护医疗机构和医师权利，难度大、可操作度差，专业性不强，所以建立法律顾问制度，聘请具有医学和法学背景的律师担任法律顾问（如具有医学与法学双学位的律师或者原来是医务工作者后攻读法学取得律师资格的律师）迫在眉睫。法律顾问可以定期地对医疗机构和医务人员进行卫生法律法规的培训，并对其业务活动进行监督，减少医疗纠纷的发生，同时提前介入医疗纠纷过程提供法律保障，实现事前预防，减少医疗暴力行为，如对危及重患者或重大手术患者，在采取手术前由法律顾问在法律层面与患者及其家属进行沟通，严把法律关口，在术前防患于未然；由法律顾问专门处理医疗纠纷诉讼、仲裁、调解，进行证据的收集，开庭应诉，举证、质证，更好地维护医疗机构和医师的权利。另外法律顾问承担着建立医院医疗规章、行为规范、人事劳动合同等制度，维护医生的劳动权利和其他权利的职责。法律顾问制度的组织形式大概有三种：一是在医院设立法律顾问处，配备专门的法律工作人员或坐班律师，专门处理法律事务。二是在医务科下增配法律工作人员或坐班律师，由医务科进行日常管理。三是聘请专职医药卫生律师、专家为法律顾问。有条件的城市大型医疗机构，尤其是统计医疗纠纷发生率较高的医疗机构应标配常驻法律服务团队，由其全权负责医院日常及突发法律事件处置和应急预防编制。规模较小的医院为了解决经费和人员问题可以选择合同聘任制法律顾问，但应注意防范有可能存在的法律顾问只挂靠而不做实事的情况出现。

（三）完善医师协会的职能

根据《执业医师法》总则及执业规则相关规定，医生都可以依法自行组织建立并参加医师协会、农村医生协会。2002 年 1 月，全国性的医师组织——中国医师协会（不同于中华医师协会）正式成立，该协会属于国家一级社会团体，其宗旨为“服务、协调、自律、维权、监督、管理”，其既是协同卫生健康行政部门开展医生管理的行业组织，也是服务医生群体，维护医生权益的组织。在中国医师协会的指导下，各省、市、自治区和副省级城市也逐步建立起地方的医师协会。根据中国医师协会的章程，医师协会在维护医师权利方面的主要任务中就明确包含了维护医生合法权益，开展医生终身职业教育，搭建医生与政府机构、社会各界交流对话的平台等内容，可见中国医师协会实质上也发挥着保障医生权利的重要作用。在具体的措施上面，其一，设立了维权委员会、医学教育委员会、法律事务部等部门保障医师相关法律权利。其二，设立了中国医师协会医师维权律师团并制定了医师维权律师团的管理办法，设立了医师维权救助专项基金，并制定了医师维权救助专项基金的管理办法和适用范围，为医生的维权提供法律咨询，法律帮助，支持和代理医生进行民事诉讼、行政复议和诉讼、刑事控告和申诉，同时给予权利受到侵犯的医生以经济上的补助和精神上的慰问。其三，时刻关注全国发生的医生维权案件，通过向地方相关部门发表维权声明督促地方政府维护医生权利。例如，针对2014年6月2日4时发生湖南中医药大学第一附属医院的恶性伤医事件，[①] 伤人者系省级人大的公务员，得知这一信息后，中国医师协会于6月3日就及时发布并送达了中国医师协会致湖南省人民代表大会的一封公开信，提出对伤医者违反《治安管理处罚法》同时违反多项党纪政纪，应给予治安处罚和党纪政纪处分的建议，6月5日即得到了湖南省人民代表大会的书面回函，其回应伤医者身份虽然是国家工作人员，但湖南省人民代表大会绝不姑息、绝不护短，严格按照法律和党纪进行处理。其四，通过继续教育培训传递维权知识、自卫方法和相关的法律法规；根据制定的继续教育方案，开展全国性的讲座、演讲会、现场实习等活动，保障医生的继续教育权。其五，努力拓展与社会各机构的合作，扩大医生维权基金的来源。2013年天士力集团捐助1000万元设立了中国医师协会救助基金。其六，关注国家法治建设，提出保护医生权利的立法建议。在2013年10月29日对医疗暴力零容忍的座谈会上，中国医师协会耳鼻咽喉科医师分会副会长周兵就提出在医疗暴力伤医实践中，

---

① 2014年6月2日4时，湖南中医药大学附属第一医院住院楼二楼发生一起恶性伤医事件：29岁的女医生王某在抢救肺癌患者时，遭多名家属殴打，怀孕5个月的护士谭某飞遭患者家属殴打后，出现先兆性流产。当日5时左右，这名癌症晚期患者抢救无效后死亡，多名家属逼女医生王某向遗体下跪、磕头，这一辱医、伤医行为长达3小时。参见刘柱：《湖南暴力伤医事件：一护士遭患者家属殴打》，载中国新闻网，http://www.chinanews.com/fz/2014/06-03/6240221.shtml。

受伤的是医生,受害的是患者,建议出台《医师行为保护法》保护医生权益。[①]同时,在立法制定或修订过程中,中国医师协会也积极参与其中,提出维护医生权利的立法建议。

医师协会在维护医生权利中起到了重要的作用,但也存在一些亟待改善的问题:其一,医师协会对医生的管理"官方"色彩浓厚,独立性欠缺。医师协会受行政制约和行政影响还是比较大的,一定程度上承担了一部分行政管理职能,在医师协会的发展过程中过度地依赖政府的支持,形成表面上的行政指导,而实际上的行政命令。在维护医生权利,特别是在保障医生劳动报酬权、休息权、执业条件保障权等方面不得不进行妥协,一定程度上影响了医师协会的独立性。日本医师协会在独立性方面做得比较好,日本医师协会根本宗旨就是维护医生权利和医疗机构的利益,为了提高医生待遇和医疗机构利益,从成立之日起就一直阻止日本政府医药分业政策的推行,并进行据理力争,最终在提高医生待遇的基础上才达成共识。其二,医师协会对医生权利保障并不全面,劳动保障权、休息权等权利保障力度不够。医师协会建立的法律顾问团队、医师维权资金以及对违法行为的主动监督,主要是针对暴力伤医事件,即侵犯医生(农村医生)基本的生命健康权的维权,我国目前有270多万名注册执业医师和170多万名乡村医生,而对法律体系内本身存在的大量医师劳动合同、休息权保障和劳动报酬权等问题,医师协会并未主动对医生权利进行保障和救济(包括提出立法修改建议或帮助医生提出行政复议、民事诉讼等)。如若真发生纠纷,基于协会缺乏独立性,也很难站在医生的角度进行分析思考,最终让众多医生丧失对医师协会的信心。其三,医生继续教育权的保障措施不足,继续教育效果不明显。医师协会主导的医生的继续教育培训缺乏统筹安排,使医生的继续教育流于形式,在医生休息权不能得到很好保障的前提下,继续教育的权利反而成了医生的负担。其四,医师协会的资金来源不足,医生维权专项基金少。总经费来源渠道不多,医生教育培训和维权的资金不足,造成客观上的维权力度不够。所以医师协会在加强和会员单位联系的同时,应加强与药品生产销售企业、医疗器材生产销

① 参见中国医师协会耳鼻咽喉科医师分会办公室:《中国医师协会等联合呼吁对医疗暴力零容忍》,载《中国医学文摘(耳鼻咽喉科学)》2013年第6期。

售企业的交流合作，扩张资金的来源渠道。

四、医生权利保障的舆论导向问题

新闻媒体的权力通常被誉为是一个国家的第四种权力，即舆论监督权，此项权力被赋予新闻媒体的初衷是在国家权力机关之外形成一道能够适时穿透真相的强大外部力量，以督促政府权力在法治的轨道上前行。但是，现实中的部分新闻媒体似乎放弃了这一初心，一味地追求轰动效应，对医疗纠纷案件大肆“添油加醋”，胡乱演绎，混淆视听，严重损害医生及医疗机构的形象。并进一步地恶化医患关系，促发医疗纠纷，伤医事情层出不穷，带来医生权利受侵害的不稳定因素。而入院患者在不安、焦虑、紧张、忧愁的心理状态下，知觉的正确性受到抑制，极易对医生的行为产生臆造错觉，认识上发生偏差效应，如管窥效应、选择效应、定型效应、从众效应等，[①]在社会公众不良心理的影响下，极易产生极端行为。创造一个良好的舆论规范空间与和谐氛围，建立尊重患者、尊重医生的社会公众心理，对维护医疗机构的形象，保护医生的合法权利至关重要。

（一）规范新闻媒体行为，杜绝虚假不实报道

真实性是新闻报道的生命线，没有真实性，媒体报道便会丧失权威性，对涉医案件的虚假不实报道，恶意撕裂医患关系，会给社会带来畸形影响。这类案件的典型代表有“八毛门事件”和“湘潭产妇死亡，医护集体失踪”事件等“标题党”新闻事件。某新生儿因身体异常于 2011 年 8 月 21 日转入深圳市儿童医院，8 月 24 日深圳儿童医院告知患儿父母，认为患儿是先天性巨结肠（先天性肠道畸形），建议进行造瘘手术，大约需要数万元费用。患儿父亲基于对医院诊断的不信任，拒绝了医院的治疗方案。次日，患儿转至广州市儿童医院，该院医生李某昌为患儿开了 8 毛钱的石蜡油处方，孩子使用后病情好转，患方基于 8 毛钱的处方使患儿病情好转这一事实，认为深圳儿童医院误诊，硬要给孩子做手术。当地媒体便以《婴儿被诊断要做 10 万元手术，最终吃 8 毛钱药痊愈》为题作出报道，报道一出，即在全国引发“8 毛钱治 10

---

① 参见卢建翔、洪素风等:《社会心理因素对医院形象的影响》，载《中国煤炭工业医学杂志》2015 年第 5 期。

万元的病”的大讨论,并被各大媒体广泛转载,引起舆论的轩然大波,社会公众在不明就里的情况下,先入为主地将深圳市儿童医院视为地狱、魔鬼,当事医生更是被视为吸血鬼。但不久后,患儿病情加重,并于 2011 年 10 月 20 日在武汉同济医院小儿外科被证实患先天性巨结肠,通过手术后康复出院。患儿父亲也发出了感谢信和致歉信,至此,“8 毛钱治 10 万元病”而备受质疑的深圳市儿童医院及其医生才得以平冤昭雪,但该案已给医患关系造成了深深的伤害。[①] 2014 年的“湘潭产妇死亡,医护集体失踪”事件,同样是“标题党”式报道,未对事件进行充分调查核实的情况下,仅凭患者方一面之词,就妄下论断,舆论审判。报道中使用带有明显的偏见性色彩的词汇,如“护士医生跑路”“死者赤身裸体”等。随后,人民网“求真”栏目发布了对湖南湘潭事件的采访情况,确认医生护士全体失踪为不实报道,有多项事实被忽略或歪曲:产妇并非赤身裸体满嘴鲜血,而是被包裹严实,脸上并未出现明显血迹;医生和护士并未跑路,而是在隔壁的休息室休息;家属开始拒绝切除子宫而导致延误最佳抢救时机;家属存在打砸医院、拉横幅摆花圈等医闹行为,报道中并未提及。最后,更多的事实被报道出来,舆论发生“反转”,愤怒的网友回归理性,纷纷开始反思,指责新闻媒体报道失实。2010 年报道的“产妇缝肛门”事件直指医院医生存在的“收红包”问题,2013 年报道的“走廊医生”事件直指医院的腐败和过度医疗问题,还有 2007 年“茶水发炎”事件等新闻乌龙报道,体现出某些新闻工作者极端不负责任,混淆和歪曲事实,对医院和医生的形象造成了极坏的影响,在已经很脆弱的医患关系上雪上加霜。

要实现新闻媒体对医疗行业形成有效的舆论监督,又防范虚假不实报道,就必须确保报道的真实性。真实性凸显了新闻报道对于构建医患关系的重要性:

其一,虚假新闻报道有法可依,对虚假报道者不容姑息,零容忍,严厉打击。2011 年 10 月 14 日,原新闻出版总署颁布了《关于严防虚假新闻报道的若干规定》,首先对新闻工作者的行为规范作出了细致的规定,其中主要涉及

---

① 参见江德斌:《“八毛门”启示:娱乐至死时代谁都不愿倾听》,载中国网 2011 年 11 月 2 日,http://opinion.china.com.cn/opinion_66_26766.html。

以下几方面:(1)新闻报道阶段坚持亲历性原则,坚持无调查核实就无新闻报道,兼听各方意见,全面呈现争论及各方意见。(2)面对新闻报道错误,坚持及时纠正原则,不为了获取关注偏离职业操守;接受当事人和社会公众的监督,及时回应公众的举报、投诉,建立已经报道新闻的后续追踪机制,及时复核新闻报道各个环节是否存在问题,更正错误,以正视听;针对给当事人造成的影响和损害的大小积极采取赔礼道歉、赔偿损失等应对措施。(3)建立虚假新闻报道内部责任追究制度。对于责任记者、责任主编严格追责。新闻机构整体性牵涉虚假报道的,除承担民事责任外,损害他人、集体或国家利益,情节严重的,还应依法承担相应的刑事责任;具体行政处罚和刑事处罚可以依据《出版管理条例》《新闻记者证管理办法》《刑法》等法律规范处理。当然,课题组认为,还可以引入职业禁止等资格性处罚,对存在严重新闻报道造假,且给国家、社会造成重大影响,受到处罚者可以同时适用资格罚,使其终身不得踏入新闻传媒领域。

其二,增强记者自身的学习,加强中国记者协会对虚假报道的监督。医疗行业属于专业性极强和风险性极高的行业,涉及医疗行业的新闻报道,新闻工作者除了具备经济、政治、社会、文化等方面广博的知识与过硬的新闻能力外,还需要加强对医疗行业相关知识的学习和理解,必要时,还需要得到相关临床专业专家的意见,才能得到客观而准确的报道,而在招聘新闻工作者时,选择具有医学背景或者医事法学专业背景的人才,最为恰当。中国记者行业协会应加强对医疗行业虚假不实报道的监督和处理力度,我们欣喜地看到,2015 年 1 月,中国记者协会针对某记者于 2013 年 5 月和 2014 年 2 月刊登的《“疯子”医生:你砸医院招牌　医院砸你饭碗》《“创收”院长》《公立医院创收潜规则》3 篇报道,组织新闻宣传管理部门、新闻媒体、医疗卫生领域、司法领域、新闻院校等各界专家对上述报道进行专题评议。最终评议组认定为该 3 篇报道为虚假、失实报道,并进行了协会通报批评,并建议有关行政主管部门进行立案查处。建议涉及医疗行业的所有虚假、不实报道都能得到中国记者协会的监督并得到相应的惩处。

其三,增强中国医师协会的维权力度。针对“湘潭产妇死亡,医护集体失踪”事件的不实报道,中国医师协会首次正式地向中国记者协会进行投诉,要求中国记者协会对虚假、不实报道进行查处。中国医师协会的维权投诉起到了很好的社会效果,但还应该增加维权的方式或力度,比如向行政主管部门举报,要求行政主管部门对不实报道进行查处;还可以采取诉讼途径,直接向人民法院起诉,要求虚假不实报道的新闻媒体赔礼道歉、赔偿损失;虚假报道情节严重的,还可以向公安机关报道,要求追究相关责任人的刑事责任,以此净化医疗纠纷新闻媒体报道环境,维护医患间来之不易的信任。

(二)改变媒体报道的思维定式

在坚持真实性的前提下,新闻媒体限于专业性和市场需求等因素的影响,往往对医疗行业的报道呈现一定程度的思维定式或者结构性失调,使社会公众一直对医疗机构和医生的形象发生错误的认识,形成持续不断的负面印象。其一,医院和医生是强者,患者是弱者的思维定式。由于医疗行业的公益性和在市场经济体制改革中追求经济利益之间的矛盾,让社会公众对公益性期待大大降低,医疗机构和医生往往成为改革中的替罪羊,社会公众往往将不满情绪发泄到上述二者身上。同时医疗行业的高度专业性,使医生和患者之间信息不对称,医生在医疗过程中具有明显的专业优势,而患者往往成为弱者,不仅要遵从医生的指挥和处置,还要承担疾病的痛苦和高昂的费用。媒体在报道医疗纠纷时,往往借助这一客观上的不平等,造就出医方强者、患者弱势的报道倾向,吸引公众的眼球,造成人们对现行政策的不满,导致公众对医疗机构和医生的憎恨。其二,偏向患者,造成不平衡的话语权。在报道医疗纠纷时,新闻媒体往往倾向于从患者的立场和角度分析思考问题,话语权多来自患方,表面上看是倾听群众呼声、体察民意、反映现实生活,但实际上却会引起社会公众对患方的极度同情和对医方的众多声讨,在未进行全面了解的前提下把责任简单地推向医院和医生。其三,负面报道多,且具有长期性。在医疗机制改革的过程中,新闻媒体关于医疗行业的报道数量急剧增加,关于医院费用、过度医疗、医生服务态度、医生收受红包等负面报道占据了媒体报道的主导地位,且长期对医疗行业进行负面报道,使社会公众产生了对医院和医生长期固定的负面印象,加剧了医患双方的不信任情绪。其四,缺乏理性认识,凸显个案冲突。一些新闻报道并未认识到医疗纠纷产生的根本原因抑或进行正面的引导,而是简单地扩大个别案件的冲突效应,并简单地将原因归结于医院或医生,引起公众的不满情绪。[①] 在现有医疗体系和环境下,新闻媒体对医疗行业的监督报道应坚持一定的度,只有增加对医疗行业的认同感,建立起患者和医方沟通的桥梁,达成医患双方的共识,才能真正地体现媒体人的价值。

(三)医院主动与媒体建立良性互动机制

源于上述虚假不实报道和媒体报道的思维定式问题,社会公众和新闻媒体仿佛“走在了一起”,造成了对医疗行业的报道形成一边倒的现状。想要形成客观公正的报道,让医方拥有平等的话语权,医院主动与媒体建立良性互动机制必不可少。其一,建立新闻发言人制度,主动与媒体进行沟通,发出医院的声音。多数医院在发生医疗纠纷后,出于医院声誉的考虑,往往不愿意将纠纷公之于众,在媒体介入报道时,也采取消极回避的态度,并千方百计不接受媒体采访。如此,公众只会了解患方所讲述的情况,而无法得到客观准确的事实,无法得知纠纷的真实原委和医疗纠纷发生的原因。医院如不发声,更会加剧误解,影响医患关系。其二,医院与媒体进行积极沟通,重塑医院和医生的良好形象。医院不仅不能闷不发声,还需要主动引导媒体发声。在医疗过程中,大多数的医生都严格遵守医德,履行“救死扶伤”的使命,在工作岗位上勤勤恳恳,任劳任怨,对患者关爱备至,赢得了患者良好的信任。医院应将医生的良好形象主动与媒体沟通进行宣传,重塑医患之间的信任。具体措施包括:在医疗纠纷发生后,由医务科和纠纷发生科室调查纠纷发生原因及处理解决机制,并由宣传科或新闻发言人与媒体主动沟通,澄清事实真相;平时注重与媒体进行沟通,邀请媒体对医院及医生工作提出意见,并让其了解医院工作的高度专业性、复杂性、风险性;增强医院自身宣传队伍的建设,加强内部宣传的同时,应注重外部宣传的力度,做好宣传策划,将医院和医生的良好形象通过外部媒体进行宣传。

(四)应完善新媒体时代的医院宣传工作

“新媒体”是相对传统媒体而言的,是报刊、广播、电视等传统媒体以后发

---

① 参见马丽敏:《我国新闻媒体医患关系报道的受众研究——以西安市为例》,陕西师范大学2013年硕士学位论文,第19~22页。

展起来的新的媒体形态，是利用数字技术、网络技术，通过互联网、无线通信网、卫星等渠道，以及电脑、手机、数字电视等终端，向用户提供信息和娱乐服务的传播形态，其具有及时性、交互性、个性化、多媒体化、分众化、全球化等特点。[①] 新媒体时代给医院的宣传提出以下要求：其一，可以通过微博、微信建立公众信息交流平台，传播医院正能量，定期发布健康信息及健康活动，让医院、医生与社会、患者进行良好的互动。其二，利用新媒体平台积极应对突发的医疗事件，同时在平时正面、主动地宣传塑造医院和医生形象。其三，建立新媒体时代的舆情监控机制。网络舆情发生后，及时应对决定着网络舆情的力度与广度，在“黄金 4 小时”内必须及时采取措施。应建立突发事件的舆论应急预案，建立起业务科室和宣传部门的双向沟通和信息共享互换机制，构筑全员监控报告制度，组建由每个临床科室推荐的信息宣传员骨干队伍，并指定专人对舆情进行动态监控。[②] 其四，对新闻媒体直接使用未经核实的网络信息和手机信息，要积极地进行沟通或向行政监管部门进行举报；对网络谣言的肆意制造者和传播者，要积极地向公安机关进行报案。

（五）规范医院自身的宣传自律

“手术室自拍事件”[③]引起了社会公众对医生医德的巨大争论，造成了不良的社会影响。某些医院为谋取经济利益，对医疗服务等级、医疗服务效果做虚假的宣传，并虚构专家团队，进行夸大宣传，使患者真实地遭受了经济和精神的痛苦，并切实地损害了医患之间的关系。规范医院和医务人员的宣传自律，对维护医患关系起着重要作用：一方面，应加强医生的服务意识和法律意识，尊重医生的职业性和高尚性，规定医生在诊疗过程中，不能随意进行违背医德的宣传。另一方面，行政主管部门应加大对一些违规进行虚假广告宣传的医院的处罚力度，特别是一些民营医院的虚假承诺和恶意欺骗行为，还

---

① 参见黄传武等：《新媒体概论》，中国传媒大学出版社 2013 年版，第 1～10 页。

② 参见钱永峰、黄继人：《新媒体环境下医院危机管理中的舆情应对研究》，载《现代医院管理》2013 年第 6 期。

③ 2014 年 12 月 20 日，一组“医生手术室自拍”的照片在网上发酵，这组照片显示多名医护人员在手术室内摆拍，而手术台上还躺着病人。经调查，照片拍摄于 2014 年 8 月 15 日，地点为西安凤城医院老手术室，因为手术室即将搬迁，相关医务人员在完成手术后，为了留念，经病人同意后，拍摄了这组照片。12 月 21 日，西安市卫生局通报了事件调查结果，对涉事医院处以多项行政处罚。

大多数医院和医生一个良好的执业环境和职业形象。

五、医生权利保障的配套机制完善建议

医生不应该成为医患矛盾激化的“替罪羊”,为保障医生的权利,应该从根本上建立完善的医疗卫生体系,并建立起相关的配套机制,重拾患者对医疗行业公益性的期待和对医生职业形象的尊敬,进而从根本上减少医患矛盾,保障医生的权利。

(一)深化医疗卫生体制改革、完善多层次医疗保障体系建设

其一,2009 年中共中央、国务院《关于深化医药卫生体制改革的意见》以及之后的每年国务院颁布的《深化医药卫生体制改革主要工作安排》将扩大患者的医疗权益放在了中心位置,而医生的权利却逐渐被忽视,导致医患双方权利在政策层面的不平衡。建议国务院每年颁布《深化医药卫生体制改革主要工作安排》前,应充分考虑和尊重医生的权利,应将医生和患者的利益置于相同的地位进行保护。其二,医药卫生体制改革过程中,国家将医院推向了市场,导致医院的企业化经营,部分医生从救死扶伤的白衣天使沦为谋利的工具。医院偏离事业单位“公益性”属性的恶果就是医疗服务收入提升严重依赖大处方、大检查,经济利益诱导医生群体超越医疗伦理道德乃至法律的约束,无视患者安全、人身财产利益。因此,在新一阶段的医药卫生体制改革中,政府不应完全放任医疗机构特别是公立医疗机构在市场中自由竞争,应给予适当的支持、引导,和医院共同承担维护社会公众健康的责任。其三,医药卫生体制改革过程中,医疗资源的配置不合理,导致基层医疗卫生机构的服务质量和医疗条件不能满足群众的就医需要,群众看病纷纷涌向城市大医院,“看病难”的问题不能解决,因此,应加大对基层医疗机构人才的引入和建立高层次人才的激励机制,并增加对基层医疗机构的宣传与投入,正确引导患者的就医心理和就医行为,缓解医疗资源的不平衡问题。其四,医药卫生体制改革过程中,政府对医疗行业的投入不足,使医院背离公益性的性质,追求高创收的逐利倾向。医生作为医院的职工,由于工资与所在科室的创收挂钩,不得已地迎合这种逐利倾向,出现了过度性医疗和选择高价格药品、器械行为,“看病贵”的问题仍然未能解决,医生作为与患者直接接触的人员,医

院公益性性质与盈利性要求加重了患者的经济负担，加剧了患者对医生的不信任感。针对此问题，政府应完善财政补偿机制，而非完全交由公立医疗机构自生自灭。应切断医生业务工作量与收入直接挂钩的错误绩效评价链条，消除医生的创收压力。

我国基本建立了由城镇职工基本医疗保险、新型农村合作医疗制度、城镇居民基本医疗保险制度和城乡居民医疗救助制度组成的医疗保障制度体系，医疗保险的覆盖人数超过13亿人，覆盖率达95%以上，但"多层次医疗保障体系"①的建设仍面临挑战。现有多层次医疗保障体系主要存在以下问题：首先，对医疗救助的财政投入不足、筹资水平和职能能力还相当有限；医疗救助偏向于救助困难人群，而对于接近困难人群和发生重大疾病、费用特别高昂的一般患者的医疗救助严重不足。其次，补充医疗保险缺乏覆盖人群、支付范围、待遇支付等方面的衔接问题；补充医疗保险与基本医疗保险存在基金混用和功能错位问题；商业健康保险的发展速度缓慢。最后，不同层次的医疗保障衔接出现问题。一些地方基本保险待遇过高，引发了对医疗服务的过度利用，限制了补充保险的发展空间；基本医疗保险和补充保险边界不清、基本医疗保险和医疗救助之间责任划分不清，基本医疗保险与医疗救助、补充医疗保险之间的衔接出现问题。② 完善现有多层次医疗保障体系，完成党的十八大提出的"健全全民医保体系"的医疗保障工作总体目标，需重视以下几方面的内容：其一，持续完善城镇与乡村基本医疗保障统筹协调，建立无缝衔接的统一医疗保障制度，形成基本全覆盖的保障面。拓宽医疗救助资金募集渠道，动员企业等社会力量广泛参与。明确商业性补充医疗保险的市场规则，并给予适当的税费优惠政策，助力发展。其二，在保证全面覆盖的前提下，应进一步提高基本医疗保险的保障水平，扩大服务对象所享受的服务内容，特别是提高报销比例，但应控制在一定的幅度和范围内，为补充医疗保险

---

① 多层次医疗保障体系包括保底层、基本层、补充层三个层面。保底层即医疗救助层，为没有能力参保和无力支付医疗费用的贫困人群提供参保和医疗费用支付的救助。基本层即基本医疗保险，包括城镇职工基本医疗保险、城镇居民基本医疗保险和新型农村合作医疗。补充层包括各种医疗保险，如大额医疗费用补充保险、企业补充医疗保险、职工医疗互动、商业医疗保险等。

② 《完善中国特色医疗保障体系研究》课题组：《完善中国特色医疗保障体系研究总报告（摘要）》，载《中国劳动保障报》2014年4月15日，第3版。

留出发展的空间。其三，整合基本医疗保险和补充医疗保险的管理服务水平，为参保人员提供一体化、一站式服务；加强民政部门和社会保障部门的沟通协作，增强参保救助和基本医疗保险有效衔接，使三个保障层次之间边界清晰、功能互补，待遇和管理上相互配合。其四，国家在加大对医疗卫生事业发展投入的同时，应加强对现有医疗保险基金的监管和充分利用，最大限度发挥保险基金的作用。

（二）建立和完善医疗责任保险制度

医疗责任保险，是"医疗职业责任保险"的简称，是指在保险期限或追溯期以及承保范围内，被保险人在从事与其资格相符的诊疗护理工作中，因过失发生医疗事故或医疗差错造成医疗事故，依法应由保险人承担经济赔偿责任的保险。[①] 医疗责任保险是非诉方式转移医疗风险的最佳方式之一，有助于缓解医生心理压力和职业忧虑，促进医疗机构提高医疗管理水平，保证其持续稳定经营；可以加强患方对医疗行业高风险的认知程度、使患者得到合理的赔偿、缓和医患矛盾、减少医疗纠纷、降低暴力伤医恶性事件的发生概率，从而保护医生权利；有利于保障医生的医学创新能力和科学研究权，促进医学事业的发展。我国医疗责任保险起步相对其他财产保险险种晚得多，严格来说，最早设立医疗责任保险的是 1989 年中国人民保险公司广西邕宁县支公司。[②] 1999 年至 2005 年，全国部分省市（云南省、上海市、深圳市、北京市）首开先河，率先在本省市内推行医疗责任保险，部分省市甚至强制推行。[③] 截至 2013 年，我国有 6000 余个二级以上医疗机构参加了医疗责任保险，占二级以上医疗机构总数的 60%。[④]

医疗责任保险从 20 世纪 80 年代试行至今，虽然获得了一定程度的发展，但依然没有体系化、制度化、规模化，也没有缓解紧张的医患关系[⑤]，主要存在

---

① 参见谭湘渝：《医疗责任保险研究》，上海财经大学出版社 2008 年版，第 17 页。

② 参见田兴洪等：《医疗事故的认定及法律责任研究》，中国经济出版社 2004 年版，第 111 页。

③ 参见粟榆、方晓梅、沈斌编著：《责任保险》，西南财经大学出版社 2013 年版，第 156 页。

④ 参见胡浩：《卫计委等五部门：明年底前三级公立医院参保率应达 100%》，载参考消息，http://china.cankaoxiaoxi.com/2014/0711/421483.shtml。

⑤ 参见吕群蓉：《论我国强制医疗责任保险制度的构建——以无过错补偿责任为分析进路》，载《法学评论》2014 年第 4 期。

以下问题:其一,国家层面的推进力度较大,但实施效果不佳。自 1999 年中国人民保险公司推行《医疗责任保险条款》以来,中央各部委都十分重视医疗责任保险的推广,2014 年 7 月,司法部六部委联合发文,明确提出健全医疗责任保险制度。[①] 国家层面十分重视,但由于缺乏相应的实施细则和统一标准,使医疗责任保险的实施效果不佳,流于形式。其二,保费过高、资金来源渠道有限。现阶段,医疗责任保险费主要来自医疗机构及其医务人员,出于经济利益的考虑,保费偏高使其不愿意积极投保,而参保机构或人员较少,又难以形成保险公司的利润,造成了二者恶性的对立。而保险的赔付率、赔付额偏低,免责条款偏多,大部分医院通过利润核算,认为保费往往比不参加保险时的赔偿金还要高,买保险并不划算[②]。其三,保险公司的主动服务质量不高,暂时难以满足医疗机构的期望值。医疗机构和医生希望通过购买医疗责任保险,让保险公司取代其在医疗赔偿处理中的位置,减轻自身经济上和事务上的压力,而保险公司并未主动充当该角色,仅把医疗赔偿作为一个简单的理赔程序,并未主动介入医疗纠纷处理,索赔条件苛刻、理赔手续繁杂使医疗机构和医生的压力不降反增。其四,强制性不足导致"逆向选择"困境。虽然国家层面大力倡导建立医疗责任保险制度,但医疗机构以各种理由进行推脱,造成医疗责任投保的随意性。由于强制性不足,有可能形成"逆向选择"的恶性循环,"一是投保人多为置业风险较高的医疗机构,不仅使得保险目的落空,还会产生高经营风险而迫使一些保险公司退出医疗责任保险领域;二是保险机构专保执业风险低的大型、高等级医疗机构,拒绝承保执业风险较高的基层医疗机构"[③]。其五,计算保险费率的数据变量较多且数据欠缺,难以进行风险评估,不能够准确反映我国医疗行业的真正风险,一方面保险公司并不乐于开展医疗责任保险业务;另一方面医疗机构和医生也不愿意投保。同时,具有保险、医疗、法律专业背景的人才也匮乏,阻碍开发和处理医疗责任保险的顺利进行。其六,由于缺乏配套机制,一些参加了医疗责任保险的医疗机构和医生仍然无法摆脱患者打闹的局面,没有真正从医疗纠纷中

---

① 参见郭超群:《论我国医疗责任保险制度的构建》,载《中南大学学报(社会科学版)》2015 年第 3 期。

② 参见赵孝源:《我国医疗责任保险发展模式探讨》,载《健康教育与健康促进》2009 年第 2 期。

③ 董文勇:《我国医疗责任保险法律制度构建的问题与方案》,载《河北法学》2014 年第 6 期。

解脱出来,医疗机构和医生的权利并未得到很好的保障。①

医疗责任保险制度虽然存在一定问题,但该制度的推行在当前医疗环境下势在必行,关键在于思考如何建立和完善医疗责任保险制度。其一,借鉴域外医疗强制保险制度模式,建立适应我国国情的医疗强制保险制度。“美国部分州的法律规定,医疗机构、执业医生必须投保医疗责任保险,而且医生须向医疗机构缴纳一定数额的医疗责任保障金;英国已构建全民免费医疗保险制度体系(NHS),医疗投入和支出主要依靠政府,医疗责任强制保险是由医生维权联合会、医生保护协会与国民医疗服务诉讼委员会组成的互助性责任组织保险模式;德国建立起以法定的医疗强制责任保险为主,私人自愿投保健康商业保险为辅的制度;日本加入医师协会的医师会缴纳一定的会费,医师协会从会费中拿出相当部分充当保险费用,并以集团的名义与保险公司签订保险合同。”②我国对医疗卫生资源的投入相对不足,可以尝试考虑建立医疗责任强制险和特殊医疗损害强制险相互补充的医疗责任保强制险制度,全面保障医生和患者的权利。医疗责任强制险主要针对医疗机构和医生的责任保险,可以考虑政府的专项补助、医疗机构经营收入、医生劳动收入三个方面的资金来源,比例可以考虑按照 3∶5∶2 进行统筹安排。特殊医疗损害强制险主要针对患者而言,主要为解决医疗机构和医生不承担责任前提下的医疗意外和严重的医疗并发症问题。可以考虑政府的专项补助、患者强制缴纳的两个方面的资金来源,比例可以考虑按照 1∶1 进行统筹安排。当然,由于我国社会公众的保险意识并不强,对于特殊医疗损害强制险可以考虑循序推进,一种措施是制订五年的推进计划一次性到位,另一种措施可以考虑先商业险后强制险推进模式,以便让社会公众有一个可以接纳的社会心态。其二,提高医疗责任保险的立法层次,建立全国统一的医疗责任强制保险体系,与《医疗事故处理条例》《民法典》《医疗损害责任纠纷解释》进行很好的协调;加强医疗责任保险的行政推动力量,通过发布行政命令要求建立医疗责任强制保险制度,尽快有效地在全国范围内开展实施。其三,健全医疗责任保险制度的理赔程序。保险机构提高服务质量,主动介入医疗纠纷,优化理赔程序,在缓解医疗机构和医生

① 参见陈方、郑雪倩等:《医疗责任保险在实践中存在的问题》,载《中国医院》2007 年第 9 期。

② 郭超群:《论我国医疗责任保险制度的构建》,载《中南大学学报(社会科学版)》2015 年第 3 期。

经济压力和工作压力的同时,要主动消除医患之间的矛盾,避免出现医闹、恶性伤医事件;加强医学、法学及保险学"三栖"应用型复合人才培养,提高医疗纠纷预防与处置团队的专业素养,促进高效处理医疗纠纷,提高医疗纠纷调查结果可信度,提高医疗责任保险理赔的质量;保险公司在必要时可聘请专门的医学、法学专家或医事法学专家学者组成相应的医疗纠纷保险赔偿中心,及时快速地解决医疗索赔案件,化解医疗纠纷。其四,建立医疗风险信息平台,为保险费率的制定提供数据支撑,制定科学合理的保费标准。医疗风险信息平台包括医疗过错中发生的意外事件、异常事件、医疗不良事件、未造成伤害的异常事件、可预防不良事件、医疗错误、医疗过失、系统性错误、潜在错误等变量,[①]该系统不仅能为保险费用的制定提供科学合理的数据支撑,有助于保险公司更合理、科学地开发医疗责任保险产品,还有利于分析医疗事故发生原因,对症下药,最终构建安全的医疗环境,降低医疗风险,保护医生和患者权益。

(三)加强医责险与医疗纠纷调解协作,共同化解医疗纠纷

目前我国医疗纠纷解决存在协商、行政调解、第三方调解和诉讼四种主流的解决模式,有学者提出我国应该顺势而为尽快建立起较为完善的医疗仲裁法律制度,[②]也有学者提出应进一步建立医事仲裁前置制度。[③] 但各解决方式之间存在诸多不和谐因素,单一的医疗纠纷解决方式缺乏配套机制难以顺利地处理医疗纠纷,促进医患之间的和谐:协商虽然灵活快捷,但医患双方信息不对称,容易导致医院为息事宁人,花钱买和气,无形中助长医闹风气,损害医院声誉和医生权利;行政调解缺乏公信力,往往被社会公众视为"老子审儿子",公正性受到质疑;民事诉讼法官具有较高的中立性,但案例审理程序较长,医患双方需要花费较长时间并付出高额的费用;医事仲裁具有公正性、权威性、快捷性的特点,但国家层面重视程度和落实情况不理想,仲裁人员中缺乏具备医学与法

① 参见吕群蓉:《我国医疗责任保险现状分析及制度完善》,载《暨南学报(哲学社会科学版)》2014年第7期。

② 参见马占军:《我国医疗纠纷仲裁解决机制构建研究》,载《河北法学》2011年第8期。

③ 参见张利彬、蒲川:《建立医事仲裁前置制度的必要性和可行性探索》,载《重庆医学》2012年第25期。

学专业背景的人才,大大制约医事仲裁的发展。[①] 医疗纠纷人民调解制度是一项重要的医疗纠纷非诉处理制度,70%以上的医疗纠纷通过人民调解得到了妥善处理,“医闹”等扰乱医疗秩序的现象得到有效遏制,有力地维护了医患双方合法权益,得到了医患双方的认可。[②] 所谓医疗纠纷调解制度是指在医学、法学等专家组成的医调委的主持下,就医疗纠纷,对医患双方当事人进行说服教育、规劝疏导、促使双方当事人互谅互让、平等协商、自愿达成协议,消除医疗纠纷的一种民间性的纠纷解决机制。[③] 医疗纠纷解决制度具备深厚的群众基础,社会公信力高,具有高效性和经济性的特点,极大节约了社会成本,在和谐的氛围下平息纷争,促进医患和谐。但其同时也存在强制执行力不足、履行不到位,医调委人员编制和经费难以得到保证,医学和法学双重专业背景人才缺乏,缺少资深医学专家和法律专家等问题。[④] 医疗责任保险制度与医疗纠纷人民调解机制有机衔接,可以构建高效医疗纠纷化解途径。应充分发挥医疗纠纷人民调解制度的优越性,促进各种医疗损害风险保险救济制度与医疗纠纷人民调解的有机衔接,在责任鉴定、赔偿标准、争议解决等方面,发挥医疗纠纷人民调解委员会的第三方身份优势,共同构建高效的医疗纠纷化解途径,畅通医疗损害风险发生后的赔偿路径,维护广大公众的健康权益。[⑤] 在坚持普遍实施医疗责任保险机制的前提下,医调委主持达成的调解协议应作为医疗责任保险理赔的依据,保险公司应依托医调委处理涉及医疗责任保险的医疗纠纷,医调委应加强与保险公司的医疗事故处理中心医责险赔偿的衔接,做好医调委调解协议书的认定理赔和简化手续,从而形成医疗纠纷人民调解和保险理赔互为补充、互相促进的良好局面。[⑥]

---

① 参见陈翰丹:《论医疗纠纷人民调解机制的完善》,载《医学与哲学(人文社会医学版)》2011年第7期。

② 参见谷向晖:《试论医疗纠纷产生的原因及对策》,载《中国现代医学杂志》2010年第20期。

③ 参见丁凤楚:《论我国医疗纠纷人民调解制度的构建》,载《法学杂志》2011年S1期。

④ 参见陈翰丹:《论医疗纠纷人民调解机制的完善》,载《医学与哲学(人文社会医学版)》2011年第7期。

⑤ 参见文学斌、曹艳林等:《中国医疗损害风险分担机制现状及对策》,载《中南大学学报(医学版)》2015年第1期。

⑥ 参见邓娅、邓世雄:《人民调解机制解决医疗纠纷的探讨》,载《医学与哲学(人文社会医学版)》2010年第9期。

第七章　医生的一般公民权利法律保障

一、医生的生命权

（一）生命权的基本含义

生命是人的一切特殊利益的综合承担者，黑格尔强调生命权处于人格权中高于其他一切具体权利的价值优先地位[①]，古今中外，人们都将生命权置于最高的价值地位。《周易》有云："天地之大德曰生"[②]。尧问于舜曰："天下孰最贵？"，舜曰："生最贵。"[③]孔子曰："天地之性人为贵。"[④]英国政治家、哲学家霍布斯认为："每个人按照自己所意愿的方式运用自己的力量保全自己的天性——也就是保全自己的生命——的自由"[⑤]。生命权是母权利，是公民其他权利的前提和基础。法律规定公民的权利始于出生，实际上就是体现了这是实施一切行为的物质前提；法律规定人的权利止于死亡，也就是说生命终结时一切权利都将毫无意义。医生的天职是救死扶伤，为患者解除病痛，但在维护和保障患者的生命权、健康权的同时自身的生命权又时常受到威胁和侵害，而立法层面和理论研究并未将医生的生命权和患者生命权

---

① 参见高兆明：《心灵秩序与生活秩序：黑格尔〈法哲学原理〉释义》，商务印书馆2014年版，第68页。

② 《周易·系辞下》。

③ 马王堆简帛《十问》。

④ 《孝经·圣治章第九》。

⑤ 霍布斯：《利维坦》，黎思复、黎延弼译，商务印书馆1985年版，第97页。

给予同等的重视。医生的生命权常常受到职业病危害和突发恶性医闹事件的侵害,劳累猝死、感染患者疾病致死时有发生,受暴力伤医行为致死等也呈现日趋增长之势。

(二)医生生命权保护的法律渊源

1. 宪法对人的生命权保护

2004年,《宪法修正案》明确将"国家尊重和保障人权"写进宪法,这也是第一次明确写进宪法。《宪法》第33条第3款规定:国家尊重和保障人权。该条没有直接将生命权单列出来,没有写明保护公民的生命权,但从该条中能推导出我国宪法也保障生命权。生命权的构成在宪法学界并未达成共识,国内相当一部分学者认为生命权的内容应当包含生命存在权和生命安全权两个主要方面。他们认为,所谓生命存在权指的是人作为自身生命权的享有者,其在自然社会进行独立活动或者生活的权利,这一权利强调人的生命自由的绝对性,绝不受任何非法干涉,其生命也绝不受非法侵害;而生命安全权则强调人在安全的环境之中生活是人最基本的权利,当其生命安全遭受侵害或者存有危险时,人们依法排除或避免危险或威胁,使其生命存在不受到各种危险的威胁,从而使生命得以正常存续的权利。[①] 医生是一种特殊职业,并没有排除其作为普通公民的身份,其当然地享有跟普通公民一样的生命自由不受任何非法干涉和非法侵害的权利,也有依法排除或避免一切可能对生命构成的危险或威胁等权利。

2. 刑法中的生命权保护

医生生命权保护在《刑法》体现为主动保护和被动保护两个方面:刑法中生命权的主动保护体现在刑法中的正当防卫和紧急避险制度,医生在医疗活动中如果遇到正在发生的暴力伤医行为,完全可以行使正当防卫权和紧急避险权,以期能排除对自身及他人的生命权造成的侵害和危险。《刑法》第20条规定对正当防卫进行了详细的规定、第21条对紧急避险进行了规定。

刑法中生命权的被动保护体现在对犯罪人构成故意杀人罪和故意伤害罪(致人死亡)的刑事处罚上。

---

① 参见张进:《对生命权及其宪法保护问题的分析与研究》,载《法制博览》2015年第10期。

3. 民事法律体系中对医生生命权的保护

《民法典》第 110 条规定：自然人享有生命权、身体权、健康权、姓名权、肖像权、名誉权、荣誉权、隐私权、婚姻自主权等权利。

最高人民法院《关于审理人身损害赔偿案件适用法律若干问题的解释》围绕生命权遭受侵害，对死亡赔偿问题作了细致规定：其一，明确了生命权遭受侵害具有可诉性，对赔偿权利人和赔偿义务人都进行了明确的界定。其二，规定了生命权遭受损害后的死亡赔偿项目。其三，规定了生命权遭到损害后的死亡赔偿标准。

4. 其他法律法规中对医生生命权的保护

《执业医师法》规定了医生的生命权保护，该法第 21 条第 5 项规定，在执业活动中，医生的人格尊严、人身安全不受侵犯。

《劳动合同法》第 32 条第 2 款规定：劳动者对危害生命安全和身体健康的劳动条件，有权对用人单位提出批评、检举和控告。根据该条，医生可以要求医院改善医疗条件，提高职业安全保障，建立良好的医疗秩序。

（三）医生生命权的保障措施

在主动预防方面，应做好以下保障措施：其一，加强医院人防、物防、技防三防系统的建立和完善。加强医院自身保卫系统的建立，对医疗纠纷高发科室（如急诊科、妇产科、儿科）和诊疗区进行重点布控，加强定期巡查的力度，并制定多种应急处理方案。其二，建立和完善医院派驻警务室并增强医院周边地区的警力配置和加强对医院的巡查力度，形成与医院内外联保的防护体系。其三，加强医生的自我防护能力，向医生宣传正确的自卫方法，使其可以充分利用刑法规定的正当防卫和紧急避险制度保护自身安全。其四，加强医生医德，提高服务质量，充分与患者进行沟通。

在被动保护方面，应在发生侵害医生生命权事件后，依法尽速处理，并最大限度地赔偿和补偿被害人近亲属，以期尽可能地弥补其精神上的伤痛。其一，对侵害医生生命权的违法犯罪行为，公安机关应全面、客观、快速收集、调取证据，及时地进行立案侦查，检察机关应及时批准逮捕并提起公诉，人民法院应及时地进行审判。其二，医务科、医院法律顾问、医生协会应通力合作，主动介入民事赔偿程序，为死亡医生的近亲属提供免费法律咨询（赔偿权利人的确定和赔偿数额的计算)、诉讼代理(包括刑事附带民事诉讼的代理和民事诉讼的代理)。如犯罪人无能力进行赔偿,由于医生系在工作过程中受到的伤害死亡,应由医院首先将赔偿金支付给死亡医生的近亲属,再向犯罪分子进行追偿。同时,医生协会设立的维权救助基金应额外拨付给医生的近亲属,弥补其受到的精神损失。

二、医生的健康权

(一)健康权的基本含义

对健康的定义主要存在两种观点:一种观点认为健康物质的,因此,所谓健康就是指人生理健康,只要人的各项生理机能完好就是健康,而不包括精神层面的健康,如心理机能是否正常则不在健康考察的范围内;另一种观点认为健康系生理、心理双重健康,认为健康是指身体生理机能的正常运转以及良好的心理状态,包括生理健康和心理健康。[①] 也有学者认为健康应包括生理、心理和社会三个方面的良好和完满。[②] 继《联合国宪章》出现"健康权"概念、《世界卫生组织章程》将之法典化后,健康权被写入了国际或区域人权法律文书。[③] 2006 年世界卫生日的主题为"通力合作,增进健康",同时提出了健康的十条标准,[④]其中,前四条主要针对心理健康,后六条则主要针对生理健康。[⑤] 我国民法学者魏振瀛将健康权定义为"健康权是指自然人以维护身体和心理机能健康为内容的人格权"[⑥]。医生的健康权包括生理健康权和心理健康权。医生的生理健康权依赖于和谐的医患关系、合理的工作强度和有序的医疗卫生秩序。但我国当前医生的健康权不容乐观,繁重的工作强

---

① 参见王利明、杨立新、姚辉编著:《人格权法》,法律出版社 1997 年版,第 61 页。

② 参见杨忠伟:《人类健康概念解读》,载《体育学刊》2004 年第 1 期。

③ 参见肖君拥:《国际人权法讲义》,知识产权出版社 2013 年版,第 230 页。

④ 该十条健康标准是:"(1)精力充沛,能从容不迫地应付日常生活和工作的压力而不感到过分紧张。(2)处事乐观,态度积极,乐于承担责任,事无巨细不挑剔。(3)善于休息,睡眠良好。(4)应变能力强,能适应环境的各种变化。(5)能够抵抗一般性感冒和传染病。(6)体重得当,身材均匀,站立时头、肩、臂位置协调。(7)眼睛明亮,反应敏锐,眼睑不发炎。(8)牙齿清洁,无空洞,无痛感;齿龈颜色正常,不出血。(9)头发有光泽,无头屑。(10)肌肉、皮肤富有弹性,走路轻松有力。"

⑤ 参见张英洪:《农民权利论》,九州出版社 2013 年版,第 236 页。

⑥ 参见魏振瀛:《民法》(第 5 版),北京大学出版社 2013 年版,第 630 页。

度、敏感的医患关系、混乱的医疗秩序时刻影响着我国医生的健康权,患上重大职业相关疾病、遭受患者伤害的医生越来越多。有研究对 44 项既往调查数据进行 Meta 分析,结果显示:截至2017 年我国医务人员遭受的工作场所暴力(WPV,Workplace Violence)的比例达62.4%(95% CI:59.4% ~65.5%),不同类别的工作场所暴力率分别为:躯体暴力,13.7%(95% CI:12.2% ~15.1%);情感暴力,50.8%(95% CI:46.2% ~55.5%);辱骂,61.2%(95% CI:55.1% ~67.4%);威胁,39.4%(95% CI:33.4% ~45.4%);性骚扰,6.3%(95% CI:5.3% ~7.4%)。①

(二)医生健康权保护的法律渊源

1. 宪法中对医生健康权的保护

如前述,健康权同生命权一样,并没有被宪法直接规定为公民的基本权利,它是一种包含在人权中的重要权利,是通过其他条文宪法推导出来的权利。《宪法》第 33 条第 3 款规定:国家尊重和保障人权。有学者提出,宪法是国家根本大法,宪法对公民基本权利确认内容的多少,直接表明一国的民主与文明程度,故应在宪法中明文载入健康权,同时不能将健康权流于形式,应增加宪法中健康权保障的程序条款,真正实现人权保障的作用。② 我们认为,无论宪法是否直接规定生命权和健康权,此二项权利均应当属于宪法保护的重要权利。

2. 刑法中对健康权的保护

如同生命权,医生健康权保护《刑法》也体现为主动保护和被动保护两个方面:刑法中健康权的主动保护体现在刑法中的正当防卫和紧急避险制度中,医生在医疗活动中如果遇到正在发生的暴力伤医行为,完全可以行使正当防卫权和紧急避险权,以期能排除对自身及他人的生命权造成的侵害和危险。前文已对此详述,此处不再赘述。

刑法中健康权的被动保护主要体现在对犯罪人构成故意伤害罪的刑事

---

① Li L, Min D, Shi-Bin W, et al., *Prevalence of Workplace Violence Against Health-Care Professionals in China: A Comprehensive Meta-Analysis of Observational Surveys*, Trauma, violence & abuse, Vol. 21:3, p. 498 – 509(2018).

② 参见杜承铭、谢敏贤:《论健康权的宪法权利属性及实现》,载《河北法学》2007 年第 1 期。

处罚上。《刑法》第232条规定了故意杀人罪:故意杀人的,处死刑、无期徒刑或者十年以上有期徒刑;情节较轻的,处3年以上10年以下有期徒刑。《刑法》第234条规定了故意伤害罪:故意伤害他人身体的,处3年以下有期徒刑、拘役或者管制。犯前款罪,致人重伤的,处3年以上10年以下有期徒刑;致人死亡或者以特别残忍手段致人重伤造成严重残疾的,处10年以上有期徒刑、无期徒刑或者死刑。本法另有规定的,依照规定。主要针对暴力伤医事件而言,只要造成医生轻伤(需经过鉴定)以上的结果,就可以追求其刑事责任,当今社会将发生在医疗场所的暴力伤医甚至杀医案件定性为“医闹”,这是不妥当的。

3. 民事法律体系中对健康权的保护

民事法律体系中对健康权的保护主要是通过对加害人科以民事责任来实现的。《民法典》第1179条规定:侵害他人造成人身损害的,应当赔偿医疗费、护理费、交通费、营养费、住院伙食补助费等为治疗和康复支出的合理费用,以及因误工减少的收入。造成残疾的,还应当赔偿辅助器具费和残疾赔偿金;造成死亡的,还应当赔偿丧葬费和死亡赔偿金。

最高人民法院《关于审理人身损害赔偿案件适用法律若干问题的解释》围绕健康权遭受侵害,对相关赔偿问题作了细致规定。其一,规定了健康权遭受侵害后的可诉性并对健康权遭受侵害后的赔偿权利人和赔偿义务人进行了明确的界定。当公民的健康、身体遭受侵害时,赔偿权利人可以主张财产损失和精神损害,人民法院对于公民提起的人身损害诉讼应当予以受理,赔偿义务人应当依法予以赔偿。而因他人的侵权行为或者其他致害原因直接遭受人身损害的受害人或者依法由受害人承担扶养义务的被扶养人以及死亡受害人的近亲属则是有权主张赔偿的赔偿权利人。因自己或者他人的侵权行为以及其他致害原因导致他人人身损害并因依法应当承担民事责任的自然人、法人或者其他组织则是赔偿义务人。其二,规定了健康权遭受损害后的赔偿项目。依照规定,受害人遭受人身损害的,因就医治疗支出的各项费用、因误工减少的收入、因护理产生的必要开支、因交通往返乘坐交通工具所产生的必要开支、近亲属因照料或者探望受害人产生住宿费用、因住院而增加的伙食费、康复所必需的营养费等,赔偿义务人应当依法予以赔偿。受害人因伤致残的,其因增加生活上需要所支出的必要费用以及因丧失劳动能力导致的收入损失，包括残疾赔偿金，残疾辅助器具费，被扶养人生活费，以及因康复护理、继续治疗实际发生的必要的康复费、护理费、后续治疗费，赔偿义务人也应当予以赔偿。其三，规定了健康权遭到损害后的赔偿标准。

4. 其他法律法规中对医生生命权的保护

《执业医师法》规定了医生的健康权的保护。该法第 21 条第 5 项规定，在执业活动中，人格尊严、人身安全不受侵犯。

《劳动合同法》第 32 条第 2 款规定：劳动者对危害生命安全和身体健康的劳动条件，有权对用人单位提出批评、检举和控告。根据该条，医生可以要求医院改善医疗条件，提高职业安全保障，建立良好的医疗秩序。

（三）医生健康权的保障措施

医生健康权包括生理健康权和心理健康权。

对于生理健康权的保护，主要在于防止和惩治医闹、恶性伤医事件对医生健康权的危害。同生命权的保护一样，生理健康权的保护分为两个方面。在主动预防方面，应做好以下保障措施：其一，加强医院人防、物防、技防三防系统的建立和完善。不断完善医疗机构安全保障设施配置，尤其是对重点高发科室（如急诊、儿科）和院区的安防布控，重点巡查，并建立成套的应急处置方案。其二，加强警医联动，在医院内设置警务室，并及时保持与各科室的热线沟通，与院内安保力量协助联动及时处置突发安全事件。其三，强化医生自身防护技能和自卫法律知识，利用必要的避险技能和法律武器自卫。其四，加强医生医德，提高服务质量，充分与患者进行沟通。在被动保护方面，当医生的生命权受到侵害后，对医生所在科室和医生的近亲属会造成极大的精神伤害，尽快将侵害医生健康权的犯罪人缉拿归案并进行刑事处罚，尽快支付相应的赔偿金或残疾赔偿金最为迫切。具体应做好以下几方面：其一，对伤医案件应在坚持客观、全面、公正的前提下，尽可能快侦、快捕、快速，及时给予社会一个回应。其二，医疗机构内外部法律专业部门、人员通力合作，主动、快速介入诉讼程序，给予受害人或其近亲属法律咨询和法律帮助。如犯罪人无能力进行赔偿，应由医院首先将赔偿金支付给受害医生，再向犯罪分子进行追偿。

对于医生心理健康权的保护应做到以下几方面：其一，加强临床医学生的培养力度,培育更多的医务工作者,减轻医生的工作强度和压力。由于医生人才数量不足,医患比太低,导致医生的工作强度和压力都较大,甚至是24小时无缝值班,难以保证有效的休息,这不仅严重影响医生的生理健康,对其心理健康也有极大的影响。此外,医生还需要定期轮班,撰写大量的病历资料等,这些都使医生的身体和精神时刻都处于高度紧张状态,造成医生情绪波动并产生不健康的心理状态,并导致工作效率急剧降低。其二,各方共同努力,建立和谐的医患关系。得到患者的信任和支持可以减少医生的职业压力,提高工作的积极性。相反,医患关系处理不好,大多数患者对医医学处于“无知”状态,对医生的工作难以理解,特别是医生在工作中出现一些差错时,部分患者甚至相关部门均将责任完全归于医生并对医生科以严厉的责任,部分患者甚至对医生进行辱骂、殴打、投诉、提起诉讼,这些都会给医生带来严重的心理压力,破坏医生的心理健康。其三,保证医生的继续教育、科学研究时间。医学发展速度较快,医院对医生的要求越来越高,医生需要不断地更新知识,对新的诊疗技术和新的仪器进行学习和掌握,但学习时间不足会导致医生产生极大的焦虑感,另外,医生还有晋升职称的积极追求,渴望通过科学研究和提高业务能力尽快争取晋升职称,但科学研究时间不充分,会使医生产生极强的压抑感,影响医生的心理健康。其四,一些科室医生还存在疾病感染的高风险,医疗过程时刻处于紧张状态。其五,医生的休息时间较少,照顾家庭的时间更少,很多医生难以得到家里的理解和支持,容易造成心理的自责和抑郁感。

三、医生的人格尊严权

(一)人格尊严权的含义

古今中外对人格尊严权都比较重视,在西方有一种观念,即“名誉是人的第二生命”,在中国传统文化中存在“士可杀不可辱”的观念。[①] 第二次世界大战前,“人格尊严”仅存在于宗教、道德和伦理范畴,第二次世界大战后,法律开始规定“人格尊严”条款,“人格尊严”的价值理念也逐步上升为实体法的具体规范。[②] 人格尊严是人的精神人格所得到的肯定和尊重并被公平对待

① 参见李步云主编:《人权法学》,高等教育出版社2005年版,第134页。
② 参见饶志静:《基本权利的原理与运用》,上海人民出版社2012年版,第70页。

或公正评价的综合。从主观状态来讲,人格尊严是公民对自身价值的认识,从客观来讲,人格尊严又是社会、他人对特定主体的最起码的做人资格的评价。① 人格尊严权是指公民对自身价值的认识和他人、社会对其做人资格的评价依法所享有的不可侵犯的权利。② 人格尊严严格意义上来讲不同于名誉权、荣誉权、姓名权、肖像权等具体人格权,但侵犯名誉权、荣誉权、姓名权、肖像权等行为一般都会在不同程度上侵犯人格尊严,③限于篇幅,本书不探讨医生具体的名誉权、荣誉权、姓名权、肖像权,而从人格尊严权来分析医生的权利保护。有学者认为,医生的人格尊严权包括以下几方面:其一,医生的人格是客观的,属于医生个人,患者无权指责,应当给予尊重。其二,医生的容貌、身体特征是受法律保护的,患者不能以医生的生理特征作为靶点,进行诋毁和嘲讽。其三,医生的个人态度和生活习惯只要没有对患者产生不良影响,不是特意对患者不尊重,都不应因此对医生进行攻击。其四,医生从事职业及服务对象的特殊性注定了医生的职业、身份和地位随之也具有一定特殊性,其救死扶伤的职业精神,应得到患者及广大社会公众的尊敬。④ 但现实情况却不容乐观,2003 ~ 2012 年全国医院场所暴力伤医情况的调查结论显示医务人员的人格尊严受到伤害的情况较为普遍,表现为患者对医务人员的谩骂、威胁,发生医院的比例从 2008 年的 90% 上升至 2012 年的 96% 。⑤ 另外一些医院为了解决医疗纠纷,甚至出现严重影响医生人格尊严的“下跪门”事件。⑥

(二)医生人格尊严权保护的法律渊源

1. 宪法中医生人格尊严权的保护

在新中国成立后的四部《宪法》中,前三部《宪法》都没有关于人格尊严权

---

① 参见王建平:《民法学》(下册),四川大学出版社 2005 年版,第 589 页。

② 参见彭万林主编:《民法学》,中国政法大学出版社 1999 年版,第 171 页。

③ 参见上官丕亮、陆永胜等:《宪法原理》,苏州大学出版社 2013 年版,第 141 页。

④ 参见王亚平:《医患权益与保护》,人民军医出版社 2001 年版,第 34 页。

⑤ 参见贾晓莉、周洪柱等:《2003 年—2012 年全国医院场所暴力伤医情况调查研究》,载《中国医院》2014 年第 3 期。

⑥ “下跪门”事件:2012 年陕西省榆林市横山县现横山区百信医院因患者胃穿孔死亡,与家属发生医疗纠纷,医院迫于患方家属在当地的强大势力,院长带领全院 40 余名医护人员披麻戴孝悼念死者,致辞检讨忏悔并集体下跪磕头,恳请死者家属谅解。

的规定，现行《宪法》(1982 年)在总结大量历史经验和借鉴国外立法的基础上，将人格尊严权写入宪法基本权利加以保障。我国《宪法》第 38 条明确规定了人格尊严权。其包括四个方面的内容，其一，人格尊严权的基本内涵是不受侵犯，这是公民基本权利，应通过宪法予以确认。其二，不允许任何人以任何形式侮辱他人人格尊严，如以利用暴力、语言或者其他方法贬低他人人格、破坏他人的名誉等侮辱人格尊严的行为是禁止的。其三，不允许任何人以任何形式对他人人格尊严进行诽谤，如采用违背真相、虚构事实等方式毁损他人的名誉和人格是禁止的。其四，禁止诬告陷害。任何人不能因任何原因为了陷害他人，捏造事实而向有关机关进行告发。但由于我国宪法对人格尊严权的理念制度、结构体系安排、地位和内容的规定存在诸多不足，导致保障人格尊严的相关法律制度并未真正形成，致使我国保障公民人格尊严权的规范在行政法、国家赔偿法等法律中严重缺乏。①

2. 刑法中医生人格尊严权的保护

根据《宪法》对人格尊严权的三种禁止性规定，《刑法》设定了三种与人格尊严权相关的罪名，即侮辱罪、诽谤罪和诬告陷害罪，通过严厉打击侵害他人人格尊严权的犯罪行为，来保护公民人格尊严权。《刑法》第 246 条同时规定了侮辱罪和诽谤罪。采用暴力手段侮辱他人(如采用暴力手段强迫或者强制医生向去世的患者下跪)，或者其他方法(如网络平台、微信朋友圈公然侮辱医生或者捏造事实诽谤医生)，都可能构成侮辱罪和诽谤罪。当然，是否构成犯罪，还要考察情节是否严重，如果侮辱或者诽谤的情节很严重，《刑法》规定，当处 3 年以下有期徒刑、拘役、管制或者剥夺政治权利。这两种犯罪除非严重危害社会秩序和国家利益，均由受害人自诉，即告诉的才处理。而这些情形在近年的医疗卫生案件中十分常见。

《刑法》第 243 条规定了诬告陷害罪，通过严厉打击捏造事实诬告陷害他人的恶劣行为来保护公民人格尊严权。诬告陷害的目的是使他人受到刑事追究，这是十分恶劣的，特别是对医生进行诬告陷害，使得本就十分紧张的医疗卫生人力资源更加捉襟见肘，甚至严重扰乱医疗卫生秩序，其诬告陷害行

---

① 参见杜承铭等:《完善与重构——社会转型期的基本权利问题研究》，中国政法大学出版社 2012 年版。

为情节严重的，就构成诬告陷害罪，《刑法》规定，当处 3 年以下有期徒刑、拘役或者管制。构成诬告陷害罪并造成严重后果的，《刑法》规定的刑罚更为严厉，当处3 年以上 10 年以下有期徒刑。当然，我们要特别注意，国家机关工作人员诬告陷害医生构成犯罪的，《刑法》规定要从重处罚。值得一提的是，诬告陷害罪在主观上是故意，因此，如果行为人资料掌握不全，错告或者检举失实的，若主观上不是故意诬陷医生，则不构成诬告陷害罪，也不承担刑事责任。

3. 民事法律体系中对人格尊严权的保护

我国民事法律体系中有关公民人格尊严权的保障之规定最早见于《民法通则》（已失效）第 101 条，其并没有被单独设置为一个条款，而是“插入”自然人、法人名誉权保护规定的中间，以示意名誉权保护最能体现对人格尊严的保护。但是，人格尊严权不应限定于名誉权，应涵括所有人格权（主要是自然人享有的），其是人格权产生是法理基础。《侵权责任法》（已失效）作为我国分割传统债法而独创的民事责任及权利救济立法例，其通过第 2 条对民事权益保护范围的列举，自然而然地将人格尊严权在内的人格权纳入嗣后消极保护的范畴。至《民法总则》出台，人格权独立成编的讨论渐起，在此背景下，《民法总则》第 109 条将“人身自由、人格尊严”这两项置于整个第五章“民事权利”之首，意在强调民法人文主义价值追求的意图得彰。并且，与《民法通则》不同之处在于，《民法总则》将此项权利剥离出具体人格权，显示其已在实证法上取得了“一般人格权条款”之地位，另外，这一一般人格权只有自然人得享有之。《民法典》出台后，人格权获得了体系上的独立地位，在延续《民法总则》第 109 条的同时，其第 990 条第 2 款的刻意重复再一次明确了其一般人格权的属性与地位。

需要引起注意的是，《民法典》人格权编确立了人格权请求权的独立地位，与侵权请求权结合，以此形成对权利人的双重保障。特别是《民法典》第 997 条规定的“人格权禁令”制度赋予了权利人主动出击的权利，说明了当前民事立法、理论与实务统一认为人格权侵害的实质不可充分救济性与精神损害性。当然，若权利人引侵权导致精神严重损害的，《民法典》侵权责任编第 1183 条和人格权编第 996 条亦为权利人提供了精神损害的救济路径。

4.其他法律法规中对医生生命权的保护

关于医生人格尊严权的保护最为直接的当属《执业医师法》,这是一部专门规定医生各项权利和义务的法律。该法 1999 年 5 月 1 日正式实施,2009 年 8 月 27 日修正,是我国第一部关于医生的法律,创造了很多“第一”。该法第一次从法律的高度明确规定了医生具有人格尊严权,其第 21 条第 5 款规定,(医生)在执业活动中,人格尊严、人身安全不受侵犯。

(三)医生人格尊严权的保障

对医生人格尊严权的保障重点两个方面:一方面在于对伤医、辱医事件的预防与惩治;另一方面在于建立“尊重医生、尊重患者”的医学人文氛围。

对伤医、辱医预防和惩治包括事前预防措施和事后维权两个方面,具体方式同对医生生命权、健康权的保护基本一致,在此不做赘述。

建立“尊重医生、尊重患者”的医学人文氛围需做到以下几方面。其一,从医疗行业自身出发,要切实抓好医务人员队伍的人文素质的提升,加强医生医德建设,提高医疗卫生服务的质量。医生要掌握医疗技术以外的医学人文知识,提高医学任务素养,例如,医生必须掌握医患沟通技巧,才能充分地与患者进行沟通和交流,并取得患者的信任,共同面对医患双方共同的敌人——疾病。因此,有一支高水平医学人文精神的医生队伍是提高医疗卫生服务能力的关键因素之一。其二,卫生行政部门,医生协会以及医院等部门和机构要建立科学合理的宣传制度和机制,特别是要加强与主流新闻媒体和自媒体的沟通、交流,甚至对相关媒体工作者开展医学科普教育,减少因媒体对医学不了解、对医院或者医生有成见等原因造成的舆情事件,正确引导舆论导向,向社会普及医学及其医学职业相比于其他专业和职业所具有的特点,让社会了解医务人员的工作性质、工作特点和超越大多数普通职业的艰辛,领悟医学事业是一项需要极大的奉献精神和进取精神的神圣事业,倡导全社会认识医学科学、尊重医学科学,尊重、理解、支持、爱护医生。其三,在患者及社会层面须加强对医生工作的认同感和信任感。社会公众要理性地看待医学,尊重医务人员的劳动。[①] 其四,卫生行政部门,医生协会、医院除了

① 参见高金声:《医者的尊严》,载《中国医学人文》2015 年第 1 期。

为医务工作者提供必须的物质保障外,还要在软件上下功夫。如在建设医院文化、制度文化等精神文化上下功夫,让医生在感受成就感的同时,还要感受到执业幸福感、获得感和满足感,而不是职业倦怠感。这是形成医生良好执业环境的重要基石。

四、医生的劳动报酬权

(一)劳动报酬权的基本含义

劳动报酬是劳动者生存与发展的物质基础。获得公平合理的劳动报酬,是劳动者与雇主缔结劳动关系的首要目的和动机,劳动报酬也是劳动条件的核心内容。[①] 劳动报酬权是劳动者依据劳动法律关系履行劳动义务后,由用人单位根据双方约定标准或者法定标准,按照分配原则及劳动力价值向劳动者支付的报酬。但是,由于我国的特殊情况,医生,特别是公立医疗机构的编制内医生,与公立医疗机构之间并不是狭义的劳动合同关系,因此,此处的劳动关系应作广义理解。劳动报酬权基本内容包括劳动报酬谈判权、劳动报酬请求权、劳动报酬优先权。[②] 因此,劳动报酬权不是一项单一的权利,而是一项包含三个要素的复合权利:其一,公平劳动报酬权,是指劳动者有权按照其工作岗位以及劳动的数量和质量取得足以为其本人及其家属提供自由而体面的生活的报酬。其二,同工同酬权,是指从事相同工作或者同等价值工作的人有权获得相同或者类似的劳动报酬。其三,最低工资权,是指劳动者在法定工作时间或劳动合同依法约定的工作时间内提供正常劳动,有权要求雇主支付不低于法定最低标准的工资。[③] 由于我国人口众多,劳动力资源丰富,劳动者已经转向了"买方市场",劳动报酬权中的工资决定权绝对地控制在国家或企业主一方,劳动者很难就工资问题与政府部门、企业主进行谈判。虽然存在工会组织,但工会组织难以对工资决策施加有效影响。目前我国劳动者劳动报酬权受侵害的现象比较严重,这些现象包括劳动报酬水平低,劳动报酬增长幅度缓慢,克扣、拖欠工资现象严重,同工不同酬,拒不支付加班期

---

① 参见常凯主编:《劳动法》,高等教育出版社 2011 年版,第 132 页。

② 参见杨黎源:《农民工权利研究》,浙江人民出版社 2009 年版,第 184 页。

③ 参见胡玉浪:《劳动报酬权研究》,知识产权出版社 2009 年版,第 22 页。

间的劳动报酬,造成劳动报酬争议案件数量呈迅速上升的趋势,因劳动报酬引发的重大恶性事件也不时见诸报道。① 我国医生的劳动报酬权主要体现在对医生公平合理的劳动报酬权(合理的工资收入)的保障上,医生劳动时间长、劳动强度大、工作压力大,月薪从不到3000元至8000元不等。中国医师协会在2018年曾发布过《中国医师执业状况白皮书》(主要是在2016~2017年完成的调查),调查数据显示,三级医院和二级医院的医生在每周工作时间上没有显著差异。三级医院的医生平均每周工作51.05小时,二级医院的医生平均每周工作51.13小时,但他们显著高于一级医院的医生。后者平均每周工作时间是48.24小时。2014年的统计显示14.43%的医生工作时间在国务院规定的法定时间内,而2018年的调查结果显示医生每周平均工作时间都在40小时以上,造成这一现象的原因是,虽然有少部分医生每周工作40小时以内,但更多的医生工作时间过长,从而使人均工作时间大于40小时。②

(二)医生劳动报酬权保护的法律渊源

1.宪法中医生劳动报酬权的保护

劳动报酬权从属于人权范畴,可以认为其是人权的重要内容,相关世界组织中关于人权的文件都将劳动报酬权纳入其中。《世界人权宣言》第32条就明确将人的工作权和同工同酬权纳入其中,《经济、社会及文化权利国际公约》第7条也规定了劳动报酬权,劳动报酬权也是国际劳工组织理事会确认的核心劳工标准之一,《国际劳动宪章》将劳动报酬权列为国际劳动组织要实行的9项原则之一,《费城宣言》将其作为国际劳工组织要达到的10项目标之一。③ 劳动报酬权是世界上大多数国家宪法规定的基本权利,我国也不例外。医生作为一种职业,当然不可能在宪法中直接规定其具体的某一项权利,但是医生作为社会公民,依法享有《宪法》对全体公民赋予的一切权利,包括劳动报酬权。我国《宪法》立体地构建了劳动报酬权的保护体系。具体来

---

① 参见韩桂君:《劳动者权益保护实务》,中国法制出版社2013年版,第51页。

② 参见中国医师协会:《中国医师执业状况白皮书》,载中国医师协会官网2018年1月10日,http://www.cmda.net/rdxw2/11526.jhtml。

③ 参见周秋琴:《法学视野下的农民工权益保障问题研究》,江苏大学出版社2011年版,第61页。

说有以下几方面:其一,确立了社会主义劳动报酬分配制度。《宪法》第6条第2款就对这一问题作出了明确规定。我国是社会主义国家,且处于社会主义初级阶段,因此,我们的经济制度、分配制度都与世界上其他国家有明显不同,基于经济制度不同,我们也形成了特有的劳动报酬分配制度。其二,确认了劳动报酬权是我国公民的基本权利。《宪法》第42条第2款就对这一问题作出了明确规定。① 就医疗卫生领域来说,国家要为医学生提供医生执业岗位,为医生改善工作条件,保护医生执业安全,保障医生福利待遇等,以此来保障医生劳动报酬权。其三,确立了同工同酬制度。《宪法》第48条第2款专门对这一问题作出了明确规定。《宪法》从性别绝对确立同工同酬实际上就是保障妇女合法权益,改变了解放初将男性界定为"全劳动",女性界定为"半劳动"的状况,有效地保护了妇女权益。今天的同工同酬还涉及了同性别之间从事相同工作则享有相同待遇的问题。受过去形成的"编制文化"影响,同工同酬在不同身份的劳动者之间也需要厘清,例如,占有"编制"的医生和未占有"编制"合同制医生从事相同工作应当享有相同待遇。国家应当对同工同酬提供保障。我国《宪法》一方面赋予了劳动者向用人单位主张劳动报酬的权利,同时,依据宪法原理,还从另一方面规定了国家应当有保障公民获得劳动报酬权的义务。而工资优先则是国家的对公民劳动报酬权的保障,例如,拖欠农民工工资将受到严厉处罚,事实上就是对这一权利的保障。

2. 刑法中医生劳动报酬权的保护

《刑法修正案(八)》未颁布前,我国刑法对保障劳动者劳动报酬权没有相应的规定。很显然,这对于《宪法》中劳动报酬权的保障是极其不利的。2011年5月1日,《刑法修正案(八)》正式实施,为劳动者劳动报酬权撑起了"保护伞",明确地将拖欠劳动者工资问题纳入刑法,由刑法加以调整,将不支付劳动者工作的行为列入刑法处罚的范围,专门设立了"拒不支付劳动报酬罪"。当然,也不能矫枉过正,对于拒不支付劳动报酬罪的认定,应当明确这条罪名在主观上是故意犯罪,也就是说用人单位或者雇主是故意为之,要表现出该用人单位或雇主拖欠了劳动者工资并拒不偿还或有逃匿的行为。对于因为

---

① 《宪法》第42条第2款规定:"国家通过各种途径,创造劳动就业条件,加强劳动保护,改善劳动条件,并在发展生产的基础上,提高劳动报酬和福利待遇。"

资金不到位,主观上积极为发放工资创造条件,但仍不能发放工资的行为,显然不能适用此罪。同样地,也不是只要存在转移、逃避支付工资的行为就适用拒不支付劳动报酬罪,否则,就会使行为人失去改过自新和补救的机会,甚至造成劳动者权益的二次伤害。因此,这就要求行为人通过转移财产、逃匿等方法逃避支付劳动者的劳动报酬或者有能力支付而不支付劳动者的劳动报酬,数额较大,且对政府责令支付拒不执行的行为才构成犯罪。从医生的视角来看,国家公立医疗机构侵害其劳动报酬权的情况较少,但近年来,随着合同制医生进入公立医疗机构执业的人数越来越多,涉及公立医疗机构的劳动报酬纠纷案件也在增多,但尚无涉及刑事犯罪报道。同时,国家应当更加重视在民营医疗机构执业的医生劳动报酬权保障问题。

3. 其他法律法规中对劳动报酬权的保护

除了《宪法》《刑法》对劳动者的劳动报酬权进行了立体保护以外,其他法律也对劳动报酬权进行了较为详细的规定。《劳动法》对于劳动报酬权的保护是十分明确的,该法不仅确认了劳动者享有劳动报酬权,还明确将劳动报酬作为签订劳动合同的必备条款,合同中未涉及劳动报酬或者劳动报酬约定不明的,将可能按照有利于劳动者的方案执行。无论是公立医疗机构的合同制医生还是民营医疗机构的医生,都与这个问题有关。此外,如果用人单位或者雇主未支付劳动报酬,劳动者有权随时解除劳动合同,且仍有权主张劳动报酬。对于劳动者提供的超出约定或者国家法定工作时长以外的劳动,用人单位或者雇主必须支付延长工时的相关劳动报酬。值得一提的是,如果用人单位侵犯劳动者的劳动报酬权,将承担相应责任。

除了《劳动法》以外,《劳动合同法》也是劳动报酬权保护的"正规军"。该法规定,对于用人单位和劳动者之间未订立书面劳动合同的情况,双方对于劳动报酬不明确的,按照集体合同规定的标准执行,或者直接按同工同酬来处理。

和《劳动法》一样,《劳动合同法》也将劳动报酬作为签订劳动合同的必备条款。还对劳动报酬和劳动条件约定不明设定了处理机制。特别值得一提的是,当双方劳动合同无效时,劳动者提供的劳动不能无效,必须支付劳动报酬。

《执业医师法》是关于医生劳动报酬权保护最为直接的法律,该法第 21

条第 6 项规定,医生在执业过程中享有获取工资报酬和津贴,享受国家规定的福利待遇的权利。

(三)医生劳动报酬权保护的保障

医生的接受医学教育周期长、专业化程度要求高、劳动强度和执业风险性较高,应当给予医生相应的劳动报酬,这也是部分医生认为自己的付出与收入不成正比的重要原因。医生劳动报酬权一直不能得到提高或完善,医生群体的职业积极性和执业满意度不高,医疗效率和质量很难得到提高。医生劳动报酬权的保障主要应体现在公立医院的薪酬制度上,保障医生的劳动报酬权,必须建立适应行业特点的公立医疗机构医生薪酬制度和运行机制。第一,要明显提高医生的合法薪酬水平,这不仅有利于稳定医生队伍,也有利于提高医疗卫生服务水平。可以参照世界上其他国家的先进做法,并结合我国医生目前的收入数据,将医生的薪酬水平(含基本工资和津贴,不含奖励性工资)确定在当地在职职工平均工资的 2.5 倍至 3 倍左右,将基本工资标准提高至总工资的 70% 左右,更加突出以岗位、职称、年资为基础薪酬制度。同时,还应提高医生超时超额工作的津补贴。借鉴发达国家经验,超时超额工作得到的津补贴是医生特别是年轻医生薪酬的重要组成部分,澳大利亚的加班工资一般按照平时工资的 2 倍计算,英国加班工资一般按照 1.5 倍平均工资计算,休息日或假期加班为平时工资的 2 倍,[①]在我国实现全民医保,医疗服务需要急剧增加的情况下,改变原有的加班、夜班等超时超额津补贴低的现状势在必行。对此可建立奖励性工资制度,使其覆盖 20% 左右的医生,可以将奖励工资设计为社会平均工资的 1～2 倍,并保留多年甚至终生,使医生的总薪酬水平至少能达到社会平均工资的 3.5 倍以上。[②] 第二,必须通过医生劳动报酬杠杆来改变医生的逐利行为。公立医疗机构属于非盈利性质的公益机构,但公立医疗机构医生的劳动报酬如果以绩效奖金为主的话,将迫使医生“弃义逐利”。当前医生薪酬呈倒挂现象,其绩效奖金甚至占到70% 左

---

① 参见侯建林、王延中:《公立医院薪酬制度的国际经验及其启示》,载《国外社会科学》2012 年第 1 期。

② 参见王列军、贡森:《推进公立医院医生薪酬制度改革的建议》,载《中国经济时报》2015 年 5 月 15 日,第 5 版。

右,公立医疗机构尚且如此,以盈利为目的的民营医疗机构更是有过之而无不及。很显然,这种倒挂的劳动报酬体制造成医生积极追求经济利益,大处方、不必要检查和过度治疗就应运而生,这不仅不利于构建和谐医患关系,也造成低年资医生收入过低,工作积极性不高,最终导致人才流失。有民主党派建议公立医院医生的基本工资加津贴的比例应增加至60%,而将绩效奖金降至40%。只有降低医生收入与绩效挂钩的程度,才能增加公立医院的公益性,增强医生队伍的稳定性。[①] 第三,充分考虑不同地区、不同层次医疗机构中医生的薪酬差异比例。必须全国一盘棋,统筹规划城乡、大型医院与基层卫生医疗机构薪酬水平。农村医生奇缺的重要原因之一就是农村和基层医疗卫生机构医生的薪酬水平与城市大型医疗机构医生存在明显差距。农村和基层医疗卫生机构的医生收入低,造成医学毕业生宁愿在城里等岗位,也不愿意到基层执业。我们可以借鉴日本经验,其农村公立医院医生收入是城市同行的2倍,小诊所医生收入又大约是大医院专科医生收入的2倍,日本卫生体系绩效在全球名列前茅,与其薪酬制度的安排存在一定的关系。[②]

另外,《劳动合同法》可以直接适用于私立医院医生和公立医院编制外的医生,而对于公立医院编制内的医生可以根据《人事争议处理规定》的程序进行,但人事争议仲裁所依据的事实与理由,应当参照《劳动法》的规定进行。未来的立法规划应当破除事业单位的限制,将公立医院的医生直接纳入《劳动法》《劳动合同法》的调整对象中,更好地保护医生的权利并实现权利的救济。同时,还应加强卫生行政部门、劳动部门对侵犯医生劳动报酬权的监督,医生行业协会应为医生提供劳动相关法律的咨询,并免费为医生提供律师代理行政复议、行政诉讼、劳动仲裁等诉讼行为,切实保证医生的劳动报酬权。

五、医生的休息权

(一)休息权的基本含义

休息权实际上属于劳动权利,它是经过劳动人民长期艰苦卓绝的斗争才

---

① 参见洪奕宜:《民进中央建议:降低医生收入与绩效挂钩比重》,载《南方日报》2015年3月9日,A06版。

② 参见王延中、侯建林:《我国公立医院薪酬制度存在的问题及改革建议》,载《中国卫生经济》2015年第1期。

获得的一项劳动权利。在资本主义发展早期,资本家为了获得更多的剩余价值,往往迫使劳动者连续不断地进行高强度的劳动,使劳动者身心遭受极大的损害,自 1886 年 5 月 1 日美国芝加哥工人举行大罢工要求 8 小时工作制后,劳动者的休息权才得到一定程度的保障。进入 20 世纪后,国际劳工组织制定了许多有关工时和休息制度的公约,许多国家都在法律中明确规定了公民的休息权。[①] 休息权是我国《宪法》规定的公民基本权利,劳动者只有通过有效且足够的休息和休养,才能有效保护身体健康并切实提高劳动效率,才能保证劳动者的身体和精神上的疲劳得以解除,借以恢复劳动能力。保证劳动者休息权,实际上是为劳动者不断提高自己的业务水平和文化水平创造条件,劳动者可以利用休息的业余时间进修和学习;保证劳动者的休息权同时也可以使劳动者有一定时间料理家庭和个人的事务。[②] 劳动者的休息权体现为劳动者在工作日有权休息,享有公休假日的权利和利用法定节假日修养和休息的权利。此外,用人单位还必须保障劳动者的年休假、探亲假,特别是女职工产假、职工婚丧假等。[③] 根据人的身体疲劳规律和身体恢复的需要,适当安排劳动者的工作时间和休息时间是对劳动者实施劳动保护的最基本措施,对保护劳动者身体健康和促进经济发展都有十分重要的意义。[④] 而对医生休息权的保障,更有利于提高医疗服务质量,保障患者的生命健康安全。2014 年 12 月,习近平总书记到江苏省镇江市丹徒区世业镇卫生院考察时指出,“要推动医疗卫生工作重心下移、医疗卫生资源下沉,推动城乡基本公共服务均等化,为群众提供安全有效方便价廉的公共卫生和基本医疗服务,真正解决好群众看病难、看病贵的问题”。唯有如此,才能逐步纾解城市大医院医生始终处于“战时状态”之困[⑤]。2015 年发布的《中国医师执业状况白皮书》中的数据显示,中国许多医院医生工作负荷已经呈现“超载”现象,大量医生呈现过度疲劳现象:52.72% 的医生平均每周工作时间在 40 ~ 60 小时,32.69% 的医生在 60 小时以上,14.43% 的医生工作时间在 40 小以内;具有初级职称

---

① 参见苗连营:《宪法学》,郑州大学出版社 2009 年版,第 395 页。

② 参见苑茜等主编:《现代劳动关系辞典》,中国劳动社会保障出版社 2000 年版,第 12 页。

③ 参见李炳安:《劳动权论》,人民法院出版社 2006 年版,第 142 ~ 143 页。

④ 参见蒲春平、唐正彬:《劳动法与社会保障法》,航空工业出版社 2013 年版,第 127 页。

⑤ 参见白剑锋:《让大医院告别战时状态》,载《人人健康》2015 年第 1 期。

的医生中83.65%需要加班工作,具有中级职称的医生中83.74%需要加班工作,具有副高职称的医生中88.50%需要加班工作,具有高级职称的医生中94.08%需要加班工作;17.85%的医生可以按规定休完年假,而39.98%的医生基本不能休年假;23.96%的医生所在的医疗机构从来没有组织业余活动,65.35%的医生所在的医疗机构虽然有组织业余活动,但也非常少;由于超时工作,47.5%的医生很少有时间参加业务学习和技能培训,这无疑会影响医生的执业素养;所有住院医生的平均每日睡眠时间为5.3小时,在其48%的清醒时间内,其精神效能低于80%,且有27%的清醒时间其精神效能甚至低于70%,后者相当于在血液酒精含量0.08%的水平下工作。

(二)医生休息权保障的法律渊源

我国《宪法》第43条和第44条明确规定了劳动者的休息权和退休权。我国《劳动法》通过有关劳动法规规定了工作时间制度和限制加班加点办法。同时,国家还建设疗养院、休养所、图书馆、俱乐部、娱乐场所等设施,以使劳动者的休息权从物质上得到保障。此外,法律规定了劳动者的休息日有最低保障时间,确定了劳动者有法定节假日,规定了劳动者可以带薪年休假制度和劳动者法定休假日和婚丧假期时间内的工资保障制度。最为关键的是,法律明确了国家和用人单位必须为劳动者创造保障休息权的条件。

《劳动合同法》建立了三大制度和机制:一是用人单位制定休息休假制度应与职工进行协商。二是将休息休假条款作为劳动合同的必备条款。三是规定劳动工作时间和休息休假制度的落实情况为劳动行政部门的监督检查对象。

此外,国家还指定了《国务院关于职工工作时间的规定》《职工带薪年休假条例》《全国年节及纪念日放假办法》等。遗憾的是,《执业医师法》作为规定医生权利的专门性法律,却并没有规定医生的休息权,而《医师法》对此也仍未予以明示。

(三)医生休息权保障的措施

医生长期处于昼夜颠倒、超高强度、超长时间的工作状态,休息权并没有得到很好的保障,甚至产生了一些医生"过劳死"的案例。医生休息权不能得到保障最根本的原因是我国现行医疗卫生资源不能完全满足人民群众的医疗需求,在国家层面大力开展医学教育、培养大量合格的临床医生,是解决医生休息权的最为重要因素。在立法层面,应清晰界定《劳动法》规定的“延时工作制度”中的延时工作基准,按照周、月、年等具体工作时限进行分档限定,特别是要对医生的延时工作制度进行具有针对性的规定,这里应发挥执业医生协会的作用,呼吁和推动有关医务人员休息权保障的立法或修订。在医院管理层面,应树立“以医生为中心”的管理理念,建立长效机制,应尽量保证医生的工作时间符合法律法规的要求,切实落实年休假制度,制定合理的值班制度和轮换制度,完善加班规定、补休办法、报酬标准等医院内部规章制度。另外还可以设置“医生健康委员会”,实行医生的健康规范管理,保证医生在健康状态下加班,对亚健康医生要给予充足的休息时间,还可以创新设置“医生弹性工作制度”①“医生强制休息”制度,给医生安排平日休息和年假休息。最后应加强劳动监督。我国劳动部门对用人单位是否遵守休息休假制度以及工作时间有着监督监察的职责,是维护劳动者合法权益的部门。劳动监察部门需要不定期主动对用人单位进行监督,及时发现侵犯劳动者休息权的不当行为,在人员充足的情况下,可以考虑派驻劳动监察人员或落实片区劳动监察责任人,将监察责任人的信息及联系电话悬挂于医院各科室,实行匿名投诉,在形成威慑力的同时,及时处罚侵犯医生休息权的行为。

① 弹性工作制度是20世纪60年代由德国经济学家提出的,是指在完成规定的工作任务或固定的工作时间长度的前提下,员工可以自由选择工作的具体安排时间,以代替统一固定的上下班时间制度。参见蒲春平、唐正彬:《劳动法与社会保障法》,航空工业出版社2013年版,第126页。

第八章　医生的执业权及其相关权利

如前述，医生的执业权利是医生的特有权利，从狭义来看，医生的执业权利主要是指医疗权，但是，在医疗实践活动中，无论是习惯上还是法律上，医患双方的核心权利都被称为医疗权，患者的医疗权是从享有平等获得医疗救助的角度来界定的，而医生的医疗权则是从提供和实施的医疗行为的角度来界定的，医生的医疗权相对于患者的医疗权，居于主动地位。通过对比《执业医师法》第 21 条第 1 款第 1 项与《乡村医生从业管理条例》第 23 条第 1 款第 1 项的规定，[①]医生可在执业范围内，对患者进行“医学诊查”、“疾病调查”、“医学处置”并提供医学证明，还可以为患者选择合理的医疗、预防等方案，而农村医生的执业权利仅包括“一般医学处置”与出具医学证明。从这两部法律文件的规定可见，乡村医生执业权利范围明显小于医生的执业权利。本章所探讨医生的执业权利便是建立在《执业医师法》中医生执业权利的基础上。

根据《执业医师法》第 21 条对医生权利的列举式规定和学界主流观点，医生医疗执业权是指“医生在注册的执业范围所享有的对患者进行疾病调查、诊断，选择并实施合理的

---

① 《执业医师法》第 21 条规定：“医师在执业活动中享有下列权利：（一）在注册的执业范围内，进行医学诊查、疾病调查、医学处置、出具相应的医学证明文件，选择合理的医疗、预防、保健方案……”《乡村医生从业管理条例》第 23 条规定：“乡村医生在执业活动中享有下列权利：（一）进行一般医学处置，出具相应的医学证明……”

医疗、预防和保健方案的权利”①。

从这一概念来看，我们至少需要注意两个方面：第一，医生的医疗执业权是有边界的，其权利范围应有明确限制，即医生行使医疗执业权利应当以注册的执业范围为限。医生的医疗权不能超出注册所限定范围，超出执业范围实施医疗行为，在法律上被界定为非法行医，其行为不仅不受法律保护，还必将承担法律上的不利后果。第二，医生医疗执业权是一个权利群，包括疾病调查、自主诊断、选择并实施医疗方案三大方面权利。

首先，我们要研究这三大权利的依据和来源，即医生医疗执业权存在的法律基础和现实基础。医生行使医疗执业权的依据源自法律的明文规定。正如《执业医师法》第21条授权医生有权进行“疾病调查”“医学诊查”等权利，这便是疾病调查权、自主诊断权的法律基础。

值得注意的是，法律规定执业医生有医疗执业权，仅意味着具有执业医生资格并经注册的医生在执业注册范围内有实施医疗行为的可能性，但针对具体患者行使医疗权，还必须有现实基础。医生需要取得患者的明确授权才能真正实施医疗行为。在现代法治社会里，医院等大型医疗机构通常采用由患者实名挂号的方式明确授权，农村或城镇诊所则常以患者进入医疗场所并提出医疗请求作为授权方式，紧急情况下，患者还可以电话或其他方式授权。

一、疾病调查权

在逻辑上，疾病调查是医生正确诊断疾病的前提，在整个诊疗活动的处于初始环节，也是医生科学合理地制定诊疗方案的关键一步。医生只有预先准确全面地知悉患者的病史、病因后，才能针对性地治疗患者的疾病。其包括两个方面：首先是医生的病史调查权，病史调查是诊疗活动中疾病调查的第一步，也是最重要的一环，真实、详细的病史资料是医生正确诊断的基础。其次是病例书写权，如前所述，病例书写是目前可较为客观地记录医疗过程的方式，应为医生专有和独有的权利。医生对患者诊疗信息的保存一方面是为了预防和处理纠纷，另一方面是为了后期研究做参考。作为疾病调查相对

---

① 徐正东、程琴：《论医师医疗相关权利的实现》，载《医学与法学》2015年第2期。

人的患者负有相应的诚实协作义务,即必须详细地、完整地、毫无隐瞒地将自己真实的病史及其他相关信息告知医生,不得拒绝医生询问与疾病相关的病情,不得故意欺骗医生、隐瞒病史。疾病调查权也赋予了医生获取患者疾病有关的隐私的权利,但这一权利的行使医生同时也具备了保密的义务,正如《希波克拉底誓言》中写道:“凡我所见所闻,无论有无业务关系,我认为应守秘密者,我愿保守秘密。”但实践中患者常常以隐私权受到侵害为由状告医院,患者隐私权和医生疾病调查权的矛盾比较突出。我国法律虽然确认了医生的疾病调查权,但并未设置疾病调查权受到侵害后的法律责任,认为该权利仅是医疗机构不承担医疗侵权责任的抗辩理由。

(一)疾病调查权的概念

什么是医生的疾病调查权呢?医生在执业范围内,在医疗活动中对患者与疾病有关的情况进行询问、身体检查以及居住环境检查,建议对与患者生活密切相关人员等进行调查与检查的权利即为疾病调查权。医生的身体检查权实际上包含在疾病调查权之中,但是由于敏感性和特殊性,不少学者将其作为医生医疗权利中的一项独立权利。医生对患者的身体检查是在执业活动中取得病人同意或承诺的情况下,在正常合理的范围内,未超过必要限度对患者身体进行的各项检查。身体检查权出于医学诊疗和治愈疾病的技术需要,也是人类产生医生执业以来的惯有权利和法律规定的权利。对患者身体的各项检查可能会对病人进行包括女性乳房、内外生殖器等的触诊或器械检验,这并非对患者身体的侵犯,不能评价为刑法上的猥亵或伤害行为。医生的身体检查权是医生安排下一步诊疗方案的基础,患者如若同意进行检查,就除却了医生检查过程中对其身体接触的违法性,除非医生超过了必要的限度和检查的需要。医生的身体检查权也常常和患者的隐私权、身体权发生冲突,现实生活中也不乏因为身体检查而发生的医患纠纷。在当前医疗环境下,有时医生的身体检查权不能自由地行使。一些医院基于不同的利益分配方式,医务人员的收入与经济效益挂钩,迫使执业医生对一些疾病进行多项没有必要的检查,造成过度医疗。为遏制过度医疗行为,我国又开始推广临床路径管理,试图改变传统路径,使同一疾病在不同地区、不同医院,不同的治疗组或者不同医生间呈现相同的治疗方案,进行相同的身体检查,这大大地削弱医生身体检查权行使的自由。

从前述疾病调查权的概念可看出,疾病调查权所涉及的主要内容是十分广泛的,包括身体检查和各项现代技术检查手段的应用。但其核心是收集与患者疾病有关的信息。因此,保护医生的疾病调查权实际上就是保护广大人民群众的生命健康权,医生只有在全面地进行疾病调查的基础上才作出正确的诊断,辩证施治。

但是,从疾病调查权的概念我们也可以看出,在收集患者相关信息时,患者对于医生的调查常能做到知无不言、言无不尽,涉及患者隐私在所难免。因此,疾病调查权也赋予了医生获取患者疾病有关的隐私的权利,但行使这一权利的医生同时也具备了保密的义务。

(二)疾病调查权的保护与规制

《执业医师法》虽然确认了医生的疾病调查权,但并未设置疾病调查权受到侵害后的法律责任,认为疾病调查权仅是医疗机构不承担医疗侵权责任的抗辩理由。这项权利是医生作为专家的重要权利,从"豁免"的角度去免除或者减轻医生在正常行使这一权利时所产生的相关责任是十分必要的。

从民事法律角度来看,除了要保护医生的疾病调查权不受侵害,更特别要减轻甚至免除急救情况下非因重大过失造成误诊、漏诊的相关责任。这里有几个重要概念需要厘清。一是急救。首先必须是客观上存在生命危险方能界定为急救。换句话说,医生主观臆测的生命危险不能作为减轻或者免除责任的"急救"。二是急救情况下造成的患者损害应该是明显小于急救行为保护患者的利益的,如前述,急救是抢救生命,因此,造成的损害后果实现不应当是生命,也不能是变为植物人等严重后果。三是急救情况下医生主观上必须排除重大过失甚至故意,方能减轻或者免除责任。在司法中,上述情形应当由鉴定专家予以确认,不应当直接交由法官自由裁量,因为上述问题极为专业,交由法官直接自由裁量则可能存在裁量不当。

从刑事法律角度来看,对于医生执业的相关刑事责任应当谨慎。《刑法》第 335 条明确规定了医生在医疗活动中承担刑事责任的条件。首先是医生严重不负责任。对此应当更加清晰地界定"严重不负责任",我们认为,医生在主观上应当是重大过失,必须明确排除故意和一般过失,这一界定既有保护之意,亦有规制之意,因为本条规定的刑事责任仅为“三年以下有期徒刑或者拘役”,必须将医生在医疗行为中故意造成患者伤害的情形严格排除,医生不能假借医疗行为损害患者健康甚至生命。其次是医疗行为要造成严重损害后果,即法律所规定“造成就诊人死亡或严重损害就诊人身体健康”的情形,我们认为,这里应当明确规定伤残等级,亦不能自由裁量。

因此,只强调对医生疾病调查权的保护也是不够的,规制医生的疾病调查权既是对患者隐私权和个人信息权益的有效保护,也是对医生负责。

医生在行使疾病调查权时极容易给自己带来不必要的麻烦,也容易侵犯患者的相关权利,极其需要对疾病调查权进行规制和保护。有效规制和保护医生疾病调查权,核心在于平衡诊疗权与患者隐私、个人信息权益保障间的利益冲突。

从机构调查权的概念我们可以看出,疾病调查权所涉及的主要内容是十分广泛的,其核心是收集与患者疾病有关的信息。在收集患者相关信息时,患者对于医生的调查常能做到知无不言、言无不尽,涉及患者隐私在所难免。是故,医生在行使疾病调查权时也极易触犯患者的个人隐私权益,应对其予以保护的同时加强规制。

在讨论如何保护患者隐私之前,我们先研究两个相关问题。

第一个问题,疾病调查过程是否可以录音和录像?在21世纪初,在医疗纠纷诉讼案件举证倒置背景下,不少医疗机构提出了这一问题。录音和录像能直观地反映医疗行为的实施过程,对医生的行为也是一个有力的监督。而且在职业场所录音录像也并不是医疗机构首创。尽管如此,在通常情况下却是不能录音录像的。因为疾病调查过程不可避免地会涉及患者隐私问题。但是,医学生在学习过程中,却为什么能看到疾病调查甚至于治疗过程的录音和录像呢?事实上,以教学和科学研究为目的的,可以录音录像,但都必须取得患者同意。

值得一提的是,几乎每个综合性医院均建有录音和录像设备齐全的医患沟通室或者会议室,不少医院在医患沟通室进行重要医疗信息告知、医疗纠纷协商等,如术前谈话、医疗纠纷调解等。这实际上是医疗机构保留相关证据的重要手段,尽管这些行为已经不属于疾病调查,但仍然可能涉及患者的隐私信息,因此,上述情形下采集到的录音录像资料仍然应当妥善保管,不宜公开。

第二个问题,涉及患者隐私的内容是否应当在病历中如实记录?我们知道,如实记录涉及患者隐私的内容则存在泄露患者隐私的客观风险,不记录涉及患者隐私的内容则难以客观反映医生实施医疗行为的整个过程。法律规定调查过程应当如实记录在病历中,但涉及患者的可以不记录。从这一规定来看,是否应该记录是没有标准答案的。学术界的主流观点认为,应当如实记录,但必须妥善保管病历资料,确保不泄露患者隐私。

那么,在医疗实践中,医生应当如何正确行使医疗权,既能有效保护患者隐私,又能充分保障自身合法权益呢?首先,必须严防祸从口出。要养成不在生活中谈论工作问题,尤其是涉及患者隐私的问题的良好习惯,不将工作中的见到的、听到的奇闻轶事作为饭后茶余的谈资。其次,疾病调查过程要符合规范,语言和行为要人性化。这要求医生在疾病调查过程中做到如下三点:一是各项操作要符合诊疗护理常规,严格按照国家法律、行政法规、部门规章,或者医疗卫生工作公认的操作规范。二是疾病调查过程中的沟通交流要符合语言规范,无论是汉语还是民族语言,医生同患者及其家属的交流沟通应当符合其语言习惯和规范。2003 年北京某医院曾发生一起因疾病调查涉及侵犯患者隐私的案例,其争议焦点是做胸部 X 光透视是否需要除去上衣。但我们认为,这一事件发生的原因主要在医生与患者的沟通交流不符合语言习惯,医生用语过于简单,面对一个年轻女性患者时,特别是要求其脱掉上衣时,医生应当交代清楚脱衣服的原因和理由,语气语调也应当符合当地人或者普通人的习惯。三是在疾病调查中不能过度暴露患者隐私部位,甚至超出疾病调查的范围。特别是在为异性患者进行检查和调查隐私部位时,应当特别注意保护。

需要说明的是,在实践中,有相当数量的隐私权纠纷案件发生在病历保管环节。尽管当前不少医院已经开始使用电子病历,虽然当下的电子病历并不规范,甚至不能算真正意义上的电子病历,但是,无论是当前的不完善的电子病历还是传统的纸质病历,病历保管问题都是造成患者隐私泄露的重要环节。因此,一定要从医学实习开始就养成及时将病历放归原处的良好习惯。

二、自主诊断权

自主诊断权,是指医生有权在执业范围内独立对患者疾病作出诊断的权利,①其实质是疾病名称的判断,其核心是医生独立自主进行,并独立承担法律责任。我们在行使该项权利时应当注意在保护患者的同时保护好自己,尤其值得我们注意的是,在疑难病例会诊中,不可以一味强调坚持自己的医学诊断和治疗,特别是对于治疗方案,必须按照会诊意见实施。这既是对患者负责任,也是保护医生自己的重要做法。按照《刑法》第335条的规定,若医生存在严重不负责任的行为,致患者死亡或遭受严重人身损害,将承担"三年以下有期徒刑或者拘役"的刑事责任。那么,何种程度才会认定为"严重不负责任"?在司法实践中,有三种情况可以直接认定,即违反有明确规定的操作规程或者对病人漠不关心,不及时救治。此处值得注意的是第三点,经人提醒,仍不改正错误处置方案的,也属于严重不负责任,造成后果的,依旧承担3年以下有期徒刑等处罚。因此,我们说自主权利带来的直接法律效果是独立责任。

三、医学处方权

在深入讨论这项权利之前,我们必须厘清传统认识与现代法治之间冲突。传统观念认为,处方权就是医生开具药品处方的权利,这是狭义的理解。医学处方权必须包含开具药品处方的权利,但绝不仅限于此,二者在逻辑上具有种属关系。那么什么是医学处方权呢?医生在执业范围内享有的针对患者疾病选择并实施医疗、预防、保健方案的权利,其核心是实施医学治疗。因此,开具药品处方、选择并实施手术方案也是处方权的内容。

医生应当如何准确把握和行使这一权利呢?这既涉及对医生行使处方权的保护,也涉及对医生行使处方权规制。法律应当归严格限定处方权的边界并明确罚则。医生在行使医学处方权时必须遵循如下四项基本原则:经济性原则、合理性原则、有效性原则与合法性原则。除合法性原则以外其他三

---

① 参见李百成、汪琪:《医师诊断权的法律限定——联合诊断权》,载《航空航天医药》2010年第12期。

个原则，我们可以用过度医疗的理论来概括。仔细研究这三项原则后我们发现，无论是从统一的过度医疗角度，还是从经济性、合理性和有效性三大原则的角度来看，在实践中都缺乏客观评价指标，在司法实践中，法官也多数依据经验法则来判断是否过度、是否合理。而在医疗实践中我们应如何判断？从某种角度来说，行使医学处方权时，在法律没有明文规定的前提下，只能依靠我们自己反复确认，必须获得自己的认可。

最后，我们再来讨论合法性原则。这是四项基本原则中唯一可以用客观评价指标来衡量的原则。以开具药品处方为例，合法性原则体现在如下几方面：一是执业医生资格合法，比如某些特殊药品的开具需要具有特殊资质，而不是所有医生都可以开具这类处方；二是药品本身必须合法，对于这个问题，我们尤其要注意有效同合法之间的关系，并不是有效即为合法，当其有效性与合法性冲突时，在伦理上判断是非很难，但是在法律上是有明确的是非判断的。医生在执业中必须认识到，合法性原则是行使医学处方权的红线，不能越雷池半步。

四、特殊干预权

如前述，特殊干预权是疾病诊疗权的延伸，医生特殊干预权限制的是患者自主选择权，并不当然限制患者知情权。通常情况下，医生的疾病诊疗权必须以患者的自主决定权为前提，并应充分履行医疗告知义务，并在得到患者同意的情形下行使，同时应服从于病人的权利要求。但在某些特殊情况下，法律赋予医生限制病人自主决定权行使的权利，以达到完成对病人应尽的义务和对病人根本利益负责的目的。在此种情况下，医生可以不必经过患者或其家属的同意而强制对患者进行治疗，如强制隔离诊疗、强制性戒毒、救治自杀者、家属不同意治疗危及患者生命、患者不理性地拒绝治疗等情况。

医生的特殊干预权对于正确处置医疗事件具有十分重要的意义。那么，应当如何保护医生这一权利呢？一方面，必须充分赋予医生医疗告知自由裁量权利；另一方面，必须建立医疗行为豁免权与医疗告知裁量权的保护制度。医疗告知裁量权是指医生在疾病诊治过程中，有权根据患者的病情随时调整诊治方案，并且在充分尊重患者知情同意权的前提下，为避免给患者带来过度的心理和情绪等方面的负面影响，自由地裁量医疗告知内容的一项权利。

其一般包括特殊操作告知情形,如特殊的治疗方案、特殊的药品使用等;另外,还包括存在不宜告知的情形,如癌症等不治之症的告知将影响患者病情时。随着患者权利保护运动的勃兴,权利意识尤其是医事自主决定意识的提升在逐渐压缩医疗告知裁量权的空间,医生的医疗告知裁量权逐渐演变为一项医疗告知义务。但如果对患者进行全面详尽的说明可能导致患者受到生理、心理或情感上潜在的伤害或对治疗带来不良后果时,可以允许医生基于医学上的考虑,不必要或有限度地对患者进行病情的告知,这主要针对癌症病人及晚期患者,所以医疗告知裁量权被限缩到了很小的范围。医疗告知裁量权与知情同意权存在天生的冲突,我国法律并未给予医生医疗内容上的裁量权,而是给予了医疗告知对象的自由裁量权,如《民法典》第 1219 条第 1 款规定:“医务人员在诊疗活动中应当向患者说明病情和医疗措施。需要实施手术、特殊检查、特殊治疗的,医务人员应当及时向患者具体说明医疗风险、替代医疗方案等情况,并取得其明确同意;不能或者不宜向患者说明的,应当向患者的近亲属说明,并取得其明确同意。”医疗行为的豁免,是指医生在对患者实施合法诊疗活动中,即使对患者造成不良后果,但该不良后果是难以预料的,该医生不受追究的一项法律制度。[①] 其对应的医疗行为豁免权应当由从事合法诊疗活动的医生所特有是该项法律制度的题中应有之义,并且只针对难以预测的不良后果。医疗行为豁免的事由包括以下几方面:其一,医疗必须的损害,即以诊断、治疗疾病或达到医疗服务目的而实施的医疗行为对人体器官、组织造成的损害。其二,抢救行为,是指在患者生命垂危,医务人员为了挽救患者的生命,在采取其他措施难以达到此目的时,不得不冒一定的风险而采取的紧急救护措施。其三,医疗意外,是指在医疗活动中由于患者病情异常或体质特殊而出现难以预料和防范的不良后果。其四,不可抗力,是指人力所不能抗拒的力量导致医疗行为产生意外,如台风造成供电中断,导致正在进行的手术不能继续执行等情况。其五,现代医学无法预料和控制的结果。在医疗活动中存在许多未知因素以及医疗行为本身具有局限性和风险性,人类认识上又存在局限性,无法预料和不能防范的后果便不应

① 参见王才亮:《医疗事故与医患纠纷处理实务》,法律出版社 2002 年版,第 119 页。

归咎于医生。[1] 因此，在这些情形下应当容许必要的“探索性错误”，其本身是为了保护患者健康，不宜过于限制医生的自由。在当前，医疗行为的豁免权和患者对医疗行业的高期望值存在较大冲突，医生的医疗行为豁免权受到极大的危害，医院为了息事宁人，对一些医疗意外和医疗并发症进行了赔偿，赔偿后又追究医生的经济责任。这种“大事化小”的思维极易混淆医患之间的权利义务界限，医生若失去必要的医疗豁免权的保护，极易挫伤执业积极性，会选择更为保守的治疗方案，最终影响医疗整体进步和患者的健康。

特殊干预权限制了患者自主选择权，甚至剥夺了患者自主选择权，仅仅予以保护而不加以限制的话，极可能出现医生特殊干预权滥用的情形。特别是社会资本进入医疗市场后，私有制医疗机构的逐利行为极可能扩大特殊干预权适用。因此，对特殊干预权应当进行科学的规制。

行使特殊干预权必须以保护患者权益为前提和目标。确立这一目标后，当患者自主选择符合医学目的时，医生行使特殊干预权的条件便不成就，医生并不能当然地限制患者知情权，仍然应当履行完善的告知义务。也有学者存在相同观点，认为当且仅当病人行使自主决定权将会与生命价值原则、公序良俗原则等发生冲突时，医生方可行使该权利，其特殊干预的范围也不宜扩大。[2] 在复杂的诊疗背景中，特殊干预的范围仅限于特定的情形，如危害公共卫生安全或第三人利益时，医生被赋予特殊干预权。医疗活动的不确定性和高风险性，迫使医生更愿意选择保守的决策方式，迁就于患者决定权，并通过防御性医疗避免不必要的纠纷。

五、医生的执业条件保障权

（一）执业条件保障权的基本含义

结合学者对执业条件保障权的理解，医生的执业条件保障权是指医生在依法执业范围内，有权使用与执业活动相关医疗设备的权利，相应地，其所在

---

① 参见张喆：《医疗行为豁免权及其立法意义》，载《锦州医学院学报（社会科学版）》2006 年第 4 期。

② 参见邓世洲、白文俊：《从典型案例看患者知情同意权和医生特殊干涉权》，载《医学与哲学》2008 年第 5 期。

执业机构应提供相应的基本条件并逐步改善提高这些条件,以保障医生执业技能和水平得到充分发挥。[①] 医生的执业条件保障权包括两个方面的内容:一方面包括保障医生从事诊疗活动所必需的设施、设备、环境、物品等物质条件;另一方面包括医生在执业过程中人身安全和人格尊严的保护,医生可承受的合理的工作负荷,医生应当执行的规章制度和技术规范的实施条件。本书已经对第二个方面的执业条件保障进行了论述,本部分仅对第一个方面中的医疗设备基本条件进行分析。"工欲善其事必先利其器",现代医疗科学技术的飞速发展,使医生对医疗设施、医疗器械、医疗环境的依赖程度越来越高,没有这些基本条件作为保障,医生难以开展正常的执业活动。医疗安全本身就包含医疗环境或医疗秩序的有序性要求,患者可以不用因排长队而耽误病情,医生也可专心医疗本身而降低执业风险,提高执业满意度。例如,手术器材的灭菌程度、手术室灯光、通风量、新风量以及不同区域的压差等决定了医生手术环境的优劣。医院医疗区的合理布局、医生办公室和休息室的设计,安全监控系统的布置的医疗环境建设不仅有利于提升医院形象,还有助于医生在良好环境下的工作。医疗机构应当提供与医生执业活动相匹配的执业条件并及时更新,保障医生的专业技能和技术水平能得到充分发挥。

(二)执业条件保障权的法律渊源

1. 宪法中的执业条件保障权

《宪法》规定了国家实现公民劳动权利的基本政策,第 42 条第 2 款规定,国家通过各种途径,创造劳动就业条件,加强劳动保护,改善劳动条件,并在发展生产的基础上,提高劳动报酬和福利待遇。医疗机构提供与医生执行活动相匹配的执业条件,恰恰也是医生实现其劳动权的合理途径,两者密切相关。

2. 刑法中的执业条件保障权

《刑法》中与医生执业条件保障权密切相关的当属第 135 条规定的"重大劳动安全事故罪",对医疗机构的日常管理而言,若不能保证医生在符合国家生产标准、国家安全标准的条件下执业,从而导致医生出现重大伤亡事故或

---

① 参见蔡岩宗:《试论医师的权利与义务》,载《基层医学论坛》2005 年第 11 期。

者引发其他严重后果的,医疗机构相关责任人应当负重大劳动安全事故罪的刑责。

3. 其他法律法规中医生的执业保障权

根据《执业医师法》第 21 条第 2 款的规定,已确立了医生的执业保障权。这意味着,医生在执业活动中,有权要求医疗机构按照规定标准,提供与本人执业活动相匹配的医疗技术设备、医疗场所等条件。从《医疗机构管理条例》第 16 条规定的医疗机构执业登记条件来看,医疗机构应当为医生提供与其开展的执业活动相适应的经费、设施、设备和专业卫生技术人员。

《全国医院工作条例》规定的医院相关科室需具备的物质条件和相关设施配备也是医生执业保障权的保护范畴。正如第 7 条规定,急诊室需配有观察床、技术熟练的医务人员、抢救室、传呼设施、急救药品器材等。仅确保单个医生的执业条件远远不够,因此,《全国医院工作条例》为医生提供了另一项执业条件,即工作制度,以保障各个医生都能有条不紊地进行执业。分别有四个方面:其一,建立隔离消毒制度,创造安全的执业环境。其二,加强医院各项事故的落实和处理。其三,加强对医院购置的仪器设备的管理。其四,医疗机构总务工作应不断改善医生的执业条件,给医、教、研任务提供保障。

(三)医生执业条件保障权的保障措施

医生的执业条件保障,应注意以下几方面的问题:其一,增加政府对医疗行业的投入,特别是对建立完善的医疗设施和大型医疗设备的投入,投入重点应放在县级或乡村医院,提高县、乡两级医院的医疗水平,缓解医疗资源分布不均的矛盾。其二,各级医疗机构应加强对医疗设备的管理,应认真进行成本核算,切勿盲目引进医疗设施,严重浪费医疗资金。同时应对现有的医疗设施应主动进行巡检,积极与生产厂商进行沟通,及时全面地进行保养和维修,延长设备的使用周期,探索各级医院之间的专业设施的调换体系,保障医疗设施不被无故浪费。[①] 其三,医疗设备的管理理念不能停留在资产管理的层面,医疗机构应加强对医疗设备的质量控制,提高医疗诊断和治疗的质

① 参见姜苏:《医疗设备管理存在的问题与对策研究》,载《亚太传统西药》2010 年第 10 期。

量,排除医疗安全隐患,防止出现医疗安全事件。其四,配置大型医疗设备应保证事先充分进行过成本效应分析,防止出现设备过度配置导致资源浪费,最终由患者买单而产生的看病贵的问题。[①] 其五,探索建立医疗设备的信息管理系统,以便系统、高效地管理医院繁多的医疗设备,提高设备的巡检效率、数据传输效率,实现多设备的互联互通,让人民群众共享医疗设备的社会效益和经济效益,如 RFID(Radio Frequency Identification)技术。[②] 其六,扩展医疗设施引进的资金渠道,可以考虑采用医疗设备融资租赁[③]形式来实现。在我国医疗服务机构以中小规模的医院为主,医疗设备采购资金不足,融资租赁方式为中小型医院提供了新的资产运作模式,迅速提升了医疗服务机构的服务质量,中小型医院也迎来了业务的高速发展。其七,医疗机构应建立良好的医疗设备管理制度,并开展对医疗设备的采购与管理相关法律法规的培训。如开展《政府采购法》《招标投标法》《民法典》等法律的学习,将《医疗器械监督管理条例》《医疗器械不良事件监测和再评价管理办法》等部门规章在相关场所进行宣传展示,时刻提醒。

六、科学研究权

(一)科学研究权的基本含义

在 1849 年《法兰克福宪法》和 1850 年《普鲁士宪法》里面第一次出现研究自由条款以后,科学研究自由就被作为一种思想理念或价值准则转化成一项宪法的基本权利。至今,科学研究权已经得到绝大多数国家的认可,并且以相应的配套制度给予保障和完善。第二次世界大战后,科学研究权作为一项基本人权得到人类社会的普遍认可,1948 年《世界人权宣言》将思想自由、传播思想自由纳入人权的范围内。《经济、社会及文化权利国际公约》约定各

---

① 参见张恩科、高敬龙等:《医疗设备成本效益分析在大型设备资源配置中的应用价值》,载《中国医学装备》2012 年第 1 期。

② 参见孟新秀、邱力军:《基于 RFID 的医疗设备信息管理系统的设计与实现》,载《医疗卫生装备》2009 年第 9 期。

③ 融资租赁:租赁公司按照承租人的要求从设备厂商购买其指定的设备,租赁公司按期收取租金,而承租人通过占有设备的使用权来获得收益并在租期结束后获得设备的所有权。

缔约国应对科学研究和创造性活动所需要的自由保持尊重。[1] 医生的科学研究权是指医生在临床工作中,有权进行科学研究、技术开发、医学理论研究等创造性劳动;有权将研究成果发表;享有参加学术交流活动、成立或参加学术团体的自由等权利。医学研究与其他学科不一样,医学研究的研究对象是人,最终目的也是人,是人类卫生保健的社会需要,是医生同疾病作斗争和增进人类健康的历史使命。医生的科学研究权应该是权利和责任的统一体,但在当前的医疗环境下,科学研究的责任被异化凸显,科学研究权从医生的权利悄然地演变成了医生的义务,医生的考核和职称的评审并非以医生的诊疗活动的优劣作为评判标准,而是以科学研究进行的多少作为衡量的重要尺度,广大医生"被科研"的现象比较突出,[2]医学研究成了医生诊疗工作之外的巨大负担,为此多数医生不得已放弃在诊疗专业性和精准性上的追求,而将更多精力投入科学研究。

(二)科学研究权的法律渊源

《宪法》规定国家应为科学研究提供保障,如第 20 条规定,在自然科学和社会科学事业中,国家鼓励学者通过科学研究成果和技术发明创造普及科学和技术知识,并对其进行奖励。同时,《宪法》也保护公民开展科学研究的权利,如第 47 条鼓励公民开展科学研究、文学艺术创作以及其他文化活动,以提升社会物质文明和社会精神文明;甚至对有益于人民的教育工作者、文学艺术工作者等,国家给予其鼓励和帮助。

《刑法》中规定的"聚众扰乱社会秩序罪",同样也用于保护科研人员进行正常的科研。如第 290 条第 1 款规定,聚众扰乱生产、营业、科研等社会秩序,致使生产、营业、科研无法进行的行为,造成严重损失的,首要分子与积极参与人均将面临刑事责任。

《科学技术进步法》系一部专门规定机关、企事业组织、社会团体和公民进行科学研究的法律,对维护科学研究秩序具有不可替代的作用:其一,明确

① 参见曹子建、李志平主编:《我国高校教师的权利义务》,四川大学出版社 2012 年版,第 14 ~ 15 页。

② 参见王青、刘嘉祯等:《临床医师撰写 SCI 论文的内在驱动力研究》,载《上海交通大学学报(医学版)》2012 年第 8 期。

了国家应对科学研究提供保障。国家不仅要保障科学研究的自由,更要保护科学研究人员的合法权益。其二,表明国家鼓励进行科学研究的态度。鼓励科学研究可最大限度提高全体公民的科学文化素质。其三,国家应对科学研究提供经费保障。国家应在产业结构、税收优惠、金融扶持等方面引导社会资金流入,保障科研经费的稳定增长。其四,规定了对进行科学研究人员的一系列保障措施。例如提高科研人员的社会比重、提高科研人员的工资待遇。科研人员创办或参加的科学技术协会或社会团体的合法权益同样也受法律保护。

《执业医师法》第21条同样规定了医生的科学研究权,相对于《科学技术进步法》而言,属于特别规定。医生享有科学研究权不言而明,其基于其执业医生身份可享有从事医学研究,参加学术交流、专业学术团体的自由。

(三)科学研究权的保障

医生的科学研究权的保障,首先应着力解决以下问题:其一,科学研究赋予医生的自由和责任的协调统一。在医学研究中,片面强调医生的研究责任会带来极大的不良后果。虽然医学研究需要医生回应人类和社会发展的整体健康需要,承担责任,但过度膨胀的责任要求将使医学研究丧失对人类社会的关怀,失去对医生的权利保护,失去对社会公正的维护,违背科学的求真本性。医学研究如果成为实现某种利益的手段,医学研究本身真正的目的和意义将被忽略,医学研究最本质的东西将受到极大的损害。为了某些实际利益,医学研究者甚至会忽视医学研究的基本伦理和法律要求,不再追求真理,虽然看似取得了丰硕的科研成果,但对人类健康并无积极意义。其二,医生工作任务繁重,进行科学研究的时间较少。对此,应充分保障医生的业余休息时间,缓解医生的工作压力,为医生进行科学研究创造时间条件。其三,在医学生本科生和研究生培养阶段,应将临床实践与科学研究并重,扭转单纯重视科研能力的倾向,培养理论和实践能力兼备的医生,使临床技能和科研能力相互促进、互相补充。其四,改进科研能力的培训方式和课程设置。在医院继续教育培训中应专门开设提高科研能力的课程,如外语、文献检索、医学统计分析等;结合临床各科室的研究方向,有计划、有步骤地开展医生的科研能力培养;临床各科室要定期组织科研交流学习会,介绍国内外的研究热点,交流科学研究思路及申报课题、实施课题的经验。其五,建立高水平的科研团队。在科研团队中,应将教学经验和科研能力突出的专家作为领头人,帮助医生循序渐进地进行科研思路的挖掘,提高发现问题和解决问题的能力。其六,建立高层次的科学研究平台。加强与国内外其他科研平台、医学院校或科研单位的合作,发挥不同科研单位的特色,达到资源共享与整合,为医生的科学研究创造良好的环境。[①] 其七,加大对科学研究的投入和管理力度,用于学科建设、人才培养、各项科研经费的配套、科研奖励、实验室建设等,在经费的使用上为科研工作创造便利条件;对科研能力较强的医生,可重点培养,进行国外深造,增强其科研的敏锐性和激发其科研兴趣。[②]

七、继续教育权

(一)继续教育权的基本含义

专业技术人员的权利和义务是参与和接受继续教育,这也是对专业技术人员进行专业知识和技能补充、更新和提高的教育。通过完善专业技术人员的知识结构,提高创造能力和专业技术水平,培养出各行业中具有创新能力的高素质人才,这项工程对实现国民经济的跨越式发展和推进社会各项事业的稳步进行有十分重要的现实意义。[③] 中国的医生须经历系统的医学院校教育、严谨的毕业后教育(包括住院医生、专科医生培训)、持续终身的继续教育三个阶段。教育方式包括脱产学习和在职培训两种方式:脱产学习包括入学深造、进修学习、考察、访问学者等形式;在职培训包括参加学术交流活动、专题讲座、教学查房、临床病案讨论等形式。[④] 法律明确规定医生继续教育权的意义在于:(1)确立无论医生在职或脱产学习与专业相关知识的合法性;(2)确定医生接受继续教育期间暂时停止医学执业工作的合法性;(3)确立医生继续教育期间执业权利的延续性;(4)增强社会公众特别是患者对医生的继续教育权的理解。但在当前医疗环境下,医生的超时工作大量挤占医生的

① 参见赵家义、韩一平等:《浅谈研究型医院全科医师科研能力的培养》,载《中国高等医学教育》2015 年第 3 期。

② 参见黄洁美、何剑:《青年医师科研兴趣的培养机制探讨》,载《中国医药导报》2010 年第 2 期。

③ 参见彭熙海:《专业技术人员权益保护》,海南出版社 2005 年版,第 71 页。

④ 参见姜学林:《医学沟通学》,高等教育出版社 2008 年版,第 53 页。

继续教育时间,同时也增加了医生的压力。2013 年 12 月 31 日出台的《关于建立住院医生规范化培训制度的指导意见》(国卫科教发〔2013〕56 号)中规定了住院医生规范化培训的主要模式为“5 +3”,即完成 5 年医学类专业本科教育的毕业生,必须在培训基地接受 3 年住院医生规范化培训后才能执业。住院医生规范化培训对医生的同质化教育将起到非常积极的作用,但这一制度也无疑会增加医生成长的时间成本。此外,一些医疗机构并没有创造医生接受继续教育的良好条件和提供更多的继续教育机会,一些继续教育内容流于形式,继续教育的多元化方式开展力度有待加强。

(二)继续教育权的法律渊源

《宪法》第 19 条规定了国家发展各种教育事业的职责。国家发展社会主义的教育事业,提高全国人民的科学文化水平,其中当然包括医学教育事业。《宪法》第 46 条又规定了公民享有受教育的权利,其中包括接受医学教育的权利。

《教育法》第 41 条规定了继续教育权和相关组织的保障义务。对于从业人员来说,依法接受符合职业需要的职业培训和继续教育既是一项权利,也是一项义务。国家为从业人员提供了充足的学习条件和培训便利。

《科学技术进步法》第 50 条规定了对继续教育权的保障。继续教育是针对不同层次、水平的公民而言的,特别是经历过社会实践的医务人员,有了学习新的医学知识的热情,各级人民政府和企业事业组织应当保障其继续教育的权利,并引导公民按照自身专长深造,提高医疗服务水平。

《执业医师法》第 21 条确立了医生的医学继续教育权。继续教育与科学研究相伴随,通过继续教育可以不断突破主观认识的局限性,缩小医疗技术差距。因此,医生在执业活动中参加专业培训、接受医学继续教育的权利应当得到保障。

(三)继续教育权的保障措施

保障医生的继续教育权,应在以下几方面进行完善:其一,医生工作任务繁重,没有时间和精力进行业务钻研,应充分保障医生的休息权,减轻医生的工作量和工作压力,为医生进行继续教育提供时间和精力上的保障。其二,丰富继续教育的内容,扩展继续教育的学习方式,改变继续教育形式单一,内容单调的现状，建立多层次、多渠道的医学教育网络，采用多元化的医学继续教育形式，从而增强医生参与继续教育的兴趣，提高医生进行继续教育的积极性。其三，针对不同职称、不同医院等级、不同的培训需求提供个性化的培训选择模块，多元化的继续教育形式，优化继续教育课程的设置，并适当探索和开发提升实践操作能力的课程，拓展继续教育培训的覆盖范围，健全科学化、系统化的评估体系及机制，满足不同医生人群的现实需求，[①]形式理论与实践教育和谐统一的人才培养模式。其四，继续教育的内容应重视医学人文教育和医事法律教育。提高医生的人文素质和法律修养，有利于更好地处理医患关系，减少医疗纠纷，同时更好地维护医生的各项权益。其五，应加大对医学继续教育在医疗卫生事业发展和医院自身发展中的重要作用的宣传力度，强化领导对继续教育的关注度，增加对继续教育的经费投入。其六，借鉴国外先进医学继续教育模式，成立继续医学教育协会，并与医学院校、有条件的大型医院共同管理，负责组织和开展继续医学教育，让医生利用业余时间开展专题训练和案例讨论，组织参加高级别医院组织的继续教育培训班和中长期进修活动，使继续教育实现组织化、规范化。[②] 其七，针对性地加强基层临床医生和全科医生的继续教育培训，对全面提高医生综合素质，提高医疗服务的质量，这对保障人民健康水平具有重要意义。

八、医生参与民主管理权

（一）参与民主管理权的基本含义

劳动者拥有对本单位的生产经营管理工作进行监督和提出建议的权利，职工可以通过职工代表大会或职工大会行使民主管理权。具体而言，民主管理权是劳动者以主人翁的身份和地位，通过法定的形式就单位的生产经营、经济发展、劳动管理、职工福利等重大决策事项实施民主参与、民主监督、民主管理，维护劳动者和用人单位的合法权益，协调劳动关系的一项重要

① 参见蒋春燕、唐妘等：《上海市精神科医师继续医学教育现状分析》，载《中国医院》2014年第7期。

② 参见汤金洲、马晓：《国外继续医学教育管理模式的启示》，载《西北医学教育》2010年第5期。

权利。[①] 各国职工参与民主管理的形式主要有四类:(1)机构参与。职工通过一定的代表性专门机构参与企业管理,如我国国有企业的职工代表大会。(2)代表参与。职工通过合法程序产生的职工代表参与民主管理。(3)岗位参与。职工通过劳动岗位上实行自治来参与企业管理。(4)个人参与。职工本人以个人行为参与企业管理。[②] 职工民主参与有利于单位的内部管理和劳动关系的协调,具有以下几方面的重要作用:(1)职工与用人单位形成了利益与共、休戚相关的共同体,有利于职工的积极性、主动性的发挥;(2)职工对单位的长期发展给予更多的关注,有利于单位资产和资源的优化配置及制度的有效建立;(3)职工参与管理,有利于建立和谐稳定的劳动关系,扩展了用人单位与职工之间的沟通路径,消除单位与职工之间的隔阂,防止纠纷发生并有利于提高职工的主人翁意识。[③] 医生适度参与民主管理,尤其是参与决定关系自身切身利益的事项,更有利于提升医疗管理水平和专业技术纠错,最终有益于卫生健康事业整体发展。[④] 但目前,医院的改革侧重于医疗服务,降低医疗运行成本,对管理体制和运行机制的改革则裹足不前,难有作为。[⑤]

(二)医生参与民主管理权的法律渊源

《宪法》第16条规定了国有企业职工的民主管理权。国有企业是我国社会主义市场经济体制下所特有的经营主体,在法律规定的范围内享有自主经营权,独立承担责任。国有企业在内部管理上,实行民主管理。

《劳动法》第8条规定了职工参与民主管理和平等协商权。即便在普通企业内部管理中,也存在职工大会、职工代表大会或者其他形式,劳动者通过此机制参与民主管理,因此获得与用人单位进行平等协商的渠道,维护合法权益。

《劳动合同法》第4条第2款规定了重大事项上职工享有民主管理和平

---

① 参见陈维政、余凯成等主编:《人力资源管理与开发高级教程》,高等教育出版社2013年版,第426页。

② 参见剧宇宏:《劳动与社会保障法实务》,中国法制出版社2012年版,第151页。

③ 参见贾俊玲:《劳动法学》,北京大学出版社2013年版,第219页。

④ 参见孔志学:《医疗纠纷与法律处理》,科学出版社2014年版,第13~14页。

⑤ 参见唐晓东:《公立医院要重视建立职代会代表反映民意的平台》,载《江苏卫生事业管理》2014年第2期。

等协商权。职工进行民主管理的另一形式——工会，系依照法律规定通过职工代表大会或者其他形式，组织职工参与本单位的民主决策、民主管理和民主监督的重要组织。为了保护劳动报酬、工作时间等直接涉及劳动者的切身利益时，劳动法要求用人单位与工会或者职工代表平等协商确定。

我国《工会法》于1992年获得通过，后根据2001年第九届全国人大常委会第二十四次会议决定进行了修正，主要涉及以下内容：其一，确认了工会作为确保职工依法行使民主管理的合法组织形式。其二，确认了工会有权对职工合法权益开展法律救济。其三，确立了工会对用人单位侵犯职工合法权益的救济方式。如工会应当代表职工与用人单位进行交涉，要求改正；拒不改正的，当地人民政府可以依照工会的请求依法作出处理。这在一定程度上体现了国家对职工民主管理权的重视。

《执业医师法》第21条确立了医生在医疗机构中的民主管理权。医生的民主管理权除了上述参与重大事项的决议外，还包括对其所在机构的医疗机构及相关部门的工作提出合理意见和建议的自由。当然，在农村医疗卫生服务机构工作的医生要达到一定数量才有讨论的意义。

（三）医生参与民主管理权的保障措施

保障医生的民主管理权措施包括以下几方面：其一，主动转变领导者的领导作风。领导者作风一定程度上决定着医疗机构民主管理的程度。医疗机构领导者要有民主意识，并成为民主的模范，和人民群众密切联系，善于通过不同的医生群体来做好管理工作，反对“家长制”“一言堂”的行为倾向。[①]其二，建立和完善民主管理制度。进一步完善职工代表大会制度，涉及重大事项，如医生的绩效分配方案等问题必须经过职工代表大会讨论后方可实施；加强医疗机构的事务公开，将事务公开作为廉政建设考核的重要内容；建立民主管理的考评奖惩制度，将医生的满意度作为提任干部的重要指标，有效落实职工的民主管理和监督。其三，应加强医疗机构班组的民主管理建设。在医疗机构，班组的民主管理是医生最直接的民主管理活动，让医生参与班组的管理活动，才会让医生的民主管理权得以切实直接的体现，让医生

---

① 参见马丽：《公立医院实行民主管理应注意的问题》，载《社区医学杂志》2012年第12期。

真正享有归属感、树立主人翁意识。其四，将医生的民主管理权落到实处。扩大医生的民主参与度，最大限度地扩大医生的参与面，广泛征集医生的意见，对医生的建议和意见应提出针对性的处理意见；扩大医生的知情权，对医疗机构的重大方针政策、财务管理、干部的选拔与任用、创先争优等职工普遍关注的问题，应该及时全面地进行公开；增强医生的监督权，建立医疗机构民主监督制度，对医生的监督范围、形式、程序作出相关规定，并对医生的监督权的行使提供物质保障和法律保障；尊重医生的民主管理声音的表达，围绕医疗机构的各项工作和职工普遍关注的问题，应广泛在医生中开展建言献策活动，可以通过微信、微博和医疗机构内部网络平台倾听医生的声音。其五，加大培训力度，提高医生参与民主管理的能力。可以采取各种有效形式，组织广大医生尤其是职工代表掌握有关的法律法规和规章制度，提高参与决策的能力；同时要选任懂法律、懂政策的骨干人员组成专门的职工提案小组。①

① 参见王玉伟、丁艳：《关于加强公立医院民主管理建设的实践》，载《价值工程》2012 年第 9 期。

第三编

农村医生权利保障现状评估

第九章　农村医生权利保障社会反馈

基于前文第一编的文献梳理，我们发现农村医生作为基层农村地区居民最可及的诊疗力量，常常被忽视，没有能够有效发挥其农村三级诊疗网底的作用。正是由于农村医生群体没有发挥到保障农村基本医疗卫生供给的作用，一方面，农村居民选择“用脚投票”，多数有经济条件的农村居民更加愿意选择至乡镇卫生院、县级医疗机构进行初次就诊或大病复诊；另一方面，政府或市场亦缺乏足够的动力重写20世纪60年代、70年代那种集体主义高度发展，医疗服务人员服务基层的热情高涨，各类型诊疗服务要素全面流向农村地区的辉煌局面。[①] 其中的原因是多方面的，但是最主要的原因在于社会经济发展结构的演变，特别是社会主义市场经济高速发展导致农村集体经济的相对削弱，大量新生劳动力量被从农村抽离，农村集体经济赖以发展的市场条件、人力资源条件等因素受到巨大冲击，由此导致农村医疗服务体系中的村卫生室（所）失去了医生后继力量的补充和集体经济源源不断的支持，最终间接导致农村医生的权利保障问题不再受到重视。仅存的农村医生多数是20世纪80年代乡村医生改革中培训合格留存的医生和后续接受中专医疗卫生教育后加入的医生以及少部分的执业医生和执业助理医生，整

---

① 参见马冀：《北京农村传统合作医疗制度研究》，知识产权出版社2015年版，第46～70页，第二章“京郊农村传统合作医疗制度发展历程”的第三节“把医疗卫生工作重点放到农村去”全面回顾了20世纪60～70年代农村卫生大发展的历史。

体素质不高,难以提供农村居民所期望的诊疗服务,由此形成一个恶性循环链,并且随着“存量农村医生”的逐步衰老、退休,农村一线医疗服务活动难免会面临衰微的局面。那么这种局面的真实情况是怎么样的？农村医生的权利保障状况究竟如何？农村医生的执业行为规制情况究竟如何？

为此,课题调研组根据课题研究计划制定了农村医生权利保障与执业行为规制情况调查研究方案,主要是在现有文献梳理的基础之上,结合社会调查、热点新闻报道资料等量化数据与质化数据综合分析、全面把握当前我国农村医生权利保障与执业行为规制的状况。同时,在开展课题研究的期间,2020 年 1 月发生了新冠肺炎疫情,在强制隔离背景下,农村医生承担了大量的基层患者或疑似患者、密切接触者的查验、随访、留观等一线防疫筛查和辅助分流的工作。因此,我们同时关注了突发公共卫生事件(新冠肺炎疫情)中,农村基层医疗卫生机构特别是村卫生室的运行情况,农村医生抗疫期间的权利保障情况。以下将以书面报告的形式予以呈现。

经过第二编“农村医生权利保障理论研究”的深入剖析,我们将农村医生的权利主要分为了一般公民权利、执业特殊权利、执业相关权利三大类权利类型,每一类权利类型下设多个分权利,例如一般公民权利包括了生命权、健康权、人格受尊重的权益、获得劳动报酬及休息权等权利类型。以此为理论框架,课题组就三大权利项下的各个分权利设置了调查,并专门制定了新冠肺炎疫情防控相关问题,以便全面掌握农村医生在医疗卫生常态化状态和医疗卫生紧急状态下的权利受保护与执业行为受规制的情况。同时,结合当前卫生行政执法部门的执法情况,重点对农村医生过度医疗、非法行医等违法执业行为进行了调查。社会调查和专家访谈主要针对农村医生、卫生行政监管机关、社会公众三大群体,从以下几方面进行:(1)三大受调查群体对农村医生权利保障与执业行为规制的认知;(2)三大受调查群体对农村医生权利保护与执业行为规制现状的态度和建议;(3)三大受调查群体对农村医生在新冠肺炎疫情防控中发挥作用的认知、态度等。

一、农村医生权利保障与执业行为规制社会调查设计与实施

(一)调查地点的选择

为保证对我国农村医生权利保障的现状有一个更为全面的把握,课题调

研组选取了我国东部、中部、西部三大经济地区中的15个省级行政区，对其农村医生权利保障与执业行为规制情况进行了调查。课题调研组在选择调研地点时主要考虑的以下因素：(1)调研地点的经济发展水平的梯度差异，即既要选择目前在我国3大经济地区中经济发展水平较高的地区，又要兼顾3个经济地区经济发展水平较低的地区，以此避免选择偏倚影响调查数据的可信度；(2)调研地点的医疗卫生服务总体情况，主要考虑当地的分级诊疗发展情况，特别关注在强化基层医疗机构诊疗服务能力方面做得较好的地区与做的较差的地区之间的对比分析；(3)调研地点的农村医生队伍规模大小，具体数据参考《中国卫生健康统计年鉴2019年版》公开的统计数据，主要涉及"2－1－8　2018年各地区卫生人员数(农村)·乡村医生和卫生员"。[①] 根据以上三个调研地点抽选标准，课题组经过会议讨论形成了东部、中部、西部地区的调研地点，分别是：(1)东部地区：河北省、辽宁省、江苏省、福建省、广东省；(2)中部地区：山西省、安徽省、河南省、江西省、湖南省、黑龙江省；(3)西部地区：四川省、陕西省、贵州省、甘肃省。

(二)调查对象的抽取

调查对象是指社会调查针对的核心主体，调查对象的抽取是社会调查活动中的重要步骤，是保证调查结果有效性和可信性的关键手段。课题调研组先期确立的社会调查的目标群体包括农村医生(主要是指乡村医生)、监管机关(主要是指农村医生上级主管机关的负责人和一线工作人员，以县级行政机关为主，包括部分的乡镇行政机关)、社会公众(主要是指农村医生服务范围内的社会公众)三大受调查群体。

由于调研主题是围绕农村医生展开的，调研的主要目的也是掌握全国范围内农村医生权利保障现状，因此课题调研组在抽取调查对象时主要以农村医生为主线，在每个选定的调查省份，我们采取多层随机抽样叠加的方式确定受调查的农村医生的名单：首先，随机选择5～10个地级市(根据省市的大小确定选择的地级市的数量)；其次，在5～10个地级市中随机选择5～10个县(区)或者县级市[对农村医生数量较少的、经济较发达的县(区)或者县级

① 参见张学高总编：《中国卫生健康统计年鉴》，中国协和医科大学出版社2019年版，第35页。

市予以剔除];再次,在选出的 5 ~ 10 个县(区)或者县级市中再选择 10 ~ 20 个乡镇(同样地,对农村医生数量较少的、经济较发达的乡镇予以剔除);最后,在选出的 10 ~ 20 个乡镇中再次抽取 10 ~ 20 个行政村(保证选中的行政村拥有 1 个以上的村卫生室和 1 名以上的农村医生、乡村医生)。为避免抽选过程的主观性,除了涉及核实农村医生数量的情况外,全过程采取两次不同人随机盲选的方式确定受调查的行政村,确保了抽取的农村医生的过程的客观性。在确定了农村医生之后,以农村医生所在行政村为中心,反向确定其监管机关,包括所属乡镇政府卫生所、所属县级卫生健康行政主管部门。同时,在开展调查时,采取方便抽样的抽样方式随机选择在村卫生室就诊的患者及其随行人员(可能是近亲属),若到村卫生室就诊的患者及其随行人员数量较少,在统计就诊人次(以调研时间段为准)的基础上,再以村卫生室为中心点,以辐射半径为基准,每间隔 1 千米随机选择 10 ~ 20 户村民作为受调查社会公众。

(三)调查问卷的设计

要注意的是,课题组开展本部分调研的主题虽然是"农村医生权利保护现状调查",但是考虑到与后续编章"农村医生执业行为规制研究"的衔接,节约调研的成本,课题组决定将针对农村医生执业行为规制状况的社会调查与针对农村医生权利保护的社会调查相结合,合并了两部分的调查问卷形成了"农村医生权利保护与执业行为规制的调查(农村医生卷)""农村医生权利保护与执业行为规制的调查(监管机关卷)""农村医生权利保护与执业行为规制的调查(社会公众卷)"三套调查问卷的初稿,调查问卷的具体结构见下文。

1. 农村医生权利保护与执业行为规制的调查(农村医生卷)

该套调查问卷为三套调查问卷的基础,监管机关问卷、社会公众问卷在农村医生问卷的主体框架范围内根据监管群体和社会公众群体认知和信息掌握水平对部分问题进行了调整。农村医生问卷主要包含以下几个组成部分。

(1)受调查农村医生的人口学信息

此部分设置的主要目的在于采集受调查农村医生的基本特征,特别是期望借助此次横断面观察,了解我国目前农村医生的整体资质水平。这部分主要设置了 9 个问题,包括农村医生的来源(地域)、性别、年龄(包括 5 个分段:20 ~ 30 岁、30 ~ 40 岁、40 ~ 50 岁、50 ~ 60 岁、60 岁及以上)、学历水平(包括 5

个分段：高中及以下、中专、大专、本科、硕士及以上）、所属单位［包括3个单位类型＋其他：村卫生室、乡镇卫生院、二级及以上医院（下派）、其他］、职责分工（主要包括3种职责分工：基本医疗服务、基本公共卫生服务、基本医疗＋基本公共卫生服务）、职称等级（包括5个类型：高级、副高、中级、初级、无）、获得的执业资格类型（包括4个类型＋其他：执业医生、执业助理医生、注册乡村医生、乡村全科执业助理医生、其他，注意乡村全科医生是新设置的一类执业资格类型，主要针对提供全科医疗卫生服务的基层医疗卫生工作人员）。

（2）对农村医生权利保护现状的认知、态度与建议

此部分设置的主要目的在于了解我国农村医生自身对当前所处的生存、发展环境的认知，从其视角观察所在地方政府及卫生健康行政部门履行保障农村医生权利的情况等。这部分主要设置了15组问题，主要包括：①受调查农村医生对农村医生权利认知的概括表达，基于此了解农村医生的权利自我意识；②受调查农村医生对农村医生享有的权利的范围的认知，该问题设置了开放选项，为受调查农村医生提供更大的倾诉渠道，也便于完善农村医生的权利保障体系；③受调查农村医生认为农村医生权利保护对解决贫困人口基本医疗有保障、健康中国建设、突发公共卫生事件预防与处置的作用大小，基于此掌握农村医生对自身权益保障重要性的认知程度；④受调查农村医生遭遇暴力伤医、言语威胁等的情况，对这一问题，调查问卷中设置了3个分问题，包括农村医生自我感受在执业过程中遇到医患纠纷（总的情况），遭受暴力伤医、言语威胁（涉及严重暴力威胁、伤害的纠纷情形）的频次，接受当地监管机关、行业协会医疗纠纷预防与处置培训的情况，此问题设置的主要目的在于间接了解农村医生生命权、人格受到尊严权利的受到侵犯或威胁的情况；⑤农村医生平时的休息、休假时间能否得到保障，该问题设置的直接目的是了解农村医生的休息权是否受到保障，间接目的也希望了解农村医生的现有工作制度安排是否已经威胁到了其身体健康；⑥受调查农村医生所在地区针对农村医生的工资待遇和养老保障的情况；⑦受调查农村医生接受基本医疗、公共卫生服务相关技能培训、继续教育的情况；⑧受调查农村医生所在村卫生室的设施设备的完善程度；⑨受调查农村医生参与卫生行政主管部门、行业组织民主管理活动的频次；⑩受调查农村医生所在村卫生室外出接诊的频率；⑪受调查农村医生对特殊执业权利中主要的8类分权利的重要性顺序

的认知；⑫受调查农村医生对本地区针对农村医生一般公民权利、特殊执业权利、执业相关权利采取措施的认知；⑬受调查农村医生对本地区农村医生权利保障总体效果的评价；⑭受调查农村医生认为制约本地区农村医生权利保护的因素有哪些；⑮受调查医生对农村医生权利保护的建议。

(3)对农村医生执业行为规制现状的认识、态度与建议

此部分设置的主要目的在于了解我国农村医生自身对当前的监管环境的认知。这部分只设置了12个问题，主要包括：①受调查农村医生认为目前哪些农村医生执业行为需要加强规制；②受调查农村医生认为农村医生执业行为规制对解决贫困人口基本医疗保障、健康中国建设、突发公共卫生事件预防与处置的作用大小；③受调查农村医生对农村医生执业行为规制与农村医生权利保护之间关系的态度；④受调查农村医生对本地区农村医生执业规范性的自我评价；⑤受调查农村医生认为当地农村医生在执业过程中存在哪些潜在的风险；⑥受调查农村医生自我回顾接收本地区卫生健康行政部门、行业组织有关执业规范、行业标准的培训情况；⑦受调查农村医生所在地区针对农村医生执业行为主要采取了哪些措施；⑧受调查农村医生所在地接受卫生监督执法检查的频次；⑨受调查农村医生认为本地区农村医生执业行为规制的总体效果是怎样的；⑩受调查农村医生认为影响农村医生执业行为规制效果的主要因素有哪些；⑪受调查农村医生认为针对农村医生执业行为的规制、监管应当采取怎样的态度；⑫受调查农村医生对农村医生执业规制的主要建议。

(4)对新冠肺炎疫情期间农村医生参与的认知、态度及建议

2020年年初发生的新型冠状病毒肺炎疫情为千年难遇之大疫，其传播力惊人，加之当时正值春运期间，返乡人群进一步助推了疫情的散播。农村地区由于医疗卫生服务能力整体不足，单凭县级医疗机构和乡镇卫生院的力量难以快速做到整个乡村范围内的疫情监测与筛查。2020年1月30日，国务院应对新型冠状病毒肺炎疫情联防联控工作机制发布了《关于进一步做好农村地区新型冠状病毒感染的肺炎疫情防控工作的通知》，文件明确提出，村卫生室工作人员要积极配合并且参与农村地区"农村筛查、医学追踪、预检分诊和转诊，实行每日报告制度，做好对返乡人员、流动人口的追踪、筛查，加强健康管理"。考虑到此背景，课题调研组在三大群体的调查问卷中都加入了本部分的调查内容。设置本部分的主要目的在于从突发公共卫生事件的视角

观察我国农村医生的权利保障及执业行为规制情况,填补此前社会调查研究存在"重医轻防"的问题。该部分设置了5个调查问题,包括一个开放式问题,具体设置情况为:①受调查农村医生对于自己所在基层医疗机构的整体运行情况的评价;②受调查农村医生对自己所处地区的乡镇政府采取的增强社区或乡镇新冠肺炎疫情防控措施的了解情况;③受调查农村医生对自己所在的乡镇卫生院、村卫生室采取的疫情防控措施的了解情况;④受调查农村医生对其本身对所在社区疫情防控产生的实际效果的评价;⑤受调查农村医生列举所在基层医疗机构在此次新冠肺炎疫情期间的优秀举措。其余两套调查问卷针对此部分的设置内容一致,下文不再赘述。

2. 农村医生权利保护与执业行为规制的调查(监管机关卷)

虽然农村医生发展历程不同于从西方发达国家引进执业医生制度,但是自2003年《乡村医生从业管理条例》颁行后,绝大多数乡村诊所的农村医生都取得了乡村医生资格证,有的通过了执业医生、执业助理医生和乡村全科助理医生资格考试,取得了相应的执业资格。因此,农村医生的权利保障以及执业行为规制同样需要引起农村地区的卫生健康行政部门的重视。监管机关问卷主要包含以下几个组成部分。

(1)受调查监管机关工作人员的人口学信息

此部分设置的主要目的在于采集受调查监管机关工作人员的基本特征,特别是期望借助此次横断面观察,了解我国农村地区负责农村医生权益保障和执业监管的主要职能部门的构成情况。这部分主要设置了8个问题,包括监管机关工作人员的来源(地域)、性别、年龄(包括5个分段:20~30岁、30~40岁、40~50岁、50~60岁、60岁及以上)、学历水平(包括4个分段:专科及以下、本科、硕士、博士)、所属单位[包括5个单位类型:市/县卫生健康委,市/县市场监督管理局、药品监督管理局,市/县社保局、医疗保障局,市/县卫生执法监督大队,乡镇政府(主管卫生工作部门)]、职位(包括4个类型:处级及以上、科级、股级、科员)、职责范围(包括3个范围+其他:政策制定、从业资格管理、综合监督执法、其他)、工作年限(包括4个分段:5年及以下、5~10年、10~20年、20年及以上)。

(2)对农村医生权利保护现状的认知、态度与建议

此部分设置的主要目的在于了解我国农村医生监管部门及其工作人员

对当前所管辖区域内农村医生所处的生存、发展环境的认知，从其视角观察反映当地农村医生权利实现的总体情况及他们对于农村医生权利保障的态度，并期望通过此次调查采集到更加切合基层医疗卫生发展现状和实际需要的农村医生权利保障方案的建议等。这部分主要设置了15组问题，主要包括：①受调查监管机关工作人员对农村医生权利认知的总体把握，基于此了解监管机关是否对农村医生权利问题给予了应有的重视；②受调查监管机关工作人员对农村医生享有的权利的范围的认知，该问题设置了开放选项，为受调查监管机关工作人员贡献更多的本地经验提供了渠道；③受调查监管机关工作人员认为农村医生权利保护对解决贫困人口基本医疗保障、健康中国建设、突发公共卫生事件预防与处置的作用大小，基于此掌握监管机关对农村医生权益保障重要性的认知程度；④受调查监管机关工作人员对于本地区采取的针对农村医生一般公民权利保护措施的认知情况，主要目的在于间接掌握当地对农村医生一般公民权利是否采取了实质性的保护措施；⑤受调查监管机关工作人员对当地农村医生一般公民权利保护的总体效果的把握；⑥受调查监管机关工作人员对本地区医患纠纷总体情况和农村医生医患纠纷总体效果的评价；⑦受调查监管机关工作人员对于当地针对农村医生开展的医疗纠纷预防与处置培训年度频次的了解情况；⑧与农村医生一般公民权利保障有关的两个问题，与农村医生卷基本一致，即受调查监管机关工作人员对本地区农村医生待遇落实情况、休息休假事件保障情况的了解程度；⑨受调查监管机关工作人员对于本地区采取的针对农村医生特殊执业权利保护措施的认知情况；⑩受调查监管机关工作人员对本地区农村医生特殊执业权利保护总体效果的评价；⑪受调查监管机关工作人员对本地区采取的针对农村医生执业相关权利保护措施的认知情况；⑫受调查监管机关工作人员对本地区农村医生执业相关权利保护总体效果的评价；⑬与农村医生执业相关权利保障有关的三个问题，与农村医生卷基本一致，主要包括监管机关工作人员对农村医生参与技能培训及继续教育的年度频次、村卫生室设置设备配置情况、农村医生参与当地卫生行政部门及行业组织民主管理活动情况的了解程度；⑭受调查监管机关工作人员认为制约本地区农村医生权利保护的因素有哪些；⑮受调查监管机关工作人员对农村医生权利保护的建议。

(3)对农村医生执业行为规制现状的认识、态度与建议

监管机关主要职能在于对农村医生队伍执业行为规范性的监测和管理，以确保农村卫生室平稳运行，保障农村患者的医疗安全。此部分是监管机关问卷的核心，此部分设置的主要目的在于了解我国农村医生监管机关对当前的监管体制、机制及其运行情况的认知。这部分主要设置了 10 个问题，主要包括：①受调查监管机关工作人员认为目前哪些农村医生执业行为需要加强规制；②受调查监管机关工作人员认为农村医生执业行为规制对解决贫困人口基本医疗保障、健康中国建设、突发公共卫生事件预防与处置的作用大小；③受调查监管机关工作人员对农村医生执业行为规制与农村医生权利保护之间关系的态度；④受调查监管机关工作人员对本地区农村医生执业规范性的总体评价；⑤受调查监管机关工作人员对于本地区针对农村医生执业行为规制采取的主要措施的了解情况；⑥受调查监管机关工作人员所在地区针对农村医生执业行为专项执法检查的年度频次；⑦受调查监管机关工作人员对本地区农村医生执业行为规制总体效果的看法；⑧受调查监管机关工作人员认为影响农村医生执业行为规制效果的主要因素有哪些；⑨受调查监管机关工作人员认为针对农村医生执业行为的规制应当采取怎样的态度；⑩受调查监管机关工作人员对农村医生执业规制的主要建议。以上问题设置存在与农村医生卷相互重合的地方，这些题目设置的主要目的在于与受调查农村医生的认知情况进行对比，以发现二者之间的认识差异，有助于更好地调整我国农村医生执业行为规制相关政策。

3. 农村医生权利保护与执业行为规制的调查(社会公众卷)

农村医生这一特殊群体脱胎于 20 世纪 60 年代的“三级医疗保健网络”制度，其主要是为了响应世界卫生组织“2000 年人人享有健康”倡议及《阿里木图宣言》提出的“初级卫生保健”理念，创造性地开展农村医疗卫生工作。因此，社会公众(主要是长期在农村居住的社会公众)对农村医生拥有独特的感受与理解，他们的家人、亲戚或者朋友可能就是农村医生。考虑到农村社会公众的文化水平，课题调研组在设计调查问卷的时候改变了问题的设问角度，降低了问题中专业词汇的比重，以尽可能真实测量社会公众的意见。社会公众问卷主要包含以下几个组成部分。

(1)受调查社会公众的人口学信息

此部分设置的主要目的在于采集社会公众的基本特征,特别是期望借助此次横断面观察,了解我国农村地区基本医疗卫生服务的受众变化情况。这部分主要设置了8个问题,包括社会公众的来源(地域)、性别、年龄(包括4个分段:20~30岁、30~40岁、40~50岁、50岁及以上)、文化程度(包括5个分段:高中及以下、中专、大专、本科、硕士及以上)、职业(包括8个类别+其他:工人、农民、公务员、教师、个体工商户、企业管理人员、企业职员、学生、其他)、家庭可支配收入情况(包括4个分段:1万元及以下、1万~3万元、3万~5万元、5万元及以上)、接受农村医生医疗服务的情况(包括3个类型:经常、偶尔、从不)、与农村医生签订家庭医生服务协议的情况(包括两个类型:签约、未签约)。

(2)对农村医生权利保护现状的认知、态度与建议

此部分设置的主要目的在于了解我国农村地区社会公众(以村卫生室为中心进行半径抽样)对当前农村医生所处的生存、发展环境的认知,从第三人的视角观察所在地方政府及卫生健康行政部门履行保障农村医生权利的情况等。这部分主要设置了13个问题,主要包括:①受调查社会公众对农村医生享有的权利的范围的认知,为了保证受调查社会公众能够理解题目,问卷列举了每一大类权利项下的具体权利。此外,该问题设置了开放选项,为受调查社会公众提供表达自我意见的渠道。②受调查社会公众认为农村医生权利保护对解决贫困人口基本医疗保障、健康中国建设、突发公共卫生事件预防与处置的作用大小,通过从社会公众受到的健康保障"收益"自我评价间接强调农村医生权利保护的重要性。③受调查社会公众对本地区农村医生业务能力、职业责任心的评价,间接反映当地农村医生获得执业技能提升和继续教育培训的情况。④受调查社会公众在身体不适时,是否能够理性地选择就医途径,这一点既可反映当地农村社会公众就医观念的变化情况,也可以间接反映农村医生的特殊执业权利保障情况,即其医疗卫生服务水平有没有获得社会公众的认可。⑤受调查社会公众认为导致现在医患关系紧张的主要原因是什么。⑥受调查社会公众是否与当地农村医生发生过医疗纠纷,如果在人口学信息部分选择没有去过村卫生室诊疗的则不填此题。⑦受调查社会公众个人感觉本地区农村医生的工作强度以及休息休假权利受到保

障的情况。⑧受调查社会公众认为有没有必要对农村医生加强业务能力培训及医疗纠纷预防与处置能力培训，因为农村社会公众很难获知农村医生接受上述培训的具体情况，故而转为此种间接的提问方式。⑨受调查社会公众认为有没有必要为农村医生购买执业责任保险和养老保险。⑩受调查社会公众认为有没有必要完善当地农村卫生室的设施设备。⑪受调查社会公众认为本地区农村医生权利保护的总体情况是怎么样的。⑫受调查社会公众认为制约本地区农村医生权利保护的因素有哪些。⑬受调查医生对农村医生权利保护的建议。

(3)对农村医生执业行为规制现状的认识、态度与建议

此部分设置的主要目的在于了解农村社会公众对当前的农村医生执业监管情况的认知。这部分设置了10组问题，主要包括：①受调查社会公众认为当地农村医生最常见的执业行为有哪些，借此间接了解当地农村医生是否规范完成国家规定的基层医疗卫生服务。②受调查社会公众认为农村医生执业行为规制对解决贫困人口基本医疗保障、健康中国建设、突发公共卫生事件预防与处置的作用大小。③受调查社会公众对农村医生执业行为规制与农村医生权利保护之间关系的态度。④受调查社会公众认为当地农村医生在执业过程中存在的违规行为。⑤受调查社会公众对本地区提供的农村医生执业社会监督、投诉渠道的了解情况，主要目的在于掌握当地是否建立针对农村医生执业行为的社会监督机制；并且，问卷在此问题之后紧接着提问受调查社会公众就农村医生的违法执业行为寻求举报、投诉的频率。⑥受调查社会公众认知范围内，所在地区针对农村医生执业行为主要采取了哪些措施，主要与当地监管部门宣传、执行力度有关。⑦受调查社会公众认为本地区农村医生执业行为经监管部门规制的总体效果是怎么样的。⑧受调查社会公众认为影响农村医生执业行为规制效果的主要因素有哪些。⑨受调查社会公众认为针对农村医生执业行为的规制，监管应当采取怎样的态度。⑩受调查社会公众对农村医生执业规制的主要建议。

(四)社会调查开展情况的简述

课题组在开展问卷调查之前对问卷进行了质量把控，在小范围内进行试验调查，经过对每一个问题的信效度检验之后，课题组将上述问卷设计中部

分问题予以删除并调整了题目的顺序，在此基础之上确定了最终稿。问卷调查和访谈的实施是同时进行的，在开始问卷调查之前，课题组召开了调研工作质量控制与调研人员培训会议，确定了分赴15个调查点的调查队员和具体调查路线、日程安排、初步抽样情况及与当地人员联络的方式等重要事项，同时对调查员如何开展调查，包括如何发放、监测电子调查问卷展开了培训。

课题调研组自2019年10月至2020年5月分5批次对前面选定的15个调查点联合开展了问卷调查、专题访谈。调研整体过程较为顺利，由于调研期间经历了新型冠状病毒肺炎疫情，课题组临时决定改变调研方式，放弃了到当地农村进行走访调查的方式，主要采用调查问卷定向推送或者通过当地联系人派发电子问卷、打印纸质问卷方式开展问卷调查，访谈则通过电话方式进行。此外，课题组花费两个月时间运用问卷星系统将调研问卷和访谈记录数据录入形成数据库，便于后续数据的分析。

问卷发放与回收情况如下。

1. 农村医生问卷：2019年10月～2020年3月，通过实地走访发放电子调查问卷及线上定向推送电子调查问卷的方式，课题调研组在15个选定省份累计发放调查问卷1000份，实际收回问卷（没有出现中途弃填情形）928份，其中经过核查组核查最终能够纳入有效统计的问卷仅805份，问卷回收率为92.80%，有效调查问卷的回收率为80.50%。

2. 监管机关问卷：2019年10月～2020年3月，通过实地走访发放电子调查问卷及线上定向推送电子调查问卷的方式，课题调研组在15个选定省份累计发放调查问卷500份，实际收回问卷356份，其中经过核查组核查最终能够纳入有效统计的问卷仅206份，问卷回收率为71.20%，有效调查问卷的回收率为41.20%。

3. 社会公众问卷：2019年10月～2020年3月，通过实地走访发放调子调查问卷及线上定向推送电子调查问卷的方式，课题调研组在15个选定省份累计发放调查问卷1500份，实际收回问卷1249份，其中经过核查组核查最终能够纳入有效统计的问卷仅1004份，问卷回收率为83.26%，有效调查问卷的回收率为66.93%。

需要引起注意的是，由于调研主要采取的方式是无纸化调研的方式，使用纸质版调查问卷的情况很少，不可避免地导致部分农村地区的留守、孤寡老年人以及不会使用智能手机的群体没有机会参与此次调查,故相关数据存在一定的抽样偏倚。

二、农村医生权利保障社会调查反馈情况的分析

(一)对农村医生调查问题的统计分析

1. 受调查农村医生的人口学特征分析

(1)受调查农村医生的男女性别比例接近1∶1,女性受调查农村医生更为积极,受调查比例略高于男性,约占受调查农村医生总人数的56.02%。(2)受调查农村医生以中青年为主,这确实反映出此次调查受电子化调查方法影响较大,其中年龄分布主要集中于30~40岁,有386人,占受调查农村医生总人数的47.95%;年龄在40~50岁的有162人,占比达20.12%。(3)受调查农村医生的学历层次相对较低,受调查农村医生学历主要集中在中专、大专,其中学历为中专的有472人,占比达58.63%,学历为大专的有225人,占比达27.95%。(4)受调查农村医生隶属单位多在乡镇卫生院,有437人,占比达54.29%,反映出当前多数地区推行"乡村一体化"建设后,农村医生整体素质有所提升;隶属于村卫生室的受调查农村医生有157人,占比达19.50%。(5)受调查农村医生的职责分布集中在基本公共卫生服务,有367人,占比达45.59%,这也反映出农村医生的诊疗实际情况,即很难与城市大型医疗机构竞争医疗服务。(6)受调查农村医生的职称集中在初级、中级,占比达73.17%。受调查农村医生取得的从业资格最多的是执业助理医生,有302人,占比达37.52%;注册乡村医生有216人,占比达26.83%。(7)受调查农村医生的工作年限较长,5年以上工作经历有554人,占比达68.82%。

2. 对农村医生权利保护现状的认知、态度与建议

(1)受调查农村医生更加重视人身权利以及财产权利的保障,换言之,他们认为当前影响自己生存、发展的主要因素是精神上没有获得应有赞扬,更没有获得应有的地位与尊重,经济上也没有获得应有的待遇保障。调查数据显示,受调查农村医生最终选择的占比先后依次是一般公民权利(72.92%)、特殊执业权利(76.4%)、执业相关权利(59.13%)。

(2)受调查农村医生对自身定位仍然不清晰,在特殊执业权利各分支权利

的重要性排序中,医疗性权利排位优先于公共卫生性权利。具体的数据分布如表9-1所示。

表9-1 受调查农村医生对特殊执业权利的各分支权利的排序

选项	平均综合得分
身体检查权,例如体格检查、病灶检查等	6
疾病诊疗权,例如开药、开检查等	5.61
疾病调查权,例如了解病因、病史等	5.07
强制治疗权,例如对传染病人的隔离治疗、强制戒毒等	4.94
医疗告知裁量权,例如手术、麻醉前告知等	4.31
医疗行为豁免权,例如抢救、医疗意外等情况下不承担责任	3.97
医疗证明权,例如开具病情证明、伤情证明等	3.35
健康宣教权,例如宣传公共卫生知识、疾病预防知识等	2.35
其他	0.04

(3)受调查农村医生普遍认为当前执业阶段遭遇严重的医疗暴力威胁的情况比较少见。调查数据显示,受调查农村医生中选择偶尔遇到暴力威胁和言语威胁的有403人,占比达50.06%;选择很少见的有273人,占比达33.91%。

(4)受调查农村医生普遍认为现在的休息、休假时间不足,休息权只能基本获得满足。调查数据显示,受调查农村医生中选择休息、休假时间基本能够得到保障的有422人,占比达52.42%;选择休息、休假时间较少的有246人,占比达30.56%。

(5)受调查农村医生普遍感受到现阶段自身获得的技能培训和继续教育的年度频次有所增加。调查数据显示,受调查农村医生中选择每年接受0~6次/年的有557人,占比达69.19%;选择6~12次/年的有206人,占比达25.59%。

(6)受调查农村医生普遍认为所在地区农村医生工资待遇和养老保障条件有所改善,但是还有提升的空间。调查数据显示,受调查农村医生选择工资待遇和保障条件较好的有372人,占比达46.21%;选择工资待遇和保障条件一般的有314人,占比达39.01%。

(7)受调查农村医生普遍认为所在村卫生室的设施、设备较为完善,但是仍然需要进一步完善。调查数据显示,受调查农村医生选择设施、设备较为完善的有376人,占比达46.71%;选择设施、设备一般的有300人,占比达37.27%。

(8)受调查农村医生参与当地卫生行政主管部门、行业组织民主管理活动较少。调查数据显示,受调查农村医生选择偶尔参与的有541人,占比达67.2%。

(9)受调查农村医生对当地采取的针对农村医生三大类权利保护的主要措施的认识情况(见图9-1、图9-2、图9-3)。

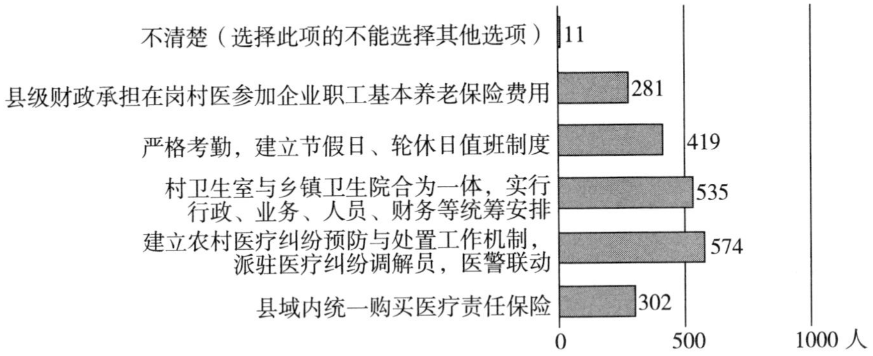

图9-1　受调查农村医生对当地采取的保护农村医生一般公民权利措施的认知

注:由于关于当地采取保护农村医生三大权利措施三题的设置为多选题,因此各选枝之和不等于805人,针对其他群体的类似问卷同次情形。

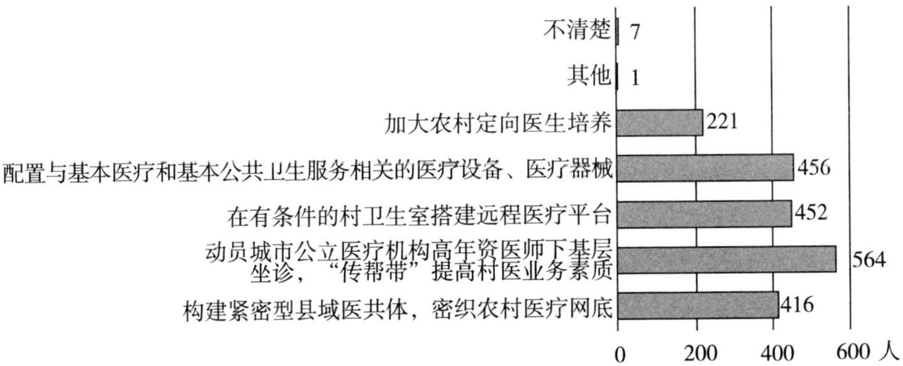

图9-2　受调查农村医生对当地采取的保护农村医生特殊执业权利措施的认知

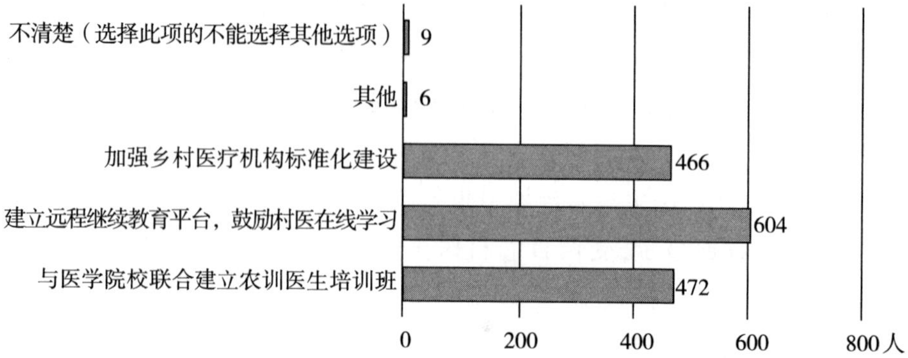

图9－3　受调查农村医生对当地采取的保护农村医生执业相关权利措施的认知

从图9－1、图9－2、图9－3的数据可以发现,受调查地区针对农村医生三大类权利的保障,采取的措施有一定共性,即认为目前主要通过农村内部医疗卫生资源互补、上下流动的方式加以保障,例如"乡村一体化推进""县域内紧密医联体构建"等。

(10)受调查农村医生对当地农村医生三大类权利保障的总体效果的评价(见图9－4)。

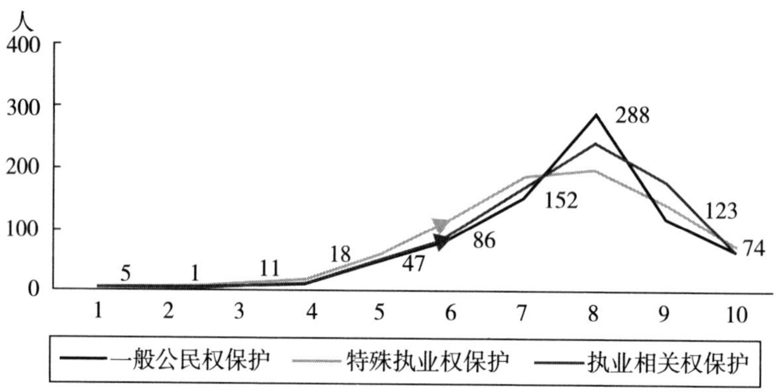

图9－4　受调查农村医生对当地农村医生三大类案例保障总体效果的评价

(11)受调查农村医生针对农村医生权利保障的建议的选择排序依次是(此题为多选题):①符合条件的村卫生室和乡村个体诊所等可纳入医保定点医疗机构管理(有557人,占比达69.19%);②持续、规范对乡村医生开展实用技能和适宜技术培训(有499人,占比达61.99%);③采取政府购买、村医签约与一般诊疗服务相结合的服务模式,保证合理收入(有424人,占比达

52.67%）；④择优遴选在村卫生室工作突出的村医，纳入乡镇卫生院编制，实行乡聘村用（有418人，占比达51.93%）；⑤鼓励在岗村医进入中、高等医学院校接受医学学历教育，提高整体学历层次（有369人，占比达45.84%）；⑥建立乡村全科执业医生制度（有304人，占比达37.76%）；⑦推动建立乡村医生行业自治组织，积极采纳乡村医生政策建议（有221人，占比达27.45%）。

（二）对监管机关调查问题的统计分析

1. 受调查监管机关工作人员的人口学特征

（1）受调查监管机关工作人员的男女比例接近1∶1，其中女性受调查监管机关工作人员略多于男性受调查监管机关工作人员，占比达53.4%。（2）受调查监管机关工作人员以中青年为主，其中30～40岁的受调查监管机关工作人员有99人，占比达48.06%；40～50岁的受调查监管机关工作人员有58人，占比达28.16%。（3）受调查监管机关工作人员的学历水平总体较高，其中学历为本科的受调查监管机关工作人员有137人，占比达66.5%，拥有硕士学位的受调查监管机关工作人员有52人，占比达25.24%。（4）受调查监管机关工作人员隶属单位广泛，其中来自市/县社保局、医疗保障局的最多，有76人，占比达6.89%；其次来自市/县市场监督管理局、药品监督管理局的有59人，占比达28.64%。（5）受调查监管机关工作人员主要为中下层工作人员，其中，属于科级的受调查监管机关工作人员最多，有72人，占比达34.95%。（6）受调查监管机关工作人员主要负责从业资格管理与综合监督执法，分别占受调查监管机关工作人员总人数的比重分别为52.91%与37.38%。（7）受调查监管机关工作人员的工作年限较长，工作年限在5年以上的占比达72.82%。

2. 对农村医生权利保护现状的认知、态度与建议

（1）受调查监管机关工作人员更加重视农村医生特殊执业权利的保障，其与受调查监管机关工作人员主要来自从业资格管理部门不无关系。调查数据显示，受调查监管机关工作人员选择特殊执业权利的有148人，占比达71.84%；其次是一般公民权利，有135人，占比达65.53%。

（2）受调查监管机关工作人员对当地采取的针对农村医生三大类权利保障的主要措施认知情况（见图9-5、图9-6、图9-7）。

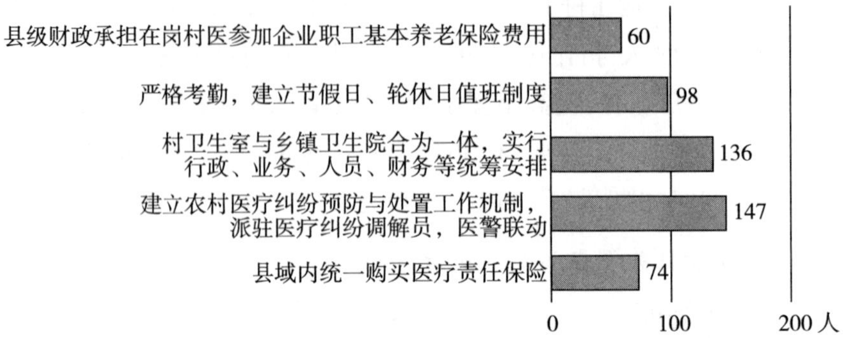

图 9－5　受调查监管机关工作人员对当地采取的保障农村医生一般公民权利措施的认知

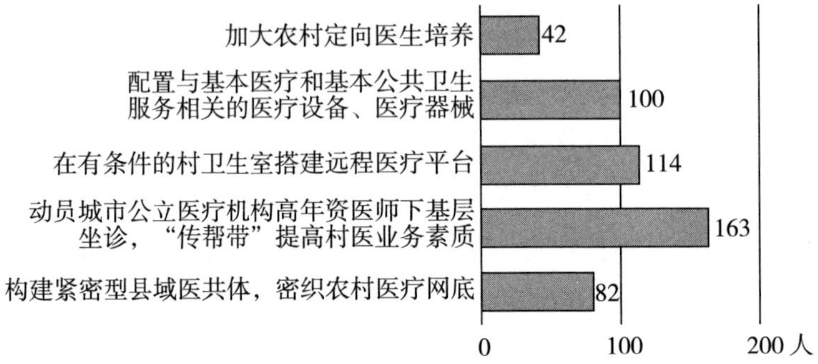

图 9－6　受调查监管机关工作人员对当地采取的保障农村医生特殊执业权利措施的认知

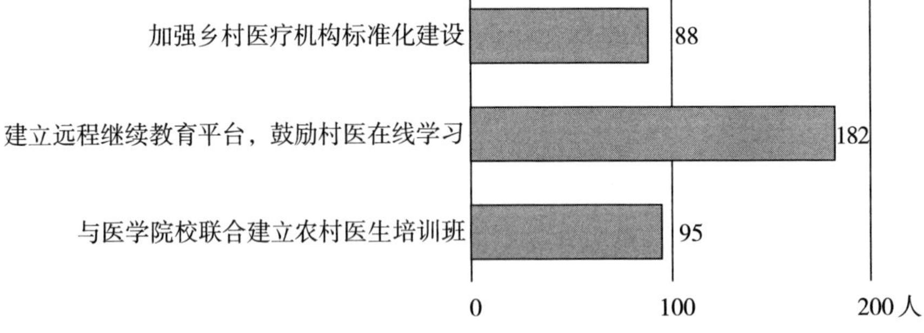

图 9－7　受调查监管机关工作人员对当地采取的保障农村医生执业相关权利措施的认知

如图 9 - 5、图 9 - 6、图 9 - 7 所示,受调查监管机关工作人员对当地采取的针对农村医生三大类权利保护措施的认知与受调查农村医生的认知基本一致,即亦认为主要通过农村内部医疗卫生资源互补、上下流动的方式加以保障,例如“乡村一体化推进”“县域内紧密医联体构建”等。相异之处主要在于部分分支权利保护措施存在优先级上的差别,例如,在针对农村医生特殊执业权利保障方面,受调查监管机关工作人员认为“在有条件的村卫生室搭建远程医疗平台”更优先于“配置与基本医疗和基本公共卫生服务相关的医疗设备、医疗器械”。

(3)受调查监管机关工作人员认为本地区农村医生一般公民权利、特殊执业权利、执业相关权利受保障效果较好,但是还有提升的空间。调查数据显示,就农村医生的一般公民权利,受调查监管机关工作人员选择“总体效果较好”的有 130 人,占比达 63.11%;选择“总体效果好”的仅有 34 人,占比达 16.5%;选择“总体效果一般”的有 37 人,占比达 17.96%。就特殊执业权利而言,受调查监管机关工作人员选择“总体效果较好”的有 122 人,占比达 59.22%;选择“总体效果好”的仅有 36 人,占比达 17.48%;选择“总体效果一般”的有 45 人,占比达 21.84%。就执业相关权利而言,受调查监管机关工作人员选择“总体效果较好”的有 113 人,占比达 54.85%;选择“总体效果好”的有 38 人,占比达 18.45%;选择“总体效果一般”的有 52 人,占比达 25.24%。

(4)受调查监管机关工作人员了解的当地针对农村医生开展的医疗纠纷预防与处置培训基本维持在每两个月一场的水平,总体培训次数较少,但是符合《执业医师法》《乡村医生从业管理条例》有关农村医生培训的规定。调查数据显示,受调查监管机关工作人员选择“0 ~ 6 次/年”的有 119 人,占比达 57.77%;选择“6 ~ 12 次/年”的有 76 人,占比达 36.89%;要引起注意的是,有 2 人选择了“0 次/年”。

(5)受调查监管机关工作人员对自身所在地区农村医生待遇的落实情况自我评价较好,这一点与受调查农村医生认识基本一致。调查数据显示,受调查监管机关工作人员选择“待遇落实情况较好”的有 125 人,占比达 60.68%;选择“待遇落实好”的仅有 19 人,占比达 9.22%。

(6)受调查监管机关工作人员认为本地区农村医生的工作强度较大,休息、休假时间基本能够得到保障。调查数据显示,受调查监管机关工作人员选择

“休息、休假时间基本能够得到保障”的有 109 人，占比达 52.91%；选择“休息、休假时间较少”的有 67 人，占比达 32.52%。

(7)受调查监管机关工作人员认为本地区村卫生室的设施、设备较为完善，但是仍然有待提升。调查数据显示，受调查监管机关工作人员选择“设施、设备较为完善”的有 107 人，占比达 51.94%；选择“设施、设备完善”的仅有 25 人，占比达 12.4%。

(8)受调查监管机关工作人员认为当地农村医生参与卫生行政主管部门及行业组织民主管理活动较少。调查数据显示，受调查监管机关工作人员选择“偶尔参加卫生行政主管部门、行业组织民主管理活动”的有 126 人，占比达 61.17%；选择“经常参加卫生行政主管部门、行业组织民主管理活动”的有 64 人，占比达 31.07%；须要引起注意的是有 16 人选择“从不参加卫生行政主管部门、行业组织民主管理活动”的有 16 人，占比达 7.77%。

(9)受调查监管机关工作人员认为制约本地区农村医生权利保障的主要因素分布(见图 9-8)。

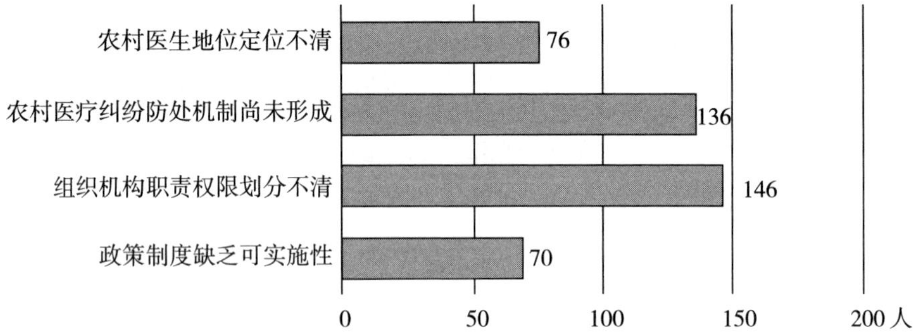

图 9-8 受调查监管机关工作人员认为制约农村医生权利保护的主要因素分布

从图 9-8 可见，受调查监管机关工作人员认为制约农村医生权利保障的排位第一的因素是组织机构职权划分不清楚，导致主管机关对农村医生管理薄弱，长期以来农村医疗卫生特别是村级医疗卫生处于半自主运行状态，农村医生的权利问题也时常被忽视，我们可以在后续全国各地农村医生权利保障报道中得到确证。

(10)受调查监管机关工作人员针对农村医生权利保障的建议排序如下(多选题)：①将符合条件的村卫生室和个体诊所等纳入医保定点医疗机构管理(有

132 人，占比达 64.08%）；②采取政府购买、村医签约与一般诊疗服务相结合服务模式，保证合理收入（有 111 人，占比达 53.88%）；③持续、规范对乡村医生开展实用技能和适宜技术培训（有 110 人，占比达 53.4%）；④择优遴选在村卫生室工作突出的村医，纳入乡镇卫生院编制，实行乡聘村用（有 103 人，占比达 50%）；⑤鼓励在岗村医进入中、高等医学院校接受医学学历教育，提高整体学历层次（有 69 人，占比达 33.5%）；⑥建立乡村全科执业医生制度（有 62 人，占比达 30.1%）；⑦推动建立乡村医生行业自治组织，积极采纳乡村医生政策建议（有 43 人，占比达 20.87%）。

（三）对社会公众调查问题的统计分析

1. 受调查社会公众的人口学特征

（1）受调查社会公众的男女比例接近 1∶1，其中女性受调查社会公众略多于男性受调查社会公众，占比达 56.87%。（2）受调查社会公众以青年为主，其中 20～30 岁的受调查社会公众有 424 人，占比达 42.23%；30～40 岁的受调查社会公众有 411 人，占比达 40.94%。（3）受调查社会公众的学历水平总体较低，其中学历为高中及以下的受调查社会公众有 613 人，占比达 61.06%。（4）受调查社会公众的职业分布相对集中，其中职业为“农民”的最多，有 328 人，占比达 32.67%；职业为“个体工商户”的有 148 人，占比达 14.74%。（5）受调查社会公众的家庭中可支配收入在“1 万～3 万元”的有 366 人，占比达 36.45%；家庭中可支配收入在“3 万～5 万元”的有 255 人，占比达 25.4%；家庭中可支配收入在“1 万元及以下”的有 137 人，占比达 13.65%。（6）受调查社会公众接受村医医疗卫生服务的频次不高，“偶尔”选择村医医疗卫生服务的有 683 人，占比达 68.03%。（7）受调查社会公众多数没有与村医签订家庭医生服务协议，“未签约”的有 594 人，占比达 59.16%。

2. 对农村医生权利保护现状的认知、态度与建议

（1）受调查社会公众绝大多数认为应当首先着重加强对农村医生一般公民权利的保障，其次才是对农村医生特殊执业权利与执业相关权利的保障。调查数据显示，受调查社会公众选择“一般公民权利”的有 773 人，占比达 76.99%；受调查社会公众选择“特殊执业权利”的有 718 人，占比达 71.51%；受调查社会公众选择“执业相关权利”的有 630 人，占比达 62.75%；受调查社会公众选择

“其他权利”的有1人,占比达0.1%。

(2)受调查社会公众多数具有理性的就医观念,不排斥接受农村医生医疗卫生服务。调查数据显示,被调查社会公众选择“身体不适时,根据病情轻重决定是否优先去村卫生室就诊”的有671人,占比达66.83%;选择“身体不适时,不优先考虑去村卫生室就诊”仅有68人,占比达6.77%。

(3)受调查社会公众很少与当地农村医生发生医疗纠纷。调查数据显示,被调查社会公众选择“从没有发生医疗纠纷”的有506人,占比达50.4%;选择“有较多次”的有157人,占比达15.64%;选择“偶尔发生”的有341人,占比达33.96%。

(4)受调查社会公众感知到当地农村医生工作强度较大,休息、休假时间较少。调查数据显示,受调查社会公众选择“工作强度较大,休息时间较少”的有452人,占比达45.02%;选择“工作强度一般,休息时间能够得到保障”的有347人,占比达34.56%;选择“工作强度大,休息少”的有129人,占比达12.85%;选择“不太清楚”的有76人,占比达7.57%。

(5)受调查社会公众多数认为急需对农村医生加强业务能力培训和医疗纠纷预防处置培训。调查数据显示,受调查社会公众选择“非常有必要”的有428人,占比达到42.63%;选择“有必要”的有520人,占比达51.79%;选择“没有必要”的有56人,占比达5.58%。

(6)受调查社会公众普遍认为应当为农村医生购买执业责任保险和养老保险。调查数据显示,受调查社会公众认为“非常有必要”购买的有392人,占比达39.04%;认为“有必要”购买的有577人,占比达57.47%;认为“没有必要”购买的有35人,占比达3.49%。

(7)受调查社会公众普遍认为应当完善当地农村卫生室的设施、设备。调查数据显示,受调查社会公众认为“非常有必要”完善的有484人,占比达48.21%;认为“有必要”完善的有464人,占比达46.22%;认为“没有必要”的有56人,占比达5.58%。

(8)受调查社会公众对当地农村医生三大类权利保障的总体效果的评价(见图9-9)。

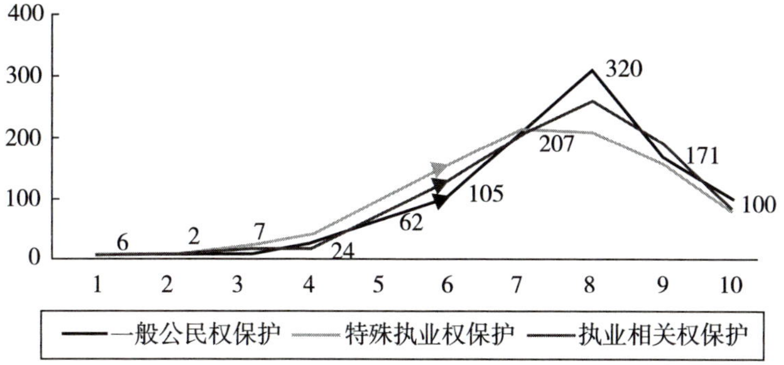

图 9－9 受调查社会公众对当地农村医生三大类案例保障总体效果的评价

横向比较,受调查农村医生、社会公众、监管机关工作人员对当地农村医生三大类权利保障的总体效果的评价基本一致,都认可当地针对“农村医生一般公民权利”的保障做得较好,其也间接反映既往农村医生一般公民权利受到的侵害或忽视较为严重,随着社会舆论与政策关注的增多,农村医生权利保障不足的处境正逐步改善。当然在相关政策带动下,相关问题也能够妥善地被解决。

(9)受调查社会公众认为制约本地区农村医生权利保障的主要因素排序依次为:①选择“农村医疗纠纷防处机制尚未形成”的有 742 人,占比达 73.9%;②选择“组织机构职责权限划分不清”的有 727 人,占比达 72.41%;③选择“政策制度缺乏可实施件”的有 524 人,占比达 52.19%;④选择“农村医生地位定位不清”的有 448 人,占比达 44.62%;⑤选择“其他”的有 2 人,占比达 0.2%。

(10)受调查社会公众针对农村医生权利保障的建议排序如下(多选题):①符合条件的村卫生室和乡村个体诊所等可纳入医保定点医疗机构管理(有 675 人,占比达 67.23%);②采取政府购买、村医签约与一般诊疗服务相结合服务模式,保证合理收入(有 594 人,占比达 59.16%);③持续、规范对乡村医生开展实用技能和适宜技术培训(有 570 人,占比达 56.77%);④择优遴选在村卫生室工作突出的村医,纳入乡镇卫生院编制,实行乡聘村用(有 487 人,占比达 48.51%);⑤鼓励在岗村医进入中、高等医学院校接受医学学历教育,提高整体学历层次(有 440 人,占比达 43.82%);⑥村卫生室与乡镇卫生院合为一体,实行行政、业务、人员、财务等统筹安排(有 396 人,占比达 39.44%);⑦建立农村医疗纠纷预防与处置工作机制,派驻医疗纠纷调解员,医警联动(有 352 人,占比达 35.06%);⑧建立乡村全科执业医生制度(有 346 人,占比达 34.46%);⑨建立远程继续教育平台,鼓励村医在线学习(有 283 人,占比达 28.19%);⑩推动建立乡村医生行业自治组织,积极采纳乡村医生政策建议(有 216 人,占比达 21.51%)。

第十章　农村医生权利保障的个案观察

前文中，我们通过在全国东部、中部及西部选定不同经济发生水平的15个调查点，并针对农村医生、监管机关工作人员、社会公众三大群体细致的问卷调查，初步掌握了全国范围内农村医生、监管机关、社会公众对于农村医生权利保障问题的认识、态度以及建议。但是，由于调查问卷本身的局限性，即必须考虑到调查问卷易读性，不能使调查对象因为调查问卷晦涩主动选择放弃答卷，因此通过问卷调查采取的信息必然存在粗浅性、片面性等不足。为此，我们决定收集一批全国范围内有关农村医生权利保障的典型事例、案例（进入诉讼等纠纷处理程序的），并加以评析，汲取其中的有益经验，总结现有农村医生保障体制、机制之不足。此外，我们还采集了全国范围内专门针对农村医生个人的新闻报道，以期更加全面地倾听农村医生针对自身权利保障的呼声。

一、农村医生权利保障的典型事例、案例评析

（一）农村医生一般公民权利保障典型事例、案例评析

1. 生命权、健康权及人格尊严受尊重的权利

（1）典型事例一：男子因便秘未治愈，捅村医20多刀

2015年9月8日，江苏省徐州市铜山区柳新镇孙庄村村卫生室发生了一起持刀伤人致死案件。听到呼救的周围村民闻讯迅速赶到事发现场，拿着板凳将凶手围住，不让凶手

逃走。被刺伤的人叫胡军(化名),他于案发三年前就在孙庄村开办了这家村卫生室,他的两个儿子也在村卫生室“工作”。胡医生在去世时 58 岁。他曾经在当地做过一段时间的赤脚医生,并经过自己的不懈努力考上了市里的卫生学校,接受了正规的医疗技能培训,并取得了乡村医生执业证书。当地很多村民对胡医生的医术和医德大加赞赏,该村卫生室在当地也是有口皆碑,远近的村民都会慕名前来就诊,可谓是解决了当地缺医少药的困难。

凶手田某生住在距离该村卫生室几十里外的地方,两者仅是因为就诊发生过交集,平时很少来往,并没有其他深仇大恨。事情的起因是一起“医疗纠纷”,在当年 9 月 4 日,田某生因为一直便秘不适,便听从他人的意见前来胡医生开办的村卫生室就诊,胡医生按照惯例对其进行了相关检查,并开了一些药物。服药两天之后,田某生来到村卫生室找到胡医生,声称胡医生开出的药物是“假药”,没有任何治疗效果,双方因此发生口头争执,在当地派出所的介入下事态没有进一步扩展。直到事发前一天,田某生还想找胡医生讨说法,最终酿成这场惨案。讽刺的是,此前,凶手田某生还因为胡医生治好自己母亲的咳嗽逢人便夸胡医生是“好医生”。该案件经法院审理,判决田某生死刑,并且驳回了被告人田某生所谓精神问题导致犯罪的辩护。[①]

(2)典型事例二:河南长葛一村医倒在战“疫”一线,年仅 37 岁

2020 年 2 月 13 日,中国新闻网发表在线报道,重点报道了 2 月 10 日河南省长葛市新王庄村村医王土成因过于劳累,诱发急性心肌梗死(AMI),倒在村卫生室的工作岗位上,最终被其家人发现。去世时,王医生年仅 37 岁。[②]另外,据《健康报》消息,当时正值疫情防控最吃紧的时期,37 岁的王医生因履行抗疫职责,在村卫生室连续多日鏖战,最终才导致这场悲剧的发生。

王土城医生虽然不是党员,但是其在履行抗疫职责期间,恪尽职守,常驻村中疫情防控卡点为防控人员讲解有关卫生防疫的知识,主动查看流动人员的体温登记情况。疫情期间,新王庄村累计排查出 3 名可疑人员,并由乡镇干部、村干部、村医联合负责一名隔离人员,24 小时严格管控,确保涉疫人员

---

① 参见魏如飞:《男子因便秘去求医没治好 20 多刀捅死村医》,载现代快报网,http://www.xdkb.net/index/article/2016-09/10/content_1013724.htm。

② 参见韩章云:《河南长葛一村医倒在战“疫”一线 年仅 37 岁》,载中国新闻网,http://www.chinanews.com/sh/2020/02-13/9089696.shtml。

顺利完成居家医学隔离。

该村党支部书记对王土成评价很高：王土成勤奋负责，除了做好隔离人员测量体温、填表上报日常工作外，王土成还积极宣传疫情防控知识，每天在村里的微信群里讲解什么是新冠肺炎、疾病的传播途径以及怎样预防等。

患者眼中的王土成"太辛苦了"，为此《河南日报》还梳理了王土成生前24小时的活动轨迹，具体可参见表10－1。

表10－1　王土成医生生前24小时活动轨迹

日期	时间	王土成医生的主要活动
2月9日	上午6:00	王土成简单洗漱后，戴好口罩、穿上白大褂，走进外屋的诊断室，给房间通风消毒
	上午6:40	为前来看病的老人测血糖、量血压，并将测量数据一一输入每位老人的健康档案
	上午8:30	"全副武装"的王土成带着随访包，与镇村干部一起前往居家隔离的村民家中测量体温，指导家庭消毒
	上午10:30	王土成到村口的疫情防控检测点，仔细查看了进出人员体温登记情况，随后返回卫生室
	下午	王土成从镇卫生院领回了紫外线灯管、84消毒片等防疫物资，继续做好隔离人员测量体温、卡点填表上报等日常工作
	下午8:00	王土成对媳妇说，我得再忙一会儿，你先去睡吧。近一个月他每天休息不超过5小时
2月10日	凌晨0:17	一名村民因肚子疼前来就诊，此时村民提醒他早点儿休息，而王土成却回答道现在是非常时期，再值一会儿班
	上午6:00	穿着蓝灰色睡衣、还未坐起的王土成突发急性心肌梗死，年轻的生命定格在37岁

新冠肺炎疫情具备突发公共卫生事件的典型特征，即暴发性和波及广泛性。初期，疫情不仅仅在武汉等中心城市出现快速传播的情形。同时，疫情也随返乡人群在农村地区散播，给医疗卫生服务能力本来就不强的农村卫生室造成了巨大的医疗卫生工作负担。全国范围内医务工作者因为疫情原因导致感染新冠肺炎病毒去世、过度劳累猝死的有很多，公众号"基层卫生健康"在2020年4月4日（全国抗疫哀悼日）发布的统计数据显示，有61名来自各级医疗卫生机构的医务工作者牺牲在抗击疫情的"第一线"，这其中就不

乏农村医生的身影。[1] 因此,农村医生并非如部分社会公众所言,属于无所事事的群体,其在基层抗击疫情等基层公共卫生事业发展中发挥着不容小觑的作用。

(3)典型案例一:湖南乡村医生提醒村民做体检被杀

2019年12月20日,环球网转发了湖南省衡阳市公安局官方发布的"12·3"命案侦破纪实。2019年12月3日,涉案女乡村医生周某干农活期间经过所在村村民汪某孝家门前时,没有忘记自己作为乡村医生的职责,提醒汪某孝要定期进行身体检查。然而,由于汪某孝认为每月去村卫生室的村医那里做一次X光检查会使他的身体更糟糕,因此其长期以来一直都在抵制参加每个月定期由该村村卫生室组织的基本公共卫生检查。就在周某此次上门有意提醒他积极参加村卫生下个月的身体检查时,他选择以暴力方式加以对抗。在联想之前自己兄长被周医生安排拍摄X光片的情景之后,汪某孝直接拿起身下座椅砸向周医生的头部,随后又使用砖头将其击倒在地。汪某孝为掩盖罪行,将周某的尸体藏匿,将自己带血的裤子换下后骑车逃窜。[2]

该案件在报道时已经被侦破,这个案件本身并没有多大的侦破难度,但是此案反映出我们对农村医生生命安全保障尤其不足。我国农村医生多数是独自一人执业,并且多数农村医生没有自己独立的村卫生室,他们的诊疗场所有可能就是自己的家,甚至有的农村医生因为村民居住分散往往要跋山涉水才能到达村民家中为他们提供"上门服务"。因此,大多数农村医生,尤其是偏远地区的农村医生没有像大型医疗机构或乡镇卫生院那样完善的安全保障措施,和周医生有同样遭遇是很常见的,特别是在遇到这种临时起意的村民时,他们防范和抵御安全风险的能力严重不足。

类似的案件比比皆是,例如,人民网湖北频道于2020年5月30日报道了一起事件。湖北省广水男子许某某因身体不适前往当地乡村诊所看病,于村卫生室打完吊针,第二天,许某某出现身体不适,自己怀疑村医陈某某存在用药不当情形。多次沟通未果后,5月5日,因其他琐事导致其心中怨恨被点

---

① 参见孙雪娇:《哀悼!61位白衣战士》,载微信公众号"基层卫生健康"2020年4月4日,https://mp.weixin.qq.com/s/_YxXGfkMB7Tord9yOHqccQ。

② 参见罗卫平:《衡阳村医提醒村民做体检被杀 50岁凶手:检查拍照会让人身体变差》,载环球网2019年12月20日,https://society.huanqiu.com/article/9CaKrnKorDN。

燃，携带刀具将此前与其有过矛盾的邻居张某某刺死，随后又至村卫生室将正在坐诊的陈某某刺死。①

以上案件属于农村医生在日常工作中遭遇的常见医疗暴力事件，这类事件产生的主要原因不同于因为公共卫生等不可抗力，其主要是医患矛盾激化的结果。医疗矛盾在近年来逐渐受到关注，城市地区的医疗机构安保条件逐步增强，部分地区还专门出台了针对医务人员暴力行为的防范与处置规范，例如，2020 年 3 月 26 日，北京市第十五届人民代表大会常务委员会第二十次会议公布了《北京市医院安全秩序管理规定（草案）》，提出制度化的医疗机构安全保障措施，重点强调对进出医疗机构人员的安全检查，从而减少发生暴力伤医事件的可能。同月 20 日，福建省人民代表大会常务委员会作出《关于切实保护关心爱护医务人员、营造尊医重卫良好风尚的决议》，这是中国第一个关心医务人员、倡导尊重医生和重视的决议。为此，中国工程院院士、全国人大代表陈香美提出建议："进一步明确《基本医疗卫生与健康促进法》的法律责任，包括明确医闹、暴力伤医等行为的法律责任；设置安全监控和逃生通道，所有医疗机构必须制定应对暴力行为的标准操作程序；做好舆论引导，引导患者对疗效的期望更加切合实际。"当然，乡村医生的生命安全同样应当受到重视。②

（4）典型案例二：患者家属因医疗纠纷在村卫生室设灵堂

2008 年 9 月 7 日上午，冯某朝与张某典的儿子冯某某突然出现身体不适，为了最快时间救治自己的儿子，两人没有选择去县医院治疗，而是径直来到了张某卫开办的巩义市康店镇张岭村卫生所。张某卫是这家村卫生所的负责人，该卫生所已经在当地县卫生局登记，登记显示该说的诊疗范围为预防保健、基本医疗，加上张某卫有共计 4 名人员。

诊所医生在接诊冯某某后，立即进行了诊断，并开具了输液治疗。可是，在冯某某输液后不久，便出现了恶心、呕吐及昏迷等症状，冯某朝与张某典见状要求张某卫立即进行处理，张某为卫在无法处理的情况下，只能建议冯某

① 参见张颖、关喜艳：《湖北广水一男子故意杀害二人被批捕》，载人民网湖北频道 2020 年 5 月 30 日，https://baijiahao.baidu.com/s? id = 1668120653490467442&wfr = spider&for = pc。

② 参见苏妍：《村医的安全保障，也需要有人来管》，载微信公众号"基层医界"2020 年 5 月 29 日，https://mp.weixin.qq.com/s/_q3gzE1 – Z81WTV5S00YyrQ。

朝和张某典拨打120急救电话。救护车将冯某某送至当地市人民医院急诊科进行抢救。但由于冯某某的疾病变化过于迅速,并且没有对输液反应进行第一时间的处理,冯某某最终于当天上午11时50分抢救无效死亡。冯某某死后,冯某朝与张某典悲痛欲绝,同时对于张某卫及其村卫生所工作人员在接诊自己儿子的过程中"主、客观极为不负责"表示十分的愤怒。双方没有就赔偿问题达成一致协议。冯某朝与张某典实在是气不过,于是从2008年9月11日到2008年10月16日在张某卫的村卫生所内悬挂白条、张贴白对联、摆放花圈,致使张某卫没有办法正常营业,亦无法进行其所承担的防疫保健和公共卫生任务。张某卫在实在无法忍受的情况下,选择向当地人民法院起诉。

诉讼过程中,受案法院还查明了案外案,即双方在此之前其实就已经因为冯某某死亡向该法院提起了医疗损害赔偿诉讼。法院最终结合原被告过错程度作出了(2009)巩民初字第51号民事判决,判决该村卫生所赔偿冯某朝、张某典各项损失共计73,395.44元,该案件经过二审,被告张某卫撤诉,现在已经进入执行程序。法院认为,冯某朝、张某典的丧子之痛值得同情,但是为了讨回公道不能采取损害他人的方式,其摆设灵堂、悬挂白条、张贴对联的行为已经构成对公民、法人名誉权的侵害,故酌情判令冯某朝、张某典支付张某卫损失1500元。[①]

(5)典型案例三:村民在村组会议上公开辱骂乡村医生

2020年5月5日下午,河南省西峡县屈沟村某某组在村组所有的桥上召开由村支书及部分村组织成员参加的村组会议,会议主要的目的是解决该村组人员调换并处理相关问题。该村村卫生所的乡村医生李某江,同时作为该村组的代表,经过其村支书的同意,在村组会议上提出,李某照及杜某梅长期无偿使用经营集体八分土地没有正当的理由,要求村支书及村组组长能够进行调查处理。

李某照与杜某梅也在会议现场,当听到李某江提出自己使用的土地没有正当理由时,都表示出了不满,并对李某江进行辱骂,声称"乡村医生算个球"。李某江身为北凹村及屈沟村乡村医生,20余年时间里任劳任怨,直接服

① 河南省巩义市人民法院民事判决书,(2010)巩民初字第1809号。

务的当地村民近3000余人，并曾经被评选为“优秀乡村医生”，在当地村民中是有口皆碑的，一直受到村民的信赖、敬仰。李某照及杜某梅当着众人的面辱骂自己和自己的职业，李某江表示十分气愤，身体和心理都遭受到了极大的伤害。李某江随即向当地派出所报案，派出所向李某照作出罚款100元的处理。后李某江将两人告上当地法院，法院认为李某照及杜某梅在公共场所对李某江进行辱骂，已经构成对李某江名誉权的侵犯，判决李某照及杜某梅在10日内对李某江赔礼道歉。①

（6）典型案例四：患者强制要求村医提供医疗服务并辱骂村医

2013年2月6日上午，江苏省南京市溧水县（现溧水区）某村村民朱某兰和其嫂子王某林一同前往村委会给王某林的丈夫开具输液治疗的证明，村委会负责人员没有同意。二人随即决定到村卫生室找村医张某礼给王某林丈夫输液并开具相关证明。由于张某礼并未在村卫生室，两人径直到张某忠家中请张某礼为王某林的丈夫输液。

双方见面后的对话如下。朱某兰对张某礼说：“叫你给王某林丈夫挂水，你不愿意去，架子这么大。你不要以为我们是农民，但我们长期住南京，很多事情都懂。现在国家对乡村医生很重视，让你们服务一方老百姓，王某林多次找你给她丈夫挂水，你都不肯，你们这些乡村医生到底干什么。你老是不肯给他挂水，不如把这个卫生所关掉，你自己不关，我到上级部门反映，让上级部门来关，不行我自己找人来封门。”张某礼说：“你没有权力封我的门。我不是不肯给他挂水，我是本着对他人身体健康负责的态度，他应该到上级医院挂水。上级医院诊断他是慢性支气管炎引起的肺气肿、肺心病，上下肢浮肿，病情很严重，我建议去上级医院看。我只能看些伤风感冒的小病。”后来，朱某兰辱骂张某礼“全家死光才能关门”。张某礼十分生气，并未答应输液的请求，双方在争执中发生了口角，后来演变成推搡，张某忠由于情绪失控打了朱某兰一拳，后续又用碗碟砸伤朱某兰。

朱某兰受伤后，在当地镇卫生院和区人民医院共治疗了2天，后又在省人民医院治疗9天，累计花费各类医药费18,721.86元。朱某兰将张某礼告上当地法院，法院经审查认定了张某礼打人的事实，遂判决张某力赔偿朱某兰

① 河南省西峡县人民法院民事判决书，（2020）豫1323民初3681号。

各项损失 14,229 元。①

以上几个典型案例仅仅是因为,人民法院在裁判文书网上公布才得以为公众所知。其实,乡村医生遭遇到的毁损名誉等侵权行为并不少见,主要是由于乡村地区偏远、信息闭塞,缺乏足够的媒体报道渠道,行政主管部门常年忽视对农村地区医疗秩序的管理,加之乡村医生与村民之间的熟人社会关系,处理的方式常常是息事宁人,能够进入诉讼阶段并被公开的实在是少之又少。但是,不能因为公开报道得少就忽视对乡村医生人格尊严遭受的侵害,乡村医生受到村民应有的尊重也是在整个社会倡导"尊医重卫"氛围的重要组成部分之一。

自 2020 年年初北京民航总医院医生被杀事件之后,全国各地逐步加强了对"尊医重卫"的制度落实。2020 年 3 月,福建省第十三届人大常委会第十七次会议表决通过了中国第一部"尊医重卫"决议——福建省人民代表大会常务委员会《关于切实保护关心爱护医务人员、营造尊医重卫良好风尚的决议》,该决议还特别提到了要加强对乡村医生的待遇与权益保障,对于伤医、扰乱医疗秩序者要"零容忍"。2020 年 12 月,上海市发布了《上海市医疗卫生人员权益保障办法》,该办法中还规定了对不尊重医卫者的"失信惩戒制度";四川省人民政府办公厅也及时发布了《关于构建尊医重卫长效机制的指导意见》,试图构建起"尊医重卫"的长期运行体制机制。这些努力都是值得赞赏的,但是,由于我国医疗卫生服务体系覆盖范围广,地域差异较大,"尊医重卫"的倡导的实现不可能是一蹴而就的,实现"尊医重卫"主要是依靠社会公众对医务工作者态度的转变,此事任重而道远。

2. 农村医生获得待遇保障的权利

农村医生获得待遇保障的权利不仅包含获得劳动报酬的权利,还包括获得养老、医疗等社会保障待遇的权利。因为近年来农村医生权利保障呼声中最高的不仅包括落实农村医生的补助,还包括对农村医生养老、医疗保险等方面待遇的提升。2019 年 6 月 28 日发生在河南省通许县朱砂镇的全体 36 名乡村医生集体辞职事件是近年来最具影响力的一起乡村医生待遇保障权事例,其直接激起全国范围内的广泛讨论,引起中央层面对农村医生待遇保

① 江苏省溧水区人民法院民事判决书,(2013)溧洪民初字第 331 号。

障问题的重视。[①] 但是，我们在收集整理农村医生权利保障事例、案例资料时发现，获得待遇保障的权利是农村医生呼声最高的，也是目前报道资料最为丰富的一类农村医生权利。正如马斯洛需求层次理论所言，基本的生存权利保证是第一性权利，没有满足农村医生基本生存的条件，何谈后续其他权利的保障，更何谈对农村医生给予法律上责任的严厉对待。

（1）典型事例一：拖欠村医补助？政府通报：12 月 10 日前必须整改

2019 年 12 月初，云南省人民政府出台了《关于乡村医生有关补助资金拨付情况的通报》（以下简称《拨付情况通报》）。《拨付情况通报》也是受同年 6 月 28 日“集体辞职事件”的影响，剑指乡村医生补助的拨付与发放监管问题。《拨付情况通报》要求云南省地方市、州人民政府引起高度重视，立即对漏洞进行整改，确保及时以及向乡村医生支付足额相关补助资金。

该通报的起因在于云南省人民政府一份已经公开的通报，该通报中指出：自 2019 年 7 月国家卫健委副主任王贺胜在加强乡村医生队伍建设视频会议强调严格落实乡村医生补助经费，截至 10 月 30 日，云南省全省仍然有没有及时拨付补助资金的情况存在，部分县甚至存在拨付率为 0 的怪异现象。[②]

（2）典型事例二：国家卫健委广泛推广乡村医生员额制

提及“员额制”，我们一般联想到的是法官、检察官选任制度改革，其本身亦是编制制度的一种表现形式，即通过限定一定的“门槛”，将符合特定条件的优秀机关工作人员纳入国家财产负担保障的范畴内。而乡村医生属性与地位较为特殊，根据现行《执业医师法》，乡村医生不是“执业医生”，乡村医生是持有“乡村医生证书”的独立序列的医生。乡村医生因长期处于编外，待遇无法获得应有的保障，这也是目前乡村医生制度发展面临的最为明显的问题，即乡村医生的身份不被承认，地位较为尴尬。

这一转变源自《基本医疗卫生与健康促进法》第 56 条第 5 款：“国家加强乡村医疗卫生队伍建设，建立县乡村上下贯通的职业发展机制，完善对乡村

① 参见杜创：《“村医集体辞职”折射农村医疗困境》，载《人民论坛》2019 年第 36 期。

② 参见刘小琳：《拖欠村医补助？政府通报：12 月 10 日前必须整改》，载微信公众号“基层医师公社”2019 年 12 月 3 日，https://mp.weixin.qq.com/s/J9JSeGFokgU1t5LGBgNu6Q。

医疗卫生人员的服务收入多渠道补助机制和养老政策。"经过条文形成过程中的调研,全国人大教育科学文化委员会、国家卫生健康委员会等相关部门联合对贵州省麻江县村卫生院村医岗位制度进行了改革。麻将县通过乡村医生员额制改革实现了乡村医生从身份到待遇的全方位提升。乡村医生不再是"合同工"而成为当地政法的"聘任制"正式职工。当然,"员额制"乡村医生在取得了优厚待遇保障的同时,也要受到来自监管部门的严格考核,考核不合格者将被剔除出乡村医生队伍,这样既可以保证乡村医生队伍的稳定,又可以保证农村医疗卫生网底的高质量发展。①

类似于上述两个事例所反映的现象在全国范围内引起了全面的农村医生或基层医生待遇保障制度改革,我们以列表的方式对部分地区的做法予以了总结,具体请参见表 10 – 2。

表 10 – 2　全国各地针对乡村医生获得待遇保障权利的相关举措

时间	地点	文件	补助	养老
2015 年 3 月 20 日	山东省	《老年乡村医生生活补贴有关政策》	—	2015 年 1 月 1 日起满 60 岁的离岗乡村医生,按工作年限每满一年每月 20 元补助
2019 年 7 月 26 日	黔东南州	《锦屏县深化乡村　卫生服务一体化推行乡村医生"员额制"管理改革工作方案(试行)》	截至 2018 年 10 月,村医收入增加至 4578.36 元/月	—
2019 年 8 月 29 日	北海市	《北海市乡村医生"乡聘村用"实施办法(试行)》	每月基本工资 1400 元,年收入可超 6.76 万元	市县财政投入社保经费 303.91 万元
2020 年 1 月 7 日	北京市	《关于结合本市实际推广福建省和三明市深化医药卫生体制改革经验的工作方案》	3500 ~ 5500 元	—
2020 年 3 月 13 日	鄂尔多斯市	《乌审旗为退休乡村医生发放养老补助》	—	女 55 岁,男 60 岁,发放养老补助 1200 元/人/月

① 参见仲盈:《乡村医生"员额制"将广泛推开,上四险,月收入超 4500 元》,载微信公众号"基层医师公社"2020 年 1 月 30 日,https://mp. weixin. qq. com/s/kZUbS_JUlbzRWJJ—JcqdA。

续表

时间	地点	文件	补助	养老
2020 年 7 月 21 日	云南省	《关于建立完善乡村医生养老保障长效机制的实施意见》	—	投入 9000 万元补助村医参加养老保险，自 2020 年起，200 元/人/月

通过上述事例以及表 10－2 的信息可知，农村医生获得劳动报酬、补助及养老保障待遇的权利正在逐步受到各级政府的重视，特别是不同地区的地方政府深度融合自身经济发展特点逐步提高对农村医生的经济补助、养老保障。但是，从各地农村医生待遇解决的水平和稳定性来看，目前给予农村医生稳定的编制成为最为重要纽带，即首先要结束农村医生的“浮萍”状态。除上述事例外，我们在中国裁判文书网及无讼法律案例中以“乡村医生＋劳动争议纠纷”为关键词检索到了一大批有关乡村医生劳动关系的裁判文书，以下是比较有代表性的案例。

典型案例一：村医请求确认与村卫生室劳动关系并支付相关的工资待遇及补偿

张某相、曾某伟、张某林、李某飞及张某峰 5 人原为安徽省阜阳市临泉县杨桥镇甄庄村的个体开业行医的医生，他们都拥有自己的诊所，从业期间，广受好评。为了更好地服务于甄庄村村民，2007 年 9 月，甄庄村村民委员会决定设立甄庄村卫生室，并聘任张某相、张某峰等 5 人为甄庄村卫生室的“执业医生”。2009 年 5 人先后出资 3000 元为村卫生室添置了必要的卫生设备。2011 年 9 月，县政府重新确定了甄庄村卫生室的主要工作任务，即为当地村民提供基本公共卫生服务与基本医疗服务。

在甄庄村卫生室运行期间，张某峰与作为村卫生室负责人的张某相（张某峰的哥哥）产生了矛盾，导致村卫生室常年无法正常开展工作。2012 年 2 月 14 日，甄庄村卫生室决定解聘原告张某峰，并且返还了张某峰在加入甄庄村卫生室时投入的集资款和其从业期间应得的补助共计 6000 元。张某峰对于自己被解聘的事实并没有不满，但是他认为自己与甄庄村卫生室之间的关系应当是劳动关系，要求甄庄村卫生室支付劳动报酬及补偿金、支付双倍工资并返还押金。2013 年 11 月张某峰向县劳动争议仲裁委员会申请仲裁，但是仲裁委认为甄庄村卫生室不是法人单位,未予受理。张某峰遂向当地人民法院起诉,请求判令其与甄庄村卫生室存在劳动关系,甄庄村卫生室应当支付2007年至今的工资31,200元及补偿金15,600元、未签订书面劳动合同的双倍工资31,200元,返还押金3000元。法院认为张某峰证据不足,驳回了其诉讼请求。①

典型案例二:“乡村一体化管理”中乡村医生与乡镇卫生院劳动关系的认定问题

张某兰自1980年6月就作为乡村医生在江苏省邳州市占城镇高集村村卫生室工作。1994年12月经邳州市卫生局(先邳州市卫生健康委员会)的安排,张某兰被调至占城镇老庄村村卫生室工作至今,工作总时长已达40年。也是从1994年开始,根据原邳州市卫生局的工作要求,邳州市占城镇卫生院开始管理片区内的村卫生室,张某兰自那时起开始接受占城镇卫生院的工作安排与业务指导,相关的财务收入需要统一向原邳州市卫生局报告,由原邳州市卫生局发放工资。但是,其间邳州市占城镇卫生院一直未与张某兰签订劳动合同,也存在不依法支付工作、缴纳社会保险等问题。

张某兰于2019年4月向邳州市劳动人事争议仲裁委员会申请劳动仲裁,邳州市劳动人事仲裁委员会经审查认为张某兰已经超过法定退休年龄且仲裁请求不属于受案范围,于是作出不予受理的仲裁裁决。张某兰对市仲裁委的认定不服,诉至法院。邳州市人民法院的最终结论是“驳回张某兰的诉讼请求”。其主要理由有:第一,张某兰不能提供证据证明其与邳州市占城镇卫生院的劳动关系。第二,张某兰所在的邳州市占城镇老庄村卫生室为独立的法人,能够独立承担民事责任。第三,根据国家相关规定,邳州市占城镇卫生院于邳州市占城镇老庄村卫生室之间仅仅存在管理和业务指导关系,没有人事、财务上的联系。② 须要引起注意的是,该案件并非孤案,就我们查证的数据而言,以邳州市卫生健康委员会、邳州市占城镇卫生院为被告的案件就至少有5件,法院都无一例外地驳回了原告的诉讼请求。由此可见,在此类“非紧密型乡村一体化管理”中,乡村医生即使有机会向上流动,也没有足够的待

---

① 安徽省临泉县人民法院民事判决书,(2014)临民一初字第00038号。

② 江苏省邳州市人民法院民事判决书,(2019)苏0382民初4608号。

遇保障,其虽符合现行法规政策现状,但是却易打击乡村医生群体的积极性和稳定性,不利于乡村医生队伍稳健发展。

典型案例三:“因工死亡”的乡村医生请求确认与乡镇卫生院的劳动关系

自20世纪80年代以来,阮某国就在湖北省红安县觅儿镇某某村卫生室担任乡村医生。2017年1月该卫生室经县卫生计生局核准登记,负责人为阮某国,主要的诊疗科目是:预防保健、全科医疗、中医。

作为觅儿镇某某卫生室的唯一负责人,阮某国每天的主要工作就是为管辖内村民提供公共卫生服务,同时阮某国还承担着卫生行政部门委托交付的其他医疗卫生健康服务和医疗卫生统计等工作任务。按照规定,该卫生室可以获得来自乡镇卫生院的合作医疗报销经费、基本公共卫生服务经费、村卫生室基本药物补助及运行经费。

2018年6月6日上午,阮某国在送家庭医生签约服务材料途中遭遇交通事故去世,阮某国的近亲属在为其申请工亡认定的时候,被告知阮某国与觅儿镇卫生院间没有签订书面劳动合同,也没有为其缴纳工伤保险,因此不能享受相应的工伤保险待遇。在起诉至法院后,法院以证据不足为由,驳回了阮某国近亲属的诉讼请求。[①] 乡村医生在工作中死亡的案件并不鲜见,在乡村医生提起的大多数劳动争议案件中均呈现出这样一种循环,即“工作中死亡—工亡认定—劳动仲裁—诉讼”,最终的结果绝大部分获得的裁判结果是“驳回起诉”或“驳回诉讼请求”。由于缺乏基本劳动保障,乡村医生的劳动安全很难获得保障,而这一待遇又恰好是衡量乡村医生岗位安全性的重要指标,大量乡村医生因此而选择从事其他行业以避开意外因素导致伤亡无法获得补偿的情形。这也是间接导致乡村医生群体逐步萎缩的重要因素之一。

3. 农村医生的劳动休息权

(1)典型事例一:官方规定村医不得脱离岗位或离职,全年无休应诊

2020年8月28日,中共山西省纪委监察委在官网发布了山西夏县对山西省纪委监察委脱贫攻坚专项巡视整改情况的通报,即中共夏县县委《关于省委巡视反馈意见整改进展情况的通报》,该通报包含4个方面10项问题,

---

① 湖北省红安县人民法院民事判决书,(2019)鄂1122民初2036号。

细分为43个问题。

其中,有部分条款涉及农村医生的整改:①要求将农村医生纳入一体化管理,加强县医疗集团和乡镇卫生院对村卫生室的指导以及考核培训;②所有村医全年必须在指定地点工作,不能无故脱离岗位、离职。[①] 类似的做法还有河北省卫健委要求农村医生应落实24小时值值班应诊制,随叫随到;甘肃省卫健委也要求农村医生24小时保持手机开机,随时为群众提供上门服务。

(2)典型事例二:又一村医累倒在工作岗位,你还能坚持多久?

2020年5月3日清晨6时,福建省宁德市霞浦县水门畲族百笕村45岁的农村医生林阿居刚刚看完两位病人,突发脑梗死。经过抢救,林村医已经于5月11日脱离危险期。

从疫情防控初期到脱贫攻坚最后阶段,林村医长时间全勤工作,一个月30天没有休息休假时间。[②]

(3)典型事例三:村医"唯表不唯医",又是形式主义惹的祸

农村医生也是社会综合治理的重要一环,在新冠肺炎疫情暴发期间其承担着农村地区疫情信息监测、报告、通报等疫情防控重要环节的工作。

在疫情暴发后,不断有媒体曝出大量村医由过去的"赤脚医生"变成了"仅剩一支笔"的"填表医生",甚至有农村医生因为要填写大量的表格手被磨起泡,根本就没有自由支配的时间,更难以为前来问诊的潜在新冠肺炎患者或其他疾病患者诊疗。个别村卫生室不得不设置专人专岗负责填写疫情及其他基本医疗卫生表格。有村民抱怨农村医生不是村医而是村干部。这种南辕北辙的情形在基层领域还有很多。形式主义的工作常常取代了其本职工作,也严重影响了农村医生的正常休息时间。[③]

医生"过劳死"已经是一个很普遍的问题,农村医生作为农村卫生健康的"守门人"经常是身兼数职,"上面千根线,下面一根针",他们不仅要完成基

---

① 参见中共夏县县委:《中共夏县县委关于省委巡视反馈意见整改进展情况的通报》,载山西省纪委监委官网2020年8月28日,http://www.sxdi.gov.cn/xsxc/xszg/2020083122757.html。

② 参见佚名:《又一村医累倒在工作岗位,你还能坚持多久?》,载微信公众号"红杏e生"2020年5月14日,https://mp.weixin.qq.com/s/ei-roC3EtrLb6gmEsyLyBQ。

③ 参见段官敬:《村医"唯表不唯医",又是形式主义惹的祸》,载西安网,http://o.xiancity.cn/system/2020/07/22/030761154.shtml。

本医疗服务，还要完成大量的基本公共卫生服务工作。因此，农村医生的休息休假时间更难以得到保障，也就出现了上述在工作岗位中猝死的事例。此外，对基层农村医生的考核是必要的，但是考核不是农村医疗卫生工作的中心乃至全部。考核应尽可能采取电子化、智能化的替代手段，避免重复收集信息，减少农村医生的“非有效时间”的支出，使农村医生能够将工作重点集中于农村地区基本医疗卫生及突发公共卫生工作之中，同时降低其工作负担，给予农村医生足够的休息时间。

(4)典型案例：村医连续工作数日突发脑出血死亡请求乡村卫生院赔偿损失

2002年9月26日，根据安徽省卫生厅、安徽省寿县卫生局相关文件精神，为积极开展“乡村一体化”建设，寿县迎河镇中心卫生院开始将周某满招聘至寿县迎河镇卫生院双碑卫生室工作，并与其签订了聘用合同、执业承诺保证书。

2016年11月16日期，根据工作安排，双碑卫生室开始实行24小时值班制。作为双碑卫生室唯一的乡村医生，周某满在连续工作满8天后身心俱疲，在村卫生室突发脑出血经抢救无效死亡。周某满的近亲属将寿县迎河镇中心卫生院诉至当地法院，法院经过审理认为，周某满虽不是因为在从事雇佣活动中遭受人身损害，但是作为寿县迎河镇中心卫生院的聘用医务人员，基于公平的考量，周某满因为工作原因在工作岗位上因病去世应当获得一定的经济补偿。法院最终判决寿县迎河镇中心卫生院向周某满的近亲属补偿各项损失50,000元。① 乡村医生过劳死亡引发的劳动人事争议案件不在少数，虽然乡村医生发生“工伤工亡”的原因不单是过于劳累，但是总体上，乡村医生劳动安全保障和休息权保障未达到应有的理想状态，与其承担的日益增加的卫生健康工作任务之间并不成正比。

(二)农村医生特殊执业权利保障的典型事例、案例评析

1. 典型事例一：凉山州全面规范基层医疗机构及村医队伍建设

2020年10月26日，凉山州人民政府官网上发布了一篇题目为《我州全

---

① 安徽省寿县人民法院民事判决书，(2017)皖0422民初1844号。

面规范基层医疗机构及村医队伍建设》的报道，报道针对基层医疗机构和村医主要提出了三个方面的意见：(1)全面摸底全州的村卫生室，核实无医学背景和无证乡村医生；(2)整体解聘原有乡村医生，重新配置有医学背景（中等、高等学校医学专业毕业）的乡村医生；(3)根据服务内容、数量、质量并结合绩效考核结构发放乡村医生补助，提高平均待遇，由每月800元提升至每月2000～3000元。[①]

2. 典型事例二：天津市明确规定：乡村医生，需具备这一项资格！

2020年7月22日，天津市卫生健康委员会发布《天津市乡村医生执业注册管理办法（征求意见稿）》，主要目的在于关注乡村医疗卫生服务质量，对乡村医生提出了更高的要求，不仅要求乡村医生要提高专业水平，还要求乡村医生要提高学历水平，整体上提高新进入的乡村医生的执业门槛。[②]

此外，河北省卫生健康委员会于2020年8月25日在官网发布了《河北省村卫生室公共医疗服务规范》《河北省社区卫生服务站公共医疗服务规范》，其中《河北省村卫生公共医疗服务规范》不仅对村卫生室功能、运营管理、医疗卫生服务提出了详细的规范要求，而且明确，凡是新进入的乡村医生都必须具备执业助理医生资格或乡村全科执业助理医生资格、乡村医生执业证书等相应的执业资格。[③]

3. 典型事例三：国家允许医学院校毕业生免试申请农村医生执业登记

2020年7月26日，国家卫生健康委员会基层卫生司官网发布了国家卫生健康委《关于允许医学专业高校毕业生免试申请乡村医生执业注册的意见》（以下简称《高等医学毕业生免试注册乡村医生意见》），《高等医学专业毕业生免试注册乡村意见》主要的亮点在于允许全日制专科及以上学历（临床、中医药、中西医结合等专业方向）的医学生（含已毕业但未就业的

① 参见佚名：《我州全面规范基层医疗机构及村医队伍建设》，载凉山州人民政府官网2020年10月26日，https://baijiahao.baidu.com/s? id=1681589033310004430&wfr=spider&for=pc。

② 参见天津市卫健委：《关于公开征求〈天津市乡村医生执业注册管理办法（征求意见稿）〉意见的公示》，载天津市卫生健康委员会官网2020年7月22日，http://wsjk.tj.gov.cn/ZWGK3158/GSGG247/202008/t20200826_3541457.html。

③ 参见河北省卫健委：《河北省卫生健康委关于印发〈河北省村卫生室公共医疗服务规范〉〈河北省社区卫生服务站公共医疗服务规范〉的通知》，载河北省卫生健康委员会官网2020年8月25日，http://wsjkw.hebei.gov.cn/content/content_43/414073.jhtml。

应届毕业生）无须通过农村医生执业注册资格考试，可直接申请农村医生执业登记。该意见旨在通过放宽准入条件，吸引高学历医疗人才直接到农村工作，从而提高农村医生服务的整体水平和农村医生的整体素质，并且在此之前全国已经有16个省份根据《乡村医生从业管理条例》和自身实际情况，允许没有执业（助理）医生资格的医学毕业生通过考试的方式注册为乡村医生。此意见从国家层面，进一步减少中间环节，有助于快速更新乡村医生队伍。①

4. 典型事例四：江西省上饶市信州区宣布无资质村医不能参加家庭医生签约服务

家庭医生签约服务是我国近年来在基层地区推行的一种重要的医药卫生体制改革举措，是通过团队"签约"的模式，实现对全体居民健康与医疗卫生需求的"打包式"服务，它将原有的基本医疗服务部分和基本公共卫生服务部分进行了较为合理的配置，并且尽可能尊重签约对象的个性化医疗卫生需求，将预防作为工作的重心，以助推健康中国战略的落地实施。

家庭医生签约服务不仅要实现城镇基层社会的全面覆盖，而且要实现农村基本社区的全面覆盖。目前，农村地区，特别是边远农村地区的家庭医生签约主要还是要依靠农村医生实现。并且，这些由农村医生主导的农村基层地区家庭医生签约服务基本是由家庭医生一人承担所谓"团队"的全部工作。

虽然，以农村医生为主导的家庭医生团队存在服务能力不足的情况。但是，现在就连这仅存的有效的服务力量都有可能被剥夺。据报道，江西省上饶市信州区发布了关于本区家庭医生签约服务相关工作的指导意见，其提出参加家庭医生签约服务的农村医生必须具备"资质"［应该是指执业医生资格、执业助理医生资格或乡村全科（助理）医生资格］，如果缺乏合格的农村医生的或有资质的农村医生数量过少的，可以由乡镇卫生院派全科医生团队进行管理。无独有偶，安徽省安庆市望江县卫健委在2020年1月17日印发的《望江县2020年家庭医生签约服务工作实施方案》中也明确要求村医参与家庭医生签约服务需具备相应的资质。提高村医进入家庭医生签约服务的门

① 国家卫生健康委《关于允许医学专业高校毕业生免试申请乡村医生执业注册的意见》（国卫基层发〔2020〕11号）。

槛固然重要，因为这样可以保证农村地区开展家庭医生签约服务活动的质量，但还应考虑农村地区，特别是偏远农村地区卫生人力资源的现状，短时间内提高门槛，将导致农村地区医疗卫生服务资源的真空，同时加大乡镇卫生院医生的医疗卫生服务负担。[①]

5. 典型事例五：南京市法院出台合理容忍“涉疫”疾病诊疗瑕疵行为

2020 年 2 月 27 日，江苏省南京市中级人民法院响应习近平总书记关于新冠肺炎疫情防控工作系列重要讲话精神，保障医疗机构正常运转，维护一线抗疫医务人员的生命安全与人格尊严，出台了一个用于指导南京市全市审理涉疫医疗纠纷民事案件的规定。

该规定的核心精神就是“合理容忍”医疗机构及医务人员在抗疫期间的诊疗瑕疵行为，主要包括以下 10 个方面的内容：“①设立涉新冠肺炎疫情案件诉讼‘绿色通道’；②依法保障医疗机构在疫情防控期间的诉讼时效利益；③遵循公共利益优先原则合理认定医方救治义务；④合理界定医疗机构疫情告知义务履行瑕疵；⑤合理容忍疫情疾病诊疗瑕疵行为；⑥依法支持医疗机构实施紧急医疗措施；⑦依法维护医务人员的生命安全与人格权；⑧依法支持疾控机构、医疗机构收集和发布疫情信息；⑧依法支持疾控机构、医疗机构收集和发布疫情信息；⑨依法加强疫情防控保障；⑩加强协调多元化解医患纠纷。”[②]虽然该十条规定不是专门针对农村医生全体的，但是该十条规定肯定可以指导涉及南京市农村医生的医疗纠纷民事案件。这一司法举措，有明显的时空特异性，即疫情防控，但是该十条规定不应当只是应景的产物。无论是农村医生还是普通医生，我们的政策及法律常常苛加其太多的义务、责任，而没有给予其适当条件下的责任豁免权利。南京市中级人民法院此次的做法值得推广。

前文已经开辟专章加以论述，农村医生的特殊执业权利包括多项重要的分支权利，例如疾病调查权、身体检查权、特殊干预权、医疗告知裁量权、医疗行为豁免权、医疗证明权等。这些特殊执业权利整体上与一般执业医生内容

① 参见刘小琳：《多地家庭医生签约有新标准，一批村医不能参与了》，载微信公众号“基层医师公社”2020 年 11 月 10 日，https://mp.weixin.qq.com/s/T8AzBx7p09TR9ZNBxaJ6Hw。

② 参见南京市中级人民法院：《南京市法院出台十条新规，指导全市法院妥善审理涉疫医疗民事案件》，载江苏法院网 2020 年 2 月 7 日，http://www.jsfy.gov.cn/art/2020/02/27/23_99660.html。

一致，只是受限于农村医生整体执业能力，有范围大小区别。实践中，农村医生执业准入直接影响农村医生特殊执业权利的有无，因此也是多方关注的焦点。

从上述事例还可以看出，当前我国农村医生队伍的整体水平是达不到农村居民的医疗卫生服务发展需求的，因此各地方也在想方设法，不断提高农村医生准入的门槛，但是由于配套的一般公民权利特别是获得待遇保障权利不能提高，整体上仍难以吸引新的医疗卫生人才加入农村医生队伍。基于农村医生存量逐年下降的趋势，又被迫使各地方降低加入的门槛。但是，我们认为农村医生队伍造血还是要从农村医生配套权利保障机制的完善开始，包括给予农村医生较高的待遇保障、完善其执业能力提升机制。也就是说，农村医生特殊执业权利保障主要依赖于农村医生一般公民权利保障和执业相关权利保障水平的提升，三者协同推进才能保证农村医疗卫生服务的健康可持续发展。

（三）农村医生执业相关权利保障的典型事例评析

1. 农村医生执业条件保障权典型事例评析

（1）典型事例一：重庆市卫健委发文，村卫生室必须达到这个标准

2020 年 8 月 20 日，重庆市卫生健康委员会发布了《关于做好行政村卫生室规划调整和星级管理的通知》，该通知提出了未来建设村卫生室时应当坚持“二建好”“三合格”“三达标”“全覆盖”的要求，根据统一规划设置完善农村卫生室的基础设施条件，按照附件 1《重庆市行政村卫生室星级评定标准（试行）》、附件 2《重庆市村卫生室星级牌规范样式》的星级管理要求，建设、运营、管理重庆市区的农村卫生室，改善农村卫生室的执业条件。[①]

（2）典型事例二：山东省出台新的村卫生室建设标准

2020 年 7 月 10 日，山东省卫生健康委员会发布了《关于印发山东省基本医疗卫生服务能力提升行动三年规划的通知》（以下简称《能力提升三年规划通知》）。

---

① 参见重庆市卫健委：《关于做好行政村卫生室规划调整和星级管理工作的通知》，载重庆市卫生健康委员会官网 2020 年 8 月 20 日，http://wsjkw.cq.gov.cn/zwgk_242/fdzdgknr/zcwj/xzgfxwj/202008/t20200820_7799550.html。

《能力提升三年规划通知》在强调县级医疗卫生服务机构引领作用的同时，强调"要科学统筹布局村卫生室，建成以中心村卫生室为主体，一般村卫生室和村卫生室服务点位补充，公益特色鲜明的村级医疗卫生服务体系，形成15分钟健康服务圈"。

《能力提升三年规划通知》的附件4《山东省村卫生室服务能力提升标准》，从村卫生室的设置布局、仪器设备等方面提出了更高的标准和要求。①

(3)典型事例三：河南省村卫生室政府建设，产权公有，村医无偿使用

2020年9月2日，河南省卫生健康委员会联合省发展改革委员会、省财政厅发布了《河南省基层医疗卫生机构建设三年行动计划(2020－2022)》(以下简称《三年行动计划》)。

为了更好地满足农村居民的基本医疗卫生服务需求，《三年行动计划》明确在2022年年底，公有产权村卫生室占比达到村卫生室总数的80%，行政村卫生室的产权归公有，农村医生免费使用，由乡镇卫生院管理。②

由上文三个农村医生执业条件保障权事例可知，农村医生执业条件特别是农村卫生室这一主要执业地点条件的改善正在受到各地卫生健康行政主管部门的重视，也有力地回击了此前部分地区出现的错误倾向，例如2019年12月，广州市普宁新建村卫生室闲置一年，街道办要求乡村医生每年交1万元的"赞助费"才能入驻。此外，河南省郏县、宁夏石嘴山市等地区积极推进基层医疗机构信息化基础设置建设，通过互联网为基层医疗机构赋能。

(4)典型案例：乡村医生为改善村卫生室条件建房被村民小组阻止

盘某强、杨某萍系云南省勐腊县勐伴镇回落村桃子箐小组村卫生室的乡村医生，两人为夫妻关系。回落村桃子箐小组村卫生室是非营利性质的卫生室，盘某强、杨某萍的收入来源主要是由勐腊县卫生主管部门发放的每月200元的财政补助，其他的生活开支需要自行通过其他渠道筹集。二人一直苦于

① 参见山东省卫健委：《关于印发山东省基层医疗卫生服务能力提升行动三年规划的通知》，载山东省卫生健康委员会官网2020年7月10日，http://wsjkw.shandong.gov.cn/wzxxgk/tzwj/202007/t20200710_3158218.html。

② 参见河南省卫健委：《关于印发〈河南省基层医疗卫生机构建设三年行动计划(2020—2022)〉的通知》》，载河南省卫生健康委员会官网，http://wsjkw.henan.gov.cn/2020/09－02/1762540.html。

回落村桃子箐小组村卫生室条件太过简陋，完全没有办法满足其卫生健康活动的需要，多次向上级卫生主管部门反映情况无果（均是因为财政困难）后，盘某强、杨某萍在无奈的情况下，只好通过自己筹集资金等方式新建村卫生室用房。

但是，盘某强、杨某萍在回落村桃子箐小组村卫生室旁土地上加盖房屋的过程中，被回落村桃子箐小组的村民阻拦，并屡次率人到回落村桃子箐小组村卫生室闹事，殴打施工工人，导致房屋工程被迫停工一年。双方的争议经过县乡两级政府的调解都没有化解，愈演愈烈。盘某强、杨某萍两人不得不向当地法院提起诉讼。法院认为，盘某强、杨某萍建设村卫生室用房虽得到了卫生行政主管部门的许可，但是其建房所用的土地确实是回落村桃子箐小组集体所有，两人在未获得村小组许可也未取得相关手续的情况下自行组织施工队开工建设显然侵害了回落村桃子箐小组的物权，故回落村桃子箐小组阻止其修建房屋的行为是合法的、正当的。①

此案虽然涉及的是集体土地使用权，为物权纠纷，但是案件中盘某强、杨某萍希望改善村卫生室条件的初衷是值得肯定的。如前文所述，村卫生室标准化工作目前正在全国部分地区推进，但是许多的乡村村卫生室仍然长期处于不达标的状态，难以保障正常的卫生健康工作条件。

2. 农村医生继续教育权利典型事例评析

（1）典型事例一：安徽省推进“百医驻村”“千医下乡”“万医轮训”

2020 年 8 月，安徽省卫生健康委员会联合安徽省财政厅、安徽省人力资源等相关部门下发了《关于实施乡村医疗医生卫生服务能力提升“百千万”工程的通知》（以下简称《“百千万”工程通知》）。

《“百千万”工程通知》所指的“百千万”工程包括：①“千医下乡”，即安排上级医疗机构 1000 余名医务人员下派乡镇卫生院工作；②“百医驻村”，即安排上级医疗机构 100 余名医务人员常驻村卫生室；③“万医轮训”，即每年对 1 万名乡村医生（包括乡镇卫生院医生）进行轮流培训。经过以上三大子工程协调配合，希冀在三年时间内实现中心卫生院、一般乡镇卫生院及村卫生室

① 云南省勐腊县人民法院民事判决书，（2016）云 2823 民初 754 号。

诊疗服务能力的整体性提升。① 并且,该通知明确农村医生的培训以适宜技术推广为主,特别重视中医药适宜技术的推广应用。

(2)典型事例二:大力推进“乡村医生培训工程”,提高乡村医生的整体服务能力

根据国家卫生健康委员会基层司以及中国医生协会的要求,2020 年 6 月 18 日中国医生协会在召开全国乡村医生培训工作视频会议时提出,中国医生协会乡村医生分会按照要求已于 2016 年 7 月 2 日起,在全国范围内启动了“乡村医生培训工程”。

该培训工程的模式为“线上与线下相结合”的模式,即线下通过在全国各省市选定并设立的“乡村医生培训中心”,就近利用当地上级医疗机构的优质医疗资源对农村医生进行定期面授式培训,截至 2019 年年底,中国医生协会乡村医生分会已经在全国范围内设立了 100 家“乡村医生培训中心”并且这一规模还在继续扩大。同时,这 100 家“乡村医生培训中心”覆盖了全国 25 个省(区、市)、79 个地级市,100 个县及县级市。另外一种方式为线上培训,主要由中国医生协会和掌上医讯公司联合开发的 App 中的“乡村医生网络培训平台”功能来实现录制课程和直播课程,课程内容包括农村全科助理医生的考核和培训,适宜的中医技术的培训以及常见病知识和急救知识。在搭建培训模式的同时,为了督促落实,中国医生协会乡村医生分会还修改完善了《培训中心管理规定》,对已设立的培训中心进行严格考核,对责任落实不到位者限期整改,严重者取消资格。②

另据“基层卫生工作者”公众号的报道,2020 年乡村医生培训工程办公室通过全国下设的“乡村医生培训中心”对接受或尚未接受乡村医生培训的乡村医生进行了一次问卷调查,调研数据显示乡村医生最需要的培训内容是常见病与多发病的诊疗方法、公共卫生技能、中医药适宜技术等基层医疗与

① 三年计划的具体目标如下:(1)中心卫生院具备开展一、二级手术和平产助产服务能力,具备 60 ~ 100种常见疾病诊疗能力,1/3 的中心卫生院达到二级综合医院水平;(2)一般乡镇卫生院具备开展门诊小手术服务能力,具备 40 ~ 60 种常见疾病诊疗能力。乡镇卫生院住院服务量占县域总住院服务量比例逐年提高;(3)每个村卫生室至少有一名合格村医,村卫生室具备 20 种常见疾病诊疗能力,开展 4 类以上中医药适宜技术服务。乡村两级慢病管理水平明显提升。

② 参见黄钰涵:《助力乡村医生建设 乡村医生网络培训平台上线》,载中国新闻网 2020 年 6 月 19 日,https://www.chinanews.com/jk/2020/06-19/9216661.shtml。

公共卫生服务技能。在学习方式上，乡村医生更愿意通过线下方式学习。[①]当前，对农村医生的继续教育权利的保障主要通过以上培训的方式进行。从中我们也可以发现，农村医生本身所需的服务能力水平实质上也不高，因此，前文中农村医生特殊执业权利的保障主要转为培训等继续教育权利保障方式。

3. 农村医生参与民主管理权利典型事例评析

典型事例：中国医生协会下设立乡村医生分会

2015 年 1 月 8 日，中国医生协会官方网站发布了《中国医生协会关于同意成立乡村医生分会》的公告，标志着中国第一个农村医生行业性组织成立。中国医生协会乡村医生分会组织了上述针对全国农村医生的“乡村医生培训工程”，同时每年召开乡村医生年会探讨乡村医生发展，开展评选“百姓满意的乡村医生”活动，通过一系列活动活跃我国农村医生队伍，使农村医生更有参与感和获得感。[②]

由于资料收集有限，目前尚未发现有关农村医生参与民主管理的典型事例、案例的报道，也间接反映了我国农村医生队伍的分散性仍然严重，当然中国医生协会乡村医生分会的成立可以有助于农村医生队伍凝聚力的形成。

二、受采访农村医生对农村医生权利保障的看法

从前述关于农村医生一般公民权利、特殊执业权利以及执业相关权利保障事例和案例的个别观察，我们可以发现近年来随着国家层面对农村医生群体权利保障的重视度逐步提升，许多的农村医生权利保障不妥善情形正在“自下而上”地、逐步地被各地方政府或卫生健康行政主管部门加以改善。但是，这些观察都主要是通过间接主体报道来实现的，农村医生自身的体会和感受或许更为真切，故本部分主要期望通过收集整理已经公开的各大媒体对农村医生的采访资料，从农村医生主观的视角对农村医生权利保障这个问题

---

① 参见乡村医生培训工程办公室：《2020 年乡村医生培训需求调研报告出炉》，载微信公众号“基层卫生工作者”2020 年 8 月 29 日，https://mp.weixin.qq.com/s/OPXpRVT54TqjfvUQe005vw。

② 参见中国医师协会：《关于同意中国医师协会乡村医生分会成立的批复》，载中国医师协会官网 2015 年 1 月 8 日，http://www.cmda.net/tzgg11/9991.jhtml。

进行更深入的剖析。为了避免赘述,我们以表格的形式呈现了全国各大媒体报道的受访农村医生的主要观点,具体内容详见表10-3。

表10-3 农村医生群体自身对于农村医生权利保障的态度与看法部分报道分布

序号	地区	村医	职业经历与态度	权利保障观点
1	重庆市	汪勇进[1]	1. 有条件选择在医院工作,为了村民健康,毅然决然选择回村执业; 2. 对病人负责,一心一意,妙手回春	奉献重于索取,更多地牺牲自我的休息、发展等权利满足农村居民的医疗卫生服务需求
2	广东省	黄永扬[2]	1. 从小立志作一名村医,为基层医疗卫生事业奉献力量; 2. 通过自学获取乡村医生执业资格	奉献重于索取,更多地牺牲自我的休息、发展等权利满足农村居民的医疗卫生服务需求
3	四川省	杨艳秋[3]	从小随父学习中医,开办村卫生站	1. 坚持"救死扶伤,不计报酬"; 2. 自己家庭经济不宽裕,但是也不为难看病病人
4	山东省	刘庆民[4]	40年如一日持续服务农村医疗卫生事业,希望村村有医,村医有传承	1. 自发组织"医在乡间"互助协会; 2. 村医待遇始终跟不上,提出农村医生培养模式应当坚持"从本村来,回本村去"的原则
5	贵州省	刘廷良[5]	62岁高龄仍然坚守农村医生岗位,主动请缨参与疫情防控	1. 国家有难,自己无法置身事外; 2. 认为自己虽然年纪大,但是身体体质好
6	安徽省	王飞[6]	1. 几十年如一日长期坚守在基层医疗卫生岗位,经历新中国成立以来农村医生医疗卫生事业发展的全过程; 2. 希望继续为家乡的医疗卫生事业作出自己的贡献	1. 农村卫生室脱离原有的农村集体经济和农村密集人群逐渐失去经济支持和服务人群; 2. 工作量大,休息时间少; 3. 无编制,无固定工资,无统一的医疗保险和养老保险; 4. 选择开办自己的中医诊所

续表

序号	地区	村医	职业经历与态度	权利保障观点
7	黑龙江省	李同强[7]	放弃医院工作机会，在村医岗位上工作 11 年，及时转型为个体医生	社会办医条件成熟，更愿意选择自己独立经营诊所，摆脱体制的束缚

〔1〕参见廖唯：《村医汪勇进 27 年坚守　用青春换来村民健康》，载中国彭水网，http://www.cqps.gov.cn/ps_content/2017－09/06/content_4384366.htm。

〔2〕参见佚名：《90 后村医黄永扬：自学成医不是梦》，载微信公众号“新 E 荟”2018 年 7 月 11 日，https://mp.weixin.qq.com/s/ODiurJhONx6P6OgRdDWabg。

〔3〕参见周超文、涂锐：《乡村医生杨艳秋　仁医仁术播撒人性温暖》，载四川新闻网，http://lz.newssc.org/system/20200119/002838335.html。

〔4〕参见张武岳、王阳：《村医代表刘庆民：愿村村有医，医有传人》，载新华社官网 2020 年 5 月 6 日，https://baijiahao.baidu.com/s? id＝1665909122850232317&wfr＝spider&for＝pc。

〔5〕参见沈紫薇、孙雪娇：《55 后老村医，85 后社管中心主任，两代基层医务人员的坚守！》，载微信公众号“基层卫生健康”2020 年 4 月 8 日，https://mp.weixin.qq.com/s/ZehCg1j6x03j3w7TZ6mucA。

〔6〕参见李兴鹏：《63 岁的乡村医生创业了！》，载微信公众号“基层卫生健康”2019 年 10 月 13 日，https://mp.weixin.qq.com/s/VKcKw8eUvXQNHJgUxGd_Uw。

〔7〕参见孙雪娇：《从村卫生室到个体诊所，这一年他经历了什么？》，载微信公众号“基层卫生健康”2020 年 5 月 29 日，https://mp.weixin.qq.com/s/FSXYupqbBHJWpRJIoa9Baw。

表 10－3 所展示的对农村医生部分代表人物的采访，或是不是最为全面的，但是确实能够反映当前我国农村医疗卫生事业发展面临的人才空心化问题。一方面，表 10－3 的个案中有大量的报道是偏向于对“最美村医”事迹的传播，全国各省、市、自治区，无论是经济发展较快的东部地区，还是经济发展较为缓慢的中西部地区，都有一群拥有“高尚医德”“无私奉献”的农村医生群体。他们多是来自自己所服务的农村，部分是子承父业或子承祖业，对农村医生这一职业充满敬畏和诚挚的热爱；同时，他们与村民或就诊患者的关系已经超越普通的医患关系的范畴，更加类似于亲属关系。这两个主要的因素是导致绝大部分农村医生能够坚守农村医疗卫生岗位的动因，有赖于这两个因素，他们在面对“自身权利保障”与“村民医疗健康保障”冲突时，会自主地选择牺牲个人的利益，诸如，“救死扶伤，不计报酬”“自掏腰包为村民负担药费”“全年 24 小时待命”“不顾及个人安危”等，这些都涉及我们讨论的农村医生权利保障问题。

另一方面，近年来，随着国家放开社会办医许可、医生多点执业以及中医诊所实行备案制管理等基层医疗卫生事业改革措施的大力推行，正如表 10－3 中所展示的，部分农村医生开始摆脱所谓的“体制束缚”（实际上农村医生一直没有处理好编制问题,基本不存在实质意义上的体制束缚)选择自主从医,以此实现自我价值的提升,并提高自身经济水平。至少,这一趋势似乎是难以扭转的,据《2018年我国卫生健康事业发展统计公报》数据,截至2018年年底,全国54.2万个行政村共设62.2万个村卫生室,相较2017年年底的63.2万个,减少了1万个。流失的农村医疗卫生人才,有的是因为年老的农村医生退出或死亡,当然最主要的流失原因还是农村医生自我离职,选择另谋出路。

农村医生"用脚投票"是社会主义市场经济发展使然。因此,这些我们的新闻媒体在关注农村医生自我牺牲式的奉献精神的同时,还应当关注农村医生自身生存、发展面临的主要困境。农村医疗卫生应当也必须是我国医疗卫生事业的重要组成部分,2020年6月1日起施行的《基本医疗卫生与健康促进法》第3条第2款规定:"医疗卫生事业应当坚持公益性原则。"此处的公益性原则是对我国国家医疗卫生事业整体性的定性,当然包括农村医生卫生事业。但是,我们仅仅给农村医生分配更多的农村医疗卫生公益性任务,而忽视提高其相应的待遇(基药收入减少+加强医保监管等),对农村医生而言是不公平的。当然,短期内,仍然有一大批自愿奉献的农村医生坚守在农村医疗卫生的岗位上,但是未来,当这一批村医年龄增长逐渐退出农村医生队伍时,我们的农村医疗卫生事业的后继发展又将如何坚持呢?

第十一章　当前农村医生权利保障存在的问题及成因

新中国成立以来，我国的医疗卫生事业发展经历了一个重心不断转移发展的历程。从新中国成立初期农村城市同步发展（主要是以城市医疗卫生事业发展更快），其次是20世纪60年至70年代“以农村医疗卫生为中心”的医疗卫生发展策略（主要支持农村地区的三级医疗卫生网络建设），再到改革开放后“医疗服务市场化”的医疗卫生发展策略（主要支持城市医疗卫生事业，忽视公益性和可及性），到2009年后回归“强化基层”的医疗卫生服务公益性发展策略（农村等基层医疗卫生事业发展再次成为医疗卫生事业发展的重心）。这一过程中农村医生是主要的参与人和见证人，其是农村医疗卫生服务的主要承担者。国家和社会公众已经关注到了农村等基层医疗卫生事业发展中存在的问题，但是未对农村医生这一农村医疗卫生事业发展中坚力量的权利保障问题给予充分的重视。在此，结合以上实证层面的考察，我们提出以下几个涉及农村医生权利保障的主要问题，以期抛砖引玉，引起学术界及整个社会、国家对农村医生群体权利保障的关注，并及时、全面、有效地完善相关举措。

一、当前农村医生权利保障存在的问题

当前农村医生权利保障的总体评价是不尽如人意的，从每一年《卫生健康统计公报》中农村医生人数和农村卫生室双双下降的趋势就可以窥见。以下主要结合前文社会公众

反馈及个案观察对当前我国农村医生权利保障存在的问题予以归纳分析。

(一)制度供给不足:农村医生权利保障缺乏明确、统一的规范指引

由于农村医生权利保障缺乏全国统一的制度供给,不同经济地区依靠经济实力对本地农村医生予以不同程度的保障,例如广州市花都区村卫生站可以实现“一元钱看病”,村医年收入更是可以高达25万元。① 这种全国性制度供给缺位不利于各地区农村医生队伍的稳定和持续健康发展。

该问题项下具体可以为分为几个方面的小问题:其一,各个权利保障责任主体间的协同配合不够。由前文分析可见,农村医生“三大类权利”涉及的不仅是卫生健康行政主管部门,还有社会保障部分、民政部门、财政部门、行业协会、基层自治组织等,目前各主管及相关部门缺乏配合,协同保障机制未建成。

其二,权利保障执行机制、标准不完善、不统一。我们通过北大法宝、全国各卫生健康主管部门门户网站及政务服务网站收集了有关农村医生权利保障的部分地方性文件,具体见表11-1(截至2020年8月)。

表11-1 农村权利保障地方规范性文件分布

文件主要目的	数量(单位:件)	代表性文件
农村医生签约服务[1]	省级:8件; 市级:4件	安徽省卫生厅《关于开展乡村医生签约服务试点工作的意见》
农村医生养老及补助	省级:18件; 市级:18件; 县级:2件	安徽省卫生厅、安徽省财政厅《关于印发〈乡村医生从事公共卫生服务津贴补助实施办法〉的通知》
农村医生队伍建设[2]	省级:38件; 市级:142件; 县级:6件	河北省人民政府办公厅《关于进一步加强乡村医生队伍建设的实施意见》
农村医生教育培训[3]	省级:12件; 市级:7件	海南省人民政府办公厅《关于印发海南省乡村医生支持计划(2016—2020年)的通知》

〔1〕全国性规范性文件是《国家卫生和计划生育委员会办公厅关于开展乡村医生签约服务试点的指导意见》(卫办农卫发〔2013〕28号,已失效)。

〔2〕全国性的规范性文件是国务院办公厅《关于进一步加强乡村医生队伍建设的指导意见》(国办发〔2011〕31号、国办发〔2015〕13号)。

〔3〕全国性的规范性文件是《全国乡村医生教育规划(2011—2020年)》(国卫科教发〔2013〕26号)。

---

① 参见宋昆仑:《一元看病,村医年收入却高达25万!怎么做到的?》,载大河健康报公众号2019年9月6日,https://mp.weixin.qq.com/s/iszfBvHiByzgPH-hOQr3Og,2020年10月28日访问。

以上地方规范性文件基本都是描摹全国规范性文件,具体操作则在地方层面被层层简化、弱化,所以落实到农村医生权利保障的实际程度较低。反之,地方众多规范性文件提出的有益的做法并没有及时上升为全国的规范。

其三,权利保障监督、评价机制不完善。一直以来呼吁改善农村医生生存、发展的口号不绝于耳,相关政府规范性文件堆积如山,但是因为缺乏法律监督、约束外部责任的机构,也缺乏责任追究机制,农村医生权利保障的效果无法得到检验,更难以经得起时间的考验。

其四,乡村医生、全科医生、家庭医生多种制度并存,关系未厘清。我国的基层医疗卫生政策变化如前文所述,不同时期有不同的重心。农村基层医生政策也在不断调整,最终造成农村医生“身兼数职”,肩负乡村医生、全科医生、家庭医生等多重身份,但是身份的多重并没有带来权利保障的优越性,反而容易引发权利保障适用规范、标准的混乱。

（二）制度践行不力:农村医生权利保障整体投入力度尚不能满足现实需求

政府对农村医生权利保障的投入程度直接影响农村医生权利保障措施的实际效果,并且直接影响一般公民权利（获得待遇保障权利）、执业相关权利（获得执业条件保障权、获得继续教育权等）。其一,农村医生的主要收入来源是基本医疗及基本公共卫生补助,特别是农村实行基本药物零加成之后,农村医生最后的合法收入增长点也被转化为固定补助,但是不同地区补助差异很大,纯粹取决于当地政府的财力。

其二,农村医生的注册执业地点主要是农村卫生室,除个体经营的农村诊所外,公办或集体开办的农村卫生室的设施、设备配置近年来由于健康扶贫等举措的推行有所提升,但是整体水平与城镇社区卫生所还存在差距。前面社会调查中,虽然大多数受调查者都对农村卫生室执业条件改善表达了肯定,但是仍然存在较大的提升空间,要想吸引新生农村医生加入并稳定执业,这一点不能不引起重视。此外,农村卫生室远程医疗信息化水平亦是农村卫生室执业条件保障的重要组成部分,是农村医疗卫生融入国家“互联网＋医疗健康”模式的前提。

其三,农村医生教育培训,主要是继续教育培训的资金配套不足。虽然,各级政府农村医生继续教育培训的投入具体资金不详,但是从每年举行的农村医生继续教育与执业技能培训场次分布(0～6次/年为主)可以推知当地政府在农村医生继续教育上的投入主要目的是满足《执业医师法》《乡村医生从业管理条例》法定要求,没有结合当地农村医生实际需要进行调整,当然,培训的效果也会受到影响。

(三)保障逻辑不清:未能明确区分农村医生三大类权利保障的主次关系

农村医生"三大权利"的保障不是并肩而行,而是主次分明的。特别是当前阶段,农村医生整体数量处在"衰减期",如何稳定农村医生队伍是这一阶段农村医生权利保障的中心工作。从前文社会反馈情况分析及典型个案考察可以得出,一般公民权利的基础保障地位没有引起农村医生权利保障部门的重视。长久以来,农村医生被一味地强调落实上级卫生健康行政部门的农村基本医疗及公共卫生服务任务,但是就是没有配套提升待遇。

依据现行《基本医疗卫生与健康促进法》《执业医师法》《乡村医生从业管理条例》之规定,未来农村医生的特殊执业权利,即所谓的农村医生执业能力的提升主要依靠新生的医疗卫生人才(如农村定向医生)的加入,要吸引在多元价值环境中成长的医疗卫生人才加入或回归农村医疗卫生队伍主要依赖的是对农村医生生产、发展权利的充分保障,而非单纯依靠宣传艰苦奋斗的老一辈村医的事迹。我们认为,一般公民权利获得保障是提升特殊执业权利的"内生动力",即一般公民权利获得保障将起到稳定农村医生队伍和激励农村医生创造的作用;执业相关权利获得保障是提升特殊执业权利的"外部保障",执业相关权利一方面可以提升农村医生的执业能力,另一方面可以保障农村医疗安全。

(四)保障针对性不足:特殊执业权利的保障没有体现农村医生"健康守门人"定位

农村医生很难达到与普通临床医生同等的发展轨迹,其虽然名为"医生",但是追根溯源,最初的称谓是"卫生保健员",设置这一群体的主要目的不仅是为农村居民提供基本的医疗服务,还在于借助他们提升农村居民的健康意识,预防大病的发生,减少因病致贫、因病返贫,因此农村医生的主要定位是农村居民的"健康守门人",这不同于西方部分发达国家所谓的家庭医生、私人医生。

故而农村医生特殊执业权利，即执业能力的提升，应考虑农村医疗卫生事业发展的实践，着力于基本医疗与基本公共卫生服务能力的提升。强化农村诊疗服务能力要因地制宜，不能不考虑当地实际情况，追求建设“超级卫生室”（新华网曾报道湖南浏阳建设了一大批“超级乡镇卫生院”①），也不能期望通过短期继续教育、培训提升其医疗水平，甚至短时间内强制提升农村医生执业门槛，只重视农村医生医疗服务能力的提升，而对其公共卫生服务与公共卫生应急处置能力视若无睹，医防结合的综合诊疗服务能力提升才是农村医生特殊执业权利保障的根本目标。

（五）发声渠道不畅通：农村医生缺乏完善的渠道表达自身的权利保障诉求

农村医生长期默默坚守在农村医疗卫生服务第一线，我们可以从前文的优秀农村医生个人采访中窥见：老一辈农村医生加入农村医生队伍要么是因为深受其祖辈、父辈的影响，常怀着一颗医者的“仁爱之心”；要么是对农村医生这个职业充满真挚的感情，有舍己奉公的赤子之心。

但是，这一批次农村医生整体在老去，他们中也有部分在为退休之后的养老、医疗保障问题发愁，但是这些农村医生的权利呼声被无私奉献、艰苦坚守的新闻报道所掩盖，直到近期全国各地发生农村医生集体辞职事件才引发举国的关注。农村医生权利获得充分保障符合现代法治公平正义的价值理念，以牺牲个人生产、发展利益为代价换取农村医疗卫生事业的发展是涸泽而渔，远观必有危矣。此外，农村医生权利保障关乎农村医疗卫生事业长久发展，间接影响农村居民的健康权利，因此现阶段农村医生权利保障还缺少有农村居民这一主要的利益相关者参与的社会监督机制的约束。

二、当前农村医生权利保障问题的成因

以上列举的我国现阶段农村医生权利保障中存在的问题不能代表农村医生权利保障实践中隐含的全部问题，这或许只是冰山一角，但本研究的主要目的不是求大求全，我们寄希望于此研究能够激起国家、社会、民众对农村

---

① 参见向清凯、张典标等：《湖南浏阳：湘赣边区域“超级乡镇医院”现象调查》，载新华网，http://www.xinhuanet.com/politics/2020-11/02/c_1126684924.htm。

医生这一群体的关注,以逐步改善他们的生存、发展条件与环境。那么,导致上述农村医生权利保障问题的内外在因素是什么呢?本部分主要分三个方面加以阐释。

(一)农村医生权利保障的制度的成本—收益不成正比

时代是滚滚车轮,个人乃至国家也难以扭转其前进的趋势。20 世纪末 21 世纪初,我国逐步转入发展社会主义市场经济的轨道,社会主义市场经济改革要求尊重市场在资源配置中的基础性地位乃至决定性地位,任何一项制度的推行要考虑经济效益,即制度成本与制度收益应尽可能保持正向相关性。

当时正值第一次医药卫生体制改革时期,整个医药卫生行业都存在不同程度的与公有经济相剥离的趋势,以此解放国家的经济负担用于发展其他急需的领域。投射到农村医疗卫生领域,就演变为农村卫生室、农村医生与农村集体经济(农村公社)相脱离,①此时加大对农村医疗卫生的投入被认为是成本与收益不成正比的。产生这种认识的理由是,农村医生服务的人群已经大规模背井离乡,留存的留守人口要么就医观念陈旧(忍到疾病晚期也不愿意就诊)、要么行动不便,实际的诊疗市场需求似乎已经大打折扣,农村医疗运行的积极价值不大。因此,农村医生权利保障制度作为农村医疗卫生事业发展的附属,也被理所当然地打上了“成本—收益不成正比”的烙印,农村医生群体在时代的大潮中逐渐被人遗忘,“赤脚医生”的光辉也逐渐消退。这一农村医疗卫生事业的历史惯性持续影响农村医生权利保障制度。

(二)农村医生权利保障对治理体系、治理能力有新要求

基层问题是全世界所有国家共同的“毕达哥拉斯猜想”,基层医疗卫生问题也是困扰人类健康发展的长久难题。20 世纪 70 年代,即 1977 年世界卫生组织(WHO)在第 30 届世界卫生大会上首次提出了“2000 年人人享有卫生保健”的远景目标,后来世界卫生组织与联合国儿童基金会(UNICEF)提出了

---

① 参见刘炫麟:《“乡政村治”体制对乡村医生数量和质量及分布的影响》,载《中华医院管理杂志》2014 年第 8 期。

“初级卫生保健（PHC）”作为实现“2000年人人享有卫生保健”目标的途径。[①] 我国农村医疗卫生三级网络、“赤脚医生”、农村合作医疗这三件享誉世界的“基层医疗卫生法宝”就是在此背景下催生的。

为了实现这三个目标，以毛泽东同志为核心的党和国家领导集体充分发挥了社会主义、集体主义治理体系、治理能力的优势，集中了所有资源重点发展农村医疗卫生，为“赤脚医生”提供更好的工作条件、待遇与地位，农村医生有干劲，农村医疗三级网络、农村合作医疗发展也卓有成效。

转换至中国特色社会主义新时代，面对“两个大局”“两个一百年”奋斗目标，在尊重市场资源配置地位的基础上，实现农村医生权利保障需要升级治理体系、提升治理能力。其核心要旨便是坚持农村医疗卫生共建、共享、共治的治理理念，形成以政府投入为主，不同责任部门协调联动，农村居民广泛参与监督的农村医生权利保障利益相关者协同治理机制。

（三）分级诊疗制度背景下的农村医疗卫生整体定位不清

农村医疗卫生的整体定位关系到农村医生的定位，前文也论及农村医生“健康守门人”的定位。农村医疗卫生必须坚持“医防协同，预防为主”，即农村医疗卫生事业发展必须走基本医疗服务与基本公共卫生协同发展的模式，同时主要做好基本公共卫生服务，做好健康的“源头治理”，不仅治疗好农村居民值得称赞，减少农村居民大病治疗的比例才是农村医疗卫生工作的落脚点。避免农村医疗卫生与城镇医疗卫生发展的同质化可以有效减少资源的错误投入，同时也可以减少农村医生不必要的负担，缓和农村医生群体执业负担与权利保障不匹配的困局。

在《基本医疗卫生与健康促进法》出台前，农村医疗卫生定位长期不清楚，照搬城镇医疗服务模式导致农村医生压力巨大，有更强执业能力的农村医生选择“单干”或到上级医疗机构执业，导致农村医生岗位沦为“鸡肋”，不仅没有提升基层诊疗服务能力，反而陷入越来越差的恶性循环，现存的农村医生权利保障也难以落实。

---

① 参见中日合作安徽省初级卫生保健技术培训项目办公室：《新型农村合作医疗及初级卫生保健》，合肥工业大学出版社2004年版，第139～141页。

第四编

农村医生执业行为规制现状评估

第十二章　农村医生执业行为规制的社会反馈

在第三编“农村医生权利保障现状评估”的第一章“农村医生权利保障的社会反馈”部分已经提到，课题调研组将针对农村医生权利保障的社会调查部分内容与针对农村医生执业行为规制的社会调查部分、新冠肺炎疫情期间农村医生参与情况的调查部分进行了合并，前文也一并对农村医生执业行为规制社会调查和新冠肺炎疫情期间农村医生参与情况社会调查部分的问卷设计进行了全面的介绍，现在本章主要对问卷调查收集到的社会反馈数据予以分析，问卷内容以数据呈现的内容为准。

一、农村医生执业行为规制社会调查反馈情况分析

（一）对农村医生调查问题的统计分析

1. 受调查农村医生的人口学特征分析

（1）受调查农村医生的男女性别比例接近 1∶1，女性受调查农村医生更为积极，受调查比例略高于男性受调查农村医生，约占受调查农村医生总人数的 56.02%。（2）受调查农村医生以中青年为主，这确实反映出此次调查受电子化调查方法影响较大，其中年龄分布主要集中于 30～40 岁，有 386 人，占受调查农村医生总人数的 47.95%；年龄在 40～50 岁的有 162 人，占比达 20.12%。（3）受调查农村医生的学历层次相对较低，受调查农村医生学历主要集中在中专、大专，其中学历为中

专的有 472 人，占比达 58.63%，学历为大专的有 225 人，占比达 27.95%。(4)受调查农村医生隶属单位多在乡镇卫生院，有 437 人，占比达 54.29%，反映出当前多数地区推行“乡村一体化”建设后，农村医生整体素质有所提升；隶属于村卫生室的受调查农村医生有 157 人，占比达 19.50%。(5)受调查农村医生的职责分布集中在基本公共卫生服务，有 367 人，占比达 45.59%，这也反映出农村医生的诊疗实际情况，即很难与城市大型医疗机构竞争医疗服务。(6)受调查农村医生的职称集中在初级、中级，占比 73.17%。受调查农村医生取得的从业资格最多的是执业助理医生，有 302 人，占比达 37.52%；注册乡村医生有 216 人，占比达 26.83%。(7)受调查农村医生的工作年限较长，5 年以上工作经历有 554 人，占比达 68.82%。

2. 对农村医生执业行为规制的现状的认知、态度与建议

(1)受调查农村医生认为执业行为中，对农村医生执业技术积累要求更高的早期急救医疗行为更应该加强规制，原因可能在于这一领域更容易引发医疗纠纷。调查数据显示，受调查农村医生选择“诊疗行为，对常见急症做出初步诊断与早期抢救”的有 579 人，占比达 71.93%；选择“医疗裁量行为，特殊情况下单方决定疾病处置方案”的有 482 人，占比达 59.88%；选择“告知与说明行为，正当的告知和说明提高患者在疾病诊疗中的参与度”的有 474 人，占比达 58.88%；选择“转诊行为，早期发现大病并及时转诊”的有 396 人，占比达 49.19%；选择“疫情报告行为，发现法定疫情及时上报卫生行政部门”的有 293 人，占比达 36.4%。

(2)受调查农村医生多数认为对农村医生执业行为加强规制与对农村医生权利保障同等重要，当然也有相当数量的受调查农村医生认为对农村医生执业行为加强规制相较于对农村医生权利保障更重要。这也间接反映出，当前农村医疗卫生服务环境的复杂性，农村医生群体“先天的诊疗服务能力劣势”使得其面临的执业风险更大，同时农村地区执法难以全面覆盖也为农村医疗乱象提供了滋生的环境。调查数据显示，受调查农村医生选择“同等重要”的有 332 人，占比达 41.24%；选择“规制重于保护”的有 321 人，占比达 39.88%；选择“保护重于规制”的有 140 人，占比达 17.39%；选择“互不相干”的仅有 12 人，占比达 1.49%。

(3)受调查农村医生对本地区农村医生执业行为规范性的总体评价是较好

偏一般，仍然有提升的空间。执业行为规制主要目的是驱逐农村医疗卫生服务市场中的"劣币"，维护合法执业的农村医生群体的权利，同时督促农村医生群体加强继续教育学习，不断更新执业技术和提高执业能力。调查数据显示，受调查农村医生选择"执业规范性较好"的有462人，占比达57.39%；选择"执业规范性一般"的有223人，占比达27.7%；选择"执业规范性好"的有96人，占比达11.93%；选择"执业规范性差"的有24人，占比达2.98%。

(4)受调查农村医生认为农村医生在执业过程中面临的潜在执业风险分布见图12-1。

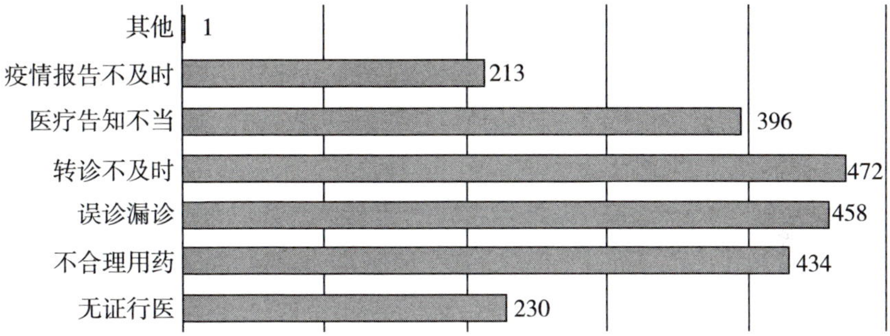

图12-1　受调查社会公众对农村医生执业过程中面临的潜在执业风险认知分布

如图12-1所示，受调查农村医生所关注的执业风险主要集中于需要农村医生进行自我判断与裁量的领域，例如"转诊的及时度""有没有误诊和漏诊""用药的合理性"。此外，随着农村居民的文化水平的提升或者有更多的农村居民享受过大型医疗机构的诊疗服务，他们更加重视医生在诊疗过程中是否能及时与患者及亲属保持信息上的沟通，即农村居民对农村医疗卫生服务提出了更高的服务质量要求，因此，"医疗告知的妥当性"也成为农村医生可能面临的潜在执业风险。但是，公共卫生风险并没有引起受调查农村医生的关注，实际上，农村医生主要的职责范围是为农村提供基本公共卫生服务，这当然包括对农村地区突发公共卫生事件的监测和报告义务。尤其须要注意，SARS疫情和新冠肺炎疫情，都在为基层疫情预警和疫情信息报告制度敲响警钟，不要因为这两次疫情暴发于城市地区就放松对农村地区疫情风险的警惕。

(5)据受调查农村医生认为，其所在地区采取的针对农村医生执业行为的规制措施中排位第一的是"规范合理用药"，这与农村医生诊疗手段有限不无关系。调查数据显示,受调查农村医生选择“规范合理用药,提高医疗卫生服务安全性、有效性”的有636人,占比达79.01%;选择“建立乡村医生执业行为考核制度”的有503人,占比达62.48%;选择“严格乡村医生执业准入,逐步提高学历门槛”的有412人,占比达51.18%;选择“组织乡村医生开展医德医风教育”的有346人,占比达42.98%。

(6)受调查农村医生普遍反映本地区开展农村医生执业行为卫生监督执法检查的频率为每季度一次。调查数据显示,受调查农村医生选择“每季度一次”的有438人,占比达54.41%;选择“每年一次”的有135人,占比达16.77%;选择“每月一次”的有123人,占比达15.28%;选择“定期检查+随机抽查”的有109人,占比达13.54%。

(7)受调查农村医生在对本地区农村医生执业行为规制总体效果进行评价时多数持积极态度,但是认为目前的执业行为规制效果还有待提升。调查数据显示,受调查社会公众选择“执业行为规制的总体效果较好”的有434人,占比达53.91%;选择“执业行为规制的总体效果一般”的有254人,占比达31.55%;选择“执业行为规制的总体效果好”有88人,占比达10.93%;选择“执业行为规制的总体效果差”的仅仅有29人,占比达3.6%。

(8)受调查农村医生对制约本地区农村医生执业行为规制的主要因素的认知分布见图12-2。

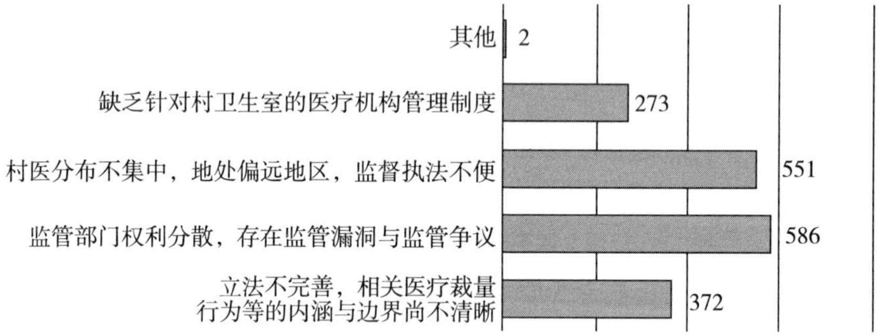

图12-2 受调查农村医生对制约农村医生执业行为规制主要因素的认知分布

由图12-2可知,受调查农村医生普遍认为:首先,监管部门分管各项监管职权,在城市地区尚可正常运行,但是农村地区医疗卫生工作环境更加复杂,农村医生的执业行为具有多面性,即其执业行为可能同时触及多个部门的职权范围，也可能出现“四不像”的情形导致多个部门都不能对其进行监管。其次，农村医生执业的地区多数是偏远地区，各执法部门很难对其进行长期持续的监管覆盖，监管的空窗期大。最后，立法不完善，特别是缺乏农村卫生室的管理制度（部分省份，例如河北省已经出台了本省的农村卫生室运行管理规范），也无法形成对农村医生执业行为规制的长效机制，“运动式”“突击式”执法检查长久来看是不符合我国医药卫生事业改革走向“全生命周期”管理的长远之道的。

(9)受调查农村医生对于农村医生执业行为规制、监管应当采取的态度，多数倾向于缓和，应结合当地实际情况，做到有的放矢。这种态度更加符合农村医生卫生事业发展的实际情况，“审慎监管”的态度有助于保持农村医疗的持续健康发展。调查数据显示，受调查农村医生选择“结合实际，有的放矢”的有529人，占比达65.71%；选择“与普通医生保持一致”的有219人，占比达27.2%；选择“现在应暂时放松监管”的仅有57人，占比达7.08%。

(10)受调查农村医生对农村医生执业行为规制的建议的选择排序依次是（此题为多选题）：①创新有效保护与科学规制农村医生执业行为的责任追究机制（有542人，占比达67.33%）；②提出符合农村实际的县乡村医疗机构的规章制度（有537人，占比达66.71%）；③设置农村医生执业行为社会监督制度，建立投诉渠道（有464人，占比达57.64%）；④在执业资格考试中增设法律法规单科考试（有312人，占比达38.76%）；⑤加强对在岗村医定期的依法执业法律宣传与教育（有249人，占比达30.93%）

（二）对监管机关调查问题的分析

1.受调查监管机关工作人员的人口学特征

(1)受调查监管机关工作人员的男女比例接近1∶1，其中女性受调查监管机关工作人员略多于男性受调查监管机关工作人员，占比达53.4%。(2)受调查监管机关工作人员以中青年为主，其中30～40岁的受调查监管机关工作人员有99人，占比达48.06%；40～50岁的受调查监管机关工作人员有58人，占比达28.16%。(3)受调查监管机关工作人员的学历水平总体较高，其中学历为本科的受调查监管机关工作人员有137人，占比达66.5%，拥有硕士学位的受调查监管机关工作人员有52人，占比达25.24%。(4)受调查监管机关工作人员隶属单位广泛,其中来自市/县社保局、医疗保障局的最多,有76人,占比达6.89%;其次来自市/县市场监督管理局、药品监督管理局的有59人,占比达28.64%。(5)受调查监管机关工作人员主要为中下层工作人员,其中,属于科级的受调查监管机关工作人员最多,有72人,占比达34.95%。(6)受调查监管机关工作人员主要负责从业资格管理与综合监督执法,分别占受调查监管机关工作人员总人数的比重分别为52.91%与37.38%。(7)受调查监管机关工作人员的工作年限较长,工作年限在5年以上的占比达72.82%。

2.对农村医生执业行为规制现状的认知、态度与建议

(1)与受调查农村医生的反馈意见基本一致,受调查监管机关工作人员同样认为在所有农村医生执业行为中,对农村医生执业技术积累要求更高的早期急救医疗行为更应该加强规制。调查数据显示,受调查监管机关工作人员选择"诊疗行为,对常见急症做出初步诊断与早期抢救"的有131人,占比达63.59%;选择"医疗裁量行为,特殊情况下单方决定疾病处置方案"的有125人,占比达60.68%;选择"告知与说明行为,正当的告知和说明提高患者在疾病诊疗中的参与度"的有113人,占比达54.85%;选择"转诊行为,早期发现大病并及时转诊"的有104人,占比达50.49%;选择"疫情报告行为,发现法定疫情及时上报卫生行政部门"的有48人,占比达23.3%。

(2)与受调查农村医生的反馈意见不一致,受调查监管机关工作人员认为对农村医生执业行为加强规制相较于对农村医生权利保障更重要。这与监管机关所处的管理者身份地位有直接的关系,这也是当前导致农村医生权利保障长期被忽视的主要原因,即主管部门对农村医生定位不清,同时为了执行国家农村医疗卫生事业发展规划,又必须通过强化监管的方式督促农村医生履行上级机关制订的农村医疗卫生服务计划。调查数据显示,受调查农村医生选择选择"规制重于保护"的有92人,占比达44.66%;选择"同等重要"的有56人,占比达27.18%;选择"保护重于规制"的有54人,占比达26.21%;选择"互不相干"的仅有4人,占比达1.94%。

(3)与受调查农村医生一致,受调查监管机关工作人员对本地区农村医生执业行为规范性的总体评价为较好偏一般,但是仍然认为有提升的空间。可见,我们选定的调查点的负责农村医生监管的机关对管辖范围内的农村医生执业行为监管是有信心的。调查数据显示,受调查监管机关工作人员选择"执业

规范性总体情况较好”的有125人,占比达60.68%;选择“执业规范性总体情况一般”的有54人,占比达26.21%;选择“执业规范性总体情况好”的有24人,占比达11.65%;选择“执业规范性总体情况差”的有3人,占比达1.46%。

(4)与受调查农村医生的感知相一致,受调查监管机关工作人员反映其所在地区针对农村医生执业行为的规制措施中也是以“规范合理用药”为主要的抓手。足见,农村医生执业行为违法目前集中在“药品不规范使用”这一领域。主要原因在于,在基本药物制度实施前,农村医生收入来源主要是药品,基本药物制度实施后,没有建立配套的补偿机制迫使农村医生突破基本药物制度红线用药,从而大量被执法机关查处。调查数据显示,受调查农村医生选择“规范合理用药,提高医疗卫生服务安全性、有效性”的有150人,占比达72.82%;选择“建立乡村医生执业行为考核制度”的有117人,占比达56.8%;选择“组织乡村医生开展医德医风教育”的有102人,占比达49.51%;选择“严格乡村医生执业准入,逐步提高学历门槛”的有84人,占比达40.78%。

(5)与受调查农村医生反映的情况基本一致,受调查监管机关工作人员反映所在地区开展农村医生执业行为执法检查的频率多数为每季度一次。但是,执法机关与行政执法相对人的认知存在差异,除每季度一次外,在其他执法频次上,执法机关倾向于认为自己执法频次高(每月一次多于每年一次),而受调查农村医生则并未感受到执法频次高(每年一次多于每月一次)。调查数据显示,受调查监管机关工作人员选择“每季度一次”的有98人,占比达47.57%;选择“每月一次”的有57人,占比达27.67%;选择“定期检查+随机抽查”的有28人,占比达13.59%。选择“每年一次”的有19人,占比达9.22%。

(6)与受调查农村医生的评价基本一致,受调查监管机关工作人员在对本地区农村医生执业行为规制总体效果进行评价时多数也是持积极态度的,但是认为目前的执业行为规制效果还有待提升。调查数据显示,受调查社会公众选择“执业行为规制的总体效果较好”的有109人,占比达52.91%;选择“执业行为规制的总体效果一般”的有66人,占比达32.04%;选择“执业行为规制的总体效果好”有27人,占比达13.11%;选择“执业行为规制的总体效果差”的仅仅有4人,占比达1.94%。

(7)受调查监管机关工作人员对制约本地区农村医生执业行为规制的主要因素的认知分布见图12-3。

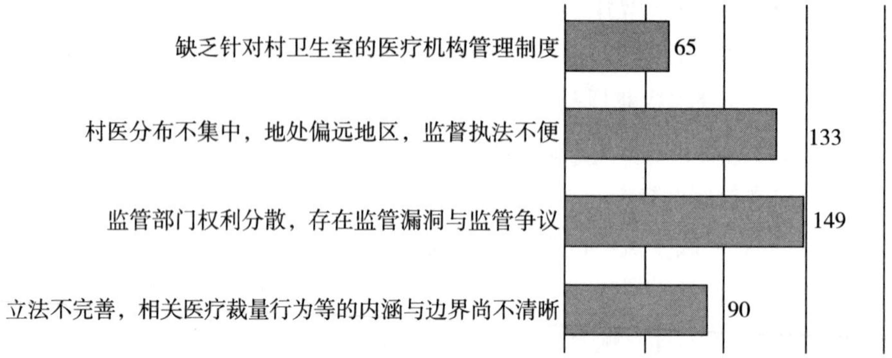

图 12－3　受调查监管机关工作人员对制约农村医生执业行为规制主要因素的认知分布

由图 12－3 可知，受调查监管机关工作人员与受调查农村医生对农村医生执业行为规制的制约因素认知基本一致。从监管机关的视角来看，监管职权分散和执法困难、监管机制不清不仅是农村违法行医者的保护伞，也是导致监管机关选择性放弃执法的主要因素。

（8）受调查监管机关工作人员对于农村医生执业行为规制应当采取的态度，多数亦倾向于缓和，但是有部分受调查监管机关工作人员认为应当与普通医生保持一致的监管力度。调查数据显示，受调查监管机关工作人员选择"结合实际，有的放矢"的有 131 人，占比达 63.59%；选择"与普通医生保持一致"的有 57 人，占比达 27.67%；选择"现在应暂时放松监管"的仅有 18 人，占比达 8.74%。

（9）受调查监管机关工作人员对农村医生执业行为规制的建议的选择排序依次是（此题为多选题）：①创新有效保护与科学规制农村医生执业行为的责任追究机制（有 141 人，占比达 68.45%）；②提出符合农村实际的县乡村医疗机构的规章制度（有 126 人，占比达 61.17%）；③设置农村医生执业行为社会监督制度，建立投诉渠道（有 111 人，占比达 53.88%）；④在执业资格考试中增设法律法规单科考试（有 78 人，占比达 37.86%）；⑤加强对在岗村医定期的依法执业法律宣传与教育（有 48 人，占比达 23.3%）。

（三）对社会公众调查问题的分析

1. 受调查社会公众的人口学特征

（1）受调查社会公众的男女比例接近 1∶1，其中女性受调查社会公众略多于男性受调查社会公众，占比达 56.87%。（2）受调查社会公众以青年为主，其中20～30岁的受调查社会公众有424人,占比达42.23%;30～40岁的受调查社会公众有411人,占比达40.94%。(3)受调查社会公众的学历水平总体较低,其中学历为高中及以下的受调查社会公众有613人,占比达61.06%。(4)受调查社会公众的职业分布相对集中,其中职业为"农民"的最多,有328人,占比达32.67%;职业为"个体工商户"的有148人,占比达14.74%。(5)受调查社会公众的家庭可支配收入在"1万～3万元"的有366人,占比达36.45%;家庭可支配收入在"3万～5万元"的有255人,占比达25.4%;家庭可支配收入在"1万元及以下"的有137人,占比达13.65%。(6)受调查社会公众接受村医医疗卫生服务的频次不高,"偶尔"接受村医医疗卫生服务的有683人,占比达68.03%。(7)受调查社会公众多数没有与村医签订家庭医生服务协议,"未签约"的有594人,占比达59.16%。

2. 对农村医生执业行为规制现状的认知、态度与建议

(1)受调查社会公众同样认为农村医生执业行为中,对涉及急救医疗等危险系数较高的执业行为应当加强规制,以保障患者安全。但是,在其他执业行为选项中,受调查社会公众则有自己的侧重,相较于农村医生他们更加重视对患者病情的实时、充分掌握,或患者能够得到及时转诊。间接可以看出,社会公众对农村医生的执业能力的认同度不高,更希望农村医生不因为自己执业能力限制而耽误患者的病情。调查数据显示,受调查社会公众选择"诊疗行为,对常见急症做出初步诊断与早期抢救"的有731人,占比达72.81%;选择"告知与说明行为,正当的告知和说明提高患者在疾病诊疗中的参与度"的有582人,占比达57.97%;选择"转诊行为,早期发现大病并及时转诊"的有552人,占比达54.98%;选择"医疗裁量行为,特殊情况下单方决定疾病处置方案"的有520人,占比达51.79%;选择"疫情报告行为,发现法定疫情及时上报卫生行政部门"的有411人,占比达40.94%。

(2)与受调查农村医生的看法一致,多数受调查社会公众认为对农村医生执业行为加以规制与对农村医生权利保障的关系是同等重要的。但是,在强调患者安全保障的部分,受调查社会公众认为对农村医生执业行为加以规制重于对农村医生权利的保障。可见,部分患者或者潜在患者对农村医生所面临的生存与发展困境尚欠足够的感知。调查数据显示,受调查农村医生选择"同等重要"的有518人,占比达51.59%;选择"规制重于保护"的有309人,占比达

30.78%；选择“保护重于规制”的有167人，占比达16.63%；选择“互不相干”的仅有10人，占比达1%。

(3)受调查社会公众对本地区农村医生执业行为规范性的总体评价是较好偏一般，仍然有提升的空间。执业行为规制主要目的是驱逐农村医疗卫生服务市场中的“劣币”，维护合法执业的农村医生群体的权利，同时督促农村医生群体加强继续教育学习，不断更新执业技术和提高执业能力。调查数据显示，受调查农村医生选择“执业规范性较好”的有462人，占比达57.39%；选择“执业规范性一般”的有223人，占比达27.7%；选择“执业规范性好”的有96人，占比达11.93%；选择“执业规范性差”的有24人，占比达2.98%。

(4)受调查社会公众对农村医生在执业过程中存在的违法、违规行为认知的分布见图12－4。

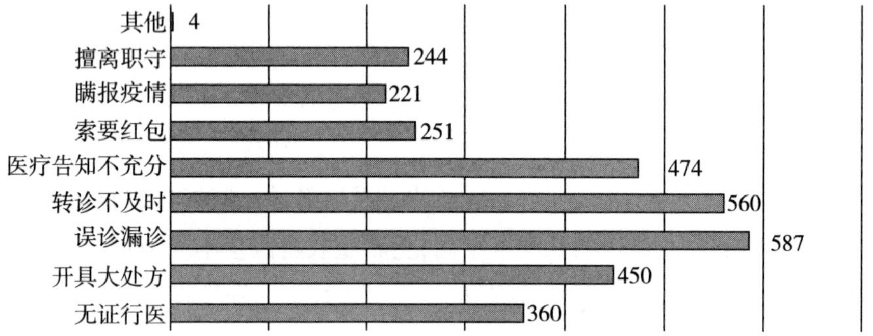

图12－4　受调查社会公众对农村医生执业过程中违法、违规行为认知的分布

由图12－4可知，受调查社会公众对农村医生执业违法、违规行为的认知与其对本部分问题的认知基本保持一致，更加重视医疗行为或诊疗行为本身，诸如误诊漏诊、转诊不及时、医疗告知不充分、开具大处方，这些都再次反映受调查社会公众对农村医生整体执业能力的怀疑态度。

(5)受调查社会公众绝大多数都表示知道本地区提供的农村医生执业行为社会监督、投诉渠道。调查数据显示，受调查社会公众选择“互联网监督、投诉平台”的有327人，占比达32.57%；选择“投诉电话”的有275人，占比达27.39%；选择“投诉信箱”的有265人，占比达26.39%；选择“不清楚”的有137人，占比达13.65%。

(6)受调查社会公众就农村医生违法执业行为寻求举报、投诉的情况总体较少。一方面可能是因为所受到的损害较小,另一方面可能是受调查社会公众对农村医生本来就不抱有太高的期望值。调查数据显示,受调查社会公众选择“偶尔举报、投诉”的有 448 人,占比达 44.62%;选择“从不举报、投诉”的有 424 人,占比达 42.23%;选择“经常举报、投诉”的仅 132 人,占比达 13.15%。

(7)据受调查社会公众感知,其所在地区采取的针对农村医生执业行为的规制措施中排位第一的也是“规范合理用药”,将三大受调查群体的反馈意见予以集中,可以发现农村医疗卫生中存在的主要问题就是“药品合法、合理使用”。

调查数据显示,受调查社会公众选择“规范合理用药,提高医疗卫生服务安全性、有效性”的有 762 人,占比达 75.9%;选择“建立乡村医生执业行为考核制度”的有 621 人,占比达 61.85%;选择“严格乡村医生执业准入,逐步提高学历门槛”的有 520 人,占比达 51.79%;选择“组织乡村医生开展医德医风教育”的有 423 人,占比达 42.13%。

(8)受调查社会公众在对本地区农村医生执业行为规制总体效果进行评价时也是多数持积极态度,但是认为目前的执业行为规制效果还有待提升。调查数据显示,受调查社会公众选择“执业行为规制的总体效果较好”的有 543 人,占比达 54.08%;选择“执业行为规制的总体效果一般”的有 343 人,占比达 34.16%;选择“执业行为规制的总体效果好”有 105 人,占比达 10.46%;选择“执业行为规制的总体效果差”的仅有 13 人,占比达 1.29%。

(9)受调查社会公众对制约本地区农村医牛执业行为规制的主要因素的认知分布见图 12-5。

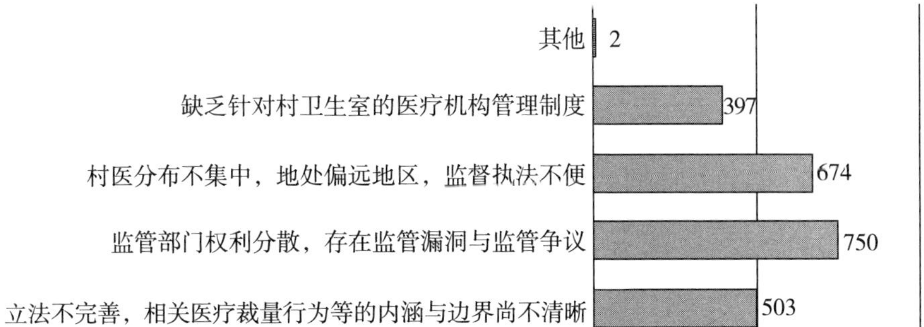

图 12-5　受调查社会公众对制约农村医生执业行为规制主要因素的认知分布

(10)受调查社会公众对于农村医生执业行为规制、监管应当采取的态度,多数倾向于应结合当地实际情况,做到有的放矢。但是,也有部分受调查社会公众认为农村医生也是医生,也应当与普通医生执业监管采取同等态度。调查数据显示,受调查农村医生选择“结合实际,有的放矢”的有 664 人,占比达 66.14%;选择“与普通医生保持一致”的有 303 人,占比达 30.18%;选择“现在应暂时放松监管”的仅有 37 人,占比达 3.69%。

(11)受调查社会公众对农村医生执业行为规制的建议的选择排序依次是(此题为多选题):①创新有效保护与科学规制农村医生执业行为的责任追究机制(有 708 人,占比达 70.52%);②提出符合农村实际的县乡村医疗机构的规章制度(有 665 人,占比达 66.24%);③设置农村医生执业行为社会监督制度,建立投诉渠道(有 569 人,占比达 59.36%);④在执业资格考试中增设法律法规单科考试(有 400 人,占比达 39.84%);⑤加强对在岗村医定期的依法执业法律宣传与教育(有 364 人,占比达 36.25%)。

二、新冠肺炎疫情期间农村医生参与的情况社会反馈分析

(一)新冠肺炎疫情防控期间受调查基层医疗机构基本全面运行

受调查农村医生、监管机关工作人员、社会公众认为,在新冠肺炎疫情期间基层医疗机构基本能够做到全面运行,农村医生在疫情防控,特别是疫情初筛的一线发挥的作用不容小觑,前文中王土成医生就是因为参与农村疫情筛查和健康核查诱发急性心肌梗死而病倒在工作岗位上的。因此,我们可以给予农村医生在新冠肺炎疫情中的表现给予肯定评价。因三大受调查群体的数据差异性不大,为了避免重复,以下主要展示农村医生的数据。调查数据显示,受调查农村医生选择“基本全面运行”的有 417 人,占比达 51.8%;选择“全面正常运行”的有 166 人,占比达 20.62%;选择“一般”的有 160 人,占比达 19.88%;选择“受到较大影响”的有 51 人,占比达 6.34%;选择“处于停滞状态”的有 11 人,占比达 1.37%。

(二)受调查地政府采取了多样化措施加强社区、乡镇疫情防控

根据受调查农村医生、监管机关工作人员的认知及受调查社会公众的感知,其所在地区政府主要采取了以下措施来增强社区或乡镇的新冠肺炎疫情防

控能力,具体分布见图 12 -6、图 12 -7、图 12 -8:

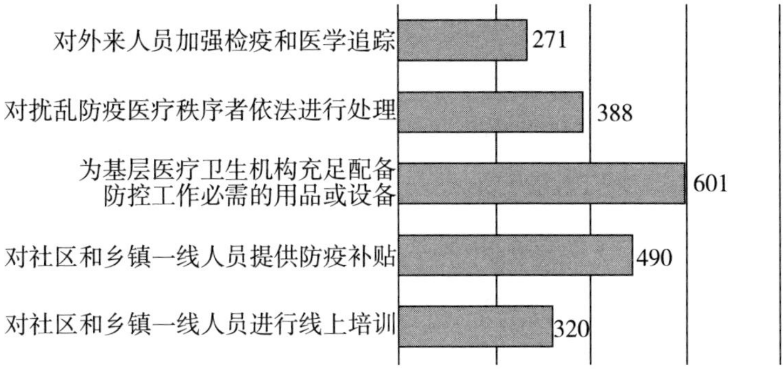

图 12 -6　受调查农村医生对当地政府采取的增强基层疫情防控措施认知分布

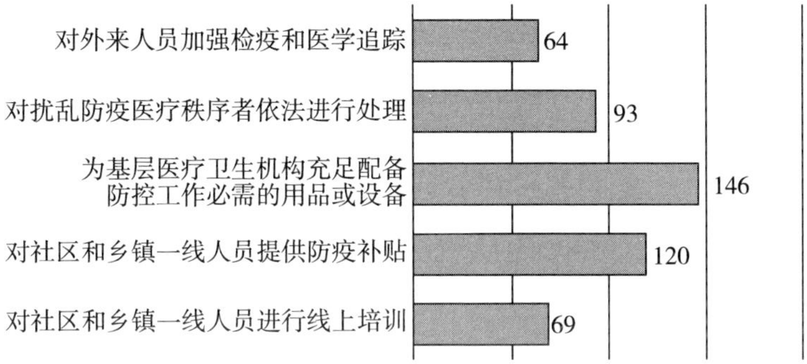

图 12 -7　受调查监管机关工作对当地政府采取的增强基层疫情防控措施认知分布

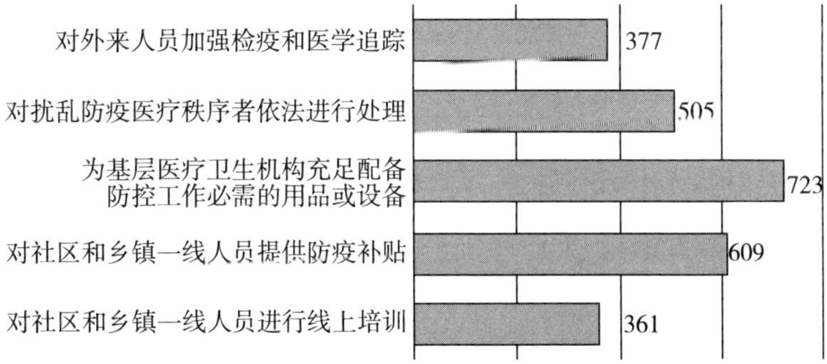

图 12 -8　受调查社会公众对当地政府采取的增强基层疫情防控措施认知分布

由图 12 -6、图 12 -7、图 12 -8 可知,受调查地区当地地方政府在采取的增强防控措施中更加侧重于对一线防疫人员权利的保障,即对包括农村医生在内的基层疫情防控人员生命安全、身体健康及待遇给予了最充分的重视。这与党中央、国务院连续发文强调对医务人员的关心、关爱不无关系。

(三)受调查地乡镇卫生院、村卫生室采取了多种防控措施

受调查农村医生所在的乡镇卫生院、村卫生室参与的具体疫情防控活动见图 12－9、图 12－10、图 12－11。

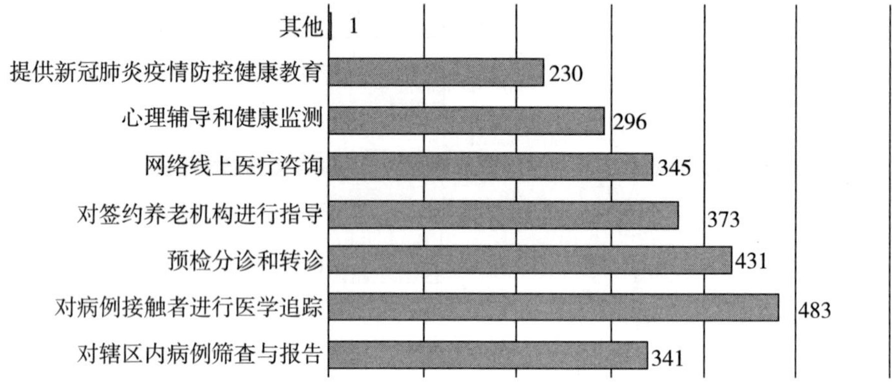

图 12－9 受调查农村医生所在乡镇卫生院、村卫生室参与的具体疫情防控活动分布

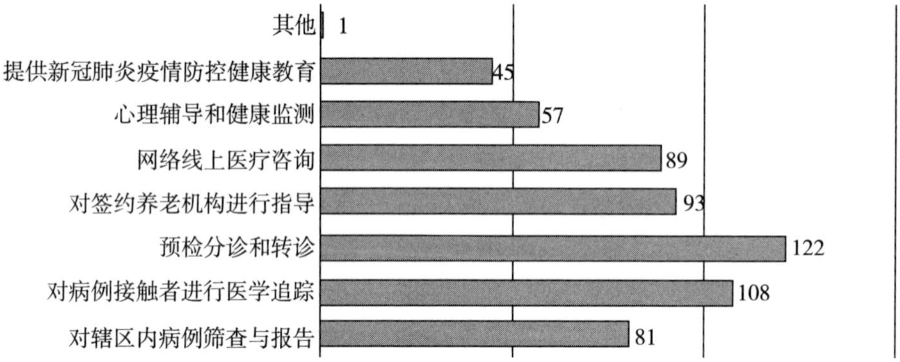

图 12－10 受调查监管机关管辖地乡镇卫生院、村卫生室参与的具体疫情防控活动分布

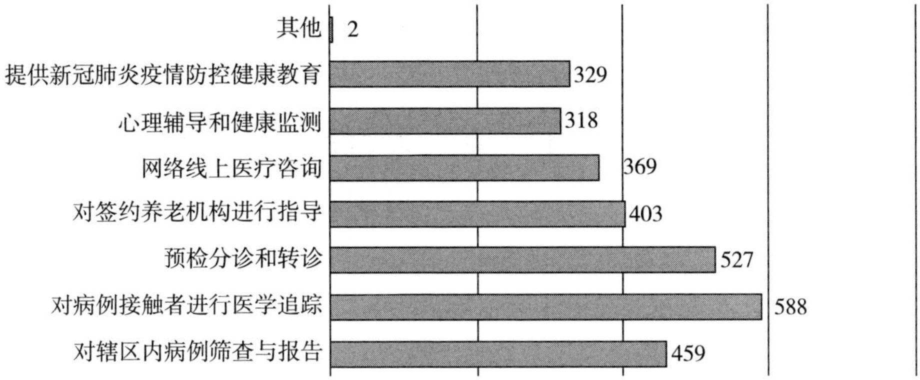

图 12－11　受调查社会公众所在地乡镇卫生院、村卫生室参与的具体疫情防控活动分布

由图 12－9、图 12－10、图 12－11 可知，农村医生参与疫情防控的方式主要是基于分级诊疗制度进行的，重点落实两个主要工作：其一，完成对农村病例及密切接触者的隔离观察、行动轨迹回溯、报告病例筛查情况；其二，对非新冠肺炎感染者及疑似感染者、无症状感染者的普通患者（主要是慢性病患者）给予家庭医疗（线上为主）。这两方面是农村医生医疗卫生职责之所在，很好地保证了农村疫情控制的稳定性。

（四）受调查地农村医生对所在社区疫情防控产生的实际效果总体较好

受调查绝大多数农村医生、监管机关工作人员、社会公众认为农村医生对所在基层社区的疫情防控产生了较为积极的效果。调查数据显示，受调查农村医生选择“效果较好”的有 521 人，占比达 64.72%；选择“效果一般”的有 150 人，占比到 18.63%；选择“效果很好”的有 128 人，占比达 15.9%；选择“效果很差”的有 6 人，占比达 0.75%。

第十三章　农村医生执业行为规制的个案观察

前文对农村医生执业行为规制的社会反馈面相进行了较为全面的展示，但是囿于问卷调查篇幅的局限性，很难让我们获得更为立体的感知。农村医生执业行为规制与农村医生权利保障“如鸟之两翼，车之两轮”，没有适度的监管的介入，农村医疗卫生服务市场这一环境内极易滋生违法乃至犯罪行为。因此，强调对农村医生执业行为规制的强化，可以净化农村医疗卫生环境，减少甚至最终杜绝农村医生因为不当执业行为损害患者权益同时影响农村医生集体声誉的情形发生，这将更有利于对农村医生权利的保障。以下主要从非法行医、违规使用医保基金、过度医疗、违反防疫规定、医疗废物处理不当等角度，以典型事例、案例的形式加以观察。

一、农村医生执业行为规制的典型事例、案例评析

（一）农村医生非法行医行为规制典型事例、案例评析

1. 典型案例一：无证康复所医生致患者死亡

2019 年 5 月 5 日，山东省菏泽市鄄城县闫什镇村民李某玉向相关媒体反映了其子杨某楠因为发烧至闫什镇康复所就诊。诊所医生陈某苑在接诊患者杨某楠后，并没有进行任何查体，也没有开具处方，直接将几包“药”交给李某玉并嘱咐其给孩子服用。在用药两天之后，其子杨某楠感到身体不适，出现了双目模糊、小便发黄等症状。5 月 14 日，杨某楠前

往鄄城县人民医院进行进一步诊治,医院门诊初步诊断为“肝损害”。同年5月29日年仅13岁的杨某楠在北京因肝损害晚期去世。

后经查实,陈某苑在闫什镇开诊所已经有十余年了。陈某苑取得的乡村医生执业证书是于2015年9月1日签发的,执业地点清楚地写明是闫什镇苏庄村卫生室。并且,鄄城县卫生行政部门提供的医疗机构登记证显示的注册地址也是闫什镇苏庄村卫生室。但是,陈某苑却一直在闫什镇执业,并没有在苏庄村执业。其执业行为已经构成非法行医,即所谓的超范围执业。同时,陈某苑未按照诊疗规范对杨某楠进行严格的体格检查,也不作出明确的诊断,随意开药,存在重要过错,且造成患者死亡的严重后果,还构成医疗事故罪。[①]

2. 典型案例二:村民输液一分钟死亡,无证村医被判非法行医罪

2019年1月17日晚上,江苏省常州市新北区西夏墅镇戎家村“村医”郭某接到当地村民周某的电话,受邀请到周某家中为其诊治。郭某在为周某进行简要的体格检查(测量体温、听诊肺部)之后,诊断周某为呼吸道感染,于是配制了头孢呋辛药液,在周某家中进行静脉输液时,仅在几秒钟之内,周某就出现呼吸困难、脸色发紫、身体出冷汗等症状。郭某虽然进行了及时抢救,但是仍然没有挽救回周某的生命。后经法医尸检鉴定,周某死因为过敏性休克,周某的死亡与郭某的用药行为直接相关。

问题关键不在于诊疗行为本身,即本案中周某在第二次使用头孢呋辛输液时出现强烈过敏反应确实存在特殊特质问题。但是,还有两个因素是导致法院判决郭某构成非法行医罪的原因。其一,郭某虽然在2009年6月通过考试获得了乡村医生执业证书,但是在退休之后,郭某并没有继续办理乡村医生执业证书续期手续,其已经没有乡村医生执业资格;其二,郭某在接到患者电话后直接到患者家中为患者提供诊疗服务,并没有考虑可能出现的意外,个人抢救力量难以与医疗机构的抢救力量相比,并且也缺少设备的支持。综合上述情形,法院最终才判定郭某构成非法行医罪,并判处7年有期徒刑,并处罚金人民币2万元。[②]

---

① 参见佚名:《“村医无证开诊所行医”折射基层医疗之痛》,载中国青年网2019年11月24日,https://baijiahao.baidu.com/s?id=1651055557408936773&wfr=spider&for=pc。

② 参见蒋文嘉:《村民请“退休老医生”挂水,一分钟不到竟身亡》,载现代快报官网,http://news.xdkb.net/2019-06/11/content_1163181.htm。

3. 典型案例三:乡村医生离开村卫生站后无证经营诊所

2020 年 3 月,接到来自群众的举报,广东省江门市蓬江区卫生健康局对棠下镇某村有人在鱼塘边开诊所这一违法行为进行了核实。卫生执法监督大队于 2020 年 3 月 24 日晚对非法行医点进行了突击检查,现场检查中,涉案人简某正在接诊一名小孩,3 名患者在简易诊所外等候就诊。

经过核查,简某及其父亲均未取得医师资格证书和医师执业证书,而且进行诊疗的简易诊所也未取得医疗机构执业许可证。简某及简父二人曾经在当地做过多年的乡村医生,但是他们在离开农村卫生室后并没有及时对自己的乡村医生执业证书进行续期。简父两人在没有行医资格下的行医的行为已经构成非法行医。蓬江区卫生健康局已对简某父子非法行医行为进行立案处理。①

4. 典型案例四:患者输液身亡,涉事村医最终未被起诉

2019 年 1 月 25 日,在连云港市赣榆区墩尚镇的一个村里,当地村民张某某因感到身体不适到该村董某某处就诊,董某某在没有行医资格的情况下仍到张某某的家中为其输液治疗,后在输液过程中,张某某死亡。后来,董某某因涉嫌非法行医罪被依法采取了强制措施。经连云港市赣榆区人民检察院审查,认为"被不起诉人董某某是否属于未取得医生执业资格的人、其行医行为和就诊人死亡结果之间因果关系"相关案件核心事实,公安机关并没有查清楚,故依照《刑事诉讼法》第 175 条第 4 款、《刑事诉讼规则》第 367 条的规定,决定对董某某不起诉。②

以上四个典型案例是农村医疗卫生实践中常见的非法行医情形,即没有取得乡村医生执业证书或者曾经取得乡村医生执业证书,但是后来因为主动或被动原因暂时退出乡村医生队伍,没有及时办理乡村医生执业证书的续期手续导致被认定为非法行医。导致这类"农村医生"长期存在于农村医疗卫生服务市场的原因大致有以下几个方面:其一,农村医生队伍只有存量很少有增量,农村医疗卫生的人力资源缺口巨大,退休或退出的农村医生抓住了

① 参见《注意!乡村医生离开卫生站后自己开无证诊所,属非法行医!》,载澎湃新闻网 2020 年 4 月 11 日,https://www.thepaper.cn/newsDetail_forward_6914560。

② 参见《患者输液时身亡,涉事村医被带走,法院最新通报来了!》,载微信公众号"乡村白大褂" 2020 年 9 月 6 日,https://mp.weixin.qq.com/s/MCHTBw2IIqEb0bnGkfeXeA。

这一缺口,以非法的地位介入到了对村民的医疗卫生健康服务活动中。其二,村民出于便利考虑,也不愿意跋山涉水去城市大型医疗机构诊疗,寄希望于当地农村医生能够提供优质的基本医疗服务,至少小病不用出远门。

此外,以上四个案例还涉及一个重要的执业规制问题,即能否允许农村医生离开农村卫生室或其他合法执业地点(村卫生室、乡镇卫生院)为村民提供医疗卫生服务?从以上几则案例可知,执法机关或法院采取了“严格主义”的立场,即认定农村医生应当受到如同普通医生一样的“执业三限制”(执业类别、执业范围、执业地点),易言之,农村医生也不能离开自己登记注册的合法执业地点为村民提供医疗卫生服务。当然,这一价值取向主要目的在于保护农村患者的医疗安全,但是如此机械地将普通执业医生的执业规则适用于农村医生是欠妥的。理由有二,其一,农村医生执业工作量会进一步加大。绝大多数农村医生服务的场景都是不确定的,他们的患者难以聚集,如果“一刀切”要求农村医生都必须在合法执业地点执业,势必会增加农村医生执业的强度和执业的风险;其二,村民的诊疗可及性下降。村民本身居住地点分散性很大,加之慢性病人和重症病人难以自行前往村卫生室,其期望的就诊可及性范围是自己居住地附近,但是农村卫生室常设置在村民聚居地。因此,两相平衡,农村医生提供“上门服务”成为缓和村民诊疗可及性期望与村卫生室固定设置的折中农村医疗卫生服务提供方式。

5. 典型案例五:诊所登记西医内科,村医实施外科治疗构成超范围执业

2015 年 10 月 11 日,患者任某因背部所生的“痈”破溃出血,至河南省新郑市某农村卫生室就诊,苏某为该村卫生室的负责人,苏某在为任某的伤口进行清创后予以无菌包扎,并开具乙酰螺旋霉素片及氧氟沙星口服药物,嘱咐任某不适时随诊。次日,患者任某因伤口纱布脱落再次就诊,苏某仍对其进行简单的外科处理。后患者出现持续性高烧,2015 年 10 月 14 日,患者至新郑市人民医院就诊,被确诊为多系统感染及呼吸衰竭。2015 年 10 月 15 日—2016 年 2 月 17 日,任某转诊至郑州大学第二附属医院 ICU 继续治疗。

该案患者任某将苏某及村卫生室诉至新郑市人民法院,法院认为苏某经营的村卫生室注册执业范围为西医内科,但是在本案中患者任某已经出现符合外科治疗的感染症状时没有及时转诊,而是超越注册执业范围对患者伤口进行外科处理,明显构成非法行医,存在过错,应当承担相应的民事责任(医疗事故责

任)。2019 年 3 月 25 日,郑州市中级人民法院二审驳回上诉,维持原判。①

6. 典型案例六:村医开具"限制使用级"抗菌药物被处罚

2014 年 11 月 25 日,患儿尹某身体不适,其父母请村医杨某到自家为患儿尹某治疗。杨某在内蒙古敖汉旗贝子府镇某村某组自家院内开办了"杨某乡诊所"。杨某诊断患者尹某所患疾病为感冒,立即为患者开具处方,并在完成"头孢米诺"过敏试验后,为患儿完成注射器配药、静脉输液等一系列诊疗活动。连续输液 3 天后,患儿尹某的症状并未缓解,11 月 27 日,患儿尹某在突然昏厥后被送至敖汉旗医院,最终因抢救无效死亡。患儿家属将杨某及其诊所起诉至内蒙古敖汉旗人民法院。

因为患儿家属不同意进行尸检,法院依据如下理由裁判:其一,依据《乡村医生从业管理条例》第 29 条规定,省级卫生行政部门应当根据乡村医生服务范围,制定乡村医生基本药物目录,乡村医生只能在目录内用药。其二,《抗菌药物临床应用管理办法》第 24 条及《内蒙古自治区抗菌药物分级管理目录(2012 年版)》明确了"头孢米诺"为限制级抗菌药物,使用必须获得相应的职称和处方权。显然,本案中的农村医生杨某没有此资质,并且杨某还存在超出执业地点行医等过错。综上,法院于 2015 年 7 月 9 日作出判决,杨某承担 40% 的责任,赔偿 9 万余元。内蒙古敖汉旗卫生局对其还处以停止执业 6 个月的处罚,暂扣了其乡村医生执业证书。②

7. 典型事例:整顿村卫生室输液,输液必须符合 6 大条件

2020 年 4 月 14 日,浙江省遂昌县于其政务官方网站公开发布了遂昌县卫生健康局《关于印发〈遂昌县村卫生室静脉给药核准方案〉的通知(征求意见稿)》(以下简称《静脉给药方案》)。

该方案对村卫生室开展静脉给药活动提出了更为全面的条件。《静脉给药方案》要求县域内农村卫生室必须在 2020 年 9 月 30 日前取得静脉给药核准,未取得静脉给药核准的村卫生室擅自给药的将受到行政处罚。

《静脉给药方案》提出的 6 大核准条件分别是:"(1)通过村卫生室规范化

① 参见刀客秦:《诊疗科目登记为西医内科 村医实施清洁、包扎伤口等治疗构成超范围执业》,载微信公众号"医患纠纷那些事"2019 年 9 月 27 日,https://mp.weixin.qq.com/s/d6mtOdLsgKRnt8GyxjEh_A。

② 参见刀客秦:《村医开具"限制使用级"抗菌药物 被停止执业 6 个月、赔偿 9 万元》,载微信公众号"医患纠纷那些事"2019 年 10 月 30 日,https://mp.weixin.qq.com/s/jae0GIYoSrMcFC1HRAKRXA。

建设验收；(2)具备独立的静脉给药观察室及观察床；(3)配备常用的抢救药品、设备及供氧设施；(4)具备静脉药品配置的条件，设置独立的配药室；(5)开展静脉给药服务的村卫生室至少有一名执业人员参加预防和处理输液反应的救护措施和急救能力培训并经考核合格；(6)开展抗菌药物静脉给药业务的，应当符合抗菌药物临床应用相关规定。”除上述6个大方面的指标外，该方案还细化了抢救药品、抢救设备、村卫生室平面布局等具体配置与设置细节。①

结合以上案例五、案例六及典型事例，农村医生涉嫌非法行医的第二大类就是超越执业范围行医。虽然，我国早在2004年就实施了《乡村医生从业管理条例》，乡村医生注册也是概括注册，即没有类似于普通医生内科、外科等科别划分。但是，需要引起注意的是，自2004年以来我国的农村医生队伍结构也在发生着细微的变化，一些农村医生获得了执业（助理）乃至执业医师资格，虽然他们的注册地在村卫生室，但是他们不是《乡村医生从业管理条例》中所指的“乡村医生”，而是要受《执业医生法》约束的。因此，典型案例中出现农村医生因为超越注册“西医内科”范围实施外科行为当然是超范围型非法行医。另外一个关注点是，农村医生超范围执业很大程度上是因为“超越权限用药”，特别是“静脉给药”型用药方式，即俗称的“输液”。农村医生整体的诊疗服务素质不高，输液是百宝箱，他们也惯于使用输液治疗各类疾病。但是，相关研究也发现，因为“静脉给药”等被判医疗事故罪的农村医生占比最大。② 这一点与前文社会调查反馈的数据不谋而合，农村医生面临的最大执业行为规范性问题就是用药合法性、合理性问题。

对此，我们还有必要反思，在已经严格实施基层医疗机构“静脉给药限

---

① 参见佚名：《整顿！村卫生室输液，必须符合6大条件》，载微信公众号“基层医师公社”2020年4月17日，https://mp.weixin.qq.com/s/vCQcZektsGIX19UzswEi8w。相较于2014年6月3日国家卫计委（已撤销）、国家发展改革委（含原国家发展计划委员会、原国家计划委员会）、教育部、财政部、国家中医药管理局联合印发的《村卫生室管理办法（试行）》第34条：“村卫生室必须同时具备以下条件，并经县级卫生计生行政部门核准后方可提供静脉给药服务：（一）具备独立的静脉给药观察室及观察床；（二）配备常用的抢救药品、设备及供氧设施；（三）具备静脉药品配置的条件；（四）开展静脉给药服务的村卫生室人员应当具备预防和处理输液反应的救护措施和急救能力；（五）开展抗菌药物静脉给药业务的，应当符合抗菌药物临床应用相关规定。”增加了“通过村卫生室规范化建设验收”这一项条件。

② 参见衡敬之、徐正东：《医疗事故罪20年理论争鸣的司法实证回应》，载《中国医疗管理科学》2019年第2期；参见胡灿、赵敏：《我国医疗事故罪案件的实证研究》，载《证据科学》2018年第1期。

制”及基层基本药物制度的前提下为什么还有大量的农村医生愿意铤而走险。实质上,还是配套的补偿制度没有跟上,生存压力和经济利诱驱使其冒天下之大不韪。简言之,农村医生权利保障不到位会直接影响对其执业行为的规制的效果。

(二)农村医生违规使用医保行为规制典型案例、事例评析

1. 典型案例一:10 家卫生院、村卫生室因诈骗医保被处罚

自 2019 年 12 月至 2020 年 3 月 16 日,山东省济宁市泗水县人民政府雷霆出击,在政务官方网站连续公示针对 10 家当地卫生院、村卫生室的行政处罚决定书。处罚决定书针对的主要违法行为是当地卫生院、村卫生室出现多起诈骗医保基金的行为。表 13 – 1 是根据相关报道整理的泗水县这次处罚主要涉及的几类诈骗医保基金的行为、机构、金额。①

表 13 – 1 山东省泗水县查处基层医疗机构诈骗医保基金行为分布

单位:元

诈骗医保行为类型	医疗机构	涉案金额
诱导住院	泗水县泗张中心卫生院	5618.89
虚假处方门诊报销	泗水县泗河街道徐家楼卫生室	2531.44
	泗水县苗馆镇孔家铺村卫生室	1467.15
	泗水县柘沟镇三村卫生室	5271.09
虚假处方、串换药品门诊报销	泗水县苗馆镇剩粮村卫生室	13,569.80
	泗水县苗馆镇西故安卫生室	1962.00
挂床住院	泗水县高峪镇卫生院	1094.57
	泗水县金庄镇卫生院	626.17
	泗水县星村镇卫生院	665.40
医保病人管理不规范	泗水县中册镇卫生院	2246.59

2. 典型案例二:村卫生室医保基金运行排查,总涉案金额达 95.3 万元

2020 年 4 月,西安市长安区结合“打击欺诈骗保　维护基金安全”宣传月

① 参见佚名:《10 家卫生院、村卫生室都因一件事被罚,给所有人敲响警钟!》,载微信公众号“基层医师公社”2020 年 3 月 16 日,https://mp.weixin.qq.com/s/VfTKWJK2rRrXIGuqs1jcYA。

活动，全面严格规范落实国家、省、市医疗保障部门基金管理工作要求，对辖区内的村卫生室进行了全面稽查。经查长安区有8家村卫生室涉嫌违规使用医保基金，总的涉案金额高达95.3万元。在查处的8家村卫生室中，违规使用医保基金金额最高竟达37.2万元。

以上8家被查处的村卫生室，涉及的主要的医保违规行为是“串换药品”和“进销记录保存不当”等问题。①

以上两个典型案例只是冰山一角，特别是西安市区都已经查出8家村卫生室涉嫌违规使用医保基金最高的达30余万元，放眼全国，这一数据可能更大。细查这两个典型案例中的农村医生涉及违规使用医保基金行为，可以发现主要是与药品、处方行为有关。足以见得，自2020年1月1日起实行的新的医保目录对基本医疗机构，特别是农村卫生室的影响之大、之深。

（三）农村医生生产销售假药行为规制典型案例评析

1.典型案例一：乡村医生为患者开具自制药致患者发生超敏反应后死亡

矫某林与矫某系父女关系，两人均是辽宁省大连市庄河市干沟村卫生所的乡村医生。2011年10月13日，冷某作因为腰腿疼痛数天伴左髋关节疼痛数天前往干沟村卫生所诊治，当天接诊的医生正是矫某林与矫某父女，两人在为冷某作进行了初步的体格检查后，诊断为左髋关节扭性损伤、腰椎骨质增生。随后，矫某林为冷某作开具了西药“布洛芬分散片、氯唑沙宗片等”，以及自己独门秘制的“矫氏接骨丹”，并嘱咐其与黄酒一同饮入，冷某作为此支付了1000余元的诊疗费。但是，同年10月15日，冷某作在服用了矫某林开具的中西药物后死亡。经大连市卫生局委托，由辽宁省临床病理中心法医鉴定所对冷某作的死因进行鉴定，鉴定意见认为：冷某作死于急性心脏衰竭，药物过敏反应加重了心脏的负担。药物过敏在死亡中的参与度不应超过10%。

冷某作的近亲属遂将矫某林与矫某父女二人一同诉至法院，要求法院判决各项损失总计345,244元。法院认为矫某林在没有取得药品生产、销售许可资格的情况下，向冷某作销售所谓“矫氏接骨丹”违反了《药品管理法》的

---

① 参见王江黎：《长安区8家村卫生室骗保被查处95.3万元》，载西部网，http://news.cnwest.com/xian/a/2020/04/27/18701083.html。

规定,属于生产、销售假药行为,应当承担相应的侵权损害赔偿责任。①

2. 典型案例二:乡村医生在未认真核实药商资质情况下购进假中药饮片并销售

李某系辽宁省凤城市凤山区龙山村卫生所乡村医生,自 1986 年 8 月其一直在该村卫生所工作至今。李某在卫生所的主要职责是负责采购和管理药品。2016 年 10 月左右,李某在没有核实供货单位相关资质的情况下,擅自以每千克 22 元的价格从安徽省亳州市某某饮片厂购买了一批"土茯苓"中药饮片,共计 5 千克。2017 年 1 月至 5 月,李某在未经检验的情况下,将其购进的这批"土茯苓"饮片以每千克 50 元的价格分别销售给附近的居民三人,获得 75 元。

2017 年 11 月 1 日,经丹东市食药监局检测认定,该批次的"土茯苓"饮片为假药,李某在公安机关电话通知后主动到案并如实供述了上述销售假药的犯罪事实。②

从以上两个典型案件可以看出,我国农村医生涉及假药生产、销售的情形较为严重,通常都导致周围村民死亡或健康受到损害。并且,我们在进行案例检索时,发现乡村医生涉嫌生产、销售假药的情形是乡村医生涉嫌的刑事案件中仅次于"非法行医罪"的一大类犯罪。由此可见,"医疗"和"药品"应当是农村医生执行行为规制的重点监测对象,两者不仅关系当地村民生命、身体、健康权益,同时也是维系农村医生整体声誉的重要因素,应当予以重视。

(四)农村医生违反疫情防控行为规制典型案例、事例评析

1. 典型案例一:村医违反防疫规定,被刑事立案

2020 年 2 月 8 日,正值疫情防控攻坚时期。安徽省霍邱县周集某村卫生室的村医吴某在明知前来就诊的病人刘某有发热、咳嗽的典型症状的前提下,在无新冠肺炎排查证明的情况下擅自留诊病人,并为其开处方,安排王某(吴某的妻子)为刘某进行输液治疗,没有按照防疫要求告知刘某应当转诊或直接到上级医院诊治。

---

① 辽宁省庄河市人民法院民事判决书,(2014)庄民初字第 17 号。

② 辽宁省凤城市人民法院民事判决书,(2018)辽 0682 刑初 170 号。

不仅如此,该村的村卫生室还作为快递代收点,每天都有村民来此收取快递。在疫情期间,累计有数百名村民到此收取快递。虽然吴某在2月14日将诊所关闭,但由于该村村民李某、刘某、王某是新冠肺炎确诊者,因此导致该村数百名村民进行隔离观察。

2月20日,吴某因涉嫌妨害传染病防治被霍邱县公安局刑事立案侦查。经霍邱县公安局、霍邱县检察院联合会商后,认为吴某的行为明确表明其有意拒绝执行霍邱县卫生健康委员会提出的预防、控制措施,并且引发了疫情扩散的严重后果,构成妨害传染病防治罪。①②

2. 典型案例二:村医擅自接诊发热患者获刑8个月

2020年1月中下旬,全国已经进入攻坚疫情的战时状态。1月27日,江西省吉安市新干县上乡镇卫生院按照上级联防联控组织要求,将江西省疫情防控相关规定传达给乡镇卫生院全体工作人员及各村医,并明确告知村医自1月28日起全镇所有个体诊所、农村卫生室、社区卫生服务站暂停接收不明原因发热患者,但是要做好预检分诊工作,告知患者及时转诊上级医疗机构。

2月4日至12日,城上乡大坑村村医李某龙在知道前来就诊的村民李某有发热、咳嗽等症状的情况下,先后5次对该村民进行接诊治疗,并开具相关治疗药物。由于治疗效果不佳,村医李某龙于2月12日劝其至新干县新冠肺炎救治定点医院(新干县人民医院)就诊。村民李某到新干县人民医院就诊当天就被感染科收治,3天后,李某被确诊为新冠肺炎患者。随后,经流调发现有48名密切接触者。

新干县人民法院一审认为农村医生李某龙在明知患者有疑似新冠肺炎症状的情况下,仍然留诊病人,造成48名村民与李某发生密切接触而被医学隔离观察,其行为已经构成妨害传染病防治罪,遂判处村医李某龙有期徒刑8个月。③ 后续,新干县卫生健康委员会依法作出行政处罚决定:注销李某龙的执业助理医生执业证书,吊销该村村卫生室的医疗机构执业许可证。

---

① 参见张晨静:《安徽一医生擅自收治发热病人　致3人确诊数百人隔离》,载观察者网,https://www.guancha.cn/politics/2020_03_16_541846.shtml。

② 该案例还入选了人民法院依法惩处妨害疫情防控犯罪典型案例(第三批)。

③ 参见孙雪娇:《村医擅自接诊发热患者获刑8个月,救人错了吗?》,载微信公众号"基层卫生健康"2020年4月30日,https://mp.weixin.qq.com/s/vZoZWRr-bD-JS4OEcKNzqA。

全国其他地区也有类似的案例报道。例如,2020 年 2 月 2 日,内蒙古自治区乌兰察布市纪委办公室发布《关于四子王旗落实新冠疫情防控工作不力的通报》,通报提及 2020 年 1 月 20 日至 30 日,四子王旗卫生健康系统及基层人员履职不力,导致新冠肺炎患者错失最佳收治时间,影响疫情防控。有村医因此被吊销乡村医生执业证书。2020 年 2 月 16 日,湖北省新县卫健局发布了对 4 名医务人员违反防疫规定开展诊疗活动的处罚,即吊销了 3 名乡村医生和 1 名医生的执业证书。主要理由是,4 人均涉嫌在疫情防控期间接诊发热病人没有做好医学记录,也没有及时上报相关部门。①

综合上述案例,可见,新冠肺炎疫情防控无疑是当前全国医疗卫生界的头等大事。新冠肺炎疫情作为目前人类已知的传播力、破坏力最强的冠状病毒,加强防控措施,做到"隔离传染源,切断传播途径,保护易感人群"是基本的要求。农村医生和农村卫生室作为农村地区的"健康守门人"更义不容辞,上述案例中,我们也发现部分农村医生被处以刑罚,纯粹就属于咎由自取,在被明确告知不能接诊有疑似新冠肺炎症状的患者的情况下,仍然擅自留诊,不存在所谓的"不知者无畏""救人无错",此时群体利益大于个体患者的利益。这一点,在前面的社会调查反馈中,多数受调查者没有将"疫情防控行为"选择作为农村医生值得重点规制的行为,需要引起注意。农村突发公共卫生事件预防与控制亦应当常备不懈,新冠疫情防控中暴露出的农村医生突发疫情防控意识不足有必要纳入未来农村医生执业行为规制的重要一环。正如在中央全面深化改革委员会第十二次会议上习总书记所强调的:防控疫情既要立足当前,坚持打赢、打好这场战役,更要放眼长远,总结经验教训,改革完善重大疫情防控体制机制,健全国家公共卫生应急管理体系。

(五)农村医生其他违法执业典型案例、事例评析

1. 典型案例一:退休村医因自制中药被判处刑罚

胡某曾经是一名村医,行医多年,于 2013 年退休。在退休之后,胡某在日照市区租了一间小房子,用来从事所谓的"中医药研究"。其间,他自行"研制"了一款专门治疗牛皮癣的"药",名为"珍珠银屑灵"。在听说有关胡某及

---

① 参见佚名:《一批基层医生被吊证,只因……》,载微信公众号"基层医师公社"2020 年 4 月 12 日,https://mp.weixin.qq.com/s/25UfLhHFdImi93AtFp1FwA。

其“神药”的传闻后，大量牛皮癣患者接踵而至，仅用1年时间，胡某累计生产、销售了价值10万元的“珍珠银屑灵”。

2015年4月，日照市东港区食品药品监督管理局在日常检查中发现了胡某在自家地下室内自制治疗牛皮癣的药物，并自行包装、出售。据此，胡某因生产、销售假药被山东省日照市东港区检察院提起公诉，山东省日照市东港区人民法院依法认定胡某构成生产、销售假药罪，判处有期徒刑2年，缓刑3年，并处罚金22万元。

2. 典型案例二：在职村医自制药品被处刑罚

2014年6月，河南省新密市检察院对魏某以生产、销售假药罪向新密市人民法院提起公诉。魏某于45岁时通过乡村医生考核并取得乡村医生执业资格，并开办了一家诊所。魏某在执业期间，根据其岳父流传下来的秘方，自行“研制”专门治疗关节痛的胶囊，并连续生产3000粒，截至案发时已经销售出500余粒，累计获利100元。

2013年7月，当地市民朱某因感到腰疼遂至魏某诊所就诊，诊断后朱某购买了魏某自制的专门治疗关节痛的胶囊20粒。朱某遵“医嘱”，在服用胶囊后出现胃肠道不适，遂怀疑该胶囊对胃部有副作用，向新密市药监部门举报。经新密市药品监督管理部门现场执法检查后，确证魏某存在未经批准生产、销售药品的情形。①

以上两则典型案例在农村医生群体中较为常见，这些农村医生常常没有《药品管理法》相关知识培训，一直保持着20世纪60年代到70年代形成的农村医疗卫生工作习惯，“一把草，一根针”解决农村居民的大部分卫生健康问题。他们基于自身在当地的名望，在没有经过科学的药理、毒理及临床三期试验的基础上自行制作中成药药品并销售给患者的行为构成生产、销售假药罪（犯罪构成要求已经满足）。当然，对一些确有疗效的中医药单方、验方及秘方的保护，涉及国家中医药管理及传统知识产权保护法律制度，但国家的基本价值取向是绝不能以容忍违法的方式去保护这些民间药方的。此外，以上典型案例一，还涉及前文提到的无证行医的非法行医行为。因此，对于

① 参见佚名：《这个药又出事了，村医被罚22万，判刑2年！》，载微信公众号“乡村白大褂”2020年3月31日，https://mp.weixin.qq.com/s/YeZ_pjp7gOIdwcSSBbkszg。

此类已经退休的农村医生,有必要通过完善养老保障机制的方式从经济上遏制其从事相关违法行为,或者以退休返聘的形式发挥他们的余热,间接补充当前农村医疗卫生服务队伍的人才空缺。

3. 典型案例三:河南杞县村卫生室不规范针灸导致 115 人感染

2019 年 8 月至 9 月,河南杞县村卫生室因消毒不规范先后导致 115 名患者在针灸后感染脓肿分歧杆菌,截至 2019 年 11 月 30 日仍有 95 名患者在住院接受治疗。

范某为具有执业医师资格的农村医生,执业范围为中西医结合,其师从退休回乡开诊所的老父亲(其父亲曾经在军队担任军医)。自 2013 年开始独立开诊,因为针灸技术好,靠着口耳相传,越来越多的人慕名前来其所在的冉寨村村卫生室就诊。但是,近年来其一般不亲自为前来就诊的患者针灸,而是由其几名亲戚为患者针灸,他主要负责针灸前的诊断。并且,为了更好地吸引患者,范某私自将冉寨村村卫生室改名为“杞县裴村店乡付里庄医院(疼痛科)”,其自行印制的名片也将自己标明为主治医师。[①]

这一则典型案例中,范某的行为不仅仅涉及诊疗行为层面,而且涉及医疗注册管理及医疗广告管理。首先,范某所经营的私人诊所日常施行的是以中医针灸为主的诊疗服务,虽然中医针灸这一类传统医药疗法具有自己独特的诊疗操作流程、规范,但是在面向不特定患者进行大规模开展的时候也应当遵循医院感染管理相关规定,以避免发生大规模交叉感染。因此,本案中的农村医生执业违法违规行为之一,即没有尽到基本的医疗机构感染管理义务。

其次,我们认为前面农村医生违法违规行为重要原因之一就是范某在经营中明知自己的亲戚没有获得执业资质,仍然安排他们为患者施以针灸治疗。因此,可想而知,导致此次事件的主要根源就在于这些范某的亲戚根本就没有经受过规范的诊疗训练,肯定也没有所谓的医疗机构院内感染预防知识,他们为患者使用的针灸针极有可能没有进行消毒处理,最终引发患者大规模交叉感染是必然的。

---

① 参见牛泰:《河南杞县乡村针灸 115 人感染调查:不规范的村卫生室对外宣称是医院》,载上游新闻网 2019 年 11 月 30 日,https://baijiahao.baidu.com/s?id=1651613346199224410&wfr=spider&for=pc。

再次,典型案例三还存在一个医疗广告违法行为。范某为达到其虚张声势的目的,在没有获得"主治医师资格"的情况下在自己的名片上印制"主治医生"字样,误导患者选择其诊疗。此外,范某在没有经过医疗机构执业注册机关审核的情况下,将自己经营诊所的名称改换为"杞县裴村店乡付里庄医院(疼痛科)",将一家原本是农村卫生室的医疗机构改头换面为"医院",公然越过国家监管。

最后,以上三类农村医生违法违规执业行为在全国范围内都具有一定程度的普遍性。我们有必要反思,农村医疗卫生服务市场为什么没有获得应有的严格监管?不能因为存在监管困难就选择性忽视,如前文所述,导致农村医疗卫生服务市场经常是"劣币驱逐良币",最终将不利于农村医生权利保障及农村医生执业环境的净化。

4. 典型案例四:村卫生室因医疗废物处理不当被行政处罚

2020 年 4 月 7 日,浙江省余姚市人民政府在余姚市政府信息公开网络上公布了一则工作信息:主要是涉及余姚市卫生健康监督所对一家农村卫生室因为医疗废弃物处置不当而被处以罚款的信息。

具体事由是,在作出处罚之前,余姚市卫生健康监督所执法人员在对辖区范围内的一家农村卫生室进行例行执法检查时发现,该农村卫生室在医疗废弃物处置管理上极其混乱、极端不规范。主要表现为,该农村卫生室将大量使用过的卫生棉球、敷料等医疗卫生污染物直接与生活垃圾进行混合,并且将其按照生活垃圾一并处理。此种处理方式的结果是难以预料的,极容易导致医源性传染源的社区扩散,甚至诱发传染病的传播流行。这再一次给我们敲响了警钟,农村医生的公共卫生危机意识、预防意识不足。正如该报道文章所提出的,农村医生的公共卫生危机意识、预防意识不足是有原因的,主要包括三个方面的原因:其一,村卫生室地理位置距离医疗废弃物处理点太远;其二,农村卫生室实际的医疗废弃物产生量太小,单独处理的成本很高;其三,农村地区患者及家属的卫生意识偏低,难以配合农村卫生室完成医疗废弃物的规范处理。①

---

① 参见刘小琳:《因为这件事,村卫生室被罚 1 万! 所有医疗机构都要注意》,载微信公众号"基层医师"2020 年 4 月 7 日,https://mp.weixin.qq.com/s/F6DQj0onc8fjsbnvID_6Xg。

医疗废弃物管理本质上也是属于医疗机构内部感染管理的重要一环，农村卫生室也是农村医疗卫生的主要“集散地”，是农村地区医疗废弃物的主要产生地。我们相信，在全国范围内还有很多的诸如余姚市此农村卫生室一样的农村卫生室在以这种方式处理医疗废弃物。当然，农村卫生室医疗废弃物的处理确实存在一个经济性问题，我们认为应当与乡村振兴战略和美丽乡村建设结合起来，将农村医疗废弃物的处理与农村生活废弃物的处理予以明确地区别开来。

二、对农村医生执业行为规制典型案例的总体评析

以上农村医生执业行为规制典型案例可能存在缺漏，但是基本可以反映当前我国农村医生执业行为可能触及的法律边界。因为农村医生执业行为受到其自身医药卫生教育背景及其医疗资质[前文也提到了我们国家农村医生由于历史原因，存在卫生员、乡村医生、执业(助理)医生、执业医生、乡村全科执业(助理医生)等多种执业资质类型]的限制，执业行为多为一般性执业行为，其所触及的执业行为规制的底线主要还是集中在农村医生“三超”，即“超资质、超地点、超范围”。此外，违规使用医疗保障基金主要是由于农村医生或农村卫生室的权利保障或者说主要是获得待遇保障权不充分，没有得到与城市医生同等对待的一个副产物。而违反疫情防控行为是一个长期被忽视的重要方面，但是在未来，随着国家公共卫生应急管理体系的逐步健全，农村医生作为基层公共卫生的支撑，必然会受到重视。这也就大大扩展了此前新一轮医药卫生体制改革(2009 年起)中“强基层”的涵盖范围。

为了丰富观察的视角，我们不仅关注了第三方的转述，同时对农村医生自己的感受同等重视。但是，限于已经开展的或已经公开的农村医生对于自身执业行为规制看法的新闻报道较少，因此在此处不作单独展示。

结合典型案例及部分农村医生个人采访新闻报道，我们再一次确认了前文的观点，即农村医生执业行为规制与农村医生权利保障是密切相关的。因为，农村医生群体地位的尴尬性，导致其长期不被认为是“医疗卫生正规军”。但是，现在已经不是“赤脚医生时代”，农村医生的生存、发展权利应当得到充分的保障。正如前文提及的马斯洛需求层次理论，每一个体第一层次的生存需求没有获得满足，更难以谈更高层次的需求。故农村医生权利保障是农村

医生执业行为规制的重要前提，亦即，如若农村医生执业权利获得充分保障，特别是一般公民权利的保障水平得到显著提升，可以避免绝大多数农村医生为追求经济利益而铤而走险、主动地触犯法律法规。沿着此种逻辑，我们在评价当前农村医生执业行为的规范性时，不能忽视农村医生权利保障长期不充分和外部监管时常缺失等因素的影响，否则对农村医生或农村卫生室予以过于严厉的责罚都是违背《刑法》"谦抑原则"及《行政法》"比例原则"的。

第十四章　当前农村医生执业行为规制存在的问题及成因

前面编章论述的农村医生权利保障带有明显的私权或私法属性,此编讨论的农村医生执业行为规制则带有明显的公权干预或公法属性。因此,我们认为公法的干预应当以私权的保护为本旨,这也决定了本编“农村医生执业行为规制”与“农村医生权利保障”的内在关联,此前提性结论将成为我们评价当前农村医生执业行为规制存在的问题的重要依据和标准。以下我们将结合农村医生执业行为规制社会反馈分析及农村医生执业行为规制个案检视,剖析当前农村医生执业行为规制存在的问题及成因。

一、当前农村医生执业行为规制存在的问题

当前,农村医生执业行为规制的力道如同“打太极”,时隐时现,有的时候强力打击,有的时候监管缺位,形成所谓的“一管即死,一放便乱”的执法、司法诡局。究其根源,主要是执法、司法机关对农村医生执业缺乏全面、准确的认知,将农村医生执业等同于普通医生执业处理。下文将对当前农村医生执业行为规制存在的问题予以梳理。

(一)现阶段针对农村医生执业行为的监督管理体制、机制尚不健全

经我们初步统计,目前,有关农村医生执业规制的法律规范如下:法律有 7 部(包括《执业医师法》《药品管理法》等)、行政法规有 6 部(包括《乡村医生从业管理条例》《医疗

纠纷预防和处理条例》等)、部门规章9部[包括《村卫生室管理办法(试行)》等]、中央规范性文件44个(包括国务院办公厅《关于进一步加强乡村医生队伍建设的实施意见》等)、农村医生执业注册的地方性文件37个(例如《湖北省乡村医生执业注册管理实施办法》等)、农村医生执业管理的地方性文件23个(如《江苏省乡村医生考核实施细则》等)。

其一,由上面的数据可以发现,农村医生占全国医疗卫生技术人员的比重虽然不高(据2018年的统计数据显示包括农村医生在内的农村卫生技术人员有907,098人,占全部医疗卫生技术人员的比重约为7.37%。[①]),但是有关规制农村医生执业行为的法律规范文件却在逐步增加。这些规制农村医生执业行为的法律规范除少部分属于法律、行政法规及部门规章外,绝大多数为行政规范性文件,也包括部分司法解释,且地方规范性文件基本都是对中央层面规范性文件的简单重复,甚至是直接转发,大量的农村医生执业行为规范未予以清理、完善。

其二,与农村医生权利保障存在类似的问题,即农村医生执业行为规制的责任部门多,存在多头治理、过度分权的问题。全国绝大多数农村医生具有身兼数职的特性,其执业行为可能触及多项法律法规及行政规范性文件。但是,目前我国的医疗保障、市场监督管理等部门与卫生监督执法部门在农村医疗卫生领域还没有完全形成合力。

其三,未形成长效治理机制,对农村医生的执业行为执法检查具有"突击性""应付性"等特点,执法效果不佳,大量违法、违规执业的所谓"农村医生"躲过风头之后又卷土重来,严重影响合法执业的农村医生在农村村民中的社会声誉,也不利于农村医生权利保障。

其四,补充第二个小问题,即目前不仅没有形成农村医生执业监管、规制的部门内部联合,也没有未充分发挥社会监督机制的作用(主要是农村村民、新闻媒体的监督等)。调查显示,当地政府虽然为农村村民提供了互联网、电话、信箱等举报、投诉渠道,但是实际使用的情况很少,被动地接受来自农村村民的社会监督的效果并不理想。

---

① 参见国家卫生健康委员会:《中国卫生健康统计年鉴》,中国协和医科大学出版社2019年版,第25页。

（二）监管机关固有意识尚未被打破，忽视农村医生权利保障与农村医生执业行为规制的重要关联

本章开始我们提出了一个前提性的结论，即农村医生执业行为规制这种公法的干预的本旨应当是服务于农村医生权利的保障，易言之，农村医生执业行为规制力度应当保持与农村医生权利保障水平的同步性。

但是，我们在关于农村医生执业行为规制的社会调查中发现，监管机关工作人员在选择农村医生权利保障与农村医生执业行为规制之间的关系时，多数人选择了农村医生执业行为规制重于农村医生权利保障，亦即他们认为当前对待农村医生主要是规范其执业行为，而非注重对其权利的保障。这种治理理念若长期坚持，将进一步加剧农村医生群体的离心力，导致本来就已经岌岌可危的农村医生队伍存量再度压缩；或者，农村医生基于侥幸心理，为了经济利益而突破职业底线，这样将滋生更多的违法、违规执业行为，这一点在前文的案例中我们也可以获得印证。

现行农村医生执业行为规制措施以嗣后惩处为主要手段，包括司法裁判、行政处罚等，个案的公正性确实获得了保障，但却忽视了农村医生违法、违规执业行为的背后根源之挖掘。我们对农村医生执业行为加以规制不仅要重视惩治而且要重视预防，农村医生执业权利之保障则是预防绝大部分农村医生主动违法、违规执业的有效路径。此外，执法、司法的结果也是农村医生执业行为规制的终点，对农村医生违法、违规执业行为只重视惩治而忽视教育和后续执业规范性培训也是导致农村医生执业行为反复的重要影响因素。

（三）现阶段针对农村医生执业行为的规制刚性过强，未考虑农村医生执业能力、执业场景特殊性

公法的裁量具有严格的“文本主义性”，即经过严格对照完全符合条件的农村医生违法、违规执业行为原则上是要依法被处以行政处罚、刑事处罚的。但是，如前所述，对农村医生执业行为的规制的力道应当与对农村医生权利保障保持同步，这是针对农村医生这一特殊群体的执法、刑事司法政策基准。执法、刑事司法的最终目的不是“水至清则无鱼”，而是在保障农村医疗卫生队伍稳定增长的同时促使其合法执业，因此，农村医生执业行为规制应保持

克制,维护农村医疗卫生服务市场的第二线力量。

我国目前绝大多数执法及司法机关对农村医生执业行为的监管、裁判奉行机械主义,未考虑基层农村医生的执业能力的差异性(在目前过渡阶段,大部分农村医生并没有接受正规的医药卫生教育、培训)、执业场景的多变性(难以在特定地点开展诊疗,多数有上门服务的可能)。举个例子,农村医生准入门槛曾经被提到很高,如必须要取得执业(助理)医师或者执业医师资格才能从事这份工作,但这就又有一个问题暴露出来,既然取得了执业(助理)医师或者执业医师资质,为什么要选择留在村卫生室而不是到更高级别的卫生院或者医院工作呢?最终,准入政策不得不被放松,乡村全科(助理)医师、医学类大专院校毕业生免试注册乡村医生政策都是明证。正如费孝通在《乡土中国》中对我国社会的基本划分,农村医疗卫生植根于农村社会这个熟人社会,执法、司法的介入要采取渐进式,对农村医生执业行为过于刚性的规制往往会适得其反。

退一步分析,如果当前对农村医生执业行为的规制继续秉持刚性的标准,在农村医生执业风险增加的情况下,配套的执业风险分担机制应当健全。但是,就如同前文社会调查所反映的,针对农村医生的医疗责任保险、医疗意外保险基本没有配置,农村医生因执业发生的事故足以导致农村医生破产,为此,有学者甚至提出可否建立农村医生强制医疗责任保险制度。①

(四)现阶段仅重视药品行为等农村医生医疗行为的规制,忽视对农村医生公共卫生行为的规制

在前一编农村医生权利保障部分,我们提出农村医生特殊执业权利应涵括农村医生基本医疗卫生行为及农村医生基本公共卫生行为,因此对应的农村医生执业行为规制亦应当同时重视对农村医生医疗卫生和公共卫生行为的规制。

但是,我们的社会调查数据却并未支持上述结论。受调查的农村医生、监管机关工作人员、社会公众在选择农村医生执业行为规制的重点对象时,选择疫情防控等公共卫生行为的人数占比排序靠后。虽然,2020年年初暴发

---

① 参见徐卫东、包英夫:《论强制村医执业责任保险的实施——以乡村振兴战略为背景》,载《当代法学》2018年第4期。

的新冠肺炎疫情主要发生在城市地区,但是农村也面临巨大的疫情防控压力,并且农村医疗卫生的抗打击能力更弱,尤其是农村医生应对突发公共卫生事件的能力长期被忽视,农村公共卫生应急处置能力的重要性已然凸显,因此,对农村医生执业行为的规制包括对农村医生履行基本公共卫生职责的行为的规制。

目前看来,主要是农村医生公共卫生职责未实际履行的问题较为突出,例如,前文典型案例中列举的农村医生因为随意处理医疗废弃物而被处以1万元罚款。公共卫生工作需要常备不懈,新冠肺炎疫情是起点而非终点,从SARS到新冠病毒,同样是恶性冠状病毒,我们承认新冠病毒的烈度更强,但是没有充分的突发公共卫生事件应对体制、机制才是此次防控留给我们最大的教训。需要强调的是,农村医生公共卫生行为规制应保持较强的刚性,因为这涉及更大的公共利益,对农村医生公共卫生行为加强规制具有更大的外部性效应。所以,在农村医生执业行为规制典型案例中,部分农村医生因为违反疫情防控规范而被处以严厉的刑罚是正确的,也不宜考虑所谓的“治病救人难道有错”等外部因素。

(五)现阶段针对农村医生合法执业的教育培训体制、机制尚不健全

惩治与教育相结合是符合现代行为规制理论的一种规制模式。农村医生执业行为规制,特别是针对个案的行政处罚或刑事处罚的目的在于借由个案惩戒产生特殊预防的效果。但是,长久治理农村医生执业行为的根本举措是引导农村医生主动选择合法执业道路。当然,这里的引发方式包括前文提到的通过农村医生权利保障进行正向激励,还包括合法执业思维的长期植入,例如通过合法执业培训、医药卫生法规培训等多样的形式诱导农村医生形成合法执业的思维惯性。

但是,从我们的调研及相关研究梳理可以发现,我国的农村医生执业资格考核以及包括乡村全科(助理)医师考试均未将农村医生执业法律规范作为单独的考核、考试科目,对农村医生的执业法律规范考核也是“一过性的”“应试性的”,考核、考试过后就失去意义,由于缺少后续终身执业合规考核,他们几乎没有按照所学的法律规范合法执业,也就酿成前文被严厉处罚的悲剧。此外,针对农村医生执业能力的培训也主要是医疗卫生技能培训,较少

提供合法执业教育培训。

二、当前农村医生执业行为规制问题的成因

从上面对我国当前农村医生执业行为规制的问题分析可以发现,我国农村医生执业行为规制所面临的问题既有历史因素的掣肘,亦有现实转型的压力,多方力量在农村医生这一群体上交汇碰撞,倘若处理的政策导向和逻辑顺位把握不当就极易产生反面作用。因此,导致上述农村医生执业行为规制问题的原因是复杂的、多元的,但是主要的影响因素还是可以从各种社会反馈与个案观察中予以窥见,以下主要从历史与现实两个维度,守正与出新两个视角分析上述问题的主要成因。

(一)城乡发展二元化影响下,农村医生制度改革的渐进性与现代执业监管严重脱节

城乡二元化在逐步被统一,但是这是一个长期的过程。在谈论农村医生这一农村群体时必然逃脱不了城乡发展二元化这一历史或者说仍然是现实的大前提。

以改革开放,亦即20世纪80年代为界,城乡发展二元化也呈现明显的分型:改革开放以前主要是以农村为中心的城乡发展二元化;改革开放以后,特别是社会主义市场经济高速发展之后,主要是以城市为中心的城乡发展二元化。这就会产生一个令人感到吊诡的情况,即农村医生产生在改革开放以前的城乡发展二元化环境中,但是规制农村医生执业行为的绝大多数规范却是在改革开放以后的城乡发展二元化环境中。这其中必然存在一个转换磨合的过程,不存在一步跨越数十年的激进道路,因此农村医生执业行为规范化道路还很长,这与农村医生群体产生、发展的历史性有着重要关联。

回溯至20世纪60～70年代,新中国成立不久,农村人口仍然占据绝大多数,农村医生存在的主要目的是快速、全面解决农村地区长期缺医少药的困境,以提升农村劳动力人口健康质量服务经济发展。因此,当时农村医生的来源多数是“就地取材”,大多数农村医生没有经历过科班教育,价值观念的单一性借由内心道德约束农村医生,使其自觉遵守职业道德。因此,当时的农村医疗卫生场景是单纯的,矛盾纠纷多依靠基层自治,农村医生少有以技术谋私利的,患者的期望值不高。

但是,切换至如今,农村医生面对的复杂多元价值冲击更频繁,农村医生制度改革又囿于农村医生权利保障长期不到位只能渐进式推进,因为少有新的科班教育医生愿意主动加入农村医生队伍。现存的农村医生在执业时仍坚持20世纪的理念,与基于现代医生管理理念的执业监管严重脱节,导致每一个个案都有被顶格处理的风险。

(二)管理型政府向“放管服”结合的政府转型理念的基层传导不充分、不全面

首次提出“放管服”改革概念是在2015年国务院召开的推进简政放权、放管结合职能转变工作电视电话会议上,在第二年即2016年国务院总理李克强在召开全国推“进放管”服改革电视电话会议中提出要继续推进“放管服”改革。“放管服”即简政放权、放管结合、优化服务,主要目的是转变此前“大政府,大监管”的事事包办监管理念,同时强调行政机关在对行政相对人予以执业行为规制时,要有的放矢,要有始有终。我们认为“放管服”的核心价值取向是不能以单纯的处罚代替全部监管职责,因为主管部门不仅是农村医生执业行为的规制权力机关也是农村医生权利保障的责任机关。

导致农村医生执业监管机关(包括司法机关)介入农村医生执业行为时出现“水土不服”,主要有两个方面的因素。其一,未做到有的放矢,未坚持基层治理的审慎性,将常规考量方式直接适用于农村医生群体;其二,“一次处罚,长久作用”的管理理念没有扭转,对农村医生执业行为的规制仍然主要依靠打击负面典型,缺乏必要的正向引导机制,例如通过接受培训抵扣罚款等。当然,管理性政府向“放管服”结合的政府转型理念向基层传导还有一定过程,并且也需要农村医生制度改革的配套进行。

(三)大健康战略布局尚未完全形成,农村医生在分级诊疗、医防协同的定位有待重构

党的十八大以来,以习近平同志为核心的党中央高度重视人民群众的生命健康,把人民群众健康放在优先发展战略地位。健康中国战略、《“健康中国2030”规划纲要》及健康扶贫等一系列举措都旨在强化大健康的重要战略地位。我国的医药卫生政策由片段性逐步走向关注生命全周期、生命全过程,由注重医疗水平的提升走向注重医疗与预防的协同推进,预防被提到了

更重要的地位。特别是,新冠肺炎疫情为我国的公共卫生预防与应急处置能力提出了新的课题,农村医生应被重新定位为农村公共卫生预防与应急处置的前哨。

此外,建立分级诊疗制度,有利于促进基层基本医疗服务均等化,促进医疗资源均等化,从而实现人人都可享受基本医疗卫生服务。分级诊疗不是简单的医疗机构行政分级,其根本目的是实现医疗机构间的职能分工,突出各自在大健康战略中的优势作用。农村医生或农村卫生室在大健康战略中的作用主要是通过指导、引导农村村民形成健康的生产、生活方式,预防大病发生,预防和监测农村突发公共卫生风险,而基本医疗行为主要是针对常见疾病。

换言之,农村医生在分级诊疗、医防协同的定位不仅仅影响农村医生权利保障的走向,也必然影响农村医生执业行为规制的重心转移,即在保证农村医生基本医疗行为安全运行后,未来主要关注的规制对象应当是农村医生的基本公共卫生行为。

第五编

农村医生权利保障与执业行为规制构想

第十五章 农村医生权利保障构想

根据第三编第十章当前农村医生权利保障主要存在的五个方面19个问题及问题产生的原因分析,结合第一编有关研究背景、意义和第二编有关医生权利保障的理论与文献综述,本部分从厘清与农村医生有关的几个称谓关系、科学定位农村医生岗位职责与任务入手,提出厘清农村医生三大类权利保障的主次关系、建立健全农村医生权利保障制度、多措并举强化权利保障制度的执行、畅通农村医生权利保障的渠道等农村医生权利保障的对策建议,以期能对国家有关机构、行业主管部门、相关职能部门和社会团体组织等协同配合解决当下农村医生权利制度供给不足、制度践行不力、保障逻辑不清、保障针对性不足及发声渠道不畅等问题提供依据、借鉴和参考。

一、科学定位农村医生岗位职责与任务

要明确当下农村医生这一职业、岗位的职责任务,首先应当对当前与农村医生相关、既有联系又有区别的几个称谓(乡村医生、全科医生、家庭医生)加以厘清,然后根据实际科学界定农村医生的概念、定位、岗位职责任务。

(一)乡村医生、全科医生、家庭医生的概念

1. 乡村医生

20世纪50年代,“乡村医生”系指一般未经正式医疗训练、仍持农业户口、一些情况下“半农半医”的农村医疗人员,

起初这部分人也被称为“赤脚医生”。目前我国乡村医生按照执业注册地点的不同,主要包括两部分,一部分是指仅在村卫生室工作的乡村医生,另一部分包括了在乡镇卫生院执业的乡村医生。自2011年后,在乡村执业的执业医师、执业助理医师也属于乡村医生的范畴。由此可见,乡村医生分为广义和狭义两个概念,其中广义的乡村医生是指在乡村一级执业的所有医生,既包括已取得执业(助理)医师资格并在乡镇卫生院执业的医生,也包括在村卫生室的村医;而狭义的乡村医生仅指持有乡村医生证书并在村卫生室执业的村医,这样已经取得执业(助理)医师资格证书的乡村医生则不包含在内。

2. 全科医生

全科医生是相对专科医生而言的一种称谓。专科医疗处于医疗卫生服务金字塔的上部,其所处理的多为生物医学上的重症重病,往往需要动用昂贵的医疗资源,以解决少数人的疑难问题。其方式为各个不同专科的高新技术。全科医疗则处于医疗卫生服务的金字塔底层,处理的多为常见健康问题,其利用最多的是社区和家庭的卫生资源,以低廉的成本维护大多数民众的健康,并干预各种无法被专科医疗治愈的慢性疾患及其导致的功能性问题。这些问题往往涉及服务对象的生活方式、社会角色和健康理念。建立全科医生制度,发挥好全科医生的作用,有利于充分落实预防为主方针,使医疗卫生更好地服务人民健康。

基于我国城乡基层长期大量缺乏合格全科医生、不能提供群众满意的医疗卫生服务,因而导致大量本应在基层医疗卫生机构解决的常见病、多发病未能在基层解决,大量病患涌入城市三甲医院初诊,“看病难”“看病贵”问题长期存在的实际,在借鉴美国、英国、加拿大、日本等国经验基础上,2011年国务院发布的《关于建立全科医生制度的指导意见》中提到,开始在全国范围着力加强全科医生培养,以期通过这一制度设计,把一般诊疗安排到基层,进而实现社区首诊、分级医疗和双向转诊。该意见提出,全科医生的培养模式可以将其逐步规范为“5+3”模式,让其先接受5年的临床医学(含中医学)本科教育,再接受3年的全科医生规范化培养。我们不难发现,3年的全科医生规范化培养可以实行“毕业后规范化培训”和“临床医学研究生教育”两种方式,前者是指经过5年临床医学(含中医学)本科或3年专科(过渡期)教育,再接受3年“毕业后规范化培训”；后者则是按照“四证合一”（规培证、执业医师资格证、毕业证、学位证）模式实施的临床医学专业学位研究生教育与住院医师规范化培训合一的全科医生培养制度。

3. 家庭医生

家庭医生是指具有全面系统的预防、保健、医疗、康复知识，具有较强语言表达能力、人际沟通能力、工作协调能力，能对服务对象实行全面的、连续的、有效的、及时的和个性化医疗保健服务和照顾，对工作认真负责、服务热情周到的新型医疗顾问和健康管理者。家庭医生也叫全科大夫，其以家庭医疗保健服务为主要任务，提供个性化的预防、保健、治疗、康复、健康教育管理、服务和指导，使服务对象足不出户就能解决日常健康问题和保健需求、得到家庭治疗和家庭康复护理等服务。现阶段家庭医生主要包括在基层医疗卫生机构注册的全科医生（含助理全科医生和中医类别全科医生），以及具备能力的乡镇卫生院医生和村医等。

家庭医生主要以团队签约形式开展医疗卫生和预防保健服务。2016年，国务院医改办等七部门联合印发了《关于推进家庭医生签约服务的指导意见》，要求2016年在200个公立医院综合改革试点城市开展家庭医生签约服务，优先覆盖老年人、孕产妇、儿童、残疾人等人群，以及高血压、糖尿病、结核病等慢性疾病和严重精神障碍患者等；到2017年，家庭医生签约服务覆盖率达到30%以上，重点人群签约服务覆盖率达到60%以上；到2020年，力争将签约服务扩大到全人群，形成长期稳定的契约服务关系，基本实现家庭医生签约服务制度的全覆盖。在国家2015～2020年这一轮脱贫攻坚中，很多贫困地区在健康扶贫中也试点开展了以乡镇医生、村卫生室村医为团队，签约服务农村贫困户，特别是儿童、孕产妇、老年人、残疾人等弱势人群，包括结核病、高血压、糖尿病等慢性疾病和严重精神障碍患者。

（二）乡村医生、全科医生、家庭医生执业的异同

从上述乡村医生、全科医生、家庭医生基本概念、服务对象与方式的简要介绍可以看出，三种称谓之间既有联系又有区别。相似之处是：三者均是服务基层百姓健康，均是为基层老百姓提供预防、保健、治疗、康复、健康教育服务；家庭医生本身就是由全科医生、乡村医生构成，为不同服务对象提供基本

医疗、公共卫生、健康教育管理等服务。不同之处在于:(1)执业地点有所不同。乡村医生主要在村卫生室或乡镇卫生院执业;全科医生主要在城市二级以下、社区基层医疗卫生机构执业,以及县级以下(含乡镇、村)医疗卫生机构执业,全科医生的执业地点更广;家庭医生则涵盖上述乡村医生、全科医生两类执业地点,外加居民家中。(2)细分服务对象有所差异。乡村医生主要服务对象为农村村民;全科医生主要服务对象为城市社区居民、县农村村民,为辖区内居民提供基本医疗、公共卫生、预防保健、健康教育管理等服务;家庭医生则涵盖上述乡村医生、全科医生两类医生的服务人群,即既可以是农村村民,也可以是城市社区居民。(3)服务方式有所不同。家庭医生一般是以签约方式为签约居民提供生命全周期、全方位、多种类的约定内容的服务,家庭或居民自愿选择1个家庭医生团队签订服务协议,明确签约服务期限、方式、内容和两方的责任、权利、义务及其他有关事项。而乡村医生、全科医生的服务方式没有特别之处,一般是以城乡居民因疾病或健康问题主动到基层医院、诊所、村卫生室就医看病、寻求帮助为主。(4)服务能力有所不同。按照国家有关全科医生准入资格,全科医生包括经过"5+3"模式;或近期因无法做到上述"5+3"模式培养,对符合条件的基层在岗执业医师或执业助理医师,按需进行1~2年的转岗培训的医生。不管怎么样,这两种类型的全科医生均经过了较为系统、完整的在校本科或专科层次的医学学历教育培养过程,具有多年临床实践经验,获得了基层在岗执业医师或执业助理医师资格证书,且进行了1~2年的转岗全科医学培训(继续教育),因而可以肯定的是,他们均具有较强常见病多发病处置能力及公共卫生、预防保健、疾病康复与健康管理与服务能力,能够为城乡居民提供基本、适宜、较为满意的基本医疗卫生服务。而乡村医生中的村医,特别是西部贫困地区的村医,大多不具有基层在岗执业医师或执业助理医师资格证书,多数仅有乡村医生资格证书,且无论是其学历(多以中专为主)、职称(基本无)、执业经历、能力、经验,均与以上两种类型全科医生相比较有较大差距,因而其执业能力也有明显差异,与上述两类全科医生相比较有明显不足,严格意义讲大多不能为村民提供全科医疗、家庭医疗与预防保健康复等医疗卫生服务。

(三)农村医生的概念与执业定位

1. 农村医生的概念

在对以上乡村医生、全科医生、家庭医生基本概念、服务对象与方式作简要介绍及三种称谓之异同分析基础上,我们把本部分述及的核心概念——农村医生的概念界定为:在县以下(不含县级医疗卫生机构)农村基层医疗卫生机构(含乡镇卫生院、村卫生室)或独立诊所,以服务农村村民基本医疗、公共卫生、疾病预防和健康教育与管理等为服务内容的,提供多种服务方式(含一般门诊、住院服务,签约家庭服务、上门服务等)的农村医疗卫生与健康服务人员。

这一概念与传统包括县、乡、村医疗卫生机构全覆盖的农村医生的概念有所不同,主要是基于以下考量:(1)时代变迁。随着国家城镇化建设的深入推进和全面建成小康社会目标的实现,包括中、东、西部在内的几乎所有县域经济均得到了较大发展,特别是东、中部地区发展更快。与发展相对应的县域医疗卫生事业也得到了较快、较大发展。许多县级医疗卫生机构的设施设备、人员配备、技术条件、薪酬待遇等与城市医疗卫生机构相比差距明显缩小,甚至有反超之势,当下真正"缺医少药"的是在乡镇、村,特别是西部边远山区、贫困地区的村镇。(2)重心调整。前文述及,我国基层医疗卫生政策随着我国经济社会的发展变化,不同时期有不同的重心。随着"十四五"及今后更长一段时期"乡村振兴""健康中国"等国家战略的深入推进,国家医疗卫生工作的重点必将从城市向农村回归,从重疾病治疗到重预防、治未病转变,从重疾病防治到重视生命全周期、健康全过程的转移,乡镇村作为我国农村经济社会与医疗卫生事业发展的"短板"和"弱项",无疑会成为我国医疗卫生事业发展的重中之重,成为国家、社会、民众关注的焦点,提上各级党委政府的重要议事日程。(3)问题导向。基于农村社会经济变迁,特别是改革开放后实行市场经济体制以来农村社会经济状况、人口结构变化造成的集体经济解体、乡镇村级医疗卫生机构投入不足,发展艰难,卫生技术人员一般公民权利、特殊执业权利和执业相关权利保障不到位导致的种种问题井喷式暴发,以及新冠疫情暴露出来的农村乡镇村级"哨点"的短板,有必要将农村医疗卫生的重点聚焦到乡镇村级来重点考量。

2. 农村医生的执业定位

针对当下乡村医生、全科医生、家庭医生称谓与制度并存的实际，在厘清三种医生称谓关系、重新界定农村医生概念的基础上，笔者认为，有必要对当下农村医生的执业进行重新定位，避免当下农村医生“身兼数职”，乡村医生、全科医生、家庭医生等多重身份引发的权利保障适用规范、适用标准的混乱。

我们认为，农村医生或农村卫生室在大健康战略中的作用主要是通过指导、引导农村村民形成健康的生产、生活方式预防大病发生，预防和监测农村突发公共卫生风险，而基本医疗行为主要是针对常见疾病。因此，农村医生执业的定位应依据当下农村经济社会发展水平、农村医生队伍现状（学历结构、诊疗水平、服务能力等）和各项权利保障到位程度等客观实际而定，不应盲目拔高定位，不应作过高的要求，应充分体现分区、分级、分类特点。（1）分区域定位。根据我国不同区域经济社会发展差异大、不平衡的实际，区别东中西、经济发达与欠发达落后地区实际情况，将不同地区农村医生的执业定位进行差异化划分，对东部经济发达、城乡差别不大的省区，农村医生可不作乡镇和村级划分，均应承担几乎与城市社区全科医生执业范围相一致的任务；而对于西部和部分中部经济欠发达地区，则应对乡镇、村级两类农村医生的执业定位作适当区分。（2）分层级定位。基于当下西部农村村卫生室村医队伍现状（学历低、职称无或低、无执业医师或执业助理医师资格及普遍保障不足等），建议乡镇卫生院这部分农村医生（一般具有专科以上学历、有执业医师或执业助理医师资格证）的执业定位与国家倡导的全科医生的执业定位相同或相似，执业范围定位为“基本医疗 + 公共卫生 + 康复保健 + 健康管理宣教”4 个板块，“基本医疗”是其主要任务；而对于村级卫生室这部分农村医生则应实行过渡期，不宜整齐划一与乡镇卫生院农村医生同等定位，当下比较符合实际的是把村级农村医生的执业范围定位为“公共卫生 + 康复保健 + 健康管理宣教”3 个板块为主，“基本医疗”不作硬性要求，但应具有急、危、重症病人的院前急救与转诊的能力。以上定位具体由各省市县根据地区经济社会发展状况、农村医生队伍现状等综合考量，允许不同地区或同一地区不同情况的县乡镇根据实际制定略有差异的政策。（3）分类别定位。这是基于农村医生接受医学教育层次、从医经历等分类别进行的定位。东中部经济发达地区乡镇卫生院医生应具有 5 年制医学本科学历教育 +3 年全科医师规范化培训经历，并通过执业资格考试获得执业医师资格证书；而村卫生室医生一般应具有医学本科学历+全科医师规范化培训经历，且应具有执业医师或助理医师资格证书，但也可根据实际情况与当地乡镇卫生院医生准入条件相比作适当降低。经济欠发达地区乡镇卫生院农村医生一般应具备五年制医学本科学历教育经历，并通过临床实践获得执业医师资格证书或助理医生资格证书，深度贫困地区现阶段也可考虑以医学专科毕业生、具有执业助理医师资格作为过渡；而这些地区的村级卫生室医生在5~10年过渡期内允许只具有中专学历、乡村医生证书的村医存在，其执业范围定位于公共卫生、健康教育管理。

二、厘清农村医生三大类权利保障的逻辑与主次关系

在第二编“医生权利保护与规制理论研究”中，我们就医生基本权利的内涵、权利保障研究的意义、医生权利的法律渊源、当代中国医生法律权利的保障现状、存在问题等进行了逐一分析。在此主要就农村医生三大类权利保障的逻辑与主次关系进行简要分析，以期能为主管部门有关农村医生权利保障决策提供依据。

（一）一般公民权利是农村医生权利保障的根本

前已述及，公民的基本权利包括人身权、财产权、政治自由权、社会经济权、文化教育权、宗教信仰自由权、知识产权、婚姻家庭权、诉讼权等权利。农村医生作为普通公民，理应享有一般公民的基本权利，其所享有的生命健康权、劳动报酬权、休息权等基本权利是正常履行医生社会角色的前提，在法律面前应当受到平等的保护。基于执业的复杂性、风险性和特殊性，农村医生基本公民权利往往受到侵害和威胁，生命权、健康权得不到保障，人格尊严权、劳动报酬权、劳动休息权得不到充分尊重，导致悲剧、惨案时有发生，直接影响医生的执业行为、严重影响最佳诊疗方案选择，阻碍医学科技进步和医疗卫生事业发展。单一看待和强调农村医生职业角色的特殊性，容易忽视农村医生作为普通公民的基本需求，而作为普通公民的基本需求不能得到满足，势必会影响农村医生的执业精神、执业态度等。试想如果农村医生的一般公民权利都得不到保障，何谈执业态度、执业能力、服务水平的提升？何谈

提升病患满意度？因此，保障农村医生一般公民权利是农村医生权利保障的根本，是提升农村医生特殊执业权利的“内生动力”。

（二）特殊执业权利是农村医生权利保障的核心

医生特殊执业权利是医生在诊疗活动中拥有的所从事医生职业的特殊权利，包括疾病调查权、身体检查权、疾病特殊干预权、疾病诊疗权、医疗告知裁量权、医疗行为豁免权、疾病证明权七个方面。医疗特殊执业权利的顺利行使是保障医生诊疗活动顺利进行和患者疾病得以及时正确诊治的重要前提。农村医生除具有上述七个方面的基本医疗权利外，尚具有开展公共卫生、健康管理与宣教等权利。由于相关法律法规规定不明确、不具体或患者权利的超常膨胀，农村医生在行使上述权利时也会出现与患者权利发生冲突的现象，如疾病调查权与患者隐私权的矛盾，疾病诊疗权、医疗告知裁量权与患者知情同意权的冲突，特殊干预权屈从于患者的自主决定权、医疗行为豁免权与患者的高期望值存在较大冲突等。如果农村医生特殊执业权利得不到充分保障，势必会导致农村医生的执业行为与执业定位、执业要求发生背离，长此以往会对其按规范行使其职业范围的职责产生极大负面影响，对医患双方均是“双输”而非“双赢”，极不利于村民健康服务水平的提升和农村医疗卫生事业的进步。因此，农村医生特殊执业权利保障是农村医生权利保障的核心，是在农村医生一般公民权利得到保障基础上需要重点关注的一类权利保障问题。

（三）执业相关权利是农村医生权利保障的基础

医生执业相关权利是保障医生医疗活动顺利进行的权利，包括执业条件保障权、继续教育权、科学研究权、参与民主管理权等。在诊疗活动中，医生和患者是对立统一的两个方面，医生的执业相关权利得到保障，既有利于患者得到更高水平的医疗服务，又更有利于患者的生命健康安全，因此，保障医生执业相关权利是提高医疗服务质量、促进医药卫生事业长足进步的重要内容。随着现代科学技术的飞速发展，先进技术在医疗行业的应用越来越广泛，医生诊疗活动呈现高技术、高科技、智能化、远程化等特点，医生在行使诊疗权的过程中更加依赖于先进的技术和设备，没有基本的医疗设备作保障，医生很难开展正常的执业活动；同样地，随着医学科技的突飞猛进，医学知识、技术手段的更新周期越来越短,医生在其职业生涯中必须通过继续教育紧跟知识前沿、掌握最新诊疗技术手段;此外,医生民主管理参与权的正确行使,有利于调动其主人翁责任感,提升工作满意度,有利于提高医疗卫生机构的管理服务水平、医疗技术水平和诊疗质量,也有利于卫生行政部门及时发现问题和及时改进提升。因此,保障农村医生执业相关权利是农村医生权利保障的基础,是农村医生开展诊疗活动、行使公共卫生与疾病预防保健等行为的基础条件,农村医生执业相关权利得到保障是提升其特殊执业权利的"外部保障"。

三、建立健全农村医生权利保障制度

针对调查发现的目前农村医生权利保障缺乏全国统一的制度供给,导致农村医生权利保障缺乏明确、统一的规范指引问题,本部分从五个方面加以阐释。

(一)制定统一规范的全国性制度标准

鉴于我国东中部各省市区社会经济发展不平衡、医疗卫生健康保障水平参差不齐的实际,建议及时将地方众多规范性文件中相关有益经验和做法及时上升为法律法规和全国性规范。可以采取国家统一制定最低标准和最高标准的做法,使之既能保证经济欠发达地区农村医生权利保障达到最低标准,同时又能充分考虑到经济发达地区农村医生权利保障与本地区经济发展水平相符合,不至于无限增大。这一"托低限高"的做法对调动不同地域、不同省市区农村医生从业的积极性具有重要意义。此外,针对国家级贫困县、西部"三州""三区"等深度贫困县政府财力明显不能支撑农村医生权利保障的情形,可采取国家转移支付、专款专用等方式加以"托底",确保全面建成小康社会后全国各省市区农村医生这一农村基层群众"健康守门人"群体的权利得到有效保障,从而为乡村振兴和健康中国战略实现夯实基层医疗卫生人力基础、提供根本保障。

(二)强化权利保障各个责任主体间的协同配合

从前文分析可知,农村医生"三大类权利"不仅涉及卫生健康行政主管部门,还涉及人社、民政、财政等部门及相关行业协会、基层自治组织等。目前各主管部门及相关部门间协同保障机制尚未建成，缺乏统筹整合，沟通不畅，这种“条块式”、“分散型”、缺乏统筹和“上面千条线，下面一根针”的状况对保障农村医生权利十分不利。建议在省市县层面分级成立农村医生权利保障领导小组，由省市县政府主要领导任组长，政府分管医疗卫生的副职任副组长，相关职能部门、行业协会、基层组织的主要负责人为成员，主要职能是：科学划分各类组织机构职责权限、问题导向分析研判三类权利保障存在问题、统筹协调各方面资源与力量形成保障合力，结合实际依法依规、科学决策、监督问责，解决目前普遍存在的农村医生权利保障资源分散、条款分割、各自为政等问题，确保农村医生一般公民权利、特殊执业权利、执业相关权利保障到位。

(三)建立健全权利保障考核评价与监督机制

前已述及，由于农村医生权利保障缺乏法律法规监督、约束外部责任机构，也缺乏责任追究机制，农村医生权利保障的效果无法得到检验，更难以经得起时间的考验。为此，须强化顶层设计，系统思考并科学构建各责任主体履行农村医生权利保障职责情况的考核评价体系与监督机制，对考核评价内容、方式、结果使用等作出明确规定，区分不同情形做出考核评价结论，结果与绩效挂钩，并对考核不合格的给予责任追究。在考核评价内容上，要把工作实绩作为考核的最重要的内容，兼顾对工作态度、工作作风的考核评价；在考核评价方式上，应采取定期与不定期相结合，既重视结果也要重视过程的考核评价，同时考评工作的效率与效果；在考核评价主体上，应多元多样，注重上级对下级的考评、强化下级对上级的考评、重视自我评价、完善同行互评、畅通相对人和社会考评渠道，建立健全农村医生直接参与对政府相关部门、医疗卫生机构的考核评价制度，给予其更多发言权、话语权。此外，建立中立的第三方考核评价与问责机制是当下应当积极探索的考核评价新模式。这种由中立第三方考核评价的优点是第三方与被考评者没有瓜葛，较易做到客观公正。

(四)提升权利保障的针对性与实效性

由于农村医生、特别是村卫生室村医的医学教育学历、从业工作经历、医疗卫生服务能力等普遍低于城市医疗卫生机构的全科医生，接受继续医学教育的机会也较少,加之执业环境条件相对不足,因此,在农村医生特殊执业权利保障方面,一是要与其执业定位相契合,即农村医生执业定位应重点放在农村居民公共卫生与疾病预防控制和健康宣教与管理方面,力所能及提供基本医疗服务;二是要对农村医生的诊疗服务水平给予适当“容忍”,对其依法执业中的瑕疵行为适当给予“豁免”。在执业相关权利保障方面,一是农村医生执业能力的提升应考虑农村诊疗实践,继续教育的重心应放在基本医疗与基本公共卫生服务能力的提升上;二是强化农村诊疗服务能力建设、改善诊疗条件要因地制宜、量力而行,不能一味地追求建设“超级卫生院(卫生室)”(如新华网报道的湖南浏阳“超级乡镇卫生院”)、不切实际超过地方经济承受能力。

(五)针对权利保障突出问题完善相关制度

针对当下农村医生一般公民权利保障中的薪酬待遇、养老保险、劳动休息权得不到保障问题、特殊执业权利保障中七大权利和执业相关权利保障存在的突出问题,提出如下完善农村医生权利保障相关制度的对策建议。

1.完善农村医生一般公民权利保障制度

一是重新定位农村医生身份,体现基层医疗卫生公益性质。农村医生并非部分社会公众认为的属于无所事事的群体,其在农村基层抗击疫情等基层公共卫生事业发展中发挥着不可替代的作用。随着“十三五”脱贫攻坚圆满收官,“十四五”乡村振兴、健康中国战略的全面深入实施,建议无论是作为农村医生主体的乡镇卫生院医生还是村卫生室医生,均纳入公立医疗机构系列一体化管理,给予其事业单位公职人员身份,真正体现基层医疗卫生公益性质,切实转变目前村卫生室这部分农村医生“亦工亦农”“三无”(“无编制”“无固定收入”“无养老保险”),为了生存必须在村医岗位之外从事其他生产经营活动才能满足其过上好日子愿望的现象;农村医生有了国家认定认可的身份,相应地就能享有退休金及医保、养老保险权利。这是农村医生所有待遇保障的前提。

二是完善农村医生薪酬制度,保障其基本生存权。目前,村卫生室医生收入主要由政府购买基本公共卫生服务费提成、家庭医生签约服务费[一般诊疗费、村卫生室实施基本药物制度(药品零差价)后的基本药物专项补助]

三部分组成，收入水平普遍偏低，无法满足其基本生活保障，即便在经济发展条件相对较好的东部地区，农村医生薪酬水平仍然与当地的经济发展水平无法相匹配，经济补助和社会养老保障水平与其承担的基本医疗与基本公共卫生服务任务不成正比。为此，必须优化农村医生薪酬构成，完善绩效结构（体现不同学历、执业资格、职称、任职年限、完成工作任务的质与量等差异），制定既与当地经济社会发展水平相符合，又与农村医生期望值相契合，既能防止在岗本土农村医生流失，又能吸引较高学历、职称的新生代医务人员进入农村医生队伍的薪酬制度，根据服务内容、数量、质量并结合绩效考核结构发放农村医生补助，提高平均待遇，使农村医生能过上有尊严、较体面的无忧生活。这是保障农村医生队伍稳定的基础。

三是完善农村医生养老保险制度，保障其老有所养。村卫生室医生作为我国农村三级诊疗网底的“守门人”，理应享有作为医生应当享有的养老保险与医疗保险政策。在农村医生养老保障多种模式（纳入农村社会养老保障体系、纳入企业职工基本养老保险体系、纳入城乡居民养老保险、加入由保险公司承保的商业养老保险、加入乡村医生福利基金会、纳入小城镇社会保险等）中究竟应当选择何种为最佳，各地应结合当地农村医生规模、集体经济发展水平、政府财政状况和国家转移支付资金额度等因素进行综合考量并加以选择或搭配。如果农村医生身份能转变为事业单位职工身份，那么相应地，政府应按照公立事业单位医疗保险、养老保险政策为纳入乡镇村一体化管理且符合准入条件的村医全部办理医疗保险与养老保险，并将单位缴纳部分列入财政预算；对因年龄偏大不具备办理条件的村医，在其离岗后参照“赤脚医生”养老补助办法予以补助，并逐年提高补助标准，标准应与当地居民基本生活水平持平。

四是完善农村医疗纠纷调处机制，保障农村医生人身权。针对医疗纠纷案件和暴力伤医案件频发，已严重威胁作为人民健康守护神的医务工作者的人身安全和尊严问题，近些年国家有关部门高度重视、重拳出击，制定了一系列法律法规加以规制和震慑，提出制度化的医疗机构安全保障措施，重点强调对进出医疗机构人员的安全检查，减少发生暴力伤医事件的可能。但在广大农村，暴力伤医的情形与城市相比存有明显差异，因此，针对农村医生执业过程中发生的医疗事故或因其他原因导致的医疗纠纷的调处，理应有一套更符合当地实际、高效便捷、实用管用的应急与调处机制和流程(如应急处置责任主体、各相关方职责、处置流程等),有预防暴力发生的软硬件措施和手段(如制定应对暴力行为的标准操作程序、设置安全监控和逃生通道等),协调相关主体多元化化解医患纠纷。否则,长此以往,农村医生队伍将更不稳定、流失现象更为严重。

五是完善农村医生休假制度,保障其劳动休息权。农村医生作为农村卫生健康的"守门人",他们常常身兼数职,不仅要承担农村基本医疗服务,还要完成大量的基本公共卫生服务;不仅要在村卫生室,也要常常走村串户、进村入户为签约服务的慢性病人、残疾人、老年、儿童及精神病患者提供慢病管理、健康宣教等服务;且在长期仅有 1 ~ 2 名村医的情况下,他们长期处于"5 + 2""白 + 黑"的超负荷运转状态,后果就是其休息权得不到保障而导致在工作岗位猝死的案例时有发生。因此,必须完善并强制执行农村医生休假制度,保障其依法享有劳动休息权和因加班享有的双倍或多倍加班费,而不能长期处于加班无报酬、超额完成岗位职责任务不能"多劳多酬"。此外,应适当增加村医配备,创造能够有休息休假时间的条件,切实保护农村医生健康,防止"过劳死"等悲剧发生。

2. 完善农村医生特殊执业权利保障制度

一是建立容错机制,允许特殊时空下的责任豁免权存在。前文提及,在2020 年 2 月 27 日江苏省南京市中级人民法院出台了新冠疫情背景下用于指导全市审理涉疫医疗纠纷民事案件的十条规定,核心就是"合理容忍"医疗机构及医务人员在抗疫期间的诊疗瑕疵行为。这一司法举措有明显的时空特异性,即针对突发公共卫生事件防控应急处置,但是由此联想到无论是农村医生还是城市医生,我们的政策及法律法规常常对医生苛加了太多的义务和责任,而没有给予其适当条件下的责任豁免权利。特别是基于当下西部边远山区农村医生执业的环境条件、自身服务能力的状况,过分苛求其承担超乎其当下执业能力的任务,显然是其无法承受的。为此,建议应根据实际,完善农村医生执业容错纠错机制,对其执业中的瑕疵区分原因和后果给予严处、部分宽容、全部宽容,既体现执法执纪的严肃性,又能区别不同情形体现人文关怀,避免不切实际的"一刀切"而挫伤农村医生的工作积极性、创造性。如当下就应当"合理容忍"农村医生在疫情防控中的诊疗活动与公共卫生服务等瑕疵行为。

二是完善执业风险分担机制,建立医疗责任强制保险制度。近年来,医疗责任保险作为可以有效地转移医疗风险,缓解医生心理压力和职业忧虑,缓和医患矛盾、减少医疗纠纷、降低暴力伤医恶性事件的发生概率,从而保护医生权利的有效手段,已在越来越多的医疗卫生机构试行并推广。然而,由于种种原因,医疗责任保险的推动不够有力、实施效果不佳。然医疗责任保险制度虽在实施过程中存在这样那样的问题,但该制度的推行在当前的医疗环境下势在必行,这也是国外发达国家的通行做法。农村医生作为职业风险更高的群体之一,如无相应的执业风险分担机制,一旦发生医疗事故或差错,势必“倾家荡产”,给原本就“清贫”的生活“雪上加霜”。因此,建议借鉴域外(美、英、法、日)国家医疗强制保险制度模式(详见本书第二编有关内容),结合我国基层农村实际,建立全国统一的医疗责任强制保险制度;结合乡村振兴、乡村一体化发展,建立乡镇与农村一体“全覆盖、分类对待”的风险分担机制。当然,农村医生执业风险构成因素较多(资质、能力、硬件、业务培训、风险分担机制等因素),为有效缓解村医面临的各类型执业风险,除建立健全农村医疗责任保险制度外,还需要综合施策、整体防范。

3. 完善农村医生执业相关权利保障制度

一是完善农村医生继续教育制度,提升其岗位胜任力。有关农村医生在其职业生涯接受继续教育的权利在多个法律法规中均有涉及,但规定较粗,且各地在实践中未能很好地结合农村医生需求,因而培训效果不佳。因此,完善农村医生继续教育制度,不断提升其农村医生岗位胜任力势在必行。首先,各级政府应当履行法定责任,保证农村医生接受继续教育所需的经费投入;地方卫生健康部门作为主管部门,应当制定五年培训规划和年度计划,对培训内容、方式、学分、承训单位、考核评价、质量监控等作出明确规定。可委托当地县及以上医疗卫生机构或第三方(如中国医师协会或医学院校)开展培训;各医疗卫生机构应为农村医生接受继续教育提供时间和经费保障。其次,在培训内容上,应与农村医生执业定位、岗位职责任务紧密契合,侧重于常见病与多发病的诊疗方法、公卫技能、中医药适宜技术等基层医疗与公共卫生服务技能以及相关法律法规特别是与职业相关的卫生法律法规的培训。当下应开展突发公共卫生应急处置流程与防控方法手段培训。2021 年年初在河北暴发的新冠肺炎疫情蔓延，村卫生室成为交叉感染的“重灾区”，这说明村卫生室医生对突发公共卫生事件的处置能力极其低下，这与上级主管部门对其培训不到位有密切关系。再次，在教学形式与方法上，除传统面授式培训外，可采用远程教学、线上线下混合式教学和PBL（基于问题的教学法）、案例式、探究式教学等形式多样、手段新颖的教学方法，提升培训的针对性与实效性。最后，要探索建立远程继续教育平台，鼓励农村医生在线学习；同时，要建立培训质量保障体系，持续提升培训的质量；要建立继续教育档案，将培训频次、内容、考核成绩等纳入建档内容，作为农村医生绩效考核、薪酬待遇、职称晋升等的依据。

二是完善农村医生职称晋升制度，调动其积极性创造性。给予农村医生更多的职务职称晋升空间，让新进农村医生看到职业发展前景与希望无疑是稳定现有农村医生、吸引更多新生代农村医生入职的有效途径之一。然而，目前农村医生晋升专业技术职务与其他类别医生通盘考虑，走一个通道，无疑没有竞争力，难度异常大。基于对基层农村医生执业定位和岗位目标任务与城市（县级以上）医疗卫生机构医生执业定位存在较大差别的考量，同时从稳定在岗农村医生队伍、吸引新生代农村医生入职的角度考虑，建议国家卫生健康主管部门出台有别于其他类别医生职称评定的宏观政策，制定农村医生专业技术职务晋升最低标准；省级卫生健康主管部门根据省区实际，制定体现差异化的农村医生专业技术职务晋升政策；地方（县域为单位）政府结合自身实际，制定符合当地实际的农村医生专业技术职务晋升管理办法，明确初、中、高级专业技术职务晋升条件、评审办法、薪酬待遇等，特别是晋职条件应与其岗位职责任务相匹配，更多体现其完成岗位任务中的业绩和贡献，而不应偏重或过多考虑其科研水平。由于这一办法是基于当地实际制定的，因此建议只能在当地有效，一旦离开农村医生岗位或离开县域均无效；且随着当地社会经济发展水平的提高与农村医生队伍学历和服务能力的提升，职称评审条件也应作动态调高。

三是完善乡镇卫生院、村卫生室投入机制，改善农村医生执业环境条件。在村卫生室投入上，随着本轮（2015～2020年）脱贫攻坚圆满收官，医疗健康扶贫任务的圆满完成，全国范围内所有村卫生室均按照国家有关村级卫生室建设标准（包括房屋面积，诊断室、药房、值班室、治疗室、观察室五室分设与设备设施配置要求，药品、卫生环境要求，医疗护理技术操作规程、人员岗位责任制等规章制度等）完成了村卫生室标准化配置，极大地改善了村医执业环境条件，甚至个别地方还超规格、超标准进行了“豪华”配置。但是，在西部贫困地区，乡镇卫生院、村卫生室建设尚属初级阶段，特别是西部边远地区、深贫地区村卫生室的环境条件仍显简陋。随着全面建成小康社会后乡村振兴战略的深入实施、健康中国战略的深入推进和后疫情时代对村级卫生室赋予更多公共卫生突发事件应急处置等功能，且随着更多激励医学院校毕业生到农村执业政策的出台和更多高素质、能力强的人才充实到农村医生队伍，必须健全乡镇卫生院、村卫生室建设经费投入机制，持续对农村医生执业所需的设施设备进行升级换代，在提升服务质量的同时，增加村民安全就医的保障。可以预见，基于互联网的远程医疗卫生与健康服务平台建设将会作为“十四五”期间乡镇、村级卫生室条件建设的重中之重被各级党委政府提上重要议事日程。

四是健全民主管理制度，依法保障农村医生参与民主管理的权利。农村医生作为农村基层医疗卫生队伍中的中坚力量，处于医疗、预防、保健服务的第一线，自然更熟悉制约基层医疗卫生事业发展、业务开展的因素，更了解现实执业困境，更具有农村医疗卫生工作的发言权。因此，应完善农村基层医疗卫生机构民主管理制度，搭建农村医生建言献策、参与民主管理的平台，创建其愿意、敢于、勇于建言的宽松环境，调动其主动参与民主管理、民主监督的积极性，确保其民主参与权得到有效行使。农村医生通过依法参与所在机构的民主管理，参与讨论决定所在机构有关其切身利益的重大事项，一方面有利于提升农村医生的主人翁地位及工作满意度，调动其对搞好医疗卫生工作的主动性和创造性，有助于提高农村基层医疗机构的服务水平和管理能力、医学诊疗质量和专业技术水平，进而有利于农村医疗卫生事业的健康发展；另一方面也有利于监督医疗机构和卫生行政部门的工作，对工作中发现的问题进行改进。医疗卫生机构和卫生行政部门对农村医生的批评建议不得压制，更不允许对其进行打击报复。

四、多措并举强化权利保障制度的执行

前已述及，有关当代中国医生权利的法律散在《宪法》《刑法》《刑事诉讼

法》《治安管理处罚法》《劳动法》《执业医师法》《民法典》等法律法规中，总体而言，目前我国有关农村医生三大类权利的保障制度较为齐全，但是尚存在法律法规、规章制度较为粗犷不具体、与我国各区域发展不平衡的实际脱节等问题。然而，更为突出的是，各项法律法规和政策文件在执行过程中由于种种原因执行不到位，制度践行不力，为此提出如下建议。

（一）提高政治站位，充分认识农村医生权利保障的重大意义

当下农村医生权利保障不到位、不充分，致使部分农村地区，特别是边远山区、原深度贫困地区农村医生中具有执业（助理）医师资格证书的合格医生匮乏，在岗人员流失、新生代人员不愿入职，农村医生面临青黄不接现象。纵然有多方面原因，但各级地方政府对农村医生权利保障的重视程度不够无疑是重要因素之一。在当下小康社会已全面建成，我国经济社会发展已步入新阶段，乡村振兴、健康中国战略已全面实施，高质量发展已成为时代主题，满足人民对美好生活的向往已成为各级党委政府执政终极目标的新形势下，各级党委政府、各级领导干部必须从战略高度和长远角度，从维护社会公平正义的维度，高度重视农村医生权利保障问题，把保护好农村医生权利作为织密农村医疗卫生网底，提高农村村民医疗卫生的可及性、便捷性、公平性，满足其高质量医疗卫生服务需求，进而逐步缩小地区差距、城乡差距，实现“人人享有高质量医疗健康服务”这一健康中国战略目标的重中之重的工作，纳入各级党委政府的重要议事日程，抓紧抓实、抓出成效。

（二）明确责任主体，构建农村医生权利保障的三级责任体系

要进一步明确农村医生权利保障的责任主体。毫无疑问，各级党委政府是农村医生权利保障的责任主体，各级党委政府主要负责人是农村医生权利保障的第一责任人，负有依法保障农村医生三大权利的领导责任；党委政府分管副职是农村医生权利保障的主要责任人，负有农村医生权利保障的直接领导责任；各级卫生行政主管部门和政府相关部门（民政、人社、财政、公检法、纪检监察等）是农村医生权利保障和保障监督的具体责任部门，负有依法依规执行和监督执行国家、地方法律法规，政策文件的直接责任；农村医生所在医疗卫生机构是落实农村医生权利保障的“最后一公里”，负有不折不扣执行上级有关法规和政策文件的具体责任。通过组建领导机构、工作机构，建

立监督问责机制,统筹协调落实相关资金、资源,安排部署督导检查等举措,确保农村医生三大类权利在基层落地。各级责任人对所管辖区域要定期进行督查、检查、指导各项制度落实情况,层层把关,确保制度的有效落实。

(三)加大资金投入,夯实农村医生权利保障的物质基础

在农村医生三大类权利中,不论是一般公民权利、特殊执业权利,还是执业相关权利,均需要充足的资金、资源作保障。首先,各级党委政府须保障法律法规规定的基本投入,将农村医生薪酬待遇、医疗保险、养老保险、继续教育经费等常规支出作为一般公共预算项目纳入年度预算,并确保预算执行到位,切实改变农村基本医疗、基本公共卫生补助低,农村医生待遇低、保障不到位现状;对改善执业环境条件的硬件、软件建设经费(如房屋改扩建、设备设施添置、信息化建设等)可作为专项建设项目经费,纳入年度政府预算。其次,除政府作为经费投入主体,必须保证农村医生一般公民权利所需经费支出外,抓住扶贫政策五年不变的契机,用足用好"脱贫不脱帮扶""脱贫不脱政策"等国家政策;借鉴本轮脱贫攻坚中健康扶贫资金筹措经验,继续通过国家政策宏观帮扶、企事业单位对口帮扶、社会各界爱心帮扶等,多措并举筹措建设经费,推动"十四五"期间农村医生权利保障水平上一个新台阶。

(四)完善考核评价,提升农村医生权利保障制度的执行效能

前已述及,有关农村医生三大类权利保障的责任主体较多,分属若干部门和相关社会组织。为此,须强化顶层设计,系统思考完善并科学构建各责任主体履行农村医生权利保障职责情况的考核指标体系,对考核内容、考核方式、考核结果使用作出明确规定,分不同情形作出是否考核合格的决定。在考核内容上,要把工作实绩作为考核的最重要的内容,兼顾工作态度、工作作风的考核;在考核方式上,应采取定期与不定期考核相结合,既重视结果考核也要重视过程考核,同时考核工作的效率与效果;对于考核主体,应注重多元多样,注重上级对下级的考核、强化下级对上级的考核、重视自我评价考核、完善同行互评、畅通相对人和社会考评渠道,建立健全农村医生直接参与对政府相关部门、医疗卫生机构考核评价制度,给予其更多发言权、话语权。此外,建立中立的第三方考核评价机制也是可以积极探索的新模式。这种由中立第三方考核评价的考核优点是能够站在中立的角度,较易做到公正

客观。

（五）强化监督问责，推动农村医生权利保障制度落地落实

党的十八届四中全会在依法治国基本方略下提出“法治国家、法治政府和法治社会一体化建设”，其重要内容是要加强党内监督、人大监督、民主监督、行政监督、司法监督、审计监督、社会监督、舆论监督制度建设，努力形成科学有效的权力运行制约和监督体系，增强监督合力和实效。调查发现，农村医生权利保障不到位的根本原因是制度执行不力。因此，要保证农村医生权利保障落地落实，必须强化对各项法律法规、政策文件执行情况的监督检查，对执行不力的进行责任追究和责任倒查。为此，要构建全覆盖的制度执行监督机制，以“眼里有监督，监督就无处不在”的理念，将工作定位向监督聚焦、责任向监督压实、力量向监督倾斜，通过进一步拓展日常监督的广度和深度，坚决杜绝各责任主体在制度执行上做选择、搞变通、打折扣的现象，严肃查处有令不行、有禁不止、阳奉阴违的行为，确保制度时时生威、处处有效。

五、畅通乡村医生权利保障诉求的渠道

调查发现，目前有关农村医生依法维护自身合法权益的制度尚不健全，农村医生的权利呼声常常被无私奉献、艰苦坚守的报道所覆盖，农村医生权利保障缺乏社会监督机制的约束，发声表达自己意愿与维权渠道不畅导致农村医生主动退出比例增加（如河南村医集体辞职事件等）。为此，必须高度重视健全农村医生依法依规维权制度，畅通其发声和维权渠道，依法依规解决农村医生这一特殊重要群体反映的自身权利受损等问题，为其营造安心、舒心工作的社会环境，保持这支队伍的相对稳定。首先，要落实主体责任。将农村医生权利保障作为各级政府理应承担的主体责任落实到位，凡是未按法律法规要求落实农村医生三大类权利的，实行“一票否决”，给予行政首长、相关部门相应法纪处理和党内处分。其次，要畅通维权渠道。成立农村医师协会，通过基层自治组织集体维权；在政府设立问政信箱、行业主管部门设置问题信箱；到各级纪委监委信访，到各级工会、妇联组织寻求维权等方式，畅通乡村医生反映问题渠道。再次，要引导新闻媒体客观报道。除继续正面宣传农村医生扎根基层不计报酬默默奉献外，应更加关注其生存状态、执业环境、

执业风险等方面报道，主动担负起为农村医生维权的义务。最后，各级人大机关、纪委监委、社会团体、新闻媒体等应主动介入，积极关注农村医生群体的三大类权利保障问题，把其列入年度监督重点，打通基层“最后一公里”，及时发现并督促解决问题。

第十六章　农村医生执业行为规制构想

一、健全农村医生执业行为的监督管理体制、机制

（一）梳理完善农村医生执业行为规范

首先，构建农村医生执业行为规范体系。可以从《执业医师法》、《民法典》、《刑法》和现有政策等多角度进行相关制度梳理，各个位阶的农村医生执业行为规范应当是内部协调的。在国家层面，一方面可制定农村医生执业的专门法，如《乡村医生执业法》，通过制定专门法，一来可以解决农村医生执业法律缺位的现象，完善法律体系，二来也可以提高农村医生法律规定的位阶，增加法律权威性；另一方面是在已有法律法规的基础上进行修缮工作，《乡村医生从业管理条例》自实施十多年以来，在确保村民的就医安全、保障农村医生基本权利等方面发挥了不可小觑的作用，但是在研究中我们发现其自身存在规制漏洞，如没有明确界定农村医生法律概念，对其执业范围和执业地点规定模糊。针对这些法规漏洞，有关部门应对其加以完善，明确有关规定，保障村民和农村医生的合法权益。在地方层面，各地政府结合本地实际制定农村医生执业的地方性法规、规章等，为国家立法提供有益经验和参考。建议加强有关农村医生执业配套文件的制定，使农村医生在执业中有更准确具体的法律依据，可以有效避免其行为触犯法律，保障其合法的执业权利，同时也能确保执法部门执法行为的合法性，提高执法效率。再者，农村医生法律规范内容应具有完整性和可操作性，如典型案

例中提及的农村医生违反药品管理规定的行为,但在已有的乡村医生法律法规中却没有对此行为作出明确的规定,又如现有农村医生执业规范能否允许农村医生离开农村卫生室或其他合法执业地点(村卫生室、乡镇卫生院)为村民提供医疗卫生服务。在调研中,农村医生提供“上门服务”确实是可以成为缓和村民诊疗可及性期望与村卫生室固定设置的折中的农村医疗卫生服务提供方式。值得提出的一点是,在乡村医生执业行为的规制上,应注重明确农村医生的执业范围、地点以及农村医生执业的权利义务,对于一些基本概念,应予以明确界定。

其次,强化有关农村医生执业行为地方性规范文件的制定。我国农村医生执业行为的法律规范除少部分属于法律、行政法规及部门规章外,绝大多数都是行政规范性文件及相关司法解释,并且有些地方规范性文件基本都是对中央层面规范性文件的简单重复,甚至是直接转发,这就极大地造成了农村医生执业规范无法落地的尴尬境遇,乡村医生扎根基层,是乡村公共卫生、医疗服务的重要提供者,对于规制农村医生执业行为的设定应当尽量清楚和明确,应当便于规范的有效实施,避免产生纠纷,便于法院处理纠纷,维护已经形成的社会预期。整合我国农村医生执业行为的法律规范基本思路应当遵循使权利义务更加明确的原则,在上述归纳的农村医生执业行为规制典型案例中,不仅有农村医生执业行为触及法律边界的原因,也应该有法律规范长期空白导致的问题,如果我们的地方性规范文件对农村医生执业规范进行强化,根据当地农村医生执业行为的情况,深入调研,结合上位法的农村医生执业规范,进行针对性的立法,是能有效破解农村医生执业行为规范难题的。比如南宁市政府[①]出台的《关于推进乡村医生“乡聘村用”的实施意见(试行)》(以下简称《实施意见》)。该意见就是在国家卫生健康委等6部委《关于印发解决贫困人口基本医疗有保障突出问题工作方案的通知》《广西壮族自治区乡村医生从业管理办法》《中共广西壮族自治区委员会关于实施乡村振兴战略的决定》等文件的基础上针对南宁乡村医生的现有基础模式制定

① 参见南宁市人民政府办公室:《〈关于推进乡村医生“乡聘村用”的实施意见(试行)〉政策解读》,载广西南宁市人民政府网2020年4月14日,http://www.nanning.gov.cn/jdhy/zcjd/t4300246.html。

的。规范乡村医生管理,针对农村医生执业的风险问题,该意见提出建立乡村医生执业风险化解机制,提高防御医疗风险能力,由县级卫生健康行政部门组织,以乡镇卫生院(社区卫生服务中心)为法律责任主体,为乡村医生统一投保医疗责任险,以保障乡村医生的正常执业活动。所以从宏观上看,即使没有独立的法律规范对农村医生进行规制,但是国家已经开始重视相关法律制度的建设。这地方性规范文件,建议应大力推进农村医生执业法治建设进程,落实农村地区,尤其是偏远地区、深度贫困地区乡村医生执业的立法工作。同时,还应对现有的地方性法律进行梳理,总结其落后疏漏的地方,重视法规冲突现象,以此来对已有的法律规定进行修订,将立法工作与法律法规修订工作两者抓牢,使其更加完善。

(二)明确人员隶属及管理责任

农村医生执业行为规制的责任部门多,存在多头治理、过度分权的问题。如果农村医生的执业行为触及多项法律法规及行政规范性文件,医疗保障、市场监督管理等部门与卫生监督执法部门在农村医疗卫生领域联合开展行动是有一定困难的,当前新型农村合作医疗制度(以下简称新农合制度)背景下的乡村医生之所以陷入困境,很大一部分的原因就是没有理顺政府、乡村医生和村委会之间的关系。在新农合制度中政府似乎很难驱动社区力量,调动其积极性,让村集体和村民发挥自治的作用。比如在同一个村庄生活,高度的熟悉性让乡村医生易于掌握每个病人的基本情况、家族病史、生活习惯。往往一来就诊,医生就能根据平常的情况,大致推断他的病情。这种熟人社会所带来的医患关系以外的亲缘地缘等多重关系的交织和叠加,有助于医患和谐、增强信任,降低信息成本。此外,随着社会老龄化程度的进一步增强,老人行动不便,接受信息能力较弱,乡村医生在照顾和医治他们的过程中能够发挥更大的作用。而村民之间互助网络的重建和相互理解的增加,也有利于减少村庄分层和贫富差距引起的分散倾向。通过评议机制把村民组织起来,也更加利于制度的长期发展。村民小组、村干部是村庄力量发挥作用的关键和中介。他们的加入,把村民与乡村医生很好地沟通起来,会让大家都发挥更大的积极性,增强整个村庄的自治水平,在自治的基础上,对接政府的医疗资源,让制度在村庄内部发挥更大的作用,从村庄层面,结合自身情况,在适应和创造的基础上，优化制度设计。此外，建议从劳动关系考虑，将乡村医生的管理权限交由村级卫生室，村卫生室从业务到管理上归乡镇卫生院管理。由镇卫生院对乡村医生进行聘任，由乡镇卫生院负责乡村医生的福利保障和绩效奖金，发放其报酬，为其缴纳社会保险。完全改变乡村医生的收入构成，取消原有的收取诊疗费模式，纳入统一管理后乡村医生报酬的资金来源应包括（街道）乡镇政府、村委会和乡镇（街道）卫生院。对于乡村医生隶属关系进行重新明确，有助于提高乡村医生的工作积极性，其归属感也更强。

（三）加强长效治理机制

从第十二章图 12－2 的调查看出，农村地区医疗卫生工作环境复杂，其执业行为可能同时触及多个部门的职权范围导致多个部门都不能对其进行监管，且各执法部门很难对其进行长期持续的监管覆盖，监管的空窗期大，而对农村医生的执业行为执法检查具有“突击性”“应付性”特点，因此其执法效果不佳。首先，实行乡村卫生服务一体化管理是必然的趋势，乡镇卫生院（社区卫生服务中心）与所辖村卫生室为同一法人，村卫生室不再为独立法人单位，只设立负责人。村卫生室与乡镇卫生院（社区卫生服务中心）合为一体，实现行政、业务、人员、药械、财务、绩效考核“六统一”管理，而乡村医生纳入乡镇卫生院（社区卫生服务中心）管理，与乡村卫生院（社区卫生服务中心）建立聘用关系，乡村医生的执业行为相应地将会受到一定的约束。其次，外部的监督机关也应注重监督到位，比如可以对农村医生执业行为的监管厘定权力清单，针对监管职权分散和执法困难、监管机制不清的地方，应及时进行肃清，不能因为存在监管困难就选择性忽视，监督机关要及时发挥联动作用，必要的时候，可以有专门的部门来统筹兼顾。比如受调查监管机关工作人员反映其所在地区针对农村医生执业行为的规制措施中是以“规范合理用药”为主要的抓手，那么药品监督管理部门在执法检查时如果监督到位的话，及时止损，让农村医生知道在没有经过科学的药理、毒理及临床三期试验的基础上自行制作中成药药品可能带来严重后果的话，或许也不会构成生产、销售假药罪。

（四）充分发挥社会监督机制的作用

首先，从监督的主体来看，在乡村社会的医疗体系中，作为监督主体的是村集体和村民。(1)村集体。部分村医能实现一定程度的自我监督、自我管理。集体组织的干部和相关人员有权对乡村医生的服务价格、服务态度、服务质量进行控制,对其不恰当的行为进行批评和处罚。(2)村民则在直接的服务过程中进行监督,对医生的看诊过程、服务态度、收费标准等形成自己的看法,但这种监督作用是通过村民之间的交流和评价,而在村庄内部形成医生的口碑,以舆论压力的形式反作用于医生。有时候村医的家人也会对村医进行提醒和监督,因为他们也受到村庄舆论压力的影响。其次,从监督的方式来看,村集体的监督方式:(1)费用监督。村集体的会计定期会对乡村医生的基本流水账目进行核查。对其诊疗费用、药品开支等细节进行查实,保证其费用上的合理使用,防止其挪用或浪费资金。(2)服务监督。半年或一年内主要村干部会一起了解和评议乡村医生的工作情况,如果问题很多,村干部可以再培养其他的乡村医生,或者扣减其补助等。(3)业务干预。虽然村干部不是专业人才,不懂得相关知识,但还是经常对医生的诊疗行为进行监督。主要是控制其使用价格较高的药品,会鼓励他们多使用自制中草药,降低就医成本。村庄内部村民的监督方式:(1)评议机制。村集体每年会组织村民对乡村医生的服务进行评价,听取村民的意见。根据评价的结果,对村医提出改进意见等。(2)举报机制。村集体鼓励村民将就医过程中遇到的村医不恰当的行为等直接反映给村干部,由村干部及时进行处理。(3)舆论机制。村庄这个熟人社会,生活和交往高度紧密。对村医行医的评价很快就可以传导到其他方面,影响其工作外的交往,所以村民有一种自发的非正式的舆论监督。部分乡村医生也能做到自我约束,一方面其家人也会形成对他的监督,另一方面出于职业精神的约束。由于人们交往得紧密,所以在乡村社会中人的声誉非常重要,这是一种无形的社会资本,绝大多数人都十分看重,所以村医的家人也时刻提醒他们认真工作,善待病人;同时,村医自身也能根据职业要求形成自律,严格要求,不做欺骗病患、延误病情等有损职业道德的事情。这种监督方式成本很低,但操作性很强、效果显著。各方动员起来,形成一种他人监督、互相监督和自我监督的局面,这样一来,虽未成立专门的组织和人员进行监督,但在自然的安排中就完成了此过程。

二、农村医生监管机关应重视农村医生执业行为规制与权利保障的关联性

(一)执业行为规制力度应当与权利保障水平保持同步性

结合前面的典型案例及部分农村医生个人采访新闻报道,我们还是要重申农村医生执业行为规制与农村医生权利保障是密切相关的,农村医生权利保障是农村医生执业行为规制的重要前提,农村医生权利保障不到位会直接影响对其执业行为的规制的效果。首先,农村医生如果在严格的执业行为规制下没有配套的补偿措施,基于侥幸心理,为了经济利益而突破职业底线,这样将滋生更多的违法、违规执业行为。乡村医生待遇保障问题,一方面是由其基本工资构成,另一方面包括了乡村医生的养老保险和医疗保险落实问题。在对农村医生执业行为规制的同时,应注重改善乡村医生的待遇保障,可以实行统一基本工资加绩效工资制度,全力落实乡村医生养老保障政策,逐步提高农村医生的待遇水平,还应依据深度贫困地区乡村医生实际情况,新增系列规定,如深度贫困地区农村医生的工资比例区别于非深度贫困地区,以此来保证深度贫困地区农村医生的收入稳定,使其能将更多精力投入乡村医疗工作中,而不会一心搞副业,忽视农村医生的工作职责。其次,农村医生群体"先天的诊疗服务能力劣势"使其面临的执业风险更大,如果农村医生执业行为的监管重于权利保障,那么可能会导致农村医生权利保障长期被忽视,主管部门对农村医生定位不清,同时为了执行国家农村医疗卫生事业发展规划,又必须通过强化监管的方式督促农村医生履行上级机关制订的农村医疗卫生服务计划。主管部门对农村医生应该有个清晰的法律定位,行政机关在对行政相对人予以执业行为规制时要有的放矢,2004 年颁发的《乡村医生从业管理条例》中,通过法律的角度,对农村医生从业条件、行业准入、从业范围、执业活动进行了规范,明确了农村医生的执业注册和法律主体责任。农村医生只要在法律法规所规定的范围内行医就是合法行为,相应农村医生的地位也是受到法律保护的,而主管机关同样是农村医生权利保障的责任机关,所以相关部门在监管过程中,绝对不是让本就经营维艰的农村卫生室变得更难,要多指导和帮助,少罚款、少为难,监管的目的是让乡村医生保证做

得更好。

（二）加强现行农村医生执业行为规制的预防措施

我们应当重视农村医生执业行为规制的预防措施，医生违法、违规执业行为的背后根源是可能是比较复杂的，这给农村医生执业行为规制带来了一定的困难。当前以嗣后惩处为主的规制措施在一定程度上能抑制农村医生违法、违规执业的现象，但同时实行事前预防对稳定整合乡村医生群体也有重要的意义。从内部来讲，深度贫困地区乡村医生和村民存在法律意识淡薄的问题，因此提升村民和乡村医生的法律意识，让他们积极自愿地参与到乡村医生立法工作中，能够减轻法律普及的阻碍，如果能将乡村医生纳入乡镇卫生院管理，将进一步保障乡村医生的正常执业活动。将乡村医生纳入乡镇卫生院职工队伍统一管理，定编定岗，工资待遇、社会保障与乡镇卫生院的职工一致，使其无后顾之忧，全身心投入工作，让广大农民享受有质量的医疗健康服务，是全民健康的根基，从这一方面来讲，将更有利于我们对现行农村医生执业行为的预防规制。目前农村医生所触及的执业行为规制的底线主要还是集中“三超”，即“超资质、超地点、超范围”，那么在建立统一队伍管理机制以后，在一定程度上对农村医生执业行为做到了提前预防，那么针对农村医生出现违法、违规执业的苗头，乡镇卫生院也能及时地去遏制。从外部措施看，各级省卫生厅可以制定相关考核制度，对县乡定点医院不规范行为做出明确规定，在省内设立专门的监督管理机构，履行监督职责，对严重违规行为进行公布查处，同时调动全省广大农民及社会力量参与举报监督，保障农民的最基本权利与需求。另外，可加强对村医的日常监督，根据当地实际情况，尽快完善卫生室管理制度的细则，从处方书写、合理用药、操作规范、卫生消毒等方面约束村医日常工作规范，督导村医保质保量规范完成新农合报销及基本公卫服务，为村民提供安全有效便捷的服务

（三）重视农村医生执业行为的教育和后续执业规范性培训

国家有关部门可设立多种扶贫项目，如有效利用发达地区的医疗资源，建立起对深度贫困地区医疗工作的帮扶线或利用高等医学院校及医学院校附属医院的专家到深度贫困地区开展义诊，指导当地乡村医生开展诊疗工作；同时，选送深度贫困地区的乡村医生到发达地区学习培训，提升学历层次

和诊疗技术水平。另外,可以通过岗前培训和在职培训两种形式来增加培训强度,可以用自学、远程教育、例会学习、医院进修、适宜技术推广、上级医生指导等多种方式实施。首先,为了使刚进入乡村医疗卫生机构的人员,尽早了解实际状况,尽早进入工作角色,对其上岗前进行专业培训,委托有资质的区级以上卫生教育培训中心具体实施。培训费用应由区级卫生部门统一支付,受训者免费。培训主要分理论和实践两部分,要求制定专门培训方案,在专业实践基地开展实践培训,并在培训后严格制定考核标准,根据其考核鉴定结果作为其试用期考核依据;此外,可根据具体情况,采用集中培训或以会代训的方式开展培训,同时鼓励在职乡村医生进行在职学历深造,接受成人高等医学专科及以上学历教育。增加进修学习机会,县(区)卫生计生行政部门对在村卫生室执业的乡村医生分期分批进行技能轮训,三年内到县级医疗卫生机构脱产进修1次,时间至少保证一个月。其次,对仍没有执业(助理)医师资格的在岗乡村医生,要求其必须参加相应实践技能和理论知识辅导(具体内容参照执业助理医师资格考试大纲制定),不断充实、更新乡村医生的专业医疗知识储备,提高其诊治能力和诊疗水平,让乡村医生队伍真正成为农村村民的健康守护者。

对于在岗的乡村医生,合理、科学地安排培训。依托有条件的乡镇卫生院或区级卫生医疗机构以分期培训班形式开展培训,岗位培训应全部免费,但对岗位培训的时间有明确要求,全年不少于2次,每年累计不少于2周。每名乡村医生根据实际情况选择参加不同的培训班期。要求每个村卫生室必须培养出一名骨干乡村医生,年龄要求不超过50周岁,对其培训要求脱产进行,累计时间不少于3个月,参加县(区)级以上培训不少于7天,经过培训后其诊疗水平应达到医疗卫生专业中专毕业生水平。在县区级层面,可由各乡镇推荐出具有执业医师资格的优秀乡村医生到市级,甚至省级医院接受培训。多种渠道创造乡村医生脱产进修的机会,保证每名乡村医生3年至少参加一次脱产进修,时间不少于1个月。培训形式和培训时间鼓励更灵活多样,培训所需资金应由上级卫生部门负责筹资、申请,乡村医生可免费参加培训,但不可重复培训同样内容,保证培训覆盖率。培训时间结合具体情况灵活安排,并以巡回方式保证培训参加率。对于欲加入乡村医生队伍的医学生(含中医),实施订单式定向培养,培养形式可采用全程免费形式,主要面对大学专科以上的应届毕业生或是中、高职医学生。实现科学、合理地对乡村医生进行培训,有利于加快乡村医生的队伍建设,更有利于乡村医生逐步具备全学医生诊疗水平。

三、弹性规制农村医生执业问题

弹性规制是针对现阶农村医生执业行为的规制刚性过强,未考虑农村医生执业能力、执业场景特殊性而言。弹性规制讲究宽严相济,该严则严,当宽则宽;严中有宽,宽中有严;宽严有度,宽严审时。弹性规制要求充分考虑农村地区执业环境的特殊性,不能要求事事讲究以同一化标准化进行监督管理和相同力度的处罚。弹性规制讲究平衡引导合规化和处罚适当性,注重优化执业环境。具体来说,要坚持权力本位下对医生执业行为的规制,行政监管和处罚要遵循比例原则,司法裁判要充分考虑不同地区农村医生执业的特殊性和差异性。此外,针对现阶段的刚性规制,要通过全方位引入医疗保险,降低农村医生的执业风险。

(一)坚持权利本位下对医生执业行为的规制

正如前文提到公法的干预应当以私权的保护为本旨。在评价当前农村医生执业行为规制存在的问题时,将"公法的干预应当以私权的保护为本旨"作为其重要依据和标准。

坚持权利本位,以权利的实现带动义务的履行。我们所应提倡的是权利先导。因为权利与义务在总量上是相等的。在理论上似乎强调义务或者权利都是一样的,都能达到二者实现的目的。然而强调义务和强调权利的实际后果是不同的,因为每个人都有关心自我的本能。权利对于大多数人来说,具有比义务更大的号召力。因此从保障权利出发带动义务的履行,比从义务出发更加有效。农村医生的执业行为,相对自身而言是一项基本的资格权利;相对患者而言,患者向其求医,医生在执业范围内有义务进行看病问诊。对于农村医生而言,只有充分保障他们的各项权利,才能促使他们更好履行应尽的义务。

坚持权利本位,依法制约权力。这里的权力,是指国家权力;这里的权利主要是指民众个人或群体的权利。鉴于当前基层执法可能存在以权谋私,权钱交易,刚性执法更加容易出现凭借严厉的处罚和监管手段妨碍农村医疗机构正常经营,也难以避免通过钱权交易对违法医疗活动睁一只眼闭一只眼的渎职行为。因此,要加强制约公权力,既要避免执法过于严苛,也要避免不作为、乱作为,公平保障农村医生的各项权利。

(二)行政监管和处罚要遵循比例原则

对农村医生执业行为的规制的力道应当与对农村医生权利保障保持同步,这是针对农村医生这一特殊群体执法的基准。也就是说,如果不能充分保障该群体的权利,如基本的生命健康权、社会保障、社会认同感等,则也很难提升他们的执业积极性和看病问诊质量,对规范化执业更是无从谈起。对农村医生执业行为的规制的力道应当与对农村医生权利保障保持同步,也就是要求我们的相应职能部门在进行行政监管和行政处罚时,要坚持比例原则。

基于当今世界行政法领域普遍对比例原则内涵的理解与学界通识,比例原则一般被理解为"三要件"说,该学说指出比例原则并非一个内涵明确且不可再分的法律范畴,它应包括适当性、必要性与狭义的比例三个子原则。适当性原则,即在公权力的行使过程中所采取的手段必须有助于公益目标的实现;必要性原则,即在足以实现执法目标之前提下,若存在多种路径选择时,须选取对公民权益最小侵害之路径;狭义的比例原则,即应当对所涉及的法益作孰轻孰重的权衡和判断。适当性、必要性和狭义的比例原则按照一定的体系结构有机组合而成,三个子原则构成合理且缺一不可,井然有层次之分,在对规制公权力对私权之限制这一问题上,提供了一种行之有效的审查思路,且适当性原则与必要性原则确有实质上之区分。适当性原则是偏向事实范畴的一个准则,只要发生的事实符合法律构成要件后即产生适当性原则,即适当性原则是将该事实涵盖于法律构成要件之中。必要性原则不仅属于事实范畴,更兼具价值判断的特征,其裁量的基准是对法律效果的认定和判断,此时作出价值判断的范围仅限于既定目标下的所采取手段之中。狭义的比例原则却是不折不扣的价值范畴之判断,对法益轻重的衡量并不受既定目标的限制和拘束。因此,应对农村医生不规范执业问题,首先要明确客观事实能否涵盖于法律构成要件中,此外基于必要性和狭义的必要性原则,在行使自由裁量权时进行价值判断,特别是在处罚力度上要考虑严苛的处罚所带来的法律效果。

针对职能部门对农村医生执业行为的监管和处罚，首先要加强监督管理，对轻微不合规的执业行为，如超范围执业，应酌情考虑农村地区人口分散性和医生的稀缺性，在一定行政辖区内，农村医生实际执业地区不必过于严格限制，只要患者有需求、医生有能力，跨一定区域执业，甚至上门服务应该是值得鼓励的，不应严格依据上位法律对医生进行执业的限制。在针对不规范执业进行处罚时，要充分考虑行为带来的危害后果和社会影响。例如行医资质问题。现阶段正处于医疗改革过渡期，老一辈根据经验并无充分医学理论知识储备的中年医生作为现阶段农村医疗卫生事业的主力军，该类群体在农村地区，对当地常见病有丰富的临床经验，实质上承担了农村地区全科医生的职责，不仅医治内科患者，而且对轻症外科患者、儿科、妇科等常见疾病也能进行适当的医治。此外，对于超范围执业问题，在医疗资源不足，患者前往上级医院条件不允许的情况下，农村卫生室、诊所凭借就近地理位置因素上门服务，及时对症下药能够有效延缓病情恶化。但是，医疗活动具有风险性，在既有诊疗水平下出现合理的医疗损伤，应当得到宽容理解，行政处罚力度要有所轻缓。否则，当农村医生群体认为自己的医疗行为付出大于自己物质和精神上的收益，他们将会消极从业，也会阻碍农村医生队伍的发展。

（三）司法裁判要充分考虑不同地区农村医生执业的特殊性和差异性

当前司法体制改革，核心点就是要保证司法的公正性，提高司法公信力。最高人民法院出台《关于统一法律适用加强类案检索的指导意见》，以确保同案同判。坚持同案同判，关键在于明确“同案”“同判”的认定标准。目前理论界和实务界对于“同案”的理解不一，表述上也存在较大差异，如“同类案件”“类似案件”“同样案件”等。最高人民法院《关于案例指导工作的规定》第7条明确规定：“最高人民法院发布的指导性案例，各级人民法院审判类似案例时应当参照。”《〈最高人民法院关于案例指导工作的规定〉实施细则》法律条文将“同案”表述为“类似案件”，而不是“相同案件”，具有一定的道理，正如世界上没有完全一样的两片叶子。所谓“类似案件”的确定应从案件性质的定性分析和案件情节的定量分析两方面衡量。在参照先决判例认定待决案件事实中，除了对案件进行定性分析外，还需要对案件具体情节进行定量分析,以确定待决案件与先决判例是“同案”或“异案”[①]。

对于农村医疗纠纷进入司法领域的,要充分考虑具体个案的案情,考虑不同地区的医疗现状。既要坚持同案同判,也要保证异案能够区别对待。对农村医生频发的“超资质、超地点、超范围”行为,如果仅仅从案件构成要件出发,机械性认定构成非法行医、医疗事故、医疗侵权,忽视不同地区农村医生群体专业素质、执业环境的差异,则很难保证司法审判的客观公正性。此外,过多实行严厉的刑事处罚,也可能导致农村医生队伍的进一步削减。因此要更加注重引导规范化而非实行严刑峻法。

(四)全方位引入医疗保险

鉴于现阶段针对农村医生执业行为的规制刚性过强对农村医生从事诊疗活动形成的外在压力,特别是在经济处罚、纠纷赔偿、补偿方面,建议在农村地区全方位引入医疗保险制度。医疗责任险是现代医疗服务的重要组成部分,是降低医疗风险和化解医疗纠纷的重要方法和手段,也是避免过于严苛规制执业行为的有效手段。为加强乡村医生队伍建设,稳定乡村医生队伍,推进医疗资源向基层倾斜,促进乡村医疗卫生事业的发展,有如下建议:

首先,建立以政府为主导,财政资金支持的乡村医生医疗责任保险保费筹资机制,以县级行政区域为单位实行统保,相关部门按比例拨出专项资金,农村医生每人每年按 400 ~ 500 元进行补助,视情况增加,并列入财政预算,补助农村医生参加医疗责任保险,帮助村卫生所化解医疗风险,维护社会稳定。

其次,针对农村地区特殊的医疗环境,有针对性地完善医疗事故的鉴定与赔偿标准,并由卫生部门牵头,研究制定符合实际的医疗责任事故鉴定、赔偿标准,建立合理认定医疗事故、妥善解决医疗纠纷的规范化程序,为保险赔付提供依据,确保患者的权益得到保护。

最后,采取自愿原则,对在岗在册、签订公共卫生服务责任书的村医统一投保“医疗责任保险”。乡村医生调换工作岗位时,个人负担的部分会把风险金退还给本人,如果继续从事医疗工作,到新的医疗岗位也需缴纳风险金。

---

① 参见周少华:《刑事案件“同案同判”的理性审视》,载《法商研究》2020 年第 3 期;周少华:《刑事案件的差异化判决及其合理性》,载《中国法学》2019 年第 4 期。

收取的这笔风险金要单独建账，专款专用，目的是把医疗风险降到最低。

四、引导农村医生重视公共卫生工作

（一）细化农村医生在公共卫生事业建设中的义务和责任清单

从 SARS 事件到新冠肺炎疫情的抗疫经历告诉我们，必须重视公共卫生对国民健康的重要性。根据《国家基本公共卫生服务规范（2011 年版）》的规定，基本公共卫生主要涵盖了 11 个方面的内容，包括城乡居民健康档案管理、健康教育、预防接种、0～6 岁儿童健康管理、孕产妇健康管理、老年人健康管理、高血压患者健康管理、2 型糖尿病患者健康管理、重性精神疾病患者管理、传染病及突发公共卫生事件报告和处理，以及卫生监督协管服务规范。从日常管理和特别应对角度来看，公共卫生工作可从日常医疗卫生和突发公共卫生事件两方面来谈。平时，我们的农村医生在村卫生室或者私人诊所从事医疗活动；特殊时期，其肩负执业地区的抗疫一线工作。

对于日常医疗卫生工作，首先要明确规定日常医疗活动的规范化流程，如药品储存条件、输液管理、医疗废物处理。其次，倡导推行家庭医生制度，把公共卫生工作落实到具体的责任片区，形成以乡镇卫生院统领，各村卫生室、私人诊所具体负责的网格化管理。随着公共卫生事业越来越受到国家的重视，开始不断完善基本公共卫生项目规范，但是真实的开展情况却并不乐观。目前绝大多数乡镇卫生院广泛开展的公共卫生项目仅局限于预防接种、传染病及突发公共卫生事件报告和处理以及健康教育等方面①，慢病管理、老年人健康管理和居民健康档案尚处于起步阶段，甚至是空白水平，个别村卫生室为了达到考核指标，花费大量人力、财力建立了健康档案，却并没有对其实施动态管理，导致居民健康档案工作流于形式。因此通过落实家庭医生制度，村民通过与医生签订家庭医疗服务合同，规范双方的权利义务，使慢病管理、老年人健康管理有章可循，身体状况有迹可循，也方便医生问诊时对既往病史的精准掌握。

现有法律《传染病防治法》《突发公共卫生事件应急条例》《乡村医生从

---

① 参见余良仁、郑振佺：《福建省农村地区基本公共卫生建设 SWOT 分析》，载《中国农村卫生事业管理》2011 年第 1 期。

业管理条例》等都在不同层面规定了医疗机构、采血机构应按照规定进行相应抗疫工作。但是对于农村医生来说,具体应尽的义务却是不够清楚明确,例如《乡村医生从业管理条例》第25条规定,"乡村医生应当协助有关部门做好初级卫生保健服务工作;按照规定及时报告传染病疫情和中毒事件,如实填写并上报有关卫生统计报表,妥善保管有关资料"。因此,在应对农村地区突发公共卫生事件时,应当在县级以上人民政府及卫生部门的工作统筹安排下,根据农村医生的执业地域范围,划分其责任范围,配合村委、乡镇政府进行日常抗疫及医学方面的工作。明确规定疫情期间农村医生应尽义务和禁止性义务。

此外,对未严格按照规定的医疗活动流程从事医疗活动、日常公共卫生考核不合格的执业机构和医生个人进行相应的处罚;在突发公共卫生事件期间,更加严格要求医生规范化执业,对不认真履行职责的农村医生,视造成的具体不良影响给予批评教育、罚款、取消执业资格、刑事处罚等。应当说明的是,对农村医生日常医疗行为进行弹性规制,轻微不合法行为从轻处理,严重违法行为严厉处罚,但是对农村医生公共卫生行为规制则应保持较强的刚性,因为事急从严,这涉及更大的公共利益。例如前文列举的疫情期间受到处罚的典型案例,无一不体现特殊时期处罚从严对农村医生可能不配合遵守抗疫工作规定的震慑力。此外,鉴于农村地区村落分散,监管执法人员工作难以精细化,提倡村民日常监督、举报不合规执业行为,形成监管合力。

(二)加强日常医疗活动中公共卫生知识培训

针对当下对农村医生公共卫生行为的规制重视度不足现象,进一步细化农村医生的职责和确定责任清单,能够从制度法律层面上明确了农村医生的职责,但是如何保障这类群体能够积极履行职责则需要加强对其公共卫生知识的培训。农村医生普遍重视日常医疗活动的知识学习,也有丰富的临床经验。但是公共卫生服务却并不能带来实在可见的物质收益,潜在危害也不常见、对自身利益无影响,难以引起农村医生群体的重视,因此也不会主动学习公共卫生知识。对于这种现象,我们的卫生部门要加以引导规劝,对公共卫生服务的积极作用做重点凸显,并通过专业化知识技能培训,引导农村医生规范诊疗活动流程,辅之以智能化操作技术,对日常琐碎的村民健康管理活动进行专业化培训,提升农村医生公共服务积极性。

(三)督促学习应对突发公共卫生事件的技能

应对突发公共卫生事件,对我们的农村医生应对能力提出了更高要求。但是,突发事件毕竟不常见,除非是经历过多次突发公共卫生事件的高资历农村医生,很少有年轻医生面对突发卫生事件能够保持临危不惧,应对有序。因此,在进行日常诊疗活动的同时,要注重在农村地区建立防控队伍的长期培训与演练机制,使我们的农村医生具备敏锐的反应能力、联动部署能力和自我保障能力,能够在应对传染病疫情时发挥先锋作用。进一步优化传染病疫情网络直报系统的可操作性。各类传染病流行毕竟不是时时发生,许多农村地区医护人员、公共卫生管理人员可能根本不知道如何使用疫情网络直报系统,这就要求我们各卫生机构的相应职能部门进一步优化系统的可操作性、灵活性,定期进行人员技术操作培训,实现疫情网络直报系统对疫情的据实反映,让决策者能在第一时间掌握疫情信息,为及时高效处理疫情做基础保障。同时,各部门要充分运用大数据平台。如推进互联互通的疾控大数据平台建设,整合各级医疗机构、疾控中心、慢性病防治机构等监测预警系统,真正实现数据互通,充分运用信息化、大数据的手段,加强科学研判、综合分析,避免疫情的发生和扩大化。

(四)普及法律知识,增强法律意识

针对农村医生的公共卫生服务行为规制不足问题,在明确其义务和责任清单、加强日常公共服务和突发公共卫生事件的医学知识和技能培训外,还应当加强法制宣传,增强农村医生的责任意识,自觉履行应尽义务,避免违法而不自知。因此,笔者建议在完成立法工作时,还应加强对该地区的普法工作。通过调研和案例搜集可知,农村地区出现医疗纠纷时,村民常采用纠集家族人员对乡村医生甚至政府部门闹事的方式。在疫情期间,农村医生接收发热病人进行治疗,殊不知自己违反了疫情防控规定。因此加强农村地区的普法教育工作是很有必要的。在此过程中,应充分考虑深度贫困地区村民文化和生活方式的特点,灵活运用多种途径、手段和方式开展法律宣讲,如可以将法律知识译成当地语言进行宣讲,再如受地理环境影响,当地村民居住分散,交通条件差,那么普法工作就应落实到村、落实到乡,甚至细分到每家每

户挨个宣传。此外,通过以案释法方式,让农村医生能够更加清楚如果不遵守法律规定将受到较为严厉的处罚,以此提升村民和乡村医生的法律意识,让他们积极自愿地参与到疫情防控工作中,能够减轻法律普及的阻碍,推动卫生事业的健康发展。

五、健全农村医生合法执业的教育培训体制、机制

(一)建议将执业法律规范纳入农村医生执业资格考核

如前所述,长久治理农村医生执业行为的根本举措是引导农村医生主动选择合法执业道路,加强农村医生从业管理,保护农村医生的合法权益,所以改革乡村医生职业资格制度是有必要的,基层医疗机构承载着数亿人民的健康医疗服务,其重要性不言而喻。乡村医生在基层行医多年,积累了丰富的实践经验,但由于多方面原因,乡村医生中相当一部分人没有接受过正规的医学高等教育,医学理论、设备应用技能、法律知识等都有一定欠缺。若将乡村医生与受过医学高等教育的医生放在一起用同等标准进行评价和考核,对很多乡村医生来说既不合适也不公平,更不利于乡村医生队伍的稳定和发展。因此,非常有必要针对乡村医生的实际情况,制定符合乡村医生行医特点、注重实践经验和临床效果的评价考核体系,而在农村贫困地区由于法律意识淡薄,所以一些基本的农村医生执业规范是欠缺的,国家应重视这方面的问题,一方面可以将农村医生执业行为的法律规范纳入农村医生执业资格考核里面,另一方面对农村医生的执业能力培训可以增加合法执业教育培训,国家应当重视对农村医生队伍的法治建设,关心他们的生活和成长,从而提升农村医生的法律素养,增强他们的法律意识。

(二)高等医学院完善农村医学教育

农村医生合法执业的教育培训应当是长效的,但要想从源头上改变整个乡村医生队伍的素质水平,必须采取和专业的高等医学院对接的方式,[①]畅通专业医学毕业生进入乡村医生队伍的渠道,可参考澳大利亚的农村定向型医

---

① 参见佚名:《2020 年两会关于乡村医生的最新政策》,载高考升学网 2020 年 1 月 1 日,http://m.creditsailing.com/SiXiangXueXi/723088.html。

学教育。制定一定的激励政策,积极引导专业医学生到农村担任乡村医生。在入学和就业方面可以实行定向招生,用减免部分学费的手段促进乡村医生的专业化和年轻化补充。制定相关激励政策,引导医学院开展农村定向培养工作。医学院逐步完善农村医学教育,科学地设置培养内容和培养方向,以全科医生为培养目标,并适当补充法律方面的知识,增加在农村的实习时间,建立源源不断的补充机制。在其真正成为乡村医生之前,还需健全实习和考核机制,以充分保证其执医水平,保障乡村医生队伍的服务能力。

(三)建立乡村医生退出机制

要想提高农村卫生服务质量,必须提高农村卫生服务提供者的素质水平,这也是我国农村卫生人力改革的要求。所以即使对于已取得相应许可证的乡村医生,亦要定期进行审核验证,配合开展相应考试,如每年1次考试合格者发给审核验证证明,不合格者吊销相应的许可证。对于现有的乡村医生在完善退出机制后,同样要求其通过培训考取执业资格,对于多次培训仍不合格者进行淘汰。并且对于乡村医生的执业资格,逐步完善定期认证制度,认证以不同等级评定乡村医生的执业水平,鼓励乡村医生提高专业素质和服务能力。

第十七章 《乡村医生从业管理条例》修订建议

一、《乡村医生从业管理条例》修订的必要性

（一）为完善乡村医生权利保障与执行行为规制提供规范基础

乡村医生制度与我国的农村经济和社会发展历史及卫生政策变迁有着密不可分的联系。我国基层医疗卫生服务人才队伍建设基本是从中华人民共和国成立以后才开始规范发展的，其主要目的是尽可能扭转长期积贫积弱导致的占我国人口绝大多数的农村居民没有健康保障，无法进行正常的劳动、生产活动，只有拥有健壮的体魄之后才能更好地为当时的“三大改造”“人民公社”建设提供源源不断的内生动力。但是，随着我国改革开放、社会主义市场经济体制改革及加入 WTO（世界贸易组织）等一系列的以城市建设为重心的发展改革的推进，农村大量的青壮年群体随用工潮“孔雀东南飞”，经济的发展迟缓也导致了我国农村地区的医疗卫生等公共卫生服务水平逐渐下降，农村医生群体在“自我生存困难”的前提之下逐渐选择远离岗位另谋出路。

每一年中共中央、国务院印发的“中央一号文件”都会提到乡村医疗卫生服务及乡村医生队伍建设，2021 年是脱贫攻坚胜利收官后的开局第一年，站在“全面推进乡村振兴加快农业农村现代化”的大背景下，“中央一号文件”再次提到了要“提升农村基本公共卫生服务水平”，推进“健康乡村”建

设,推动"乡村医生向执行(助理)医师"转型。令人振奋的是,在"中央一号文件"出台后不久,中共中央办公厅、国务院办公厅印发了《关于加快推进乡村人才振兴的意见》,该意见第四部分再次提到了要培养"乡村公共服务人才"。针对"乡村卫生健康人才队伍"建设,该意见从人才培养、人才激励、岗前培训与继续教育、收入待遇、养老保障及执业注册等方面提出了一些改革的方向指引。这些中央性质的政策对完善我国农村医生权利保障及执行行为规制具有至关重要的作用,但是政策的作用不是长久稳定的,并且我国的乡村医生权利保障及执业行为规制制度性保障还存在"供给不足"和"主次颠倒"的情况,对乡村医生执业行为规制的力度远远大于对农村医生权利保障的力度。

因此,我们认为乡村医生群体的权利保障及执业行为规制不能长期依靠党和国家政策的呼吁,要形成制度化、体系化、规范化的权利保障与执业规制协调、衔接机制。就目前而言,我国已经制定的、有效的关于乡村医生的法律规范中,最成体系的就是《乡村医生从业管理条例》,当然还有《村卫生室管理办法(试行)》等配套的各层级法律规范。这部相对全面的有关乡村医生的管理规范是于 2003 年 8 月 5 日发布,2004 年 1 月 1 日实施的,在其实施的 10 余年间,我国乡村医生制度发展已经发生了较大的变化,从中央到地方更是出台了一系列的新的政策,这些运行良好的政策都应当被及时收纳入该条例。

(二)《乡村医生从业管理条例》应及时与上位法进行协调衔接

除中央和地方的各项乡村医生政策外,作为在我国法律位阶体系中的一部行政法规,《乡村医生从业管理条例》的运行都不得不受制于其上位法,即《基本医疗卫生与健康促进法》、《医师法》、《中医药法》、《民法典》等法律。

1.《基本医疗卫生与健康促进法》

《基本医疗卫生与健康促进法》又被学界誉为中华人民共和国的第一部医疗卫生或卫生健康基本法。原因在于该法在第一章总则部分第 1 条开宗明义地提出了本法是"根据宪法"制定的,并且其第 4 条首次以成文法的形式确立了我国的"健康权",国家与社会都是健康权的责任主体,国家在提升全民全生命周期的健康权保障方面被赋予了六大职责,即"(1)实施健康中国战略;(2)普及健康生活;(3)优化健康服务;(4)完善健康保障;(5)建设健康环境;(6)建立健康教育制度”,健康权无疑已经成为未来我国发展医药卫生事业的核心要素和评价尺度,虽然我国《宪法》并未对健康权进行明文规定,但是该法作为卫生健康基本法已经从更为全面的、具体的层面加以规定。

《基本医疗卫生与健康促进法》开启了卫生健康领域法治化的新征程。该法体现出多个立法特色,该法第四章医疗卫生人员部分第56条专门规定一系列关于农村医生人才队伍建设、发展的制度,其中比较有代表性的制度有“执行医师晋升副高职称,应有累计一年的县级以下医疗机构和对口支援医疗机构诊疗服务经历”,这一规定十分具体,但是问题在于其没有明确县级以下医疗机构是否包括村卫生室等,如果仅限于乡镇卫生院层面,实则是搁置了乡村医生人才队伍建设的问题。当然,有关乡村医生制度还有很多,因此《乡村医生从业管理条例》完全有必要与《基本医疗卫生与健康促进法》配套衔接。

2.《执业医师法》

《执业医师法》这部法律也是有一定历史的卫生健康领域的一部重要的法律。乡村医生虽然没有被其纳入规制的主渠道,但是其也代表着未来乡村医生的发展趋势,该法附则部分第45条首次将乡村医生群体进行了制度性切分,即有执业医师资格或执业助理医师资格的乡村医生和不具有执业医师资格或执业助理医师资格的乡村医生。前者实际上就是该法所规制的对象,即执业医师或执业助理医师,只不过他们的执行地点和执业范围可能存在特殊性,这也是目前乡村医生队伍改革的主流方向,即执业医师化或执业助理医师化,当然能够实现这一目标于农村居民及乡村医生自身都是有好处的,但是实际上大部分乡村医生都难以通过考试获得相应的资格,原因主要在于时间有限和知识储备不足。因此,目前我国的农村医生、乡村医生队伍还将在较长的时间内处在《乡村医生从业管理条例》的管理范围内,即持有乡村医生执业证书的注册乡村医生。因此,总体而言该法对乡村医生是“置若罔闻”的,这也是西方现代医疗体系所裹挟的医疗卫生法律体制带给我国医药卫生事业发展的通病,即很多看似合理的中国特色医生“执业”实践被该法认为是不合法甚至构成犯罪。该法仅仅在少数几个条文提到了乡村医生,例如第34条规定了县级以上政府采取措施对乡村医生进行集中培训的义务。

这种制度的匮乏是时代的局限性导致的。“时代是改革之母”,当前我国执业医师及乡村医生的发展已经与1998年不可同日而语,《执业医师法》在学界和实务界的不断呼吁中也被提上修法的日程。2021年8月,《医师法》通过,从“医师权益保障、医师执业责任义务、考试注册、培训考核及法律责任”等领域进行了全方位的规定,创造性地加入了“第五章 保障措施”,这似乎已经成为卫生健康法律的一项立法“惯例”,也间接反映当前我国执业医师保障等制度的践行难困局。此外,该法在执业医师执业权利保障及执业行为规制方面加大了力度,不仅对原有条文的立法价值进行重构,补充了原有立法表述的不足,并且还将《基本医疗卫生与健康促进法》及相关卫生健康政策融入其中。[①] 比如,在执业医师权利中,将执业活动中执业医师的人格尊严、人身安全不受侵犯置于首位,即体现出对执业医师人格尊严与人身安全的重视,一方面回应了层出不穷的伤医、杀医等医疗暴力事件;另一方面也是对《民法典》人格权编强化人格权保护的具体落实。人的尊严是无价的,执业医师是卫生健康公益事业的执行主体之一,但是并非没有自己的权益保障的空间,执业医师权益保障的实现程度越高执业医师的执业行为的规范性越要完善,医患之间的紧张关系也将逐渐缓和。此外,该法第23条将执业医师的执业义务中“尊重”患者放置首位,毕竟互相尊重既符合人与人之间相处的基本道德准则,也有助于缓和医患直接的对立感受。第42条作出了与《基本医疗卫生与健康促进法》基本一致的表述,也是从对口支援、鼓励下基层、鼓励自

① 《医师法》第22条规定:“医师在执业活动中享有下列权利:(一)在注册的执业范围内,按照有关规范进行医学诊查、疾病调查、医学处置、出具相应的医学证明文件,选择合理的医疗、预防、保健方案;(二)获取劳动报酬,享受国家规定的福利待遇,按照规定参加社会保险并享受相应待遇;(三)获得符合国家规定标准的执业基本条件和职业防护装备;(四)从事医学教育、研究、学术交流;(五)参加专业培训,接受继续医学教育;(六)对所在医疗卫生机构和卫生健康主管部门的工作提出意见和建议,依法参与所在机构的民主管理;(七)法律、法规规定的其他权利。”第23条规定:“医师在执业活动中履行下列义务:(一)树立敬业精神,恪守职业道德,履行医师职责,尽职尽责救治患者,执行疫情防控等公共卫生措施;(二)遵循临床诊疗指南,遵守临床技术操作规范和医学伦理规范等;(三)尊重、关心、爱护患者,依法保护患者隐私和个人信息;(四)努力钻研业务,更新知识,提高医学专业技术能力和水平,提升医疗卫生服务质量;(五)宣传推广与岗位相适应的健康科普知识,对患者及公众进行健康教育和健康指导;(六)法律、法规规定的其他义务。”

力更生等方面促进乡村医生队伍的更新换代和改造升级。

因此,我们认为《医师法》这些关于《执业医师法》相关制度的变动也是需要《乡村医生从业管理条例》配套衔接的。况且,该法案第五章第47条第3款明确了国务院仍然有制定配套的《乡村医生从业管理条例》对乡村医生加以管理的法定义务和职权。另外,《医师法》的权利保障及执业行为规制的制度变动体现出我国对执行医师的转变,特别是强调了对执行医师尊严与安全的保障,该条被前置于总则成为一项重要的原则。

3.《中医药法》

《中医药法》也是健康权体系下的分支法律规范,被誉为中医药服务领域的"基本法"。中国医药是一个复杂的载体,为中华民族各族群自古以来在中华大地上探索、积累、整理形成的有关疾病、健康、养生等知识的总和,中医药自诞生以来就是复杂的"嵌合体"①,不仅受地域地理条件限制,还受到文化的限制,因此我国中医药的发展,尤其是法治化发展举步维艰,中医药一直不为现代主流医学理论所认可。我国绝大多数乡村医生西医诊疗技术并没有中医药诊疗技术强,中医药技术是乡村医生广泛应用的临床诊疗技术手段。实践中还存在大量乡村医生自制中医药导致患者死亡的案例。此外,还有中医师的特殊执业渠道,例如"以师承方式学习中医""经过多年医学专业实践,确有专长",这两类都是可以作为乡村医生不经过西医严格考试获得执业医师、执业助理医师资格的重要方式。加之,我国自中华人民共和国成立就提出了"中西医并重"的卫生健康发展策略,因此,《乡村医生从业管理条例》的完善不仅要顾及乡村医生的西医药诊疗服务水平的提升,同时也要重视其中医药诊疗服务水平的提升,为当地百姓带去质优价廉的卫生健康服务。

二、有关乡村医生地方立法及政策的梳理与评析

在进行《乡村医生从业管理条例》的全面修订探讨之前,我们认为有必要将2004年《乡村医生从业管理条例》施行以来,我国地方与乡村医生相关的立法及政策经验进行一次较为全面的梳理,评价其共性、优势与不足之处,以

---

① 遗传学上用以指不同遗传性状嵌合或混杂表现的个体,亦指染色体异常类型之一。有时也有同一器官出现不同性状的生物体的意思。

此来提炼出《乡村医生从业管理条例》这一全国性质的行政法规可供吸收的立法经验。其中一些宝贵的实践经验已经通过《基本医疗卫生与健康促进法》《医师法》得以成文化，但是仍然有部分经验未被充分地予以吸收，主要原因在于对当前我国乡村医生地方立法及政策缺乏全面、系统的把握，局限于某一地区性乡村医生问题的解决，但这并非长久之计，下文将予以详细分述。

（一）乡村医生地方立法及政策总体特征

乡村医生作为整个医疗卫生体系最为薄弱的一环，更是经济发展直接“攻击”的对象，如果不是法律的强制性平衡，基于医疗市场化恣意发展，必然导致资源总投入对农村医疗的置若罔闻。乡村医生坚守的农村医疗卫生服务并不是理想的“市场”，他们也并非“理性人”，这是缘于国家公益性产生的一项制度。乡村医生提供服务，更多的是代表了国家对基层群体的健康关照，因此其更应该体现公益性，国家的投入与保障更应该超过市场行为的介入和市场要素的导入。

总体而言，首先，我国乡村医生地方立法与政策的大体发展趋势是与中央的立法与政策保持一致的。但是这也意味着绝大多数乡村医生地方立法与政策成果与其保持亦步亦趋的发展态势，没有更大的制度的突破。这有利于我国各地法治体系的统一性，但是缺乏必要的突破性探索将不利于乡村医生制度的发展，更为直接的后果便是乡村医生的权利保障水平持续走低，“劣币驱逐良币”，最终导致整个农村医疗卫生服务市场成为医疗卫生人才拒绝进入的领域。其次，我国乡村医生地方立法与政策重点突出，主要聚焦于执业注册、执业待遇、教育培训、签约服务、队伍建设与稳定、执业管理、“优秀乡村医生表彰”等领域。可以发现，这些重点的立法与政策着力领域主要为乡村医生权利保障，说明其已经在乡村医生管理的政策价值导向上发生了转变，从注重规制的传统行政法治到注重权利保障的服务型行政法治。最后，上述七个主要的地方立法与政策领域中，乡村医生队伍建设文件数量最多，从国务院（2011 年、2015 年）①到省、市、县基本全方位覆盖，而且其涵

① 分别为国务院办公厅《关于进一步加强乡村医生队伍建设的指导意见》（国办发〔2011〕31 号）、国务院办公厅《关于进一步加强乡村医生队伍建设的实施意见》（国办发〔2015〕13 号）。

盖了乡村医生培养、待遇、培训与继续教育、养老、专业水平等领域,基本上覆盖了《乡村医生从业管理条例》的一半内容,亦即乡村医生权利保障制度完善。

(二)地方乡村医生执业注册立法及政策特点与评析

执业注册制度是现代医师执业制度的重要内容,之所以称作《执行医师法》,原因就在于执业注册是医师这一特殊职业准入的唯一合法的门槛。正如前文所述,即使我们国家有"中医药师承"、"确有专长"以及"乡村医生"在内的特殊准入渠道,也不能免除其在国家特定的行政主管部门进行注册的义务。理由主要有二:其一,医疗权这种特殊的职业性权利或权力直接关系公民的生命、身体、健康权益,兹事体大,关乎人命,因此在古代唐朝我国就形成了执业注册和严格执业管理制度,对非注册医师的执业范围、权限进行了严格的限制,这是出于对患者安全的保护;其二,随着技术的加入,现代医疗服务活动的高风险性已经难以通过嗣后监管的形式达到管理目的,设置事前的准入制度,以保障执行的标准化,有利于医学科学技术的探索与临床应用尽可能达到同步的水平。

就乡村医生而言,在《乡村医生从业管理条例》出台以前,其一度因为《执业医师法》的出台陷入地位尴尬的境地。自《乡村医生从业管理条例》出台以后,乡村医生开始逐步步入"注册乡村医生"的正轨,部分乡村医生还获得了执业医师、执业助理医师资格。总览我国乡村医生地方立法与政策,从形式上看,既有规范性文件,也有工作文件①;从发布主体上看,不仅有省级规范,而且有地级市规范,当然总体上省级规范多于地级市规范;从主要内容来看,有"执业注册管理办法、执业再注册、高等院校医学毕业生免试注册"三大类,最大的变动就是增加了高等院校医学毕业生免试注册乡村医生的规定,即凡是自高等院校毕业的医学类大专生、本科生及以上学生,都可以不用参加乡村医生执业资格考试、考核就可以直接注册,并在乡村卫生室执业,主要目的是引流青年医学毕业生加入乡村医生队伍,实现乡村医生队伍新老更替,缓

① 规范性文件与工作文件的分类主要是依据北大法宝的划分确定的,地方工作文件实际上就是承载或传达地方规范性文件的特殊文本形式,主要表现为"×××通知"等形式。

和当地乡村医生群体高龄化的困境。[①]

(三)地方乡村医生执业待遇立法及政策特点与评析

收入待遇与养老保障问题是老生常谈的问题,也是久拖不决的问题。乡村医生权利保障的一大"心病"就是乡村医生收入待遇太差、养老保障基本没有着落,相比于同类型的乡村教师等的待遇保障具有天壤之别。我们认为主要的原因有两个方面,其一,乡村医生在市场经济大发展之后也开始逐步与集体经济脱钩,个体诊所(村卫生室转私人所有)大肆发展,形成一种朦胧的幻象——乡村医生应该有足够的实力养活自己,私有化、市场化的发展模式使国家对乡村医生的投入逐渐减少,几乎只能自负盈亏;其二,大量的乡村医生没有进入注册执业乡村医生的范围内,属于非法行医,地方政府也没有法定的义务向其提供应有的收入待遇与养老保障支撑。总体而言,曾经大力依托集体经济和集体村组发展的乡村医生已经没有足够的经济和人力条件保障了,上级政府最多只能给予适当的补助(基本公共卫生服务),农村医疗这层网底是松散的。

我们考察乡村医生执业待遇地方立法及政策发现,从发布主体上来看,既有省级机关也有地级市,甚至有县级机关参与,显然,农村医生、乡村医生执业待遇保障问题已经是"箭在弦上,不得不发"。从发布的规范的内容来看,涉及的领域主要包括"公共卫生补助、职称评定、养老保险、生活补助等"内容,规范的内容逐级细化,可操作性更强,这也是不同于《乡村医生从业管理条例》最大的地方,但是我们认为条例应当遵循之前的《基本医疗卫生与健康促进法》《医师法》的体例安排,专门设置一章为保障措施,以达到从全国范围内督促提升乡村医生执业待遇保障。

(四)地方乡村医生教育培训立法及政策特点与评析

医学是一门不断更新、发展的学科,医学知识的更替逐渐以小时为单位。与此同时,随着生活条件的改善、环境污染等致病性危险因素的增加,我国的疾病谱早已发生了改变,即使是在农村地区,乡村医生也已经不能通过"一把

---

① 国家卫生健康委《关于允许医学专业高校毕业生免试申请乡村医生执业注册的意见》(国卫基层发〔2020〕11 号)。

草,一根针"的形式就解决所有村民遭遇的卫生健康问题。前文提到的案例中,有患者亲属强制要求乡村医生输液,但是乡村医生考虑到自身技术水平不足的原因,并没有同意,而是主动回避。这些细节都表明,乡村医生的执业技能已经难以满足农村村民基于客观或主观因素导致的卫生健康服务需求的增长和变化。既然是技术的存量不足导致的,那么我们就应当通过成熟的继续教育、技能培训等机制来实现对乡村医生技术水平的提高,以此留住农村村民继续第一时间基层就诊。

从我们收集到的有关乡村医生教育培训的地方立法及政策来看。第一,从政策的发布主体来看,也是主要集中在省级机关,少部分地级市机关也发布此类规范;第二,从规范的内容来看,主要包括"定向委培、规范化培训、中医药技能专项培训、中专学历教育等"方面,除此之外,部分省份还专门制定了定期性的乡村医生教育规划,这与国家卫健委的乡村医生教育规划基本保持同步。主要问题在于《基本医疗卫生与健康促进法》《医师法》都提到了鼓励乡村医生提高学历水平,而中专学历显然是现阶段乡村医生普遍具有的水平,而《医师法》有提高报考执业医师、执业助理医师学历水平的趋势(提高到大专水平),因此《乡村医生从业管理条例》至少应当为农村医生提高到大专学历水平提供更为切实可行的保障,以逐步提升乡村医生的技术水平,实现城乡间卫生健康服务的统一化。

(五)地方乡村医生签约服务立法及政策特点与评析

家庭医生签约服务制度是配套分级诊疗制度的重要制度之一,力图通过团队医疗服务模式和订单式诊疗服务模式的方式实现基层诊疗服务水平的整体提升。[①] 但是,家庭医生签约服务制度最早引入的地域是在我国上海市这样的超大型城市,因此家庭医生签约服务制度在城市社区的推行显然效果是更好的。自 2016 年以来,国务院力推全国范围内,无论城市社区还是农村村组都要推行家庭医生签约服务,应签尽签,农村地区的家庭医生签约服务

---

① 国务院办公厅《关于推进分级诊疗制度建设的指导意见》(国办发〔2015〕70 号);《关于印发推进家庭医生签约服务的指导意见》(国医改办发〔2016〕1 号)。

的主要实施主体是乡镇卫生院。部分地区已经实施"乡村一体化",[①]乡镇卫生院实现了对乡村卫生室、卫生所的直接管理,乡村医生人员的选聘、工资待遇的支付、养老保险的购买都交由乡镇卫生院负责,当然这其中仍然还是有很大的争议的,实践中就有大量的乡村医生请求卫生院履行"劳动合同",支付收入待遇与养老保障,结果多数被当地劳动争议仲裁委员会驳回或被人民法院驳回诉讼请求。这种形式上的"一体化"实质上"两相分立"没有实际意义。

我们在整理地方乡村医生签约服务立法及政策时发现,第一,从发布的主体上看,只有省级机关和地级市机关,且都是卫生行政主管部门;第二,从发布内容上看,都是乡村医生参与家庭医生签约服务的一些具体的实施细则,是对家庭医生签约服务制度的落实。至少从文件发布的地域来看,并非所有地区都支持乡村医生参与家庭医生签约服务,其也能间接反映全国不同地区乡村医生诊疗服务水平的发展状况。

(六)地方乡村医生队伍建设立法及政策特点与评析

前面概述部分也提到了,在所有乡村医生地方立法与政策中乡村医生队伍建设是体量最大的一部分内容。其主要的制度依据是国务院于 2011 年、2015 年发布的两个关于乡村医生队伍建设的规范性文件。

总体而言,在我们收集到的有关乡村医生队伍建设的立法及政策主要特征为:第一,从发布的主体上,省级机关、地级市机关和县级机关都有,其中省级规范有 39 部,市级规范有 145 部,县级规范有 5 部。实质上,就乡村医生的队伍建设而言,也可参照法官、检察官改革,由省一级统筹、主管,具体由市一级负责落实,地级市内基本都有二级、三级医疗机构,条件较差的地区还是由省一级具体负责落实。第二,从发布的主要内容上看,特别是地级市政府发布的内容非常详细,而且很好地结合了当地的乡村医生实际情况,具有比较强的可操作性。这些做法中比较有益的部分可以吸收进入《乡村医生从业管理条例》修订的范围。

---

① 卫生部(已撤销)办公厅《关于推进乡村卫生服务一体化管理的意见》(卫办农卫发〔2010〕48号)。

（七）地方乡村医生执业管理立法及政策特点与评析

从《乡村医生从业管理条例》的名称上来看，其应当是一部行政管理性质的法律规范。其主要的制度也是围绕乡村医生从业管理展开的，即使是乡村医生在执业中的权利保障也被法律规定为执业规则，将乡村医生民事权益纳入行政管理体系中加以保障，看似光怪陆离，这是因为2004年施行的《乡村医生从业管理条例》主要是以1998年制定的《执业医师法》为蓝本制定的，其执业规则部分也将权利保障置于之下。其效果便是执业医师的权利保障长期不受重视，诊疗实践中经常发生侵害执业医师人格尊严、人身安全的事例和案例，还有执业医师的付出与其待遇不成正比的问题也长期成为诊疗实践的重要症结所在。这些情形虽在《医师法》中有所改善，但是仍然只是顺序上调整，好在这种趋势也是有极大的益处和推动作用的。

从我们收集到的有关乡村医生执业管理的规范来看。第一，在发布主体上，主要是由省级机关和地级市一级机关发布；第二，从发布的内容来看，主要涉及"地方乡村医生管理办法、乡村医生规培的管理、乡村医生考核办法、将'一技之长'人员纳入乡村医生管理等"内容，其中比较有代表性的便是将"一技之长"人员纳入乡村医生管理，其关注了《乡村医生从业管理条例》与《中医药法》的制度衔接，也符合当前乡村医生的诊疗实际。这一点有必要在《乡村医生从业管理条例》中体现出来。

（八）地方"优秀乡村医生"表彰政策特点与评析

职业荣誉感是每一份职业得以持久发展的原因之一，医师这一份职业自古以来就被誉为"华佗再生"，在中医中更有"杏林春暖"的美誉，西医在西方知识体系中也是较早发展的独立学科门类。因此，单就职业本身而言，医生在整个社会中的地位应当是很高的，也应当是受人尊重的职业。但是，正如前文事例、案例研究所反映出来的缺失，医生没有获得基本的尊重，乃至被拳脚相向。

乡村医生所面临执业风险也具有相似性。当然，通过执业责任保险等风险分担机制可以解决乡村医生个人承担执业风险能力不足的问题。[①] 但是，

---

① 这部分内容在乡村医生队伍建设中也有所体现。

由此导致的对乡村医生群体的“污名化”却很难得到涤除。因此，我们需要建立起完善机制保障乡村医生应有的职业尊严和职业荣誉，防止出现乡村医生既流汗又流泪的局面，以此也可吸引更多的青年医学毕业生加入乡村医生队伍。

为此，福建省人民代表大会常务委员会《关于切实保护关心爱护医务人员、营造尊医重卫良好风尚的决议》、四川省人民政府办公厅《关于构建尊医重卫长效机制的指导意见》(川办发〔2020〕87 号)及《上海市医疗卫生人员权益保障办法》都体现了“尊医重卫”的理念，诸如采取信用惩戒等措施等。当然，涉及乡村医生的主要规范性文件围绕的是各级“优秀乡村医生”，但是可能是局限于宣传报道力度，这些“优秀乡村医生”很少为人所知，笔者认为应当至少让其所服务的片区村民知道他是“优秀乡村医生”，并配套相应的实质性奖励。

三、《乡村医生从业管理条例》修订具体建议

通过对我国《乡村医生从业管理条例》的上位法律中主要立法动向的把握，对其中涉及乡村医生的具体制度变动的总结，并结合对目前我国乡村医生地方立法及政策的考察，我们认为对《乡村医生从业管理条例》的修改应当是全面性的修订，而不是部分内容的修补，修订的时间节点应与《执业医师法》修订相衔接，紧跟《医师法》动态，具体修订建议见下文。

(一)《乡村医生从业管理条例》修订的总体思路与方向

立法、修法的总体思路与方向的把握有助于在整个立法、修法的过程中融贯相应的立法精神，预防法律内部及法律与法律之间发生“制度打架”。《乡村医生从业管理条例》为行政法规性质的法律，因此其首要的目标是落实上位法律的立法精神，例如《基本医疗卫生与健康促进法》《医师法》《药品管理法》。此外，《乡村医生从业管理条例》在具体修改时还应当坚持以下几个思路与方向。

1. 坚持权利保障为主，行政管理为辅

党的十八大以来，有关政府的职能与市场的调节关系发生了较大的变化。“简政放权”的思想逐步深入。依法行政的概念内涵不再仅仅局限于依

法进行行政管理,服务性职能逐渐被强化,服务型政府建设被广泛倡导。于乡村医生管理而言,过分轻视对其权利的保障必然带来恶果。坚持权利保障作为行政执法的本旨方能回归社会主义的本质,脱离实际要求乡村医生承担过量的基本医疗与基本公共卫生服务的同时却不能提供与之相称的待遇保障是违反客观规律的做法。因此,正确的导向是增加《乡村医生从业管理条例》中的赋权性质内容,并辅之以必要的、及时的监管,涤荡非法行医者等违法者对农村医生、乡村医生群体声誉的侵蚀。

2. 坚持吸收地方立法及政策优秀经验

实践是理论之源,实践是理论之本。《乡村医生从业管理条例》自2004年施行以来,虽然学术界对其讨论较少,[①]但是整体而言,地方立法与政策实践是丰富多彩的。地方立法与政策实践多是基于本地区乡村医生实践而创制的独一无二的制度,在保证不与上位法律及政策相冲突的前提下最大限度地发挥了主观能动性,其中部分内容是有共通性的,可以在全国范围内加以推广。对于这部分优秀的经验,应当通过《乡村医生从业管理条例》修订的方式进入中央法律体系。

(二)《乡村医生从业管理条例》修订的具体建议及理由

现行《乡村医生从业管理条例》一共有六章49条,我们认为对其修订应当是系统、全方位的,故下文将分章节论述如何修订《乡村医生从业管理条例》。

1. 总体体例结构的调整

目前《乡村医生从业管理条例》主要章节有:第一章　总则;第二章　执业注册;第三章　执业规则;第四章　培训与考核;第五章　法律责任;第六章　附则。我们认为,为了切实保障乡村医生权利及配套的相关制度的落实,应当在上述章节中单独设立一章作为新的第五章,即"第五章　保障措施",以此落实对乡村医生各项权利保障的责任,在法律责任部分应强化对不履职尽责者的处罚与惩戒。

---

① 知网检索文献较少(未超过10篇),主要以专著的形式讨论乡村医生制度,但是即便是专著仍然很少。

2. 第一章总则部分的修订建议及理由

(1)第 1 条的修订建议及理由

首先,对于第 1 条立法宗旨条款,我们认为为了与当前健康中国战略保持一致,立法的首要目的应当是推进"健康乡村"建设,同时,为了贯彻前面提出的立法总体思路与方向,该法的次要目的中"保护乡村医生的合法权益"应当放置于"加强乡村医生从业管理"之前。其次,该法最终目的由"保障村民获得初级卫生保健服务"调整为"保障村民获得基本的卫生与健康促进服务"。最后,该法的制度依据不仅仅是《医师法》,还包括《基本医疗卫生与健康促进法》《中医药法》《药品管理法》等与卫生健康相关法律。

(2)第 2 条的修订建议及理由

关于本条例的调整对象,基于一些新的试点制度改革的考虑,应增加相应的条款。例如,针对国家卫健委于 2015 年开始全面推行的"乡村全科执业助理医师"制度,[①]该项制度是参照执行助理医师制度设计的,但是其注册执业存在不同。因此,在第 2 条中应加以明确,即本条例调整的范围应当不包括"取得乡村全科执业助理医师资格"的乡村医生。并且,这一部分群体应当由《医师法》调整,须要注意的是,乡村全科执业助理医师的注册制度应在《医师注册管理办法》中有所体现,其执业管理应参照执业助理医师进行。

(3)第 3 条的修订建议及理由

关于对乡村医生的主管问题,由于 2018 年党和国家机关进行了调整,相应的称谓也发生了变化,即由"国务院卫生行政主管部门""地方人民政府卫生行政主管部门"调整为"国务院卫生健康行政主管部门""地方人民政府卫生健康行政主管部门",这一修改应在条例全文得到体现。此外,参考《医师法》第 4 条的规定,中央及地方的教育、人力资源与社会保障、中医药管理、医疗保障等部门应协同参与治理,方能更好地推进乡村医生制度改革。

(4)第 4 条的修订建议及理由

对于在农村预防、保健、医疗及突发事件处置中表现优异的乡村医生,不仅要给予奖励,还应给予其必要的表彰,符合"烈士"和"功臣"认定标准的应

① 国务院办公厅《关于进一步加强乡村医生队伍建设的实施意见》(国办发〔2015〕13 号)。

当及时予以认定并广泛宣传其事迹，让好事行千里。

(5)第6～8条的修订建议及理由

总则部分应当以原则性规定为主，表现为“提取公因式”的模式。第6条“定向培养乡村医生”为可以放置于新增加的第五章保障措施部分，同时增加对于定向农村医生培养对象的选择，应当优先从有回乡执业意愿的农村考生中选拔；其第2款独立为一条，国家鼓励乡村医生学习中医药基本知识和技术，在培训内容中增加中医药技术的比重，有条件的地区可开展市域内面向乡村医生的优秀中医师师承教育，提升乡村医生中医药诊疗技术水平。

第7条也应当移动到新的第五章保障措施部分，不仅应当鼓励乡村医生提升自己的学历，还应当给予便利条件，例如建立乡村医生学历教育线上平台课程建设、乡村医生学历教育轮休制度（参加学历教育的乡村医生享有一定时间段的“带薪休假”优待）、乡村医生学历教育奖励制度、乡村医生学历教育扶助制度（为条件困难的乡村医生提供学杂费减免政策）。

第8条也应当移动到新的第五章保障措施部分。同时，对于愿意到农村地区开放诊所，提供预防、保健及医疗服务者，应当在行政手续办理及职称晋升、福利待遇上予以更大的倾斜，例如，建立起行政手续绿色通道等。

3.第二章执业注册部分的修订建议及理由

(1)对第10条、第11条、第12条的修订建议及理由

基于前面的分析，我国乡村医生制度的发展具有历史性，同时在《乡村医生从业管理条例》出台之前主要依靠农村卫生政策支持，为弥合前期历史遗留的一些问题，条例中设置了特殊的“老人老办法，新人新办法”系列规定，即第10条、第11条、第12条。此三条将乡村医生注册分为四个主要的类型：①2004年《乡村医生从业管理条例》生效后取得执业医师、执业助理医师资格且2004年之前没有取得乡村医生证书的；②2004年《乡村医生从业管理条例》生效后没有取得执业医师、执业助理医师资格并且2004年之前没有取得乡村医生证书的；③2004年之前取得乡村医生证书并且符合第10条的三项条件之一（取得中等以上医学专业学历；执业20年以上；接受省级政府行政主管部门培训并取得合格证书的）；④2004年之前取得乡村医生证书但不符合第10条规定的，必须要经过培训和考试。

根据第 11 条第 3 款规定的“6 个月”的时效制度,该条实际上已经被废止,不应再被保留。第 10 条及第 12 条的变动,应首先明确执业的基本标准,根据《医师法》的修改动向,参加执业医师、执业助理医师资格考试必须具备“大专以上学历”,若依据第 12 条的逻辑,则新的《乡村医生从业管理条例》中乡村医生执业的最低学历条件须为“大专”,第 10 条第 1 项的学历条件也应提高到大专医学专业学历。同时,高等院校毕业生(大专以上学历)可以不取得执业医师、执业助理医师资格而免试注册乡村医生。当然,根据地区差异应设置缓和条款,即允许部分地区乡村医生中专学历可以注册执业。此外,结合《中医药法》的规定,第 10 条第 2 项具有 20 年以上工作经验,且在中医药技术上有一技之长者,符合中医师承、确有专长执业考试、注册条件的也可通过这一渠道取得执业医师、执业助理医师资格。最后,我们认为单纯经过培训考核,学历水平未达中专者应严格限制其准入。

(2)对第 14 条的修订建议及理由

乡村医生不予注册的情形应与《医师法》保持统一,重视对乡村医生的定期考核,以确保乡村医生的执业水平保持满足农村医疗卫生的基本需求。

(3)对第 19 条的修订建议及理由

随着互联网信息技术的发展,医师注册信息公开更为便利,为了保障患者、村民的知情权,县级人民政府卫生健康行政主管部门应逐步完善其乡村医生注册信息化,将准予执业注册、再注册、注销注册的信息在官网进行公开,方便社会公众查询和监督。

(4)对第 20 条的修订建议及理由

我们建议将该条移至总则章,作为基本原则的一项。

4. 第三章执业规则部分的修订建议及理由

(1)对第 23 条的修订建议及理由

该条是有关乡村医生权利保障的条款,其内容表述上基本都是在《执业医师法》的基础上进行了适当的删减。我们认为对该条规定的各项权利的排序上应遵循《医师法》的最新立法价值取向,将第 4 项“在执业活动中,人格尊严、人身安全不受侵犯”放到总则部分加以强调。第 1 项作为第 2 项,增加“依据诊疗规范及医学伦理”采取一般医学处置,增加“执行疫情防控等突发事件职责”。第 5 项移动到第 3 项不仅可以获得“劳动报酬”,还应当享有岗位津贴和社会保障待遇。第 2 项与第 3 项合并作为第 4 项,乡村医生不仅可以参加专业学术团体,还可以组建乡村医生协会等行业内协会。第 6 项作为第 5 项,增加“依法参与所在医疗机构的民主管理”。

(2)对第 24 条的修订建议及理由

第 4 项要保持与《民法典》的同步,乡村医生不仅要保护患者的隐私,而且要保护患者的个人信息。第 5 项乡村医生向村民宣传卫生保健知识应当“与其岗位与执业技能相适应”。

(3)对第 25 条的修订建议及理由

关于乡村医生报告义务,应参照《医师法》第 33 条①的规定予以增补。

(4)对第 26 条的修订建议及理由

乡村医生不仅不能重复使用一次性医疗器械及卫生材料,也不能生产、销售假药、劣药。

(5)对第 27 条的修订建议及理由

《医师法》第 27 条第 3 款首次增加了医师公共场所自愿救助免责条款,这对于医师权益保障和维护公共健康具有重大意义。乡村医生的抗风险能力较弱,为鼓励其在紧急情况下给予患者第一时间的医疗帮助,有必要在第 27 条增设同样的第 2 款。

5. 第四章培训与考核部分的修订及理由

(1)对第 31 条的修订建议及理由

对于乡村医生培训的频次问题,我们认为考虑到当前乡村医生的总体业务素质不高,应当加大培训的力度。具体而言,关于乡村医生培训的时间间隔建议缩短为“至少 1 个季度”,条件有限的地区可以“至少 1 年接受一次培训”。医学技术本身更新的速度较快,缩短培训周期有利于提高乡村医生诊疗执业水平,也有助于留住常见疾病患者在基层首诊。同时,对重复的第 33 条予以删除。

---

① 《医师法》第 33 条规定:“在执业活动中有下列情形之一的,医师应当按照有关规定及时向所在医疗卫生机构或者有关部门、机构报告:(一)发现传染病、突发不明原因疾病或者异常健康事件;(二)发生或者发现医疗事故;(三)发现可能与药品、医疗器械有关的不良反应或者不良事件;(四)发现假药或者劣药;(五)发现患者涉嫌伤害事件或者非正常死亡;(六)法律、法规规定的其他情形。”

(2)对第34条、第35条的修订建议及理由

对乡村医生的考核应与对乡村医生培训保持同步,以实现对培训效果的检验。具体的时间间隔为每年组织一次。对乡村医生的考核应充分听取村民的意见,汇总、分析的村民意见应纳入对乡村医生进行考核的主要指标之一。

(3)对第37条的修订建议及理由

将该条移至第一章总则部分,作为基本原则之一。

6.新增第五章保障措施部分的修订建议及理由

除了前面第一章总则部分将一些内容移动至保障措施外,还可以增加如下的内容:(1)执业医师晋升副高级技术职称,须在村卫生室提供诊疗服务满半年。(2)国家建立起上下贯通的乡村医生职业发展机制,鼓励县级以上地方政府建立起"紧密型乡村一体化"的乡村诊疗服务模式,探索建立人、财、物相统一的发展模式,有条件的地方应尽可能将乡村医生纳入编制范围内管理。(3)县级以上地方人民政府应当将村卫生室周边治安环境整治纳入社会治安综合治理体系,鼓励建立起村卫生—乡派出所—乡政府的联动机制保障乡村医生的执业安全。(4)县级以上地方政府应本地区乡村医生社会保障制度,对符合工伤、养老条件的乡村医生给予职业保障待遇,有条件的地区应为乡村医生购买医师责任保险。

7.原第五章法律责任部分的修订建议及理由

(1)对第38条的修订建议及理由

对于该条,可以参照《医师法》第55条进行相应的修改。例如,增加对乡村医生在突发事件中不服从国家调遣情形的处罚。《医师法》第56条规定了医师在执业中违背职业道德和法律"依职权谋私利"的情形,乡村医生也可能存在类似的情形,因此《乡村医生从业管理条例》同样应当作出规定。

(2)增设职业禁止令制度

《医师法》第58条对严重违反职业道德、医学伦理的医师,施加职业禁令,可谓是史上最严格的医师法律,当然这个禁止的期限是浮动的,而非一律不能再从事医学临床活动。我们认为,在乡村医生管理中,除非法行医外,其他乡村医生如有类似的情形亦应当被处于一定期限乃至终身禁止开展临床活动的处罚。

（3）对第五章其他条款的修订建议及理由

第39条与前面的修订应当保持一致，即不仅重复使用一次性医疗器械和卫生材料要受到处罚，对于生产、销售假药、劣药的行为也应当进行处罚。此外，除第43条规定的乡村医生未按规定实施培训规划的处分外，还应当对未依法履行保障乡村医生权利的政府及机关进行处分，对主要负责人除进行处分外，如果违反监察规定或构成犯罪的，还应当依法追究其纪检监察责任或刑事责任。